Gottesdienste mit Kindern

Gottesdienste mit Kindern

Handreichung 2004

Herausgegeben von Dorothea Meinhold
in Verbindung mit Dorothea Creutzburg,
Silvia Gützkow und Adelheid Schnelle

EVANGELISCHE VERLAGSANSTALT
Leipzig

Die Deutsche Bibliothek – Biblographische Information

Die Deutsche Bibliothek verzeichnet diese Publikation in
der Deutschen Nationalbibliographie; detaillierte bibliographische Daten
sind im Internet über <http://dnb.ddb.de> abrufbar.

© 2003 by Evangelische Verlagsanstalt GmbH, Leipzig

Printed in Germany · H 6840

Umschlaggestaltung: behnelux gestaltung, Halle/Saale
Satz: Jens Luniak, Leipzig
Druck: Druckerei Böhlau, Leipzig

ISBN 3-374-02023-2
www.eva-leipzig.de

Inhaltsverzeichnis

           Abkürzungen 8
           Zur Arbeit mit diesem Buch 9

Jahreslosung
           Kanon zur Jahreslosung 10
1. Januar   Markus 13,31 (Jahreslosung) *Peter Lehmann* 11

I Ganz schön mutig 16
4. Januar   1. Mose 18,16–33 *M. Seidel* 19
11. Januar   Lukas 16,1–9 *G. Dulig* 23
18. Januar   Lukas 18,1–8 *B. Wenzel* 27

II Gott – wie bist du? 32
25. Januar   Gott belebt wie eine Quelle (Psalm 36,10a) *D. Pape* 34
1. Februar   Gott tröstet wie eine Mutter (Jesaja 66,13) *B. Rösch* 37
8. Februar   Gott (be)schützt wie ein Schirm (Psalm 91,1–2)
           R.-E. Schlemmer/F. Wulff-Wagenknecht 41

III Der Störenfried – Unbequeme Jesusgeschichten 46
15. Februar   Markus 3,1–6 *B. Donath* 48
22. Februar   Markus 3,31–35 *U. Lucke* Annette 53
29. Februar   Markus 10,35–45 *G. und F. Oehme* Marie 56

IV Schwer zu verstehen
     Wie Petrus Leben und Sterben Jesu erlebt 62
7. März   Lukas 5,1–11 *H. Ramsch* Elsa 64
14. März   Matthäus 14,22–33 *B. Plötner-Walter* Lia 69
21. März   Matthäus 16,13–23 *U. Dietrich* Marie 75
28. März   Markus 9,2–10 *A.-C. Wegner* Elke 79
4./9. April   Markus 14,26–15,47 i. A. *E. Sonntag* Elsa 84

V Wie Petrus die Auferstehung Jesu erlebt 90   } FERIEN
11. April   Johannes 20,1–10 *E. Mahler* 92
18. April   Johannes 21,1–17 *H. Aßmann* kein KiGo! 96

VI Leben in Gottes Garten 102
25. April   1. Mose 2,4b–15a *B. Börner* 104
2. Mai   1. Mose 2,15 *B. Börner* 111
9. Mai   Geh aus, mein Herz, EG 50,1–4.8 *B. Börner* kein KiGo! 115

VII Sehnsucht nach Leben – Geschichten aus dem Johannesevangelium 120
16. Mai   Johannes 3,1–13 *B. Carstens* 123
23. Mai   Johannes 4,1–42 *S. und U. Döring* 126
30. Mai   Johannes 20,19–23 *E. und K. Müller* 131

Inhaltsverzeichnis

VIII	**Befreiung feiern – Mit Gott durch die Wüste**	 138
6. Juni	2. Mose 3; 4 i. A.; 5,1 A. Schnelle	 141
13. Juni	2. Mose 14; 15 i. A. A. Schnelle	 147
20. Juni	4. Mose 11,1–17 A. Schnelle	 152
27. Juni	5. Mose 26,1–11 A. Schnelle	 156
IX	**Taufe erinnern – Zur Taufe einladen**	 162
4. Juli	Die Taufe ist Verheißung für das Leben (Markus 1,9–13) R. Crain	 165
11. Juli	Zur Taufe gehört gelungene Begegnung (Markus 8,26–40) K. Lange	 169
18. Juli	Die Taufe ist Herausforderung (Römer 6,3.4) B. Jagusch	 173
X	**„Sei Quelle und Brot in Wüstennot"**	 178
25. Juli	1. Mose 21,8–20 B. Johanning	 180
1. August	1. Könige 19,1–8 U. Lemme	 185
8. August	Jesaja 35,1–7 I. Böhle	 189
XI	**Grenzen überschreiten – Zum Leben befreit**	 194
15. August	Markus 2,1–12 B. Fuhrmann	 196
22. August	Markus 2,13–17 C. Ilse	 200
29. August	Markus 2,23–28 S. Gützkow	 206
XII	**Sind Träume Schäume?** Traumerfahrungen in der Bibel und im Leben der Kinder	 210
5. September	Träume vom Leben (1. Mose 37,3–11) S. Meinhold	 212
12. September	Wenn Träume Angst machen (1. Mose 41,1–36) S. Meinhold	 217
19. September	Mit Gott träumen (1. Könige 3,5–15) S. Meinhold	 221
XIII	**Brot zum Leben – Unser tägliches Brot gib uns heute**	 226
26. September	Markus 4,26–29 P. Neumann	 228
3. Oktober	Johannes 6,1–15 P. Neumann	 235
10. Oktober	Jesaja 58,6–12 P. Neumann	 239
XIV	**Martin Luther und die Freiheit der Christen**	 242
17. Oktober	Das Turmerlebnis (Römer 1,16–18; 6,3–4) W. Pohl	 246
24. Oktober	Der Thesenanschlag (Römer 3,24; 1. Korinther 7,23) W. Pohl	 250
31. Oktober	Der Reichstag und die Wartburg (Galater 5,1) W. Pohl	 255

19.11.04 19:30 Uhr Elke

Inhaltsverzeichnis

XV Selig sind, die Frieden stiften 260
7. November — Sich trennen um des Friedens willen *Anette*
(1. Mose 13,1–12) A.-D. Bunke 262
14. November — Auf Rache verzichten, um des Friedens willen *Marie*
(Lukas 9,51–56) A.-D. Bunke 266
21. November — Kinder stiften Frieden (Matthäus 5,9) A.-D. Bunke *Elke* 270

XVI Der Advent der Hirtenkinder 274
28. November — Hoffnung auf einen gerechten König
(Sacharja 9,9) E. Hasting 277
5. Dezember — Ein großes Licht in der Dunkelheit
(Jesaja 9,1–6) E. Hasting 281
12. Dezember — Wenn Gottes Friedensreich anbricht → *18:00 Uhr*
(Jesaja 11,1–3.6–10a) E. Hasting *Adventsgottesdienst* 285
19./24. Dezember — Jesus, der Sohn der Maria, wird geboren
(Lukas 2,1–7) E. Hasting 288
25./26. Dezember — Es ist Frieden zwischen Gott und den Menschen
(Lukas 2,8–20) E. Hasting 291

Gottesdienst zum Beginn des Schuljahres
Apostelgeschichte 8,26-40 D. Meinhold 295

Autorenverzeichnis 300

05/10/04 ELSA 19:30!!

Dass Erde und Himmel dir blühen	15
Der Herr Zebaoth ist mit uns	245
Du, Herr, hast mich aus der Tiefe	70
Einander brauchen	61
Friede sei mit dir	134
Geh aus, mein Herz	104
Gott, Gott, Gott geht mit	148
Himmel und Erde – Jahreslosung	10, 14
Jesus machte Menschen heil	122
Ich habe Freude	137
Ich kann mich nicht erinnern	164
Manchmal möcht ich dich, mein Gott	82
Schenk uns Weisheit, schenk uns Mut	18
So schön hat Gott	104
So wie ich bin, komme ich zu dir	254
Steh auf und iss	188
Steh auf und nimm dein Bett	199
Wer sich auf Gott verlässt	297
Wir atmen ein, wir atmen aus	114

Abkürzungen

EG	Evangelisches Gesangbuch
KG	Das Kindergesangbuch, Quell Verlag Stuttgart
GoKi	Gottesdienste mit Kindern – Handreichung, Evangelische Verlagsanstalt Leipzig
LJ	Liederbuch für die Jugend, Quell Verlag Stuttgart
LfK	Liederheft für den Kindergottesdienst, Westfälischer Verband für Kindergottesdienst
LZU	Das Liederbuch zum Umhängen, Menschenkinder Verlag Münster
ML	Mein Liederbuch für heute und morgen, tvd-Verlag Düsseldorf
MKL	Menschenskinderlieder, Beratungsstelle für Gestaltung von Gottesdiensten, Frankfurt/Main
Sagt Gott	Sagt Gott, wie wunderbar er ist. Alte und neue Psalmen zum Sprechen und Singen, Verlag Junge Gemeinde Stuttgart
☼	Vorschlag für die Verkündigung parallel zur Predigt des Gottesdienstes der Erwachsenen (ca. 20 Minuten)

Zur Arbeit mit diesem Buch

Die Bibeltexte und Themen, die diesem Buch zugrunde liegen, richten sich nach dem „Plan für den Kindergottesdienst 2004–2006", herausgegeben vom Gesamtverband Kindergottesdienst in der Evangelischen Kirche in Deutschland.
Jeder Einheit ist ein Kirchenfenster vorangestellt, das sich auf die Inhalte der jeweiligen Einheit bezieht. Diese Bilder sind sowohl zur Hilfe für die Mitarbeiterinnen und Mitarbeiter bei ihrer Vorbereitung gedacht als auch für die Bereicherung der Gottesdienste. Die Bilder können angeschaut, besprochen, ausgemalt, als Fensterbilder dünn mit Öl eingerieben und aufgehängt werden. Als Plakat vergrößert ergeben sie einen sinnvollen Schmuck im Gottesdienstraum, der die einzelnen Gottesdienste zusammenfasst und erinnern lässt.
Wir danken Silvia Gützkow für diese Zeichnungen.

Bausteine für Gottesdienste mit Kindern und Erwachsenen finden Sie für

1. *Januar – Neujahr oder zu einem anderen Zeitpunkt* Markus 13,31 – Jahreslosung
8. *Februar – Septuagesimä* Gott (be)schützt wie ein Schirm (Psalm 91,1–2)
15. *Februar – Sexagesimä* Markus 3,1-6 – „Das ist nicht erlaubt!"
28. *März – Judika* Warum können wir hier nicht bleiben? – Verklärung – Markus 2,9–10
11. *April – Ostersonntag* Kann das wahr sein? – Ostermorgen – Johannes 20,1–10
9. *Mai – Kantate* Geh aus mein Herz – EG 503,1–4.8
30. *Mai – Pfingsten* Johannes 20,19-23 – Die Angst der Jünger und der Geist des Friedens
27. *Juni – 3. Sonntag nach Trinitatis* 5. Mose 26,1-11 – Das Fest der Befreiung
8. *August – 9. Sonntag nach Trinitatis* Die Wüste wird blühen (Jes. 35,1–7)
3. *Oktober – Erntedank* Johannes 6,1-15 – Brot des Lebens

Anschauungs- und Erzählmaterial, das eventuell längerfristig besorgt werden muss (s. auch „Übersichten")

1. *Januar – Neujahr oder anderer Zeitpunkt* Cassette 25 aus dem Fidula-Verlag mit dem Tanz „Zadik katamar"
7. *März – Reminiszere* Bild von Herbert Seidel: Fischzug, GoKi 200, S. 179, zu beziehen bei: Nationalsekretariat für Gemeinschaft christlichen Lebens, Sterngasse 3, 86150 Augsburg
22. *August – Estomihi* Folien kopieren
21. *November – Ewigkeitssonntag* Max Bolliger, Die Kinderbrücke, illustriert von Stepan Zavrel, bohem press Zürich, ISBN 3-85581-332-9.
12. *Dezember – 3. Sonntag im Advent*
 – Rose von Jerichow aus einem Pflanzengeschäft
 – Der Säugling spielt vor dem Schlupfloch der Natter (Jesaja 11) von Sieger Köder, als Postkarte zu bestellen bei: Schwabenverlag, 73760 Ostfildern, Bestell-Nr. SK 220

Jahreslosung

Kanon zur Jahreslosung

Text: Markus 13,31
Melodie: Detlef Schoener

Him-mel und Er - de wer-den ver-ge-hen; a - ber mei-ne

Wor - te wer-den nicht ver-gehn, wer-den nicht ver - gehn.

1. Januar 2004 –
Neujahr

Jahreslosung –
Markus 13,31

Lieder:
Du bist da, wo Menschen leben, KG 147, LfK 1 C 6, LJ 498, MKL 42; Meinem Gott gehört die Welt, EG 408, KG 152, LJ 226; Herr, dein Wort ist meines Fußes Leuchte, KG 203; Singet dem Herrn ein neues Lied, EG 287, LJ 161; Himmel und Erde müssen vergehn, s. o.; Dass Erde und Himmel dir blühen, LJ 361, s. u.

Himmel und Erde werden vergehen; meine Worte aber werden nicht vergehen.

Zum Text

Die Evangelien im Neuen Testament wollen keine „an der inneren und äußeren Entwicklung interessierte Lebensbeschreibung" Jesu vorlegen (Eduard Schweizer), sondern den geglaubten und auferstandenen Jesus Christus verkündigen. Diese Einsicht ist wichtig gerade bei der Betrachtung der Jahreslosung für 2004, die aus dem besonderen Kapitel 13 bei Markus entnommen ist. Markus will Jesus als den Gottessohn vor Augen stellen.

Das 13. Kapitel schließt die letzten Tage Jesu in Jerusalem ab (11,1–11: Einzug in Jerusalem). Unmittelbar anschließend (Kap. 14) beginnt die Leidens- und Auferstehungsgeschichte. An der Stelle des Übergangs zwischen dem Wirken Jesu in Galiläa und seinem Weg zu Kreuz und Auferstehung in Jerusalem stellt der Evangelist in Kap. 13 eine große Rede Jesu zusammen. In ihr wird vom Kommen Jesu und von den Ereignissen bei seiner Gegenwart gesprochen (wir sprechen eher vom „Wiederkommen"; ein solches Wort kannte aber die erste Gemeinde nicht). Markus hat Glaubenszeugnisse, die der ersten Gemeinde besonders wichtig waren, zusammen gefügt und Jesus in den Mund gelegt (vgl. etwa V. 14 oder den Begriff „Evangelium" in V. 10, der überhaupt erst von Markus geprägt wurde).

Worte Jesu über das Ende des Tempels werden weitergeführt und münden in Schilderungen von Endereignissen. Dabei wird die von Jesus gelernte Verantwortung vor Gott für die Welt gegenwartsnah entfaltet. Gerade die abschließenden Mahnungen an die Gemeinde (V. 28–37) stellen Jesusworte zusammen, deren ursprünglicher Zusammenhang nicht mehr erkennbar ist (der Vergleich mit den anderen Evangelisten macht darauf aufmerksam).

Es ist darum gerechtfertigt, den Spruch aus V. 31 (Jahreslosung) für sich zu nehmen und den Zusammenhang im Markusevangelium zu vernachlässigen.

Wir haben es mit einem Glaubens- und Bekenntnissatz zu tun, nicht mit einer Weltuntergangsbeschreibung nach Art von science fiction zu tun.

Himmel und Erde beschreiben die gesamte Schöpfung, die gesamte Welt, das Weltall. Am Ende des Neuen Testamentes (Offb 21,1) wird ein neuer Himmel und eine neue Erde – die neue

Schöpfung Gottes – erwartet, weil Gott bei den Menschen wohnen will. Die alte und die neue Schöpfung werden gegenüber gestellt (vgl. auch 1 Kor 5,17!). Die ganze Welt mit ihrer Pracht und Schönheit, mit ihrem Elend und Leid geht vorüber, wird aufgelöst.

Was bleibt? Es bleibt „dieses Geschlecht" (V. 30) – die Gemeinde, die an Jesus Christus Glaubenden, die mit der „neuen Schöpfung", dem „neuen Himmel und der neuen Erde" Verbundenen. Und es bleiben „die Worte" Jesu (V. 31) – sein Wirken, sein Leben, eben die Gemeinschaft mit Gott, der in einer „neuen Schöpfung" bei und mit den Menschen leben will. Wenn vom „Wort" die Rede ist, wird mehr gemeint als eine Ansammlung von Buchstaben und Silben. Die Bedeutung von „Logos" (griechisch) reicht von „Rede" über „Erzählung" bis zu „Lehre" und „Sinn". Im Anfang des Johannesevangeliums ist Jesus selbst „das Wort", das Mensch geworden ist (Joh 1,14).

Wenn von „den Worten Jesu" die Rede ist, wird die Lehrautorität des Rabbi Jesu unterstrichen und herausgestellt. Sein Leben und Wirken, sein Reden und Handeln bleiben und werden nicht „aufgelöst".

Der Text und die Kinder

Wie hören Kinder diesen Bekenntnistext? Sie freuen sich an „dieser Welt", die „Gottes Welt" ist (Meinem Gott gehört die Welt ...). Mit der Vorstellung, dass Himmel und Erde vergehen, ist sorgfältig umzugehen. Eine Chance besteht in dem Hoffnungsbild von einem neuen Himmel und einer neuen Erde. Nicht das Bedrohliche eines Weltunterganges als dunkler Hintergrund für die bleibenden „Worte Jesu", sondern vielmehr das Ende alles Bedrohlichen als Hoffnung auf die fröhliche Gemeinschaft mit Gott, der bei den Menschen wohnen will, kann zur Verstehens- und Lebenshilfe werden. Unbedingt sollte der Text Offb 21,1–4 mitschwingen!

Nicht nur Goethe konnte „das Wort" so hoch nicht schätzen (Faust, I. Teil, Studierzimmer). Für viele ist es „Schall und Rauch". Es geht hier eben nicht einfach um Wörter, sondern um das Mensch gewordene Wort Gottes. Worte Jesu sind wirkende, wirksame Worte. Und die ereignen sich in Erzählungen und Geschichten, im Wirken und Tun. Kindern werden bei den Worten Jesu eher Ereignisse und Geschehnisse einfallen. Und das ist gut so.

Der Text verwendet zweimal das gleiche Verb, nur einmal in der Verneinung. Im Wortstamm geht es um ein „Gehen". Das reizt, damit zu spielen: auf-gehen, unter-gehen, voran-gehen, an-gehen, aus-gehen, fort-gehen, ver-gehen, zer-gehen ... Bilder stellen sich ein: Butter, Wachs, Schnee zergehen. Die Sonne geht auf, geht unter. Töne, Schall, Zeit vergehen. Ein Tag, ein Jahr, ein Fest vergeht. Aber auch Krankheit, Leid und Angst vergehen. Auch Gottes Wort geht durch die Welt. „Das Wort läuft" hieß vor vielen Jahren ein biblisches Lesebuch.

Was ist das Gegenstück zu „vergehen" (nicht zu einem „Vergehen")? Alles, was bleibt, was Bestand hat, was voller Kraft ist: Die Freude nach einem schönen, vergangenen Fest. Die Geschenke, die mich an Freunde und gemeinsame Stunden erinnern. Das Lied, das weiter klingt, obwohl seine Töne längst verklungen sind. Paulus sagt: Glaube, Liebe, Hoffnung (1 Kor 13,13) bleiben. Der Segen bleibt, weil er mitgeht, auch wenn der Kindergottesdienst zu Ende geht.

Erfahrungsgemäß wird die Jahreslosung zu Neujahr thematisiert. Nur in seltenen Fällen feiern Kinder am Neujahrstag einen Gottesdienst (mit). Aber das vergangene, alte Jahr und das beginnende, neue (nicht bleibende) Jahr bieten eine Anknüpfung an „vergehen" und nachfragen: was bleibt? Während des Jahres gibt es dazu ebenso Gelegenheiten.

**Gestaltungsvorschlag
für Kinder und Erwachsene**

Hinweise
Für die jeweils eigene liturgische Gestaltung werden keine Vorschläge gemacht. Die folgenden Elemente bieten sich nicht nur für den Kindergottesdienst, sondern auch für das Bibelgespräch mit Jugendlichen oder Erwachsenen an.

Benötigt wird ein Plakat mit der Jahreslosung (A 3, besser A 2; eventuell selber schreiben) und in gleicher Größe ein Poster von einer Landschaft (auch Stadtansicht oder von der Gemeindekirche), das auf der Rückseite beschriftbar ist. Dazu: Schere, Schreib- und Malstifte, Klebstoff.

Eventuell muss eine MC oder CD mit dem israelischen Tanz „Zadik katamar" beschafft werden.

Psalm
Im Wechsel gelesen werden kann Ps 96,1–3.9–13. In diesem Psalm klingen Gedanken der Jahreslosung an: Verkündet von Tag zu Tag sein Heil / erzählet unter den Heiden von seiner Herrlichkeit / der Himmel freue sich und die Erde sei fröhlich / er wird den Erdkreis richten mit Gerechtigkeit ...

Als Alternative bietet sich Ps 98 an. Mit musikalischen Gruppen (vielleicht auch im Wechsel mit einer Singgruppe oder der erwachsenen Gemeinde) lässt sich dieser Psalm aus dem EG 287 gestalten.

Und noch eine Möglichkeit: Weit verbreitet sind inzwischen israelische Tänze. Ps 92 (für den Sabbattag!) lässt sich bis V. 9 lesen und V. 13 tanzen: Zadik katamar (zu finden u. a. auf der Cassette 25 aus dem Fidula-Verlag). Der Gerechte bleibt und grünt und blüht und bleibet ewiglich; die Frevler / Übeltäter werden vertilgt für immer.

Gestaltetes Gespräch
Anknüpfend an Worte aus den Psalmtexten werden Äußerungen gesammelt zu „vergehen" und „bleiben".
– Weihnachten ist vergangen, Silvester, das alte Jahr ...
– Zeit vergeht, verrinnt (Uhr, Eieruhr). Was bleibt?
– Spielzeug geht kaputt, wird langweilig, unmodern ...
– Töne verklingen (Stimmgabel, ein Musikinstrument)
– gute Laune, gute Stimmung vergehen, aber auch Krankheit, Schmerzen, Leid

Was bleibt? Die Erinnerungen an schöne Ferientage, an die Zeit zusammen mit dem Opa. Symbole (bleibende Erinnerungen) haben Bestand. Mutters Liebe. Hoffnung auf das Ende allen Leids. Ein neuer Himmel und eine neue Erde. Gottes Nähe im Mensch gewordenen Jesus Christus.

Besprochene Gestaltung
Ein Plakat (wenigstens A 3, möglichst A 2) mit einer schönen Landschaft oder ein Poster unserer Stadt oder von unserer Kirche („Himmel und Erde") werden benötigt. Die Darstellung soll bekannt und nahe sein (New York oder Werbe-

Jahreslosung

poster sind ungeeignet). Die Rückseite muss einfarbig, möglichst weiß und beschriftbar sein. Wir sehen uns das Plakat an und fragen uns: Wird das alles bleiben? Wird das alles vergehen?

Das Plakat wird nun vor aller Augen in verschieden-formige Puzzle-Teile zerschnitten. Ein bis zwei Teile sollte jede bzw. jeder bekommen. Die einzelnen Teile (freie Rückseiten) werden nun mit „bleibenden" Worten und Geschichten Jesu beschriftet oder bemalt. Was ist uns in der christlichen Gemeinde von Jesus Christus geblieben, wenn alles auseinander fällt? Wem fällt ein gutes Wort, ein guter Satz ein? Wem eine Geschichte, die Jesus erzählt hat? Wem ein Ereignis? Es ist gleich, ob geschrieben oder gemalt wird. Das richtet sich je nach Alter.
Anregungen:
– Ihr seid das Salz der Erde. (Mt 5,13)
– Lasset die Kinder zu mir kommen … (Mk 10,14)
– Ich bin der gute Hirte. (Joh 10,11)
– Selig sind die Frieden stiften. (Mt 5,9)
– Ich bin bei euch alle Tage … (Mt 28,20)
– Gleichnis vom barmherzigen Samariter (Lk 10,25ff.)
– Gleichnis vom Sämann (Mk 4,1ff)
– Heilung des blinden Bartimäus (Mk 10,46ff.)

Alles, was den Teilnehmenden einfällt, ist zugelassen. Wenn sich ein alttestamentlicher Text verirrt, macht das auch nichts.

Nun werden die Puzzle-Teile so zusammen gesetzt, dass die Texte und Bilder und Zeichnungen sichtbar sind. Lediglich der Rahmen wird vorgegeben. Dafür wird ein gleich großes Plakat mit der Jahreslosung benötigt. Der Text bleibt verdeckt. Auf der Rückseite werden nun die Puzzle-Teile zusammen gefügt. Texte, Geschichten und Geschehnisse werden vorgelesen, ergänzt, erinnert … Und damit sie nicht wieder auseinander fallen, werden sie auf der Rückseite des Jahreslosungsplakates aufgeklebt.

Nun können die „bleibenden" Worte Jesu aufgehoben (im wörtlichen Sinne!) werden. Wenn wir das Plakat jetzt umdrehen, können alle gemeinsam die Jahreslosung lesen (vorgelesen bekommen).

Diese Jahreslosung mit „Worten" Jesu kann auf der Rückseite im Laufe des Jahres auch wieder überklebt und ergänzt werden. Für die (Kinder-) Gemeinde wird sie so ein Begleiter mit bleibenden guten Worten, wenn – wie so vieles – in der Welt vergeht.

Kanon: Himmel und Erde müssen vergehn

Volkstümlich

Kanon: Dass Erde und Himmel dir blühen

Text: Kurt Rose 1990
Melodie: Herbert Beuerle 1990

Rechte: Verlag Singende Gemeinde, Wuppertal

In Anlehnung an Marlis Ott (Bewegte Botschaft, Theologischer Verlag Zürich/Verlag am Eschbach 1996, S. 29–30) werden dafür Bewegungen vorgeschlagen: Jeweils zwei Teilnehmende stehen sich gegenüber. Während der ersten Liedzeile werden die Hände von unten (Erde) nach oben (Himmel) erhoben und dann im großen Kreis (blühen) dem Gegenüber (dir) wie in einer offenen Schale gereicht/geschenkt (dabei nicht anfassen). Bei der zweiten Zeile werden die zur Schale zusammen gelegten Hände nach rechts und nach links gewogen (Freude und Mühe). Die dritte Zeile beschreibt die Wunder: Die Hände gehen auseinander und beschreiben einen großen Kreis von unten nach oben. Erst bei der vierten Zeile werden die eigenen Hände von oben mit den Händen des Gegenüber zusammen gelegt: dass Frieden für Seele und Leib bleiben möge.

Segen

Bleibend ist der Segen, mit dem wir in (das neue Jahr,) die neue Woche gehen. Der vorgeschlagene vierstimmige Kanon (der auch einstimmig gesungen werden kann) nimmt „Himmel und Erde" auf, aber gerade nicht im Vergehen, sondern im Blühen. Ein gutes Wort – wenn auch nicht ein Wort Jesu.   Peter Lehmann

Ganz schön mutig

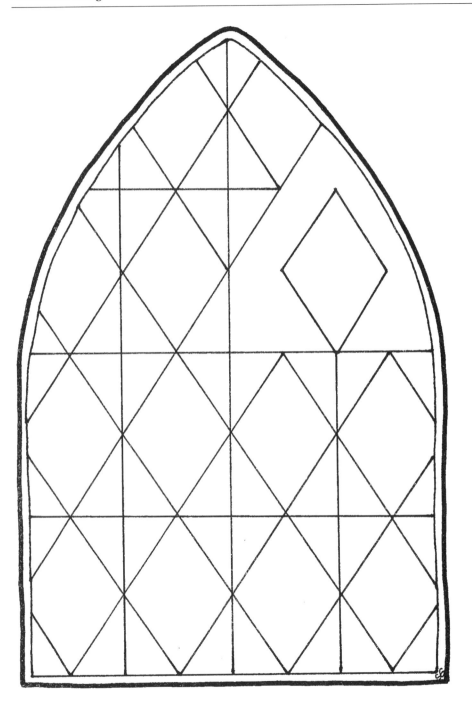

Lied: Schenk uns Weisheit, schenk uns Mut, s. u., EG regional, LJ 605

Liturgischer Text:
Psalm 86,1–5

Ganz schön mutig

Sonntag	Text/Thema	Art des Gottesdienstes Methoden und Mittel
4.1.2004 2. Sonntag nach Weihnachten	1. Mose 18,16-33 Abrahams Bitte für Sodom	Gottesdienst mit Kindern; Gespräch mit Abraham-Figur, Bausteine oder Klebezettel für Stadtaufbau; Erzählung, Abraham-Lied, Basteln: Pappe, Stoff, Stifte, Leim; evtl. Schattenspiel zur Erzählung
11.1.2004 1. Sonntag nach Epiphanias	Lukas 16,1-9 Klug wie die Schlange – ohne Falsch wie die Taube	Gottesdienst mit Kindern; Quiz, Gespräch mit Bildern, Erzählung, Anhänger basteln
18.1.2004 2. Sonntag nach Epiphanias	Lukas 18,1-8 Eine Frau hat recht Der Erfolg ist mit den Hartnäckigen	Gottesdienst mit Kindern; Rollenspiel, Gespräch, Erzählung mit Fingerpuppen, Fürbittgebet und Fingerspiel

Ganz schön mutig

Schenk uns Weisheit, schenk uns Mut

Text und Melodie: Irmgard Spiecker

1. Schenk uns Weis - heit, schenk uns Mut   für die Ängs-te und die Sor - gen;

für das Le - ben heut und mor - gen. Schenk uns Weis - heit, schenk uns Mut.

2. Schenk uns Weisheit, schenk uns Mut,
   für die Wahrheit einzustehen
   und die Not um uns zu sehen.
   Schenk uns Weisheit, schenk uns Mut.

3. Schenk uns Weisheit, schenk uns Mut,
   für die Zeit, in der wir leben,
   für die Liebe, die wir geben.
   Schenk uns Weisheit, schenk uns Mut.

4. Schenk uns Weisheit, schenk uns Mut,
   für die vielen kleinen Schritte.
   Gott, bleib du in unsrer Mitte.
   Schenk uns Weisheit, schenk uns Mut.

Rechte: Deutsches Weltgebetstagkomitee, Stein b. Nürnberg

4. Januar 2004 –
2. Sonntag nach Weihnachten

1. Mose 18,16–33

Abrahams Fürbitte für Sodom

Lieder:
Suchet zuerst Gottes Reich, EG 182, LJ 128; Abraham, Abraham, verlass dein Land, EG 311, LJ 171, KG 160 Geh, Abraham, geh, mach dich auf den Weg; Schenk uns Weisheit, schenk uns Mut, LJ 605, s. o.

Liturgischer Text:
Psalm 86,1–5

Zum Text

Der Text steht im großen Zusammenhang der Vätergeschichten (Abraham, Isaak, Jakob), also der Ursprungsgeschichten Israels. Innerhalb der Abrahamgeschichte ist er aber eher wenig bekannt. Gott beschließt, Sodom und Gomorra zu vernichten. Das erinnert uns an die Sintflut (1 Mose 7; 8). Statt der Flut schickt Gott hier Feuer vom Himmel. Ähnliche Erzählungen gibt es in den Anfangsgeschichten anderer Völker.

Sodom und Gomorra haben bereits in der Bibel (Jes 1,9; Jer 23,14; Lk 10,12) und auch für uns heute sprichwörtliche Bedeutung. Sie sind das Paradebeispiel für Verdorbenheit, Bosheit, Maßlosigkeit, Chaos, Entmenschlichung und totale Gottesferne. „Gomorra" z. B. war der englische Codename für den ersten großen Bombenangriff auf Lübeck 1942. Er hat seinem Namen alle Ehre gemacht und nur Zerstörung hinterlassen. Wir kennen die Redewendung „wie Sodom und Gomorra".

Mit Staunen sehen wir Ausgrabungen vergangener Städte und Kulturen. Man kann sich vorstellen, wie dort das Leben pulsierte. Hier aber findet man nur eine wüste tote Landschaft ohne den Hinweis auf vergangenes menschliches Leben. Archäologen und Bibelkundler haben Sodom und Gomorra am Süd- und Nordende und sogar auf dem Grund des Toten Meeres vermutet, aber nie etwas gefunden.

Der Untergang von Sodom war kein blindes Schicksal, sondern zeigt Gottes Gericht über eine Gemeinschaft, die ihre Freiheit missbraucht.

Gott weiht Abraham in seine Pläne ein. Er achtet ihn wie einen vertrauten Freund. Abraham weiß, was nun passieren wird. Er wird vom Zuschauer zum aktiv Beteiligten. Abraham ist uns als Träger der Verheißung auf Land, Nachkommen und Segen bekannt, aber auch als der Gerechte. Was kann er tun? Er appelliert an Gottes Gerechtigkeit. Die Kernfrage der Erzählung ist die Frage nach dem Warum. Warum werden Schuldlose mit den Schuldigen bestraft? Warum werden die einen verschont und die anderen nicht? Hier im Text ist die Strafe wirklich verdient. Gott ist gerecht.

Was wie ein Handel aussieht (fünfzig Gerechte ... zehn Gerechte), zeigt das besondere Vertrauensverhältnis Abrahams zu Gott. Es gehört schon Mut dazu, sich für eine so offensichtlich aussichtslose Sache wieder und immer wieder einzusetzen. Dabei vertraut Abraham auf die Großherzigkeit Gottes. Seine Fürbitte gilt nicht nur den Guten, denn die ganze Stadt soll gerettet werden. Und das um zehn gerechter Menschen willen, welch eine Vision! In den zehn Gerechten ist Gott gegenwärtig, die Stadt ist kein Ort totaler Gottesferne. Weniger als zehn sind nach jüdischer Tradition nur einzelne. (Ein Synagogengottesdienst z. B. findet nur statt, wenn mindestens zehn Männer anwesend sind.) Im Alten Testament gibt es nur eine Stelle, wo ein einziger Stellvertreter genügt (Jes 53 – fürwahr, er trug unsere Krankheit).

Der Text und die Kinder

Abraham lebte ca. 1800 vor Christus. Vieles aus seinem Leben und seiner Umwelt ist uns heute fremd. Mir fällt es schwer, den Kindern von der Zerstörung einer Stadt zu erzählen. Das Bild, welches uns das Neue Testament von Gott zeichnet, ist mir viel näher als das Gottesverständnis des Alten Testaments. Trotzdem gibt es Punkte in der Geschichte, die mir und den Kindern vertraut sind; Dinge, die sich bis heute nicht geändert haben.

Kinder können vielleicht besser als wir Erwachsenen nachempfinden, wie Abraham mit Gott verhandelt und wie er um zehn oder fünf Menschen feilscht. Kinder sammeln viele Dinge. Tauschgeschäfte gehören da automatisch dazu. Für die Dinge, die ihnen wichtig sind, werden sie auch einiges bieten. Der Handel geht hin und her, bis man sich einigt. Außerdem haben Kinder ein sehr feines Gespür für Gerechtigkeit bzw. Ungerechtigkeit. Sie reagieren empfindlich auf ungerechte Behandlung; nicht nur wenn es sie selbst betrifft, sondern auch bei Freunden oder im Buch oder Film. Während die Jüngeren nur Gut und Böse kennen, können die Älteren schon von Situation zu Situation entsprechend unterscheiden. Wenn wir die Kinder nach den Vergehen der Menschen in Sodom fragen, werden wir viele Antworten bekommen, sicher mehr als bei den guten Taten dieser Stadt.

Klar ist, bei Unrecht muss Strafe sein. Wenn Kinder in der Familie etwas Verbotenes getan haben, erwarten sie eine Strafe (auch wenn sie sich davor fürchten). Hinterher ist alles wieder gut und vergessen. Mit dem Wissen einer Schuld herumzulaufen und immer auf Strafe zu warten – dieser Schwebezustand ist viel schlimmer.

Ich möchte den Kindern Mut machen, sich gegen widerfahrenes eigenes oder fremdes Unrecht zu wehren. Ich wünsche ihnen Erwachsene zur Seite, die sie darin unterstützen. Sie sollen wissen, Gott wird dann auf ihrer Seite stehen.

Mein Hauptgedanke: Gott ist gerecht: Er straft die, die ihn verhöhnen. Aber die ihn lieb haben, mit denen redet er wie mit einem Freund. Er macht sie mutig und stark.

Der rote Faden:
1. Es gibt Vieles, was Gott nicht gefällt und was uns von ihm trennt. Wir überlegen, was das sein kann.
2. Wir hören von Abraham und seinem Einsatz für Gerechtigkeit.
3. Weil Gott gerecht ist, wollen wir uns auch so mutig wie Abraham für Gerechtigkeit einsetzen.

Gestaltungsvorschlag für jüngere und ältere Kinder

Begrüßung und Lied
1. *Was trennt uns von Gott?*
Abraham-Figur: „Guten Tag, Kinder! Ich bin Abraham." (geht zu einem Haus

und lauscht) „Psst, seid mal leise ... oho ... (prustet) ... brr ... (schüttelt sich) ... also Leute, was man da so zu hören bekommt ... wenn man am Schlüsselloch lauscht ... horcht mal, hier!"
Stimme: „Spielst du noch mal mit mir? ... Ich habe dich ganz dolle lieb."
Abraham: „Das höre ich gern. Aber lauscht mal hier am nächsten Haus!"
Stimme: „Au, du blöde Kuh, du tust mir weh!"
Abraham: „Das höre ich aber gar nicht gern."
In unseren Häusern passiert viel Gutes und Böses. Überlegt mal, was das alles sein kann! (Jüngere Kinder nennen Gutes und Böses, ältere schreiben es auf Klebezettel-Häuser und heften sie auf ein Stück hellen Stoff. Sodom entsteht.)
Gott freut sich über das Gute, aber er ist traurig über die Boshaftigkeit. Das kann ihn richtig zornig machen. Besonders schlimm war es damals in Sodom. Abraham wird es euch erzählen.

2. *Erzählung von Abraham und seinem Einsatz für Gerechtigkeit*
(Die entstandene Klebezettel-Stadt kann aufgehängt werden, damit sie besser zu sehen ist. Beim Erzählen wird die Abrahamfigur bewegt.)
Über Sodom hört man wirklich nur noch Klagen. Kein Mensch, der mir begegnet, hat etwas Gutes über die Stadt erzählt. Was dort los ist, das schreit echt zum Himmel. (Stichworte aus dem vorangegangenen Gespräch werden aufgenommen; das Böse auf den Häusern wird genannt.) Die Menschen betrügen einander, sie tun sich gegenseitig Gewalt an, sie lügen ... nach Gott fragt da keiner. Gott (Abraham holt tief Luft) ... Gott hat mir heute gesagt, dass er die

Wir können die Geschichte für jüngere Kinder mit Bausteinen, für ältere mit Klebezetteln (Post-it® Notes) gestalten.

Stadt vernichten will. Was soll ich nur tun? Wenn da nun auch gute, fromme Leute leben, die ... (das aufgeschriebene Gute wird genannt)? Die würden dann ja auch mit umkommen. Ich muss mit Gott reden!
(Abraham verschwindet und kommt nach einer Weile wieder.) Jetzt habe ich doch all meinen Mut zusammengenommen und zu Gott gesagt: „Vielleicht gibt es fünfzig gläubige Menschen in Sodom, die gerecht und ehrlich sind. Willst du, dass die alle sterben, bloß weil die anderen sich jeden Tag neue böse Dinge ausdenken? Du bist doch gerecht, Gott, da kannst du doch nicht so etwas Ungerechtes tun!" Da sagte Gott: „Wenn es in Sodom fünfzig gerechte Menschen gibt, dann will ich der ganzen Stadt vergeben." (Einige Häuser mit guten Aufschriften werden entfernt.) Da dachte ich bei mir, nun rede ich schon einmal mit Gott, da will ich jetzt nicht aufgeben. Und ich sagte: „Vielleicht sind auch nur fünfundvierzig gute Menschen in Sodom. Die willst du doch nicht bestrafen?" „Nein", sagte Gott, „ich werde bei fünfundvierzig gerechten Menschen die ganze Stadt verschonen." Er sagte es traurig. Da wusste ich, dass es keine fünfundvierzig guten Menschen in Sodom gibt. (Häuser entfernen) Trotzdem nahm ich all meinen Mut zusammen und redete wieder und wieder für die

Stadt. Vielleicht sind es vierzig oder dreißig oder zwanzig, deren Leben in Ordnung ist? Gott versprach mir jedes Mal, die Stadt dann zu verschonen. Da war ich schließlich bei zehn Leuten angekommen. Sogar für zehn gute Menschen hätte Gott die ganze böse Stadt am Leben gelassen. Er ist gerecht und hat ein weites Herz.

3. *Können wir uns auch für Gerechtigkeit einsetzen?*
(Abraham zu den Kindern gewandt:) Aber eins weiß ich, ich werde mich immer wieder für Gerechtigkeit einsetzen. Gott ist da auf meiner Seite. Vielleicht erlebst du ja manchmal, wie einem Freund oder jemandem in deiner Nähe Unrecht geschieht. Dann wünsche ich dir ganz viel Mut. Setze dich für ihn ein! Denke daran, Gott ist auf deiner Seite.

Lied: Geh, Abraham, geh
Das folgende Lied singen wir nach der Melodie von Geh, Abraham, geh, mach dich auf den Weg!

Gebet
Lieber Gott, mutig sein ist manchmal ganz schön schwer. Mache du uns stark, damit wir uns für andere einsetzen, die ungerecht behandelt werden. Lass uns nicht feige sein, wenn Freunde uns brauchen. Hilf uns, dass wir selber niemand Unrecht tun. Amen.

Bastelarbeit
Die Kinder malen einen Abraham, vielleicht auf Pappe, schneiden ihn aus, bemalen ihn oder bekleben ihn mit Stoff. Dabei kann „Das große Bibelbilderbuch" von Kees de Kort hilfreich sein. Abraham kann einen Stock in der Hand halten, auf dem steht: Ich bin für Gerechtigkeit.

Marit Seidel

Refr. Geh, Abraham, geh! Rede mit dem Herrn!
Geh, Abraham, geh! Auf dich hört er doch gern.
1. Von Sodom und Gomorra-Stadt kann man nichts Gutes hörn.
auch Gott hat schon die Nase voll. Er will die Stadt zerstörn.
2. Der Abraham ganz mutig spricht: „O Gott, verschon die Stadt, weil dort vielleicht auch frommes Volk sein Haus und Wohnung hat."
3. Er redet, bittet, handelt auch, weil er „gerecht sein" liebt.
Doch leider es in Sodom-Stadt nicht mal zehn Fromme gibt.
4. Gott ist gerecht, und er wünscht uns den Mut von Abraham, der sich stark macht für Gerechtigkeit, und das für jedermann.

11. Januar 2004
1. Sonntag nach Epiphanias

Lukas 16,1–9

„Klug wie die Schlangen und ohne Falsch wie die Tauben" Matthäus 10,16

Lieder:
Schenk uns Weisheit, schenk uns Mut, LJ 605, s. S. 18;
Singt und tanzt und jubelt laut vor Freuden, KG 47;
Lass uns, in deinem Namen, Herr, LJ 585

Liturgischer Text:
Psalm 86,1–5

Zum Text

Das Gleichnis von dem ungetreuen Verwalter (Lk 16,1–9 ist wohl eines der umstrittensten überhaupt. Die Handlung selber ist einigermaßen klar: Ein Verwalter wird der Untreue beschuldigt und ihm wird eine genaue Prüfung der Unterlagen angekündigt. Ihm ist klar, dass dabei seine Untreue herauskommen und er hinausgeworfen werden wird. Dann stünde er vor dem Nichts, denn er hat seine Existenz ganz und gar auf diese Stellung als Verwalter aufgebaut.

Die rettende Idee: den ihm untergebenen Pächtern (es könnten auch Großhändler sein, die ihre Waren gegen einen Schuldschein erhalten haben) wird ein beträchtlicher Teil ihrer Schulden erlassen. Zwei Beispiele werden genannt: Statt 100 Fässer Öl stehen dann nur noch 50 als Schuld und statt 100 Zentner Weizen stehen dann nur noch 80 auf dem Schuldschein. Da Öl bedeutend teurer als Weizen ist, ist beiden etwa gleichviel an Wert erlassen worden.

Der Verwalter erwirbt sich damit eine doppelte Sicherheit: Zum einen kann er sicher sein, dass ihn seine neuen „Freunde" nicht verraten werden, zum anderen stehen sie so weit in seiner Schuld, dass sie verpflichtet sind, ihn nicht hängen zu lassen, wenn er in Not gerät.

Wir können sicher davon ausgehen, dass Jesus in seinen Gleichnissen einen freien Umgang mit den Bildern pflegte. Es geht also nicht um eine allegorische Auslegung (z.B. der Herr im Gleichnis ist Gott, mit dem Verwalter sind Christen in besonderer Verantwortung gemeint usw.) und auch nicht um eine moralische (so was tut man nicht).

Jesus predigt in Bildern und Gleichnissen (s. Lk 15). Nach diesen Predigten werden sich die Hörer gefragt haben: „Was sollen wir denn tun?" (vgl. Apg 2,37). Die Antwort in unserer Geschichte lautet: Handelt – und handelt klug!

Die Klugheit besteht angesichts einer die Existenz bedrohenden Situation, konsequent schnell zu handeln. Der Verwalter flieht nicht, sondern stellt sich der Situation und schafft sich ein Beziehungsnetz, das ihn auffängt.

Der Text und die Kinder

Womit Kinder nichts oder wenig anfangen können, sollten sie auch nicht belastet werden. Es wäre verfehlt, mit den Kindern über das Verständnis des Gleichnisses zu diskutieren oder eine zu einfache Deutung zu bringen. Der Weg der Erklärung (so war das früher und so hat das Jesus gemeint) bringt zumindest für jüngere Kinder nicht viel. Es bietet sich die erzählende Erschließung an. Voraussetzung dabei ist, dass der Erzähler oder die Erzählerin weiß, in welche Richtung der Text erzählt sein will. Eine zweite Voraussetzung dafür, dass die Kinder vielleicht etwas von der Absicht dieses Gleichnisses mitbekommen, ist die, dass die Schritte in dem „Predigtteil" für die Kinder einigermaßen logisch sind und sie dem zustimmen können. Sie erfahren, dass Jesus einmal gesagt hat: „Seid klug wie die Schlangen und ohne Falsch wie die Tauben" (Mt 10,16).

Dieses Wort soll für die Kinder so etwas wie der Schlüssel zum Verstehen des Gleichnisses sein. Einen Schlüssel braucht man immer vorher und nicht, wenn man schon drin ist. So sollen auch die Kinder mit diesen Überlegungen das Gleichnis hören. Das Doppelbild (zwei Seiten einer Medaille) ist somit eine wichtige Station in diesem Gottesdienst.

**Gestaltungsvorschlag
für jüngere und ältere Kinder**

Quiz für ältere Kinder
1. Welches von den drei Liedern ist kein Advents- oder Weihnachtslied?
   a) Freu dich, Erd und Sternenzelt
   b) Weißt du, wie viel Sternlein stehen
   c) Vom Himmel hoch
2. Wer leitete die Weisen aus dem Morgenland in das Land, in dem Jesus geboren wurde?
   a) Ein Engel
   b) Reiter des Königs Herodes
   c) Ein Stern am Himmel
3. Welcher Brauch gehört zum 6. Januar?
   a) Kinder tragen einen Stern mit sich und singen vor den Häusern.
   b) Die Kinder legen für die Hasen und Rehe Brot und Heu im Freien aus.
   c) Kinder stellen am Vorabend einen Teller hinaus, der am nächsten Morgen mit Süßigkeiten gefüllt ist.
4. Welche Geschenke brachten die Weisen aus dem Morgenland dem Jesuskind?
   a) Wolle, Milch und warme Decke
   b) Eine kostbare Schriftrolle und teure Gewänder
   c) Gold, Weihrauch und Myrrhe
5. Welcher Tag gehört nicht zum Weihnachtskreis des Kirchenjahres?
   a) Epiphanias oder Dreikönigsfest
   b) Martinstag
   c) Silvester

Lösungen: 1.=b, 2. = c, 3. = a, 4. =c, 5. = b

Wir könnten jetzt die ganze Zeit so weiter machen und am Ende feststellen, wer am meisten weiß. Aber vielleicht wüssten wir es dann auch noch nicht. Mancher denkt, er ist klug und weiß viel. Aber klug sein ist mehr als viel wissen.

Hinführung und Gespräch
Zu Jesus kamen damals viele Leute, sie wollten von ihm lernen. Das, was er sagte, war ihnen ganz wichtig. Und manche kamen zu ihm, so oft sie konnten. Jesus erzählte: Gott will, dass sich die Menschen gegenseitig helfen und verzeihen. Die Menschen sollen nicht in Angst vor Gott leben. Wenn sie Böses getan haben, dann will ihnen Gott helfen, dass sie auf den rechten Weg kommen. Dieses und viel mehr lernten die Menschen. Es wurden immer mehr, die von Jesus lernten. Sie würden später von Jesus erzählen. Das würde nicht leicht sein, denn viele wollen gar nichts hören, manche schließen gleich ihre Türen zu,

manche lachen die Jünger aus, manche werden wütend und schimpfen und wieder andere gehen zum Gericht und sagen: das sind Verbrecher.

Deshalb sagte Jesus zu den Jüngern: „Seid klug, wie die Schlangen." Was meinte er wohl damit?

Schlangen – wir denken jetzt nicht an giftige Schlangen – können ihre Haut abwerfen, sich blitzschnell verstecken, sie kommen unbemerkt, schlängeln sich hindurch, können sich gut tarnen. Schon in alter Zeit galten sie als kluge Tiere. In der Bibel steht sogar: „Die Schlange war das klügste von allen Tieren, die Gott, der Herr gemacht hatte." (Die Gute Nachricht, 1 Mose 3,1).

Und dann sagte Jesus noch: „Seid ohne Falsch, wie die Tauben." Was meinte er wohl damit?

Wir kennen die Taube als Zeichen des Friedens. Sie tut keinem etwas. Es gibt Brieftauben und Turteltauben ...

„Seid klug wie die Schlangen und ohne Falsch wie die Tauben", sagte Jesus. Er erzählte davon eine Geschichte.

Erzählung
In einer Stadt gab es ein sehr großes Haus, eigentlich waren das mehrere Hallen und mehrere große Räume. Dort standen Säcke mit Weizen und Gerste oder anderes Getreide, Tonnen mit Olivenöl, Fässer mit Wein und Kisten mit kostbaren Gewürzen. An einer anderen Stelle lagen große Ballen mit feinsten Stoffen und vieles mehr. Aus diesem Lager holten sich die Kaufleute alles das, was sie weiterverkaufen wollten. Aber sie konnten das nicht eher bezahlen, bis sie Geld vom Verkaufen hatten. Deswegen wurde alles, was die Kaufleute holten, genau auf einen Schein aufgeschrieben – wie viel dies und wie viel das kostete. Das war der Schuldschein. Wenn sie einiges verkauft hatten, brachten sie das Geld. Dann wurde die alte Zahl durchgestrichen und darunter die neue geschrieben, die noch bezahlt werden musste.

Natürlich musste in so einem großen Lager genau aufgepasst und nachgerechnet werden. Dazu hatte der Besitzer einen Verwalter eingesetzt. Der musste den Schuldschein unterschreiben und alles in ein großes Buch eintragen. Da konnte man immer sehen, wie viel die Kaufleute noch zu bezahlen hatten. Und einmal im Jahr oder auch nur alle zwei Jahre – das war sehr verschieden – kam der Besitzer. Dann musste der Verwalter vor ihm abrechnen.

Für seine Arbeit wurde der Verwalter gut bezahlt. Er verdiente viel. Aber er musste auch gut arbeiten. Wenn der Chef merkte, dass zu wenig Geld hereinkam, und dass alles durcheinander ging, verlor er seine Arbeit.

Da gab es einen Verwalter, der sehr fleißig und genau war. Die Händler wussten, dass sie genau abrechnen mussten und nicht zu lange mit dem Bezahlen warten durften, sonst kostete es gleich noch mehr.

Dieser Verwalter fing an, große Feste zu feiern. Sie sollten immer schöner werden. Dazu brauchte er viele schöne Dinge, zum Beispiel kaufte er sich neue Möbel und schöne Kleider und ließ alles fein herrichten. Aber das kostete viel Geld – so viel hatte er gar nicht. Da nahm er das Geld aus der Kasse des Lagerhauses.

Freunde des Chefs sahen, wie der Verwalter immer größere Feste feierte und das Geld ausgab. Sie berichteten dem Chef davon. Der schickte einen Boten mit der Nachricht: „Ich komme bald zu dir. Da musst du alles genau abrechnen." Da wurde es dem Verwalter heißt und kalt, denn er hatte doch so viel Geld verschleudert. Das kommt jetzt heraus, dachte er, und der Chef wird mich entlassen. Das steht fest. Was mache ich bloß? Ich kann doch nicht schwer arbeiten, dafür bin ich zu schwach. Und zu betteln schäme ich mich.

Plötzlich kam ihm eine Idee. Er rief die Kaufleute zu sich. Sie brachten alle ihre Schuldscheine mit. Sie hatten Angst, dass der Verwalter ihnen einfach noch mehr Geld abverlangen würde.

Der erste Kaufmann trat zu dem Verwalter. Der Verwalter fragte: „Wie viel hast du noch zu bezahlen? Was steht auf deinem Schuldschein?" Der Kaufmann sagte: „100 Fässer Öl sind noch nicht bezahlt". Da sagte der Verwalter: „Hier ist Feder und Tinte. Streiche die 100 durch und schreibe darunter 50. Ich unterschreibe das." Der Kaufmann bedankte sich überschwänglich und der Verwalter dachte: „Siehst du, wieder einen Freund gewonnen, der mir helfen wird, wenn ich in der Klemme sitze."

Es trat der zweite Kaufmann ein. Der Verwalter fragte: „Was steht auf deinem Schuldschein? Was musst du noch bezahlen?" Der Händler sagte: „100 Sack Weizen". Da sagte der Verwalter: „Streiche die 100 und schreibe darunter 80. Ich unterschreibe das." Und der Kaufmann dachte: „Bloß noch 80 statt 100 Säcke Weizen muss ich bezahlen, da habe ich ja viel gutgemacht!" Und auch er bedankte sich und sagte noch: „Wenn du mal in Not bist, dann helfe ich dir bestimmt."

So ging das fast den ganzen Tag. Alle Kaufleute konnten ihren Schuldschein ändern und der Verwalter gewann an diesem Tag viele Freunde.

Das erzählte Jesus. Er sagte: „Das war klug gehandelt. Seid auch ihr klug, damit Gutes entstehen kann!"

Umhänger basteln

Zeichnungen: Silvia Gützkow

Wir haben hier kleine Kärtchen vorbereitet, auf der Vorderseite steht „Seid klug wie die Schlangen", auf der Rückseite „Seid ohne Falsch wie die Tauben". Das hatte Jesus gesagt. Hier sind auch kleine Bilder mit Schlange und Taube kopiert. Diese schneiden wir aus und kleben sie auf die Kärtchen zu dem Spruch. Am Ende kann noch ein Faden durch das Kärtchen gezogen werden und wir können uns das Kärtchen mit den Bildern und den Sprüchen umhängen.

Gerhard Dulig

18. Januar 2004 –
2. Sonntag nach Epiphanias

Lukas 18,1–8
Eine Frau hat recht – Der Erfolg ist mit den Hartnäckigen

Lieder:
Das wünsch ich sehr,
LfK 1 C 2, LJ 488, MK 56, MKL 6;
Lieber Gott, ich danke dir,
EG Regionalteil, LJ 588;
Schenk uns Weisheit, schenk uns Mut,
s. S. 18

Liturgischer Text:
Psalm 86,1–5

Zum Text

Obwohl unser Gleichnis ein neues Kapitel einleitet, müssen wir es im Zusammenhang mit dem vorhergehenden sehen. Dort sprach Jesus zu seinen Jüngern gerade vom Kommen des Gottesreiches und sagte ihnen für die Zeit zuvor Trübsal und Bedrängnis voraus. Eine Zeit, so kann man deuten, in der sie darum bitten und flehen werden, er möge doch kommen und ihnen beistehen und „zu ihrem Recht verhelfen." Und es wird ihnen vorkommen, als ginge ihr Bitten ins Leere (Lk 17,22). „Wird denn der Herr auf ewig verstoßen und keine Gnade mehr erweisen? Ist's denn ganz und gar aus mit seiner Güte, und hat die Verheißung für immer ein Ende?" (Ps 77)

Jesus will seine Jünger auf eben diese Situation vorbereiten: „Er sagte ihnen aber ein Gleichnis darüber, dass sie allezeit beten und nicht nachlassen sollten." (V. 1)

Den Richter stellt er als einen Menschen vor, der von seiner Verantwortung vor Gott nichts wissen will und den es nicht sonderlich interessiert, seiner Aufgabe nach bestem Gewissen gerecht zu werden. Wenn nun ausgerechnet eine Witwe zu diesem Richter kommt, so wird das bei den Hörern die Vorstellung von deren Ohnmacht und Schutzlosigkeit wecken. Eine Witwe hatte ja mit ihrem Mann ihren natürlichen Beschützer und Rechtsvertreter verloren und geriet nicht selten in soziale und wirtschaftliche Not. Nicht umsonst mahnen die Propheten: „Führt der Witwen Sache!" (Jes 1,17; Jer 7,6) Doch dieser Richter hatte dazu augenscheinlich keine Lust. Ein Bestechungsgeld war auch nicht zu erwarten.

Man kommt schnell zu dem Schluss, dass die Witwe gegen diesen Richter keine Chance hat. Doch von Resignation ist bei ihr keine Spur. Zwar bleibt dieser Frau nichts weiter als das Bitten, doch das tut sie mit aller erdenklichen Beharrlichkeit. Der Richter möchte sich nun dieser unangenehmen Belästigung entledigen und peinliche Folgen vermeiden und nimmt die Sache doch in die Hand.

Mut und Ausdauer können also selbst dann zum Erfolg führen, wenn die Ausgangsposition denkbar schlecht ist.

Die Deutung des Gleichnisses durch Jesus selbst müssen wir zunächst wieder auf dem oben beschriebenen Hintergrund verstehen. Die Jünger werden mit Flehen auf ihre Errettung warten. Aber wenn sie lange nicht eintritt? Muss ihnen da Gott nicht vorkommen wie der Richter aus dem Gleichnis, der das Bitten der Witwe so lange ins Leere gehen lässt? Doch Jesus weiß um die Enttäuschung über das Beten, das nicht erhört wird. Er weiß auch, dass sie den Glauben schwächt. Darum will er seinen Jüngern Mut machen.

„Schaut auf diesen ungerechten Richter", sagt Jesus den Jüngern. „Wenn schon der sich entschließt, einer bittenden Witwe zu ihrem Recht zu verhelfen, wird es da Gott, der gerechte Richter, nicht umso mehr bei euch tun, die ihr allezeit zu ihm betet?

Die letzte, besorgte Frage Jesu (V. 8b) ergeht auch an uns: „Wenn der Menschensohn kommt, wird er dann den Glauben finden?", das heißt, den ausharrenden und betenden Glauben?

Der Text und die Kinder

Die Situation der Jünger, für die Jesus das Gleichnis eigentlich erzählt (Leben in Bedrängnis, Verzögerung der Wiederkunft Jesu), liegt nicht in der Erfahrungs- und Vorstellungswelt der Kinder. Wenn wir ihnen das Gleichnis dennoch vermitteln, dann wohl mit dem Leitgedanken, den Lukas im 1. Vers formuliert: „Er erzählte ihnen aber ein Gleichnis darüber, dass sie allezeit beten und nicht nachlassen sollten." Auch ein kleiner schwacher Mensch kann durch beharrliches Beten vor dem allmächtigen Gott etwas erreichen und sich so wie die Witwe dabei ruhig etwas einfallen lassen. (Die „Kinderbriefe an den lieben Gott" sind ein schönes Beispiel dafür, wie Kinder unbefangen und voll Vertrauen beten.)

Für nicht erfüllte Bitten legt sich ein Vergleich mit der Familie nahe: Mutter und Vater wissen schon, ob es gut oder richtig ist, die Bitte zu erfüllen.

Die Witwe in ihrer schwachen Position muss anschaulich dargestellt werden; im Gegensatz dazu auch ihre Entschlossenheit. Im Sinne der Frage, die Jesus am Ende stellt (V. 8b), können wir so die Kinder ermutigen, ihre Freuden, Sorgen und Bitten immer wieder Gott anzuvertrauen und daran zu glauben, dass er sie wie ein liebender Vater anhört.

Gestaltungsvorschlag für jüngere und ältere Kinder

Rollenspiel und Gespräch

Wir sitzen im Kreis. Ein Stuhl wird in die Mitte gestellt. Darauf nimmt der Leiter (oder evtl. ein älteres Kind?) Platz. Die Kinder überlegen sich nun eine Bitte, die die Person auf dem Stuhl ihnen erfüllen möchte. Sie treten dazu vor den Stuhl und tragen ihre Bitte vor. Nun soll die gebetene Person angemessen reagieren. Sie kann die Bitte erfüllen, dazu nicht in der Lage sein oder einen Grund sagen, warum sie sie nicht erfüllen möchte.

In einem kurzen Austausch über dieses Spiel können die Kinder eigene Erfahrungen mit ihren Bitten und deren Erfüllung, z. B. in der Familie, erzählen.

Gesprächsimpuls: Wie war das, als du dir einmal etwas von ganzem Herzen gewünscht und Mutter und Vater darum gebeten hast?

Dabei kann der Leiter noch einmal auf das Spiel zurückblicken, auf die verschiedenen Möglichkeiten, eine Bitte vorzutragen bzw. mit einer Bitte umzugehen.

Lied: Das wünsch ich sehr

Zu diesem Lied kann man sich Bewegungen überlegen. Der Anfang „Das wünsch ich sehr" kann z. B. durch eine bittende Geste mit den Händen begleitet werden.

Erzählung mit Fingerpuppen
Seht und hört nun ein kleines Spiel.
(Die Geschichte wird als Fingerpuppenspiel erzählt. Für große Gruppen können wir Handpuppen nehmen. Zunächst werden die beiden Personen vorgestellt.) Dies ist eine sehr arme Frau. Ihr Mann ist gestorben, nun ist sie Witwe. Sie hat niemanden mehr, der sie beschützt und ihr hilft. Auch die Leute im Haus nebenan kümmern sich nicht um sie. Einmal muss die Witwe deswegen sogar zum Richter gehen.

Witwe (W.) (aufgeregt): Richter, ich bitte dich, hilf mir! Mein einziges Schaf ist gestern zur Schafherde meines Nachbarn – das ist der reiche Daniel – hinübergelaufen. Da ging ich hin, klopfte an und sagte: „Bitte, Daniel, gib mir mein Schaf wieder." Und weißt du, Richter, was Daniel darauf sagte?

W.: Daniel sagte einfach „Was auf meiner Weide steht, gehört mir, Frau!" Er will mir das Schaf nicht zurückgeben! Bitte, Richter, hilf mir. Es ist doch mein einziges. Woher soll ich nun Milch, Käse und Wolle bekommen?

Richter (R.) (wendet sich ab, murmelt): Was geht mich diese armselige Witwe und ihr Schaf an? Hör zu, Frau, ich habe keine Zeit. Geh zu deinem Nachbarn Daniel und regele das selbst.

W.: Aber das habe ich doch schon getan!

R.: Nun geh schon. Draußen wartet der Bürgermeister. Ich habe jetzt eine wichtige Angelegenheit mit ihm zu besprechen! (Richter ab.)

W.: Warum hilft mir der Richter nicht zu meinem Recht? Es ist doch seine Aufgabe! Er muss mir helfen! Ich werde noch einmal zu ihm gehen und ihn bitten. Was bleibt mir auch anderes übrig?

R.: Was willst du nun wieder? Ich sagte dir doch, dass ich keine Zeit für dich habe!

W.: Ich will dich noch einmal um deine Hilfe bitten. Du bist doch der Richter! Du musst dafür sorgen, dass ich mein Schaf wiederbekomme! Wen soll ich denn auch sonst um Hilfe bitten?

R.: Was weiß denn ich, ob nicht am Ende du dem Daniel ein Schaf wegnehmen willst? Was soll diese alberne Geschichte! Ich habe Wichtigeres zu tun! (Richter ab)

W.: O weh! Was soll ich nur tun? Ich muss mein Schaf wiederbekommen! Wovon soll ich sonst leben? (Überlegt, dann entschlossen:) Ich werde wieder zum Richter gehen! Irgendwann muss er mir helfen!

R. (schreibend): Du bist ja schon wieder da, Frau ...

W.: Ja, Richter. Ich habe es mir überlegt.

R.: Na endlich!

W.: Nein, ich meine, es ist deine Aufgabe mir zu helfen. Vielleicht hast du Angst, ich könnte es dir nicht bezahlen, weil ich so arm bin? Ich habe aber ein klein wenig Geld gespart und außerdem könnte ich dir Milch und Käse bringen, wenn ich mein Schaf wiederhabe. Bitte hilf mir!

R. (zur Seite): Was soll ich mit den paar Groschen anfangen? Die ganze Mühe lohnt sich nicht. Und außerdem werde ich es mir doch nicht mit dem reichen Daniel verderben... (zur Witwe:) Ich kann dir nicht helfen. Tut mir leid. Ich schreibe gerade einen sehr wichtigen Bericht. Stör' mich jetzt nicht weiter. (Richter ab)

Ganz schön mutig

W.: Hat dieser Richter denn gar kein Mitleid? Was mache ich jetzt? Nein, ich kann mein Schaf nicht einfach dem Daniel lassen! Der Richter muss das verstehen! Ich werde wieder zu ihm gehen! Ich werde nicht einfach aufgeben!
R. (sehr ärgerlich): O nein! Schon wieder diese Witwe!
W (fest): Ja, ich bin wieder da, Richter. Du kennst meine Geschichte! Hilf mir nun!
R.: Hm. Hm. Frau, du lässt mir keine Ruhe ... (zur Seite) Die lässt nicht locker! Am Ende kommt sie noch und schlägt mir ins Gesicht ... (zur Frau) Also hör zu, Frau. Weil du mir auf die Nerven gehst und keine Ruhe gibst, werde ich mich um die Sache kümmern. Komm in zwei Tagen wieder her.
W. (erleichtert): Endlich! Nun werde ich mein Schaf wiederbekommen! Ich bin sehr froh!

Gespräch
Die Kinder können sich äußern, wie ihnen die Personen und deren Verhalten gefallen haben. Anschließend könnte noch einmal das Lied „Das wünsch ich sehr" mit den Bewegungen gesungen werden.

Die Geschichte von der bittenden Witwe hat Jesus einmal seinen Jüngern erzählt.

„Seht, diese arme Witwe", sagte Jesus dazu. "Habt keine Angst. Bittet Gott, euren Vater im Himmel, um alles, was ihr braucht. Bittet so, wie die Witwe. Hört nicht auf. Lasst niemals nach. Sagt Gott immer wieder, was euch Angst und Sorge macht. Er wird helfen!"

Gemeinsames Fürbittengebet
Nicht nur für uns, auch für andere Menschen sollen wir Gott bitten. Daran können uns unsere Hände erinnern. Wenn wir still geworden sind und die Hände gefaltet haben, schauen wir zuerst auf den Daumen. Der ist unserem Körper am nächsten. Er erinnert uns daran, für die Menschen zu bitten, die uns ganz nahe sind. Der nächste Finger ist der Zeigefinger. Er zeigt uns, wo Menschen in Not sind. Er erinnert uns, dass wir für sie beten können. Dann kommt der Mittelfinger. Er steht höher als die anderen. Mit ihm können wir an Menschen denken, die andere leiten. Der Ringfinger ist ein schwacher Finger. Er erinnert uns daran, für kranke Menschen zu beten. Und schließlich der kleinste. Das ist der Finger für mich selber. Nun sage ich Gott, was ich auf dem Herzen habe. (Bei sehr jungen Kindern kann man sich auf Daumen und kleinen Finger beschränken.)

Eine *Kerze* wird in die Mitte gestellt und angezündet.

Lied: Lieber Gott ich danke dir, Str. 1.2) Nach jeder Fürbittengruppe kann dann die 1. Strophe gemeinsam gesungen werden.
Alle: Lieber Himmlischer Vater! Wir bitten dich, erhöre uns.
Einer: Wir denken jetzt an die Menschen, die wir sehr lieb haben (s. Daumen). Ich bitte dich für ... (Hier können einzelne Kinder ihre Anliegen sagen.) Ich danke dir, dass ...
Alle: Lieber Gott, ich danke dir, Str. 1
Einer: Wir denken jetzt an alle Menschen, die in Not sind ... (s. Zeigefinger) Ich bitte dich ... usw.

18. Januar 2004

Segen
Schenk uns, Vater, deinen Segen, (Kinder formen die Hände zu einer Schale.) wenn wir auseinander gehn. (Kinder senken die Arme.)
Leite uns auf deinen Wegen (Wellenbewegungen mit den Händen) bald zum frohen Wiedersehn. (Alle fassen sich bei den Händen.)
(M.Hilkert: Hört ihr Noahs Hammerschläge?, Kaufmann-Verag)

Bastelanleitung zu Fingerpuppen
Die Figuren kopieren, vergrößern, die Streifen zu einem Ring zusammenkleben und zum Spiel auf den Zeigefinger setzen. Daumen und Mittelfinger bilden die Arme und Hände. Aus rundem, farbigem Filz und Gummiband kann zusätzlich ein einfaches Gewand angefertigt werden.

Birgit Wenzel

Gott – wie bist du?

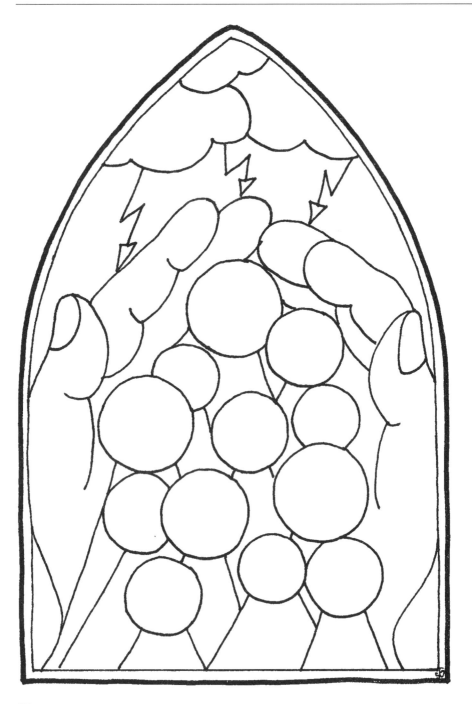

Lied: Meinem Gott gehört die Welt,
EG 408, LJ 226

Liturgischer Text:
Psalm 36,6–11

Gott – wie bist du?

Sonntag	Thema/Text	Art des Gottesdienstes Methoden und Mittel
25.1.2004 3. Sonntag nach Epiphanias	Gott belebt wie eine Quelle Psalm 36,10a	Gottesdienst mit Kindern; Tischspringbrunnen, Gespräch, Memory, Erzählung, beschriftete Wassertropfen aus blauem Papier
1.2.2004 Letzter Sonntag nach Epiphanias	Gott tröstet wie eine Mutter Jesaja 66,13	Gottesdienst mit Kindern (und Erwachsenen; Gespräch mit Gesichterwürfel oder Bild von traurigem Kind oder Erzählfigur, Erzählung, Psalm
8.2.2004 Septuagesimä	Gott (be)schützt wie ein Schirm Psalm 91,1–2	Gottesdienst mit Kindern (und Erwachsenen); Verschiedene Schirme aufstellen, Gespräch, Predigt, großes Schwung- oder Zelttuch, Fingerspiel, Fallschirm aus Stoff basteln

> 25. Januar 2004 –
> 3. Sonntag nach Epiphanias
>
> Psalm 36,10a
>
> ## Gott belebt wie eine Quelle

Lieder: Meinem Gott gehört die Welt, EG 408, LJ 226; Alles, was Odem hat, EG Regionalteil, LJ 476; Alle Knospen springen auf, KG 78, LJ 472, MKL 112; Weißt du, wo der Himmel ist, KG 69, LJ 623, MKL 99, ML B 79

Liturgischer Text:
Psalm 36,6–11 mit Kehrvers EG 277

Zum Text

In Ps 36,6–12 wird in vielfältigen Bildern beschrieben, wie Gott sich voller Liebe und Güte Menschen und Tieren zuwendet, sie nicht nur überreich ernährt, sondern auch beschützt, vor allem vor Menschen, die vor nichts (Bösem) zurückschrecken würden (V. 1–5.13).

„Quelle des Lebens" heißt nicht nur Ursprung des Lebens und Schutz, sondern meint auch Wohlergehen, Frieden, Segen und Glück, Freude, Gesundheit, Kraft usw. In früheren Zeiten haben Menschen bei dem Stichwort „Quelle des Lebens" noch mehr gehört. In der Weisheitsliteratur bezeichnet „Quelle des Lebens" die Weisheit selbst (vgl. Spr 13,14; 16,22; 18,4; 14,27) – also eine Art Lehre, mit der man Wege im Leben findet, die einen nicht nur beruhigen, reich und stark, selbstbewusst und frei machen, sondern auch weiter voranbringen in der Suche nach Wahrheit bei sich selbst, bei anderen Menschen und natürlich auch bei Gott.

Wer sich so auf Gott verlässt, dass er sagen kann: „Herr, deine Güte reicht, soweit der Himmel ist, und deine Wahrheit, so weit die Wolken gehen", der ist auf einem sehr weisen Weg. Er erkennt Wichtiges von Gott, sich selbst und der Welt.

In der christlichen Auslegung wurde dieser Psalm aus dem Alten Testament auch immer wieder auf Christus als „das Licht der Welt" und die Quelle des Lebens" gedeutet.

Der Text und die Kinder

Kinder lieben Spiele am Wasser, auch an sprudelnden Bächen oder an Brunnen. Sie halten gern die Hände hinein und freuen sich an der lebendigen Bewegung des fließenden Wassers. Da wir aber jetzt Januar haben, kann davon wohl nur erzählt werden. Vielleicht könnten wir einen Tischspringbrunnen oder Schwimmkerzen in einer Glasschale aufstellen. Manche Kinder haben schon einmal eine „richtige" Quelle in der Natur gesehen und können davon erzählen.

In der Bibel hören wir, dass Gott wie eine Quelle ist. Gott ist der Schöpfer allen Lebens, wie eine sprudelnde Quelle bringt er immer neue Formen des Lebens hervor und erhält sie auch am Leben. Gottes Geist ist ständig in Bewegung und so lebendig wie eine Wasserquelle, die nie versiegt.

Gott ist den Menschen und Tieren zugewandt und gibt ihnen genug, damit alle satt werden.

25. Januar 2004

Mit größeren Kindern kann man den Begriff der Weisheit füllen und sie auf eine Entdeckungsreise schicken.

※ **Gestaltungsvorschlag für jüngere Kinder**

Hinführung
In der Mitte stehen eine Schale mit Wasser, ein Tischspringbrunnen oder mehrere flache Schalen aufeinander gestellt (s. Zeichnung). In die obere Schale wird Wasser gefüllt, es läuft über in die untere Schale usw.

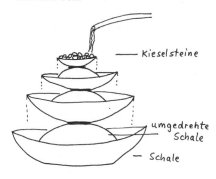

Wer hat schon einmal eine richtige Quelle in der Natur gesehen? Jeder Fluss, auch der allergrößte, hat eine Quelle, die aus der Erde heraussprudelt. Dann wird sie ein Bach, danach ein Fluss, dieser fließt in das Meer.
In der Bibel heißt es: Gott ist wie ein Quelle. Gott lässt Leben sprudeln.

Memory spielen und Gespräch
Wir spielen zusammen Memory. Es muss viele Bilder von Tieren, Landschaften und Menschen aufweisen (z.B. „Deutschland. Memory" von Ravensburger, Nummer 01 079 0). Oder wir verwenden Ansichtskarten oder Kalenderbilder mit Menschen, Tieren und Landschaften.

Jedes Kind darf von den Bildpaaren oder ausliegenden Bildern eines beschreiben und sagen, was ihm daran gefällt. Vielleicht ist ja das Lieblingstier dabei oder die Erinnerung an den Sommerurlaub, an das Meer oder die Berge wird wach. Oder die Kinder sagen, wo sie gern einmal sein oder was sie gern einmal erleben würden. Alles, was sie schön finden, soll genannt werden.

Vieles, was Spaß macht, haben die Menschen auch selbst geschaffen (Kino, Erlebnispark, Eisdiele ...), aber ohne Gott können sie gar nichts davon machen. Gott schenkt das ganze Leben und gibt uns Menschen viele gute Ideen. Er will, dass alle Menschen gut mit der Erde umgehen, die er allen zu einer guten Nutzung anvertraut hat.

Wenn Gott zu uns spricht, dann will er uns dazu überreden, gut mit der Natur, mit dem Leben auf der Erde umzugehen. Er erinnert uns daran, wie schön er die Welt gemacht hat, damit sich alle daran freuen.

Malen
Alle zusammen malen auf einem sehr großen Bogen, was Gott alles gemacht hat (Tiere, Landschaften, Sonne, Mond, Sterne, mich und dich, Babies, Eltern, Freunde, Omas und Opas, Bekannte). Darüber schreiben wir in bunten Farben: Gott ist die Quelle unseres Lebens.

Lied:
Alles, was Odem hat

Gebet
Jedes Tierlein hat sein Essen,
jedes Blümlein trinkt von dir.
Hast auch unser nicht vergessen,
lieber Gott, wir danken dir.
Amen.

Gott – wie bist du?

※ **Gestaltungsvorschlag für ältere Kinder**

Lied: Weißt du, wo der Himmel ist
Liturgischer Text: Ps 36,6–11

Hinführendes Gespräch
In der Mitte steht der Tischspringbrunnen. Die Kinder erzählen von ihren Erfahrungen mit Quellen. Wir finden heraus, wie lebenswichtig sie sind.

Lied: Alle Knospen springen auf

Erzählung (mit Reflexion)
Es war in der Türkei, mitten in der heißesten Jahreszeit. Ein Mann kam mit einem Esel eine lange staubige Straße entlang. Es war sehr heiß an diesem Tag. Die Sonne stach den Mann und den Esel. Sie hatten beide Durst, aber der Weg zum nächsten Brunnen war noch weit. Der Esel war schwer beladen mit drei großen Säcken voll Getreide. Der Mann wollte zum Markt. Die Säcke sollten verkauft werden. Seine Kinder und seine Frau warteten zu Hause schon auf das Geld. Sie hatten es sehr nötig. Der Weg wurde immer länger. Die Anstrengung wurde dem Mann zu viel. Auch der Esel wurde immer langsamer. Das ärgerte den Mann und er nahm eine Peitsche und schlug den Esel. Doch davon wurde der Esel auch nicht schneller. Da wurde der Mann richtig wütend und schrie den Esel an und schlug ihn noch einmal.

Plötzlich lief der Esel los. Der Mann konnte gar nicht so schnell hinterher. Der Esel lief einfach vom Weg ab in die Büsche hinein. Der Mann schimpfte und lief hinterher. Auf einmal hielt der Esel an. Er hatte ein Wasserloch gefunden und trank sich satt.

Für manche Menschen fühlt sich das Leben so an, wie für diesen Esel. Könnt ihr euch vorstellen, was ich meine? (Sie müssen hart arbeiten, schleppen viel Belastendes mit sich herum. Manchmal werden die Lasten so schwer, dass sie kaum noch vorankommen. Manchmal werden sie von anderen auch noch beschimpft und manchmal sogar gequält. Wenn z. B. einer ausgelacht wird, nur weil er Ausländer ist, dann kann das so sein wie ein Peitschenhieb. Wenn z. B. einer gehänselt wird, nur weil er nicht so schnell, so klug, so hübsch, so mutig ist wie die anderen, dann kann auch das sein wie ein Peitschenhieb. Oder wenn einer etwas angestellt hat, und sich nicht traut, das wieder in Ordnung zu bringen, dann kann das schwerer werden, als man eigentlich tragen kann. So kann es auch sein, wenn einer krank ist. Auch dann kann einem das Leben sehr schwer vorkommen.) Was könnte für sie die Quelle sein?

Manchmal genügt es, wenn man spürt: Da ist eine Quelle in der Nähe. Dort finde ich, was ich jetzt am meisten brauche. Ich weiß, wo ich mir Hilfe holen kann. Ich kenne jemanden, der mir zuhört, der mich gern hat, der für mich da ist. Und da renne ich dann hin. Egal, ob es der gerade Weg ist, den ich gehen soll, oder ob ich einen neuen Weg einschlagen muss. Ich gehe zur Quelle und stärke mich dort.

In einem alten Gebet, in Psalm 36 heißt es: „Denn bei dir ist die Quelle des Lebens." Was meint wohl der, der so betet?

Bei Gott können Menschen abladen, was sie niederdrückt, was sie klein und mutlos macht. Sie können ihm von ihrem Ärger, ihrer Wut, ihrer Ohnmacht und ihrer Angst erzählen. Er hört zu. Er hilft. Entweder durch die Nähe lieber Menschen oder anders. Gott weiß immer einen Weg. Er ist wie eine Quelle, zu der man immer kommen kann, um sich zu stärken und zu erfrischen. Er ist wie lebendiges Quellwasser.

Handlung zur Vertiefung
Jesus hat uns gesagt, dass wir ihm unsere Lasten geben können. Wir können ihm sagen, was uns selbst oder andere Menschen, die uns nahe sind, belastet. Was ist schwer für dich ...? Nimm dir einen Stein und leg ihn neben den Springbrunnen in der Mitte. Du kannst das auch tun ohne etwas zu sagen.

Jedes Kind schneidet sich aus blauem Papier einen Wassertropfen und schreibt darauf: Gott belebt wie eine Quelle. Oder es bekommt einen vorbereiteten Wassertropfen mit nach Hause.

Gebet
Erwachsener: Herr, unser Gott, wir brauchen dich, deine lebendige Kraft und deine Liebe jeden Tag, immer wieder neu. Du hast uns zugesagt, dass wir uns mit allem an dich wenden dürfen. Höre unsere Bitten:
1. Kind: Manchmal fühlen wir uns allein, Gott. Dann brauchen wir dich. Komm zu uns und hilf uns.
2. Kind: Manchmal haben wir Angst, Gott. Dann brauchen wir dich. Sei uns nahe und hilf uns.
Erwachsener: Manchmal machen wir so vieles falsch, Gott, obwohl wir das gar nicht wollen. Dann brauchen wir dich. Führe uns auf den richtigen Weg und hilf uns.
3. Kind: Manchmal streiten wir uns und finden nicht wieder heraus, Gott. Dann brauchen wir dich und deinen Frieden. Hilf uns.
Erwachsener: Herr, du bist für uns wie eine unerschöpfliche, belebende Quelle, die uns immer wieder erfrischt. Bleibe bei uns, vor allem dann, wenn wir uns allein nicht mehr helfen können. Amen.

Dorothea Pape

1. Februar 2004 – Letzter Sonntag nach Epiphanias

Jesaja 66,13

Gott tröstet wie eine Mutter

Lieder:
Meinem Gott gehört die Welt, EG 408, LJ 226; Wie in einer zärtlichen Hand, KG 196; Gottes Hand hält uns fest, KG 114, LJ 537, MKL 12; Kann mich jemand leiden, Liederheft „Amen"

Liturgischer Text:
Psalm 36,6–11 mit Kehrvers EG 277

Zum Text

Jes 66 gehört zu einer Sammlung von Heilsworten, die in einer Zeit des Neuanfangs und des Wiederaufbaus des Volkes Israel entstanden sind. Nachdem Jerusalem und der Tempel zerstört worden waren, war ein Teil des Volkes Israel in die babylonische Gefangenschaft geführt worden. Dort hatten sie eine erneute Zuwendung zu Gott hin erfahren. Ein anderer Teil des Gottesvolkes war im

Land geblieben, wo eine Vermischung mit der kanaanäischen Urbevölkerung stattgefunden hatte, auch Kontakt und Vermischung mit heidnischen Religionen. Diese beiden Teile des Volkes Israel stießen nach der Rückkehr der Exulanten nun wieder aufeinander, mussten miteinander ihr Leben neu gestalten und aufbauen. In diese Zeit der Unsicherheiten und Rivalitäten, erfahrener Gottesnähe, aber auch Skepsis, spricht unser Vers. Damit ein Neuanfang gelingen kann, brauchen Menschen Hoffnung und Mut. Jes 66,13 spricht ihnen Trost zu.

Was haben wir selbst für Erfahrungen mit Trost gemacht? Was tröstet uns, wer tröstet uns, wie erleben wir Trost? Solche Fragen muss ich mir selbst erst einmal stellen und klar machen, bevor ich zu anderen über Trost reden und den Trost, den Gott uns schenken will, nahe bringen kann.

Wohlmeinende Worte dringen oft nicht in mich ein. Aber wo ich spüre, dass meine Not verstanden wird, dass geholfen wird, wo geholfen werden muss, kann ich Trost erfahren.

Zum Trösten gehört erzählen dürfen und zuhören können, nicht unterbrechen, allenfalls Verstehensfragen stellen. Was hilft es uns, wenn gleich kluge Ratschläge kommen – viel wohltuender ist es doch, wenn da Arme sind, die uns umschließen, festhalten, in denen wir weinen können, weil wir uns geborgen fühlen.

„Ich will euch trösten, wie einen seine Mutter tröstet".

Gott wird in der Bibel viel häufiger mit dem Bild des Vaters verglichen als mit dem der Mutter. Was ist mein Gottesbild – streng und strafend oder liebevoll zuwendend, verständnisvoll oder verzeihend oder ...? Wir erleben Gott in unserem Leben sicher immer wieder ganz anders, so wie uns auch in der Bibel immer wieder auf verschiedene Weise von Gott berichtet wird. In unserem Text ist Gott wie eine tröstende Mutter.

Wie tröstet Gott?

Die Bibel berichtet uns von Menschen, die Gott beauftragt hat, seine Worte weiterzugeben (Propheten), und von Menschen, die Erfahrungen mit diesem Trost Gottes gemacht haben (besonders in den Psalmen).

Es ist wichtig, dass wir den Kindern Raum und Zeit schaffen, um solche Zusagen Gottes nachempfinden und nachleben zu können

Der Text und die Kinder

Da gerade bei einem solchen Thema bei Kindern Wunden aufbrechen oder Defizite aufgedeckt werden können, muss in der Vorbereitung besonders behutsam die Situation der Kinder bedacht werden.

In welchen Situationen brauchen Kinder Trost? In welchen Situationen haben Kinder Trost bekommen oder gefunden? Schon diese beiden Worte machen deutlich, dass manche Kinder viel Aufmerksamkeit bedacht erfahren, während andere sich im wahrsten Sinne des Wortes auf die Suche machen müssen, Trost zu finden. Nicht immer sind es Menschen, manchmal ist es auch der Teddy oder ein anderes Kuscheltier, das erst einmal weiterhilft.

Es stellt sich mir auch die Frage, ob wir immer davon ausgehen können, dass alle Kinder, die zu uns kommen, ihre Mütter als tröstend und zuwendend erleben. Wir stoßen hier sicherlich auf ähnliche Schwierigkeiten wie bei den Gottesbildern mit väterlichen Zügen.

1. Februar 2004

Allerdings wachsen wohl mehr Kinder – wenn nur bei einem Elternteil – bei der Mutter auf. Auf jeden Fall muss hier mit viel Sensibilität herangegangen und die Erfahrungen der Kinder aufgenommen werden. Ist ein Kind dabei, das negative Erfahrungen gemacht hat oder macht? Soll es zur Sprache kommen dürfen und nach dem Wunschbild mütterlicher Zuwendung gefragt werden? Auf keinen Fall darf eine Mutter, die problematisch ist, in diesem Gottesdienst schlecht gemacht werden.

Haben Kinder schon Trost durch Gott erlebt?

Wie kann Kindern nahe gebracht werden, dass Gott trösten kann?

Gestaltungsvorschlag für ältere Kinder oder für Kinder und Erwachsene

Hinführung
Vielleicht haben wir als Gesprächsimpuls ein Bild von einem traurigen Kind, z. B. auf einem Gesichterwürfel oder einfach als Strichmännchen. Auch eine biblische Erzählfigur (Egli-Figur) ist hier gut einsetzbar. Warum ist das Kind so traurig?
- Lieblingsspielzeug ist kaputtgegangen.
- eine Arbeit ist daneben gegangen.
- Es durfte nicht mitspielen.
- Es hat sich weh getan.
- Es gab ein Missverständnis.
- Ein Freund oder eine Freundin ist weggezogen.
- Ein lieber Mensch ist gestorben.
- Die Eltern haben sich getrennt.

Wie können wir aus Traurigkeit und Mutlosigkeit herauskommen? ...

(Sich gegenseitig Erfahrungen zu erzählen, entspricht auch der biblischen Erzähltradition.)

Erzählung für jüngere Kinder
Ach, heute früh ging wieder einmal alles durcheinander. Johannes war noch ganz müde, als Mutti ihn weckte. Jonathan spielte mit seinem neuen Auto mit Fernsteuerung und wollte nicht zum Frühstück kommen. Jorinde konnte ihr Sportzeug nicht finden, als sie losgehen mussten, Vati suchte den Fahrradschlüssel und Mutti musste noch schnell einen wichtigen Brief aus dem Computer ausdrucken.

Endlich standen alle vor dem Haus. Vati gab jedem einen Kuss und flitzte mit dem Fahrrad davon. Mutti brachte Jorinde noch über die Straße. Den Weg bis zur Schule konnte sie dann alleine gehen. „So Jungs, jetzt müssen wir uns aber beeilen", sagte sie, "damit ich nicht zu spät in die Uni komme." Jonathan und Johannes gaben sich ganz viel Mühe, so schnell wie möglich zu laufen. Aber, ihr ahnt es sicher schon. Gerade wenn nichts mehr passieren darf, liegt da so ein blöder Ast auf dem Weg und Johannes kam mit seinen kleinen Beinen nicht darüber und lag auf der Nase – oder besser gesagt auf den Knien. Das eine Bein tat ihm ganz schön weh. Er versuchte tapfer zu sein. Er wollte doch nicht, dass Mutti Ärger bekam. Aber es ging einfach nicht, er musste weinen. Jonathan schaute ein wenig ängstlich zu Mutti: Würde sie jetzt schimpfen? Würde sie Johannes ungeduldig hochziehen und schnell weiterlaufen? Nein, Mutti kniete sich zu dem kleinen Bruder und hob ihn hoch. Ganz fest hielt sie ihn in den Armen. Jetzt konnte Johannes erst mal so richtig weinen. Mutti schaute sich das Knie an, es war ein wenig aufgeschlagen, aber es blutete nicht sehr. Sie pustete, legte ihre Arme um Johannes und redete ganz lieb mit ihm. Da war es doch

39

Gott – wie bist du?

egal, ob sie zu spät kam. Johannes hatte einen dicken Kummer und der musste erst mal wieder weg sein. Jonathan streichelte seinen Bruder, Mutti gab ihm einen dicken Kuss. Da war der schlimmste Schmerz vergessen. Sie konnten weitergehen, etwas langsamer als vorher, denn Johannes musste ein bisschen humpeln. Aber die Tränen waren versiegt und er konnte schon wieder ein bisschen lächeln.

Der Text
In der Bibel heißt es: "Ich will euch trösten, wie einen seine Mutter tröstet."

Vertiefung für alle Altersstufen
Mit biblischen Erzählfiguren (Egli-Figuren) können solche Aussagen der Bibel, die Emotionen ansprechen, besonders gut dargestellt werden: trauriges Kind, Kind in den tröstenden Armen der Mutter, Kind nach der Tröstung – die Kinder dürfen den Figuren selbst Ausdruck geben, dabei gibt es kein falsch und kein richtig (aber die Figuren müssen immer so sitzen, liegen oder stehen, wie es auch für uns Menschen möglich ist). Die Geschichte für die Jüngeren kann in den einzelnen Phasen auch gut mit diesen Figuren nachgestellt werden.

Schmerz oder Mutlosigkeit und getröstet Sein kann auch mit Farben (Wachsstifte, Fingerfarben) gestaltet werden.

Psalm (in Anlehnung an Ps 4)
Gott, höre auf das, was wir dir sagen
und sei in unserer Nähe.
Gott, du hältst uns in deinen
Armen und tröstest uns.
Manchmal geht alles schief,
die anderen lachen über uns,
wir sind ausgeschlossen und
haben keine Freunde.
Gott, du hältst uns in deinen
Armen und tröstest uns.
Wir haben etwas falsch gemacht,
Eltern, Lehrer, Großeltern sind
böse mit uns.
Wir möchten es gern wieder
in Ordnung bringen, wissen
aber nicht wie.
Gott, du hältst uns in deinen
Armen und tröstest uns.
Wir streiten uns mit unseren
Geschwistern oder Freunden.
Wir reden nicht mehr miteinander,
Darüber sind wir traurig.
Gott, du hältst uns in deinen
Armen und tröstest uns.
Du, Gott, machst unser Leben hell
und bunt, du schenkst uns Frieden in
unserem Herzen.

Fürbittengebet
Es ist wichtig, dass die Kinder nicht nur davon hören konnten, dass Gott für unsere Sorgen und Nöte offen ist, wir sie ihm sagen dürfen und wir dadurch seine Zuwendung und seinen Trost erfahren werden, sie müssen es in diesem Gottesdienst selbst „ausprobieren dürfen", indem das Gebet miteinander gestaltet wird.
Zwischen den einzelnen Bitten kann die Strophe „Wie in einer zärtlichen Hand" gesungen werden.

Barbara Rösch

8. Februar 2004 – Septuagesimä

Psalm 91,1–2

Gott (be)schützt wie ein Schirm

Lieder: Unter Gottes Regenbogen, KG 162, MKL 34; Fröhlich gehe ich (statt „er begleitet" „er beschirmet" mich), Sagt Gott 95; Jesu meine Freude Str. 2, EG 396; Meinem Gott gehört die Welt, Str. 3.5, EG 408, LJ 226; Halte zu mir, guter Gott, Str.1, LJ 549

Liturgischer Text:
Psalm 36,6–11

Zum Thema und zum Text

Das Wort Schirm hat im Hebräischen auch die Bedeutung von Schutz, in anderen Zusammenhängen Versteck, und ist verwandt mit der Verbform für „schützen, decken, verhüllen", auch: „sich verbergen" oder „etwas verbergen" und „geborgen bleiben".
Im ersten Vers des an Bildern reichen 91. Psalms wird die beschützende Bedeutung dieses Bildes von anderen ähnlichen Synonymen verstärkt: Schatten, Zuversicht und Burg. Und auch die Gottesnamen „der Allmächtige, der Höchste" verstärken die Bedeutung, selbst behütet und beschützt zu werden. Das kann nur jemand, der oder die – zumindest zeitweise – größer, stärker, sicherer ist als ich mich gerade fühle. Und Gott kann es allemal!
Nimmt man V. 4 hinzu, wird das Bild vom Schirm noch erweitert durch das vom „Schild", aber vor allem durch lebendige Bilder: Fittiche, Flügel eines Vogels, einer Henne, unter deren Schutz jede und jeder beschirmt und beschützt ist (Mt 23,37, Lk 13,34). Es würde für die Kinder nebenbei eine Verbindung zum Thema des Sonntags zuvor, zum Gottesbild „Gott tröstet wie eine Mutter" herstellen. Die Henne, die ihre Flügel über ihre „Küchlein" breitet, schützt nicht nur ihre Kinder. (vgl. EG 477,8: "Breit aus die Flügel beide"). Sie hat auch ein Auge auf sie, erzieht und sucht Futter mit ihnen. So wird das Bild von Gott, der Geborgenheit gibt, erweitert durch den Aspekt der Fürsorge, aber auch der Autorität.
Die Stärke des Bildes vom „Schirm" liegt in seiner Vieldeutigkeit, die es uns erlaubt, in der Kirche einen Regenschirm aufzuspannen und damit an innere Gefühle von Geborgenheit zu erinnern, die mehr sind als der Schutz vor dem Regen.
Die Idee, mit diesem Bild Gottesdienste mit Kindern zu gestalten ist nicht neu. Nach unserer Erfahrung eignet es sich für Schulanfangsgottesdienste, die zugleich in einer Jahreszeit liegen, in denen der Schirm weit häufiger gebraucht wird als im Winter! Vielleicht kann am ersten Februarsonntag noch das eher weihnachtliche Engel-Flügel-Bild anklingen. Engel verzieren nicht nur die Weihnachtszeit, sondern sind ein biblisches Bild für Schutz und Geborgenheit bei Gott (Ps 91,11.12).
Nicht zuletzt sind unsere Hände ein Zeichen für Gottes Hände (Ps 91,12!). Sie halten, tragen und segnen. Mit unseren Händen können wir selbst schützen und beschirmen, ein kleines Küken vielleicht, den kleineren Bruder oder die weinende Freundin.

Gott – wie bist du?

Zwei oder mehr Bilder für eine Erfahrung mit Gott nebeneinander gebraucht, schützen vor der Gefahr, sich ein festes, einziges Bild, eben ein „Bildnis" von Gott zu machen. Davor wird in den 10 Geboten eindeutig gewarnt. Aber wir brauchen auch für Gott Vorstellungsbilder. Darum sagen wir: Gott ist wie ... ein Schirm.

Das Thema und die Kinder

Kinder verfügen über konkrete Erfahrungen mit dem Gegenstand „Schirm". Es ist ihr ganzer Stolz, wenn sie zum ersten Mal einen Schirm wirklich allein tragen können. Meistens bekommen sie dann von ihren Eltern einen besonders schönen geschenkt. Sie erfahren, wie er sie vor Regen schützt, wie schwer er sich bei Wind halten lässt und ob man den Himmel durch den Schirm hindurch sehen kann. Manche Kinder haben Freude daran, mit dem Schirm hochzuhüpfen und zu probieren, ob man dann geschützt und langsam fliegen kann. Manche Kinder stolpern, wenn sie das erste Mal einen Schirm tragen, weil sie ihn nicht zugleich tragen und auf den Weg sehen können. Bei einem Regencape macht man nicht so viele Erfahrungen und, vielleicht das Ungemütlichste, man kann den Regen direkt ins Gesicht bekommen. Der Regenschirm, den die Eltern tragen, schützt nicht immer vor Regen, da die Körpergröße doch noch sehr verschieden ist.

Besonderheiten wie Fallschirme oder die Schirmchen der Pusteblume faszinieren Kinder durch die Eigenschaft des sorglosen und langsamen Fliegens durch die Lüfte. Der Schutzgedanke kommt darin zum Ausdruck, dass mit einem Fallschirm die Landung weicher und sicherer ist.

Kinder müssen ständig ihr Grundvertrauen bestätigt wissen, indem sie immer wieder die Liebe und Nähe zu ihren Eltern suchen. Für sie ist die Welt noch viel größer und unüberschaubarer als für uns. Das Grundvertrauen der Kinder zu stärken, ist deshalb besonders wichtig. Es bleibt in diesem Alter noch sehr abhängig vom Geborgensein bei Mutter und Vater. Dieser Gedanke ist sicher schon in der vorangegangenen Einheit ausführlich betrachtet worden. Aber er sollte uns nahe sein, wenn wir das Bild des Schirmes mit dem Gedanken an Geborgenheit verbinden.

Man nimmt das Bild vom Schirm, um Gottes Eigenschaften besser zu verdeutlichen. Es ist ja auch ein besonders anschauliches Bild für Kinder. Allerdings müssen wir uns klar machen, dass das kindliche Gottesbild die Eigenschaften Gottes zunächst nicht mit einem Schirm vergleicht. Kinder im Vor- und Grundschulalter haben ein sehr konkretes, personelles Bild von Gott: „ein guter Vater" oder „Ich stelle mir Gott so vor, dass er ein Mensch war wie wir." Trotzdem werden diesem sehr personellen Bild unfassbare Eigenschaften zugeschrieben, wie zum Beispiel: „Gott ist so hell, dass man die Augen zudrücken muss."

Die Eigenschaft, dass Gott uns beschützt, wird von den Kindern als selbstverständlich vorausgesetzt – wie Vater und Mutter eben – und Gott eindeutig zugeordnet. Kinder brauchen zum Leben die ständige Gewissheit des Beschützt- und Geborgenseins. Um ihnen deutlich zu machen, wie man sich dieses Geborgensein bei Gott noch vorstellen könnte, halten wir das Bild des Schirmes für geeignet. Es stellt eine Hilfe dar, vom ausschließlich personellen Gottesbild wegzukommen. Wie es der Psalmbeter schon beschrieb, ist „der Schirm" auch

8. Februar 2004

wieder nur ein Bild (neben der Burg) von Gottes Eigenschaften.

Gestaltungsvorschlag für Kinder und Erwachsene

Lesung: Ps 91,1.2.4.11-12

Einführung ins Thema:
Verschiedene Schirme aufspannen
- Regenschirm
Wer hat zu Hause so einen Schirm? Wann spannt ihr ihn auf? Wer hat schon mal einen irgendwo vergessen?... (Ein Kind darf den Schirm halten.)
- Sonnenschirm
Könnt ihr euch an den Sommer erinnern? Warum spannt man denn im Sommer einen Schirm auf?... (Der Schirm wird aufgestellt.)
- Großer Regenschirm
Wer hat darunter Platz? (Familie) Wer möchte sich gern darunter stellen? Wer kann ihn halten? Was verbindet Sie und euch alle unter diesem Schirm? (Gemeinsamen Schutz suchen ...)
- Kinderschirm
Wer findet wohl darunter Schutz? Wer hält ihn?
Wer kennt noch andere Schirme? ... Schirmmütze, Fallschirm, Schirmpilz, Lampenschirm ...
- Eisschirmchen
Und wer passt darunter? Dieser Schirm ist nur ein Symbol, ein Zeichen für alle anderen Schirme. Sie alle sind ein Symbol, ein Bild für Gottes Schutz.

Lied: s. o.

Das Bild vom Schirm in der Bibel:
Gott ist mein Schirm
Wir lesen einige Bibelworte. Wenn das Wort „Schirm" oder „beschirmen" vorkommt, dann hebt bitte beide Arme und Hände zu einem Bogen über euch, damit über euch ein Schirm entsteht. Auch die Erwachsenen dürfen mittun, sie brauchen den Schutz genauso nötig!

Ps 32,7; 17,8; 91,1-2.4; 31,20-21; 5,12
Ein Schirm ist wie ein wanderndes Dach. Gott geht überall mit hin, wohin wir auch gehen.

Vorschlag für eine Kurzpredigt (4 min)
Liebe große und kleine Kinder Gottes!
Ein bisschen komisch ist es wohl schon, dass heute mitten in der Kirche Schirme aufgespannt sind. Mit Regenschirmen kommt man manchmal hierher. Aber nur, wenn es regnet. Aber heute steht sogar ein Sonnenschirm hier vorn.

Alle Schirme haben etwas gemeinsam, das überlegten wir eben: alle Schirme schützen uns – vor Sonne und Regen, vor grellem Licht und ein Fallschirm schützt uns vor dem Abstürzen.

Was wäre, wenn wir keine Schirme hätten? Wir würden wohl klitschnass werden und einen Schnupfen bekommen, wenn es regnet, oder einen Sonnenstich kriegen am Strand; unsere Augen könnten nicht gut sehen ohne Lampenschirm, und wenn einer fällt ohne Fallschirm, dann bricht er sich Arme und Beine.

Da ist so ein Schirm schon eine großartige Erfindung! Er ist wie ein Dach über dem Kopf, ein Dach, dass wir überall mit hin nehmen können.

Vielleicht hat jemand von Euch schon einmal ausprobiert, wie das ist, wenn es regnet und ich stelle mich mit einem Schirm mitten hinein: Oben klatscht der Regen auf den Schirm und neben mir fallen die Tropfen in die Pfütze. Aber ich werde nicht nass.

Gott – wie bist du?

Der Schirm schützt mich. Ich fühle mich wohl darunter. Mir kann nichts passieren.

So wie ein Schirm ist Gott. Bei Gott kann uns nichts passieren. Bei Gott können wir uns wohlfühlen. Vielleicht habt ihr im Sommer mal eine Henne gesehen, wie sie mit ihren Küken über einen Hof spaziert. Wenn dann die Kükenkinder müde werden und die Sonne zu sehr scheint, dann breitet die Henne ihre Flügel aus und die Küken schlüpfen darunter. Dann werden die Flügel wie ein Schirm, unter dem es sich in Ruhe ausruhen lässt.

„Beschirme mich, Gott, unter dem Schatten deiner Flügel", lasen wir vorhin aus der Bibel. Wie eine Henne ihre Küken oder wie ein Schirm uns vor dem Regen schützt, so schützt uns Gott vor allem, was uns krank und was uns Angst macht. Überall da ist Gott. Gott hilft uns gegen die Angst, gegen das Böse, in Streit und Gefahr. Gott gibt acht auf uns und beschirmt uns.

Wie Gott das nun macht? Hat Gott einen riesengroßen Sonnenschirm, den er über uns hält? Nein, natürlich nicht! Gott gibt uns Menschen an die Seite, die uns bewahren und beschirmen: Eltern und Großeltern, Geschwister und Freunde und Freundinnen oder Kindergärtnerinnen und Lehrerinnen.

Sicher wird es immer wieder Momente geben, die uns Angst machen oder die gefährlich sind. Schließlich hört es ja auch nicht einfach auf zu regnen, wenn wir einen Schirm über uns halten. Aber wie wir mit einem Schirm den Regen besser überstehen, so bekommen wir wieder Mut, wenn uns Gott in den Sinn kommt. Dann können wir laut oder ganz leise für uns bitten: Gott, beschirme und beschütze mich, lass mich mutig sein für das, was mich erwartet. Sei bei mir, wenn ich Angst habe und freu dich mit mir, wenn mir etwas gelingt. Und beschirme auch alle, die ich lieb habe.

Und der Friede Gottes, der höher ist als unser menschliches Wissen, bewahre und beschirme unsere Herzen und Sinne. Amen.

Gespräch unter dem Zelttuch
Wo große Schwungtücher oder Fallschirme vorhanden sind (evtl. ausleihen in Medienstellen oder Spielzeugläden) und Raum genug ist, kann das Zelttuch über den Köpfen der Gemeinde entfaltet werden und mit eigenen Armen bzw. durch an der Seite stehende Helfer und Helferinnen gehalten werden. Wenn Emporen oder Gemeindesäle dazu einladen, kann das Zelttuch auch wie ein Dach gespannt werden.

Jetzt sitzen wir alle zusammen unter einem großen Schirm. Wie fühlt es sich an? ...

Fürbitte
Gott, du bist für uns wie ein großer Schirm, der uns beschützt. Darum bitten wir dich ...

Ein Regen- oder Sonnenschirm wird aufgespannt und mit den Bitten beschriftet oder an die Speichen können Zettel gehängt werden. Der Schirm bleibt eine Zeit lang in der Kirche stehen oder wird aufgehängt.

8. Februar 2004

**Gestaltungsvorschlag
für jüngere Kinder**

Ein Fingerspiel mit den eigenen Händen
Eine Hand ist der Schirm. Unter den Schirm passen fünf kleine Leute (Finger vorher mit Gesichtern bemalen.)
   Sie gehen durch den Regen (Schnee)
... sie verstecken sich unter dem Schirm.
Sie kuscheln sich aneinander. Das ist gemütlich.

**Gestaltungsvorschlag
für ältere Kinder**

Gott schützt nicht nur wie ein Schirm vor dem Regen. Wir wagen manchmal Dinge, bei denen man auch auf die Nase fallen kann. Hinfallen tut weh. Ganz praktisch, aber auch im weiteren Sinne von „auf die Nase fallen"... Da ist es gut immer zu wissen, Gott begleitet mich. Er hält mich wie ein Fallschirm, dann falle ich wenigstens sanft. Gott will uns vor dem Hinfallen schützen, davor, dass es uns ganz schlecht geht.
   Wir basteln Fallschirme.

Material
Eisschirmchen gibt es in großen Verpackungen preisgünstig im Großhandel oder unter Partybedarf in Kaufhäusern.
   Bastelanleitung für Fallschirme: An jeden Zipfel eines quadratischen Tuches aus dünnem Stoff (z. B. Taschentuch) werden vier gleichlange dünne Fäden geknotet, an diese etwas zum Beschweren (z. B: Perle oder Kugel aus Alupapier). Vorher unbedingt selbst ausprobieren!

Ruth-Elisabeth Schlemmer/
Friederike Wulff-Wagenknecht

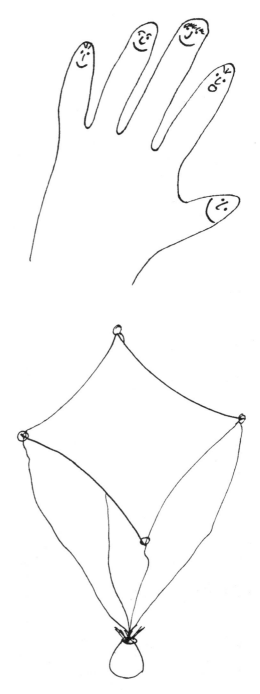

Der Störenfried – Unbequeme Jesusgeschichten

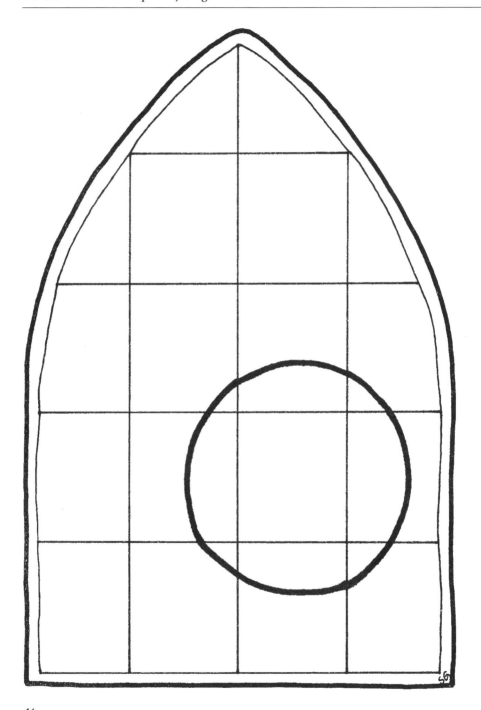

Lied:
Einander brauchen mit Herz und Hand,
KG 120, LJ 371

Liturgischer Text:
Markus 12,30–31

Der Störenfried – Unbequeme Jesusgeschichten

Sonntag	Text/Thema	Art des Gottesdienstes Methoden und Mittel
15.2.2004 Sexagesimä	Markus 3,1–6 Das ist nicht erlaubt!	Gottesdienst mit Kindern (und Erwachsenen); Erzählung, Stummfilm drehen oder Pantomime, malen, Gespräch
22.2.2004 Estomihi	Markus 3,31–35 Das gehört sich nicht	Gottesdienst mit Kindern; Spiel mit verschiedenfarbigen Kegelfiguren aus Papier, Erzählung, Plakat gestalten
29.2.2004 Invokavit	Markus 10, 31–45 Da hört sich doch alles auf	Gottesdienst mit Kindern; Stuhlkreis und Mitte mit weißem Tuch, Kreuz und Kerze einrichten, Spiel, Gespräch, Tischkarten beschreiben, Erzählung

15. Februar 2004 – Sexagesimae

Markus 3,1–6

Das ist nicht erlaubt

Lieder: Auf und macht die Herzen weit, EKG 454, LJ 264; Du verwandelst meine Trauer in Freude, KG 198, LJ 508, MKL 9; Gottes Wort ist wie Licht in der Nacht, KG 149; Gib uns Ohren, die hören, KG 195, LJ 534; Einander brauchen mit Herz und Hand, KG 120, LJ 371, s. S. 61

Liturgischer Text: Markus 12,30.31

Zum Text

Zentrales Thema im Markusevangelium sind Passion und Auferstehung Jesu. Worte und Taten Jesu steuern darauf zu. Schon in 3,6 lesen wir von den Bemühungen der Pharisäer und der Anhänger des Herodes, Jesus zu beseitigen. Noch an zwei anderen Stellen fassen sie den Todesbeschluss (11,18 Tempelreinigung und 11,27, außerdem 12,1ff böse Weingärtner). Markus hat diese Beschlüsse bewusst in die Überlieferung eingesetzt, um Gründe für die Passion Jesu deutlich werden zu lassen. Noch stärker weisen die Leidens- und Auferstehungsweissagungen auf die Passion hin. Sie deuten das Passionsgeschehen (Mk 8,31; 9,9b.12b.31; 10,33f; 14,21.41b).

Der Textzusammenhang

In Kap. 1 erzählt Markus von Johannes, dem Täufer. Er tauft Jesus im Jordan, bald darauf wird Johannes gefangen genommen. Danach beginnt Jesus zu predigen, denn dazu ist er gekommen (1,38). Er beruft seine ersten Jünger. Jesus lehrt in Kapharnaum, die Menschen spüren, dass hier einer mit Vollmacht spricht, anders als die Schriftgelehrten. Damit sind bereits die Spannungen angedeutet, die zwischen Jesus und diesen bestehen. Sie spitzen sich bis zu Beginn unseres Textes immer weiter zu. Bevor Jesus einen Gelähmten heilt, spricht er ihm die Vergebung der Sünden zu. Einspruch seiner Gegner: Das ist Gotteslästerung, nur Gott kann Sünden vergeben. Jesus beruft den Zöllner Levi. Er hat mit ihm und anderen Zöllnern und Sündern Tischgemeinschaft. Einspruch: Das tut ein frommer Jude nicht, und jemand, der der gesandte Messias sein will, schon gar nicht. Die Pharisäer beschweren sich, dass die Jünger Jesu nicht fasten und dass sie am Sabbat im Kornfeld Ähren raufen und diese essen. Jesus gibt eine provozierende Antwort: Der Sabbat ist für den Menschen von Gott eingerichtet und nicht der Mensch um des Sabbats willen. Abschließend sagt er: Ich bin von Gott gesandt und Herr über den Sabbat. Damit liefert Jesus mehr als genug Material, das zu einer Verurteilung wegen Gotteslästerung reichen würde.

Markus 3,1–6
V. 1: Jesus geht in die Synagoge. Da ist ein Mensch mit einer verdorrten Hand. Etwas Verdorrtes hat kein Leben in sich, ist tot. Der Mann kann seine Hand nicht gebrauchen, sein Leben nicht selbständig gestalten.

V. 2: Spannung baut sich auf, denn es ist Sabbat, und Jesus und der Behinderte werden von den Pharisäern (V. 6) beobachtet. Sie lauern darauf, was Jesus jetzt tun wird. Wird er am Sabbat heilen, wenn ja, hätten sie erneut einen Grund, ihn zu verklagen. Nach ihren Gesetzestexten ist es nicht erlaubt, am Sabbat zu heilen, wenn die Behinderung nicht lebensbedrohlich ist. Nur dann könnte das Gesetz eine Ausnahme machen.

V. 3: Jesus wendet sich trotz dieser für ihn gefährlichen Situation dem Behinderten zu. Er stellt ihn den anderen vor die Augen, so können sie seine Not deutlich sehen.

V. 4: Aber dann geht er auf die Pharisäer zu. Seine Frage an sie ist so gestellt, dass sie Jesus zum Helfen auffordern müssten. Soll man am Sabbat Gutes tun oder Böses tun. Gutes, das ist Leben fördern, Böses bedeutet Leben behindern. Die Pharisäer schweigen. Sie wollen Jesus nicht recht geben. Außerdem sind sie selbst gerade dabei, Böses zu tun. Sie planen den Tod Jesu.

V. 5: Jesus sieht in die Runde mit Zorn und Trauer wegen ihrer verstockten Herzen. Dann wendet er sich dem Mann zu und heilt ihn. Dieses Zeichen verändert die Gegner nicht, es hat für sie keine Glauben schaffende Beweiskraft.

V. 6: Sie gehen hinaus und beratschlagen, wie sie Jesus beseitigen können.

Der Text und die Kinder

Es könnte sein, dass Kinder fragen: Wie hat Jesus den Mann gesund gemacht? Das scheint Markus nicht so wichtig zu sein, er erzählt es nur ganz kurz. Für ihn steht fest: Jesus hat viele kranke Menschen mit Gottes Hilfe gesund gemacht.

Den Kindern muss die für Jesus brisante Situation deutlich gemacht werden. Er steht vor einer folgenschweren Entscheidung. Sein Helfen ist das Ja zu seinem Leidensweg. Manchmal erleben Kinder Ähnliches, wenn sie durch ihre Entscheidung Nachteile erwarten müssen. Das macht die Geschichte für sie spannend.

Der Text gibt den Kindern eine Antwort auf die Frage: Warum musste Jesus sterben, er war doch immer so gut. Seine Gegner sehen das anders. Sein Reden und Tun passen nicht in ihre Vorstellungen von einem Leben, das sich an Gottes Willen ausrichtet (vgl. dazu den Wochenpsalm, Ps 119). Ich versuche, die Pharisäer nicht schlecht zu machen, sondern ihr ehrliches Bemühen, nach Gottes Geboten zu leben, zu achten. Sie haben feste Vorstellungen von dem Messias Gottes. Jesus muss für sie eine Anfechtung sein, ein echter Störenfried, er tut nicht, was sie von ihm erwarten.

Warum wartet Jesus nicht, bis der Sabbat vorbei ist? Es geht ihm um eine grundsätzliche Klärung der Bedeutung der Gebote. Sie sind nicht als Selbstzweck, sondern als Lebenshilfe gedacht.

Was unterscheidet Jesus von einem Störenfried, wie ihn Kinder üblicherweise verstehen? Jesus stört nicht aus Vergnügen, um sich in Szene zu setzen, sondern um den Menschen Gottes Liebe zu zeigen.

Es wäre zu überlegen, wo heute Menschen Worte Jesu als eine Störung ihres Lebens empfinden. Manchmal hören Kinder Regeln, die sich mit dem, was sie von Jesus wissen, nicht in Einklang bringen lassen (z. B. „mit einem asozialen Mitschüler spielt man nicht"). In einem Kindergottesdienst während der Predigt ist der folgende Entwurf ziemlich dicht. Es wäre möglich, zu dieser Thematik einen Gottesdienst für Kinder und Erwachsene anzubieten, den ich kurz andenke.

Gestaltungsvorschlag

Erzählung für jüngere und ältere Kinder
Als Jesus lebte, gab es viele Regeln. Da waren vor allem die 10 Gebote. Sie sollten eine Hilfe für das Zusammenleben der Menschen sein. Im Laufe der Jahre kamen viele neue Regeln hinzu. Sie gaben genaue Anweisung zu den einzelnen Geboten.

Alle Vorschriften zu beachten, war ganz schön kompliziert. Große Mühe gaben sich dabei die Pharisäer. Sie wollten Gott gefallen und manche dachten: Wenn einmal alle Regeln eingehalten werden, dann schickt uns Gott den Retter, den Messias.

Jesus wanderte mit den Jüngern durch das Land. Er redete von Gott wie kein anderer vor ihm. Manchmal tat er das auch am Sabbat im Gottesdienst in der Synagoge. Die Zuhörer wunderten sich, manchen lief eine Gänsehaut über den Rücken. „Ist das der Messias Gottes? Er weiß Bescheid über Gott, und er hat Kraft von Gott, er kann vielen Kranken helfen."

Die Pharisäer sagten: „Lasst uns mit dem in Ruhe, er kann es nicht sein. Er hält sich nicht an die Regeln, die Gebote Gottes sind ihm nicht wichtig."

Es ist Sabbat in der Stadt Kapharnaum. Am See Genesaret liegen die Fischerboote am Strand. Kein einziges Boot ist auf dem See. Kein Fischer flickt seine Netze, ganz still ist es am Hafen.

Auch in den Straßen und auf dem Markt ist es anders als an den üblichen Wochentagen. Niemand hat einen Marktstand aufgebaut, keiner preist schreiend seine Waren an. Die Handwerker lassen ihr Werkzeug ruhen, die Bauern draußen vor der Stadt sind nicht aufs Feld gegangen. Kein Mensch arbeitet heute. Es ist Sabbat, der wöchentliche Feiertag. Jeder weiß, wer am Sabbat arbeitet, verstößt gegen Gottes Gebot. Heute darf jeder ausruhen, neue Kräfte für die Woche sammeln. Es ist gut, solch einen Tag zum Feiern und Nachdenken über Gott und das Leben zu haben.

Darum treffen sich die Männer in der Synagoge. Dort feiern sie Gottesdienst. Sie singen und beten, sie hören und reden von Gott. Sabbat ohne Gottesdienst ist wie eine Mahlzeit ohne Salz.

In der Synagoge stehen ein paar Männer beieinander. Wer an ihnen vorbei geht, grüßt sie voller Achtung. Jeder weiß, diese Männer versuchen Gottes Gebote möglichst genau zu befolgen. Sie gehören zur Gruppe der Pharisäer. Sie müssen sich über etwas geärgert haben. Aufgeregt reden sie aufeinander ein. Hör mir bloß auf mit diesem Jesus, ein Störenfried ist der und nichts weiter. Neulich hat er zu einem Kranken gesagt: „Dir sind deine Sünden vergeben." Das ist nicht erlaubt. Sünden vergeben darf nur Gott. Was bildet Jesus sich ein. Ein anderer sagt: „Ich habe es neulich mit eigenen Augen gesehen, er hat einen Zöllner zu seinem Jünger gemacht, und danach hat er mit dem und anderen Gaunern gemeinsam gegessen. Das ist nicht erlaubt. Wir würden das nie tun." Ein dritter erzählt: „Ich habe seine Jünger am Sabbat durch das Kornfeld laufen sehen. Ist das nicht Arbeit? Und dabei haben sie aus den Ähren die Körner gepult und gegessen. Da ist mir der Kragen geplatzt und ich habe zu Jesus gesagt: ‚Das ist am Sabbat nicht erlaubt, weißt du das nicht? Warum tun deine Schüler so etwas?' Wisst ihr, was dieser so genannte Messias gesagt hat? ‚Der Sabbat ist für den Menschen gemacht, nicht der Mensch für den Sabbat.'" Die Männer sind zornig. Was soll das noch werden, Jesus ist ein Störenfried. Er bringt Unruhe unter die Leute. Die sollten sich an uns ein Beispiel nehmen. Wir wissen, was man tun oder nicht tun darf, wenn man Gott gefallen will. Uns, die Pharisäer, sollen sie fragen.

Wie sie so miteinander reden, betritt Jesus die Synagoge. Jesus blickt als erstes auf einen Mann, den die drei noch gar nicht bemerkt haben. Der Mann hat eine verkrüppelte Hand. Damit kann er nicht arbeiten. Wer sorgt für ihn? Jetzt bemerkt Jesus die Pharisäer. Er sieht, wie sie tuscheln und gespannt auf ihn blicken. Er weiß, was sie denken: Wird Jesus es wagen, am Sabbat zu helfen? Das wäre Arbeit und deshalb nicht erlaubt. Der Mann ist ja nicht in Lebensgefahr, Jesus kann mit seiner Hilfe getrost bis morgen warten. Wenn Jesus heute hilft, dann zeigen wir ihn an.

Jesus kennt die Gedanken der Männer. Schon öfter hat er mit Leuten ihrer Art gestritten. Sie mögen ihn nicht, und sie wollen ihn beseitigen. Was soll Jesus tun?

„Komm her zu mir, hier nach vorn", sagt er zu dem Kranken. Hoffnung erfasst den Mann. 'Wird Jesus mir helfen, mein Leben heil machen?', denkt er.

Doch Jesus wendet sich von ihm ab.

Er geht auf die Pharisäer zu. Er stellt ihnen eine Frage: „Was soll man am Sabbat tun: Gutes oder Böses, Leben fördern oder Leben behindern?" Darauf wollen sie ihm keine Antwort geben. Jesus blickt sie zornig an. Er ist traurig über ihr verhärtetes Herz. Leichter ist es, eine verkrüppelte Hand zu heilen als ein hartes Herz.

Dann wendet er sich dem Mann mit der kranken Hand zu. „Strecke deine Hand aus." Der Mann streckt seine Hand aus und wird gesund.

Da verlassen die Männer die Synagoge. Sie gehen zu den Leuten des Königs Herodes und überlegen, wie sie Jesus umbringen können. Wer tut da am Sabbat Gutes, und wer tut Böses?

Vertiefung für jüngere und ältere Kinder

1. Möglichkeit: Wir drehen einen Stummfilm. Dabei kommt es darauf an, die Dynamik zwischen den Beteiligten deutlich zu machen (Pharisäer sind wütend, der Kranke steht mit gesenktem Kopf allein, Jesus kommt in die Synagoge, wendet sich dem Mann zu, Pharisäer tuscheln, lässt den Kranken stehen usw.). Wir sehen uns den Film an. Zwischen den einzelnen Teilen wird angehalten. Die Kinder versuchen, das Geschehen in Worte zu fassen.

Steht keine Videokamera zur Verfügung, kann die Geschichte als Pantomime gespielt werden.

2. Möglichkeit: Wir teilen Erzählfiguren aus weißem stärkerem Papier aus. Kinder bekommen die Aufgabe, die Geschichte zu legen: Der Kranke steht allein, die Pharisäer stehen tuschelnd beieinander. Jesus kommt in die Synagoge, bewegt sich auf den einzelnen Mann zu, wendet sich von ihm ab, geht auf die Pharisäer zu. Was denkt der Mann, was die Pharisäer? Jesus entfernt sich von ihnen, geht auf den Mann zu, hilft. Was denken die Pharisäer, was der Kranke? Er ist nicht mehr allein, hat Hilfe empfangen. Jesus setzt sich für ihn ein, nimmt Feindschaft und Todesgefahr in Kauf.

Malen mit jüngeren Kindern
Die jüngeren Kinder werden angeregt, den Figuren Gesichter zu geben.

Gespräch mit älteren Kindern
Manchmal sagt ihr von einem Mitschüler: Der ist ein Störenfried. Habt ihr vielleicht einmal darüber nachgedacht, warum er das tut? (Er will bewundert werden, im Mittelpunkt stehen.)
Ist Jesus ein Störenfried? ... Warum hält sich Jesus nicht an die Regeln? ... Was hat das für ihn für Folgen?

Anregungen für einen Gottesdienst mit Kindern und Erwachsenen

Thema: Was würde Jesus dazu sagen?
- Wir spielen Szenen oder zeigen Folien aus unserem Alltag zu dem Satz: „Das ist nicht erlaubt, das tut man nicht." Zum Beispiel sagen Eltern: „Mit dem spielst du nicht, der hat ein liederliches Zuhause." „Du musst dir nicht alles gefallen lassen, wenn dich einer schlägt, dann schlag zurück." „Was dem da jetzt passiert, daran ist er selber schuld. Soll er doch sehen, wie er das wieder in Ordnung bringt. (Regeln anschreiben.)
- Frage sichtbar anbringen: „Was würde Jesus dazu sagen"?
- Wir erzählen Mk 3,1–6, dabei die Bewegung zwischen Jesus, dem Kranken und den Pharisäern an der Tafel durch die Erzählfiguren verdeutlichen oder während der Erzählung die Geschichte pantomimisch darstellen.
- Wir bringen die Regel an der Tafel an: Am Sabbat heilt man keinen Kranken. Was sagt Jesus dazu? Entscheidend ist, ob die Regel Leben fördert oder Leben behindert.
- Wir überprüfen die Szenen aus dem Alltag nach dem Maßstab: „Was würde Jesus dazu sagen?" und finden die Antwort aus der Geschichte heraus.

Was Jesus den Menschen gesagt hat, war für viele eine Zumutung. Ihm hat es den Tod am Kreuz eingebracht. Für uns gehört heute oft Mut dazu, nach seinen Worten zu leben.

Brigitte Donath

22. Februar 2004 – Estomihi

Markus 3,31–35

Das ist nicht erlaubt

Lieder:
Lasst uns miteinander,
LJ 403, KG 189, MKL 23;
Einander brauchen mit Herz und
Hand, KG 120, LJ 371, s.S. 61

Liturgischer Text:
Markus 12,30.31

Zum Text

Dieser Abschnitt steht im größeren Zusammenhang des Wirkens Jesu in Galiläa (1,14; 8,26). Dort, wo er groß geworden ist, beginnt er als Messias zu wirken, bevor er den Weg nach Jerusalem antritt.

Bei seinem ersten Auftreten konnte es nicht ausbleiben, dass er mit seiner Familie in Konflikt gerät. Denn er kümmerte sich um so viele Menschen, so dass er kaum noch Zeit für seine Familie hatte. Der Konflikt eskalierte durch die Art und Weise, wie Jesus von seiner Tätigkeit aufgefressen wurde, so dass er selber nicht einmal mehr Zeit zum Essen hatte (Mk 3,20–21).

In unserem Abschnitt nun lassen die Verwandten Jesu ihn rufen. Es steht zwar nicht da, was sie mit ihm vorhaben, aber aufgrund von V. 21 ist gut vorstellbar, dass sie ihm vorschreiben wollen, wie er agieren soll. Seine Verwandten meinen, das Recht dafür zu haben. Und bei seiner Mutter Maria wird auch noch das 4. Gebot als Hintergrund für ihr kritisches Verhalten ihm gegenüber eine Rolle gespielt haben.

Jesus weist die Ansprüche seiner Verwandten auf sein Leben nicht einfach nur zurück. Sondern er bringt etwas ins Spiel, was die verwandtschaftlichen Beziehungen auf eine neue Ebene hebt.

Es geht Jesus darum, Gottes Willen zu verkündigen. Und alle, die auf seine Verkündigung hören und sich bemühen, den Willen Gottes zu tun, bilden eine neue Gemeinschaft. Diese neue Gemeinschaft relativiert verwandtschaftliche Beziehungen und macht bisher Fremde zu Freunden, ja zu Brüdern und Schwestern.

V. 35 kann schroff erlebt werden. Aber er ermöglicht auch den Verwandten, mit Jesus Gemeinschaft zu haben und ihn zu verstehen, denn für Jesus ist es wichtig, gemeinsam den Willen Gottes zu tun.

Der Text und die Kinder

Auch heute erleben Kinder, dass ihre Beteiligung an kirchlichen Aktivitäten wie Kindergottesdienst, Christenlehre oder ähnlichem von der Verwandtschaft oder auch einem Elternteil kritisch gesehen werden. Sie fühlen sich hin und her gerissen, wenn sie erleben, dass über sie gelächelt oder gar gespottet wird; wenn kein Interesse besteht, das Kind auch einmal zu begleiten, wenn in der Kirche „etwas los" ist; ja sogar bis dahin, dass immer wieder diskutiert wird, ob das Kind an kirchlichen Aktivitäten teilnehmen darf oder nicht.

Unser Bibeltext kann da für die Kinder eine Hilfe sein, wenn sie erfahren, dass auch Jesus schon in solch einer Situation war. Ich denke, es ist wichtig, dass die Kinder nicht das Gefühl bekommen, meine Verwandten oder meine Eltern sind schlecht, weil sie nicht an Gott glauben, sondern im Gegenteil erfahren, dass der Glaube an Gott ihnen eine große zusätzliche Verwandtschaft beschert. Das schließt aber auch ein, vielleicht im Gebet diese Problematik mit zu bedenken.

Im Kindergottesdienst sollen sich die Kinder über ihre nächste Verwandtschaft (Eltern, Geschwister, Großeltern, Tanten, Onkel, Cousins) bewusst werden und darüber nachdenken, ob sie an Gott glauben oder nicht. Die, die dazu gehören, sollen dann als „Familie Jesu" auf ein vorbereitetes extra Plakat geklebt werden, so dass zwar alle Kinder, aber durchaus nicht alle ihre Verwandten dazu gehören. Vorzubereiten sind viele einfache Kegelfiguren aus verschiedenfarbigem Papier, für jedes Kind in einer anderen Farbe, um die Familie darzustellen.

Gestaltungsvorschlag für jüngere und ältere Kinder

Spielen
Die Kinder wählen sich die Kegelfiguren einer Farbe, schreiben in eine Figur ihren Namen und legen so viele Figuren um sich herum, wie zu ihrer Verwandtschaft gehören, eventuell beschriften sie diese Figuren.

„Wir wollen jetzt einmal mit unseren Familien ein wenig spielen." Situationen legen, in denen die Familie bzw. ein Teil von ihr, etwas gemeinsam unternimmt (Sonntagsspaziergang, Urlaub, gemeinsames Abendbrot, Geburtstagsfeiern, Kirchgang u. a.). „Wir merken, nicht immer sind alle, die zu unserer Familie gehören, immer dabei. Manchmal treffen sich viele, manchmal nur zwei. Das ist einfach so. Woran kann das liegen?" (Gründe dafür suchen)

Erzählung
Auch Jesus hatte eine Familie. Dazu gehörten seine Mutter Maria, sein Vater Josef, vier Brüder und auch Schwestern. Auch sie haben sicher manches miteinander unternommen: sie haben miteinander gegessen, Hausarbeit verrichtet, sind spazieren gegangen, haben die Feste miteinander gefeiert, am Sabbat waren sie im Gottesdienst.

Später, als die Geschwister von Jesus heirateten und neue Kinder geboren wurden, lebten sie nicht mehr so eng zusammen, aber es gab immer noch viele Gelegenheiten, etwas miteinander zu unternehmen. Es war so, wie in jeder anderen Familie auch. Aber eines Tages änderte sich das:

Jesus war inzwischen schon dreißig Jahre alt und er war aus seiner Heimatstadt Nazaret weggegangen. Er wollte etwas ganz Neues beginnen, Gottes gute Botschaft wollte er den Menschen weitersagen. Inzwischen hatte er auch neue Freunde, seine Jünger, gewonnen und mit ihnen zog er nun durch die Dörfer und am See Gennesaret entlang. Überall wo er hinkam, versammelten sich viele Leute, die ihm zuhören wollten, denn seine Botschaft war etwas ganz Besonderes für die Menschen. Auch Kranke wurden zu Jesus gebracht, die er heilen sollte, und Jesus nahm sich viel Zeit, um mit all den Menschen zu reden und ihnen zuzuhören.

Seine Mutter und seine Brüder fanden das gar nicht gut. Jesus hatte ja überhaupt keine Zeit mehr für seine Familie und die vielen Verwandten. Nie

22. Februar 2004

war er dabei, wenn sich die Familie traf, immer war er nur mit anderen zusammen. Als sie eines Tages hörten, dass er in der Nähe war, machten sie sich auf den Weg zu ihm – aber nicht um ihn mal wieder zu sehen und ihm zuzuhören, sondern um ihm mal so richtig die Meinung zu sagen, weil er sich überhaupt nicht mehr um die Familie kümmerte. Sie gingen auch nicht in das Haus hinein, in dem Jesus gerade war, sondern schickten jemanden hinein, der zu Jesus sagte: „Deine Mutter und deine Brüder stehen draußen und fragen nach dir!" Alle denken, jetzt geht Jesus bestimmt gleich hinaus, um sie zu begrüßen, er hat sie ja so lange nicht gesehen. Aber Jesus tut etwas Ungeheuerliches, etwas, was sich nun eigentlich wirklich nicht gehört. Er blickt die Menschen, die um ihn herum sitzen an und sagt dann: „Wer ist denn meine Mutter? Wer sind denn meine Büder? Sind nicht die Menschen, die so leben, wie Gott es will, meine Brüder und meine Schwestern und meine Mutter? Die, die mir zuhören und sich nach Gott richten sind auch meine Familie und sie sind alle gemeinsam die Familie Gottes. Zu meiner Familie gehören viel mehr als nur die, die mit mir verwandt sind.

Wir wissen nicht, ob Jesus dann vielleicht doch noch hinaus gegangen ist zu seiner Mutter und zu seinen Brüdern, aber wir wissen, dass seine Mutter Maria danach noch viel mit Jesus zusammen war. Auch als Jesus am Kreuz gestorben ist, war sie bei ihm und zu der ersten Gemeinde in Jerusalem gehörte auch ein Bruder von Jesus. Sie waren nicht nur seine „richtigen" Verwandten, sondern sie gehörte auch zu der ganz großen Familie von Jesus, der Familie Gottes.

Plakat
Auf ein vorbereitetes Plakat mit der Überschrift „Wir sind die Familie Jesu – wir gehören zusammen" werden die Kegelfiguren für die Kinder und ihrer Angehörigen, die an Gott glauben, geklebt.

Lied: Lasst uns miteinander singen, beten, loben den Herrn

Gebet
Lieber Herr Jesus Christus, wir danken dir, dass wir alle gemeinsam zu deiner Familie gehören.
 Wir bitten dich für diejenigen in unserer Verwandtschaft, die zu dir gehören, und die noch nicht dazu gehören. Wir wollen alle lieb haben und für sie beten.
 Weil wir zur Gottesfamilie gehören, beten wir:
 Vaterunser ...

Utta Lucke

29. Februar 2004 – Invokavit

Markus 10,31–45

Da hört sich doch alles auf

Lieder:
Einander brauchen mit Herz und Hand, KG 120, LJ 371;
Ein jeder kann kommen, LJ 512

Liturgischer Text:
Markus 12,30–31

Zum Text

Diese kleine Szene aus dem Markusevangelium schildert uns eine typische Situation, in der Jesus mit seinen Jüngern im Gespräch ist. „Während sie auf dem Weg hinauf nach Jerusalem waren ..." Wieder einmal ist er mit seinen Jüngern unterwegs. Wir können uns gut vorstellen, dass es auf diesen gemeinsamen Wegen oft lange und intensive Gespräche gegeben hat. Viele der Worte Jesu, die uns die Evangelisten überliefert haben, stammen aus solchen Gesprächen. Das heißt, es sind weniger die Predigten, sondern eher die konkreten Situationen. Da reagiert Jesus auf die Erwartungen und auf die Fragen, die an ihn herangetragen werden. Insofern ist unser Abschnitt keine Moralpredigt, sondern eine sehr handfeste Reaktion auf die Bitte von Jakobus und Johannes.

Diese Bitte kommt nicht von ungefähr. Schließlich waren sie auf dem Weg hinauf nach Jerusalem. Kurz zuvor hat Jesus seinen Jüngern zum dritten Mal mit deutlichen Worten angekündigt, dass Jerusalem die Stadt seines Martyriums sein wird. Er wird in die Hände der Feinde übergeben und hingerichtet werden. Nach drei Tagen wird er auferstehen. Es ist nur allzu verständlich, dass das die Jünger nicht fassen konnten. Sie konnten nicht damit umgehen. Und das führt zu der einzig möglichen Reaktion: Sie haben Angst (Mk 10,32). Offensichtlich sind es nur die beiden Jünger Jakobus und Johannes gewesen, die über diese Angst hinausdenken konnten. Denn sie sehen Jesus schon sitzen im Reich Gottes (oder wörtlich: „in deiner Herrlichkeit"). Vielleicht sind sie die einzigen gewesen, die etwas begriffen haben von dem, was Jesus angekündigt hatte.

Aber für Jesus ist das nur die halbe Erkenntnis. Der Weg ins Reich Gottes führt durchs Leiden. Nur in der Nachfolge Jesu kommt dieser Weg ans Ziel. Den Kelch trinken ist das Symbol für das Leiden. Die Taufe, mit der ich getauft werde, ist das Symbol für den Weg Jesu, der durch den Tod zum neuen Leben führt. Die Bereitschaft der beiden Jünger, dieses Leiden auf sich zu nehmen und diese Taufe anzunehmen, ist letztlich noch keine Garantie für einen „Platz im Himmel". Daraus ergibt sich kein Anspruch. Jesus wehrt sich dagegen: „Ich habe keine Plätze zu vergeben."

Erst nach diesen Gedankengängen berichtet der Erzähler von dem sehr menschlichen Ärger der anderen Jünger. Ging es zuerst um die Frage, wo ich in Gottes Reich meinen Platz finden werde, also um Zukünftiges, Jenseitiges, geht es hier um meine Stellung auf dieser Erde, also um sehr Gegenwärtiges. Die Antwort Jesu ist nachvollziehbar, damals wie heute: Wer nach der Macht strebt, wer groß sein will, steht in der Gefahr seine Macht zu missbrauchen. Und die Erfahrung bestätigt das allzu oft. Jesu Wort „Bei euch aber soll es nicht so sein." – markiert den entscheidenden Unterschied. „Wer bei euch groß sein will, soll euer Diener sein."

In der Nachfolge Jesu leben die Menschen anders. In dieser Nachfolge passen sie sich nicht dem Gewohnten an, sondern wagen einen ganz anderen Lebensentwurf.

Die hochgestochene Erwartung der beiden Zebedäus-Söhne holt Jesus so in die Gegenwart in ihren Alltag hinein. Nachfolge beginnt hier und heute, in dem ich für andere da bin. Nicht die Beschäftigung mit sich selbst (Stichworte wie Wellness oder Seelenheil), sondern die gelebte Solidarität mit den Menschen, die unsere Hilfe brauchen, ist der Maßstab. Jesus selbst sieht seinen Weg darin erfüllt. Er ist nicht gekommen, um sich dienen zu lassen, sondern um zu dienen und sein Leben einzusetzen, damit Menschen gerettet werden.

Für die Verkündigung sind uns zwei Punkte wichtig: Zum einen soll der Wunsch der Jünger, Jesus ganz nahe zu sein, als in der Tat wünschenswert dargestellt werden. Zum anderen wollen wir deutlich machen, dass sich dieser Wunsch erfüllt, indem ich für andere da bin. Jesus begegnet mir in den Menschen, die meine Hilfe brauchen. Nicht nur ich wünsche mich an den rechten Platz. Ich darf den anderen an meine Seite einladen.

Der Text und die Kinder

Im Kindergarten beginnt die gemeinsame Beschäftigung am Vormittag mit dem Morgenkreis. Die Kinder setzen sich in einem Kreis auf den Fußboden. „Heute will ich neben dir sitzen", sagt Martin zu seiner Kindergärtnerin. „Der war schon gestern dran", protestiert Luise. „Ich hab nur zwei Plätze neben mir, links und rechts", sagt die Kindergärtnerin. Keine Frage, jeder möchte einmal neben ihr sitzen. Das ist doch ganz klar. Das ist völlig normal. Normal ist aber auch, dass es einmal Streit darum geben kann. An welchem Platz ich sitze, kann auch etwas mit Anerkennung zu tun haben. Wenn das Kind seine Kindergärtnerin gern hat, möchte es auch gern direkt neben ihr sitzen, dann wird es diesen Platz irgendwie schön und wohltuend empfinden. Die Erzieherin wird darauf achten, dass jeder einmal drankommt, damit diese Frage nicht zum Streit wird.

Im Kinderkreis der Gemeinde spielen die Kinder zum Einstieg das Spiel „Mein rechter, rechter Platz ist leer". Alle sind gespannt: Wann komme ich dran? Wer wünscht mich neben sich? Ärgerlich ist es, wenn zwei sich gegenseitig hin und her wünschen und das Spiel für die anderen langweilig wird. Manche Kinder wissen schon, wer lange nicht aufgerufen wurde, den sollte ich mir mal herwünschen, sonst fühlt er sich ausgeschlossen.

Auch an diesem Beispiel erkennen wir, dass es völlig normal ist, sich an einen bestimmten Platz zu wünschen. Darin schwingt die Sehnsucht nach Geliebtsein, nach Anerkanntsein mit. Andererseits wird deutlich, dass das Besetzen eines Platzes für mich allein die anderen ausgrenzt. Und deshalb ist es auch normal, wenn es darüber zum Streit kommt.

An diesen kleinen Situationen merken wir, dass der Text bzw. die Sache, um die es geht, sehr unmittelbar mit der Lebenswelt der Kinder zu tun hat. Die Kinder werden sich in das Bedürfnis von Jakobus und Johannes hineindenken können. Sie werden aber auch den Ärger der anderen Jünger verstehen. Schwieriger wird es schon, die Reaktion Jesu begreifbar zu machen.

Gestaltungsvorschlag für jüngere und ältere Kinder

Ankommen und seinen Platz finden
Heute ist noch nicht alles vorbereitet. Der Raum ist leer. Aus den Stühlen bilden wir einen Kreis. Es sind genügend Stühle da. So findet jeder einen Platz. Während das geschieht, können wir schon darauf hinweisen und das Thema unauffällig ansprechen: Bloß gut, dass für jeden ein Platz da ist!

In die Mitte des Stuhlkreises wird ein weißes Tischtuch gelegt und das Kindergottesdienstkreuz und die Kerze aufgestellt. Das ist heute unser Tisch, unsere Mitte. Jetzt spielen wir zum Einstieg das Spiel „Mein rechter, rechter Platz ist leer".

Zum Thema finden
Wir steigen ein mit einer normalen Situation, mit der sich die Kinder auseinandersetzen sollen: Mutter feiert ihren dreißigsten Geburtstag. Sie hat viele Gäste eingeladen. Die Tischkarten sind schon vorbereitet. Nun überlegt sie, wo ihre Gäste an der Geburtstagstafel Platz nehmen sollen. (Hier können entweder die Tischkarten schon vorbereitet sein oder wir überlegen mit den Kindern, wer alles einzuladen ist und schreiben die Namen auf Tischkarten.)
Jetzt denken die Kinder darüber nach, wer wo sitzen soll. Dazu werden die Kar-

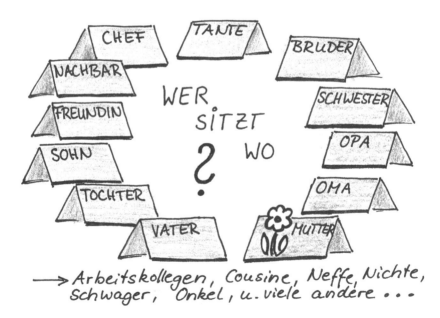

ten auf das Tischtuch gelegt. Bei der Diskussion wird schon deutlich, was die Kinder bewegt, wo sie die Schwerpunkte setzen. Natürlich haben alle Mutter gern. Sonst würden sie nicht zu ihrem Geburtstag kommen. Aber es können nicht alle an ihrer Seite sitzen ...

(Mit dieser Hinführung können wir die Geschichte so erzählen, dass sie in der Lebenswelt der Kinder ankommt. Vielleicht so:)

Die Botschaft hören
Die Geschichte von Jesus, die ich euch heute erzähle, hat leider nichts mit solch einer Geburtstagsvorbereitung zu tun. Obwohl sie in dem Jahr spielt, wo Jesus dreißig Jahre alt geworden ist. Aber er konnte keinen schönen Geburtstag feiern. Im Gegenteil, der Weg führte ihn nach Jerusalem, in die Stadt, wo er sehr viele Feinde hatte. Menschen, die ihn mundtot machen wollten, ja die ihm das Leben nehmen wollten. Jesus ahnte das, ja, er wusste es. Sie werden mich umbringen. Es wird so kommen. Aber Gott wird bei mir sein. Er wird mir neues Leben schenken. Und bei Gott, an seinem Tisch, wird es mir gut gehen.

Zwei von seinen Jüngern hatten sehr genau zugehört. Sie liebten Jesus über alles. Sie hatten Angst um ihn. Und sie wollten für immer bei ihm sein. Jakobus und Johannes hießen die beiden. Es waren zwei Brüder. Und plötzlich sagten sie zu Jesus: „Wir haben eine ganz große Bitte an dich!" Und Jesus sagte: „Was soll ich für euch tun?" Und sie antworteten: „Wenn du im Himmel bist, bei Gott, dann wollen wir direkt neben dir sitzen an deinem Tisch, einer rechts und einer links. Das wäre doch wunderbar!"

Jesus schaute sie ganz freundlich an. Ja, schön wäre das schon, denkt er. Bei Gott, meinem Vater sein, aber auf meine Freunde nicht verzichten müssen ... Doch Jesus wusste auch, was ihm bevorstand. Er dachte an das, was ihn in Jerusalem erwartet – das Schlimmste, was ein Mensch zu erwarten hat. So sagte er zu Jakobus und Johannes: „Ihr wollt bei mir sein, an meinem Tisch sitzen, rechts und links, aber könnt ihr auch den Weg mit mir gehen bis dorthin, den Weg, der durch Leiden und Tod führt?" Die beiden waren so erfüllt von ihrer Idee. Sie sagten: „Wir können es!" Jesus hört es. Er sah sie beide wieder freundlich an und sagte zu ihnen: „Und trotzdem: Ich weiß nicht, wie es im Himmel sein wird. Und wer wo an meinem Tisch sitzen wird, das bestimmt mein Vater im Himmel allein."

Natürlich war den anderen Jüngern, die auch mit unterwegs waren, dieses Gespräch aufgefallen. Sie ärgerten sich über Jakobus und Johannes. „Da hört sich doch alles auf! Wo gibt es denn so was?" Jesus hat das gemerkt, und er rief sie alle zu sich und sprach zu ihnen: „Hört zu! In dieser Welt gibt es viele, die ganz oben sitzen wollen, die andere beherrschen wollen. Und die, die das tatsächlich tun, gehen oft nicht gut mit den Menschen um. Ja, sie missbrauchen ihre Macht oft. An diesen Machtmenschen sollt ihr euch kein Vorbild nehmen. So soll es nicht bei euch sein. Wer der Größte sein will, der soll anfangen im Kleinen den Menschen zu helfen. Wie ein Diener, der für einen anderen da ist. Das ist überhaupt das Wichtigste: Für andere da sein, die Hilfe brauchen.

Seht mich an: Ich bin nicht in diese Welt gekommen, damit ich mich wie ein König bedienen lasse. Ich bin gekommen, damit ich anderen diene. Deshalb bin ich auch bereit, mein Leben hinzugeben, damit viele Menschen gerettet werden."

Die Jünger mussten nun erst darüber nachdenken, was Jesus gemeint hatte. Jetzt sagte keiner mehr etwas. Schweigend gingen sie den Weg weiter. Jeder machte sich seine Gedanken. Jakobus und Johannes wollten doch nur ganz dicht bei Jesus sein, bei ihm im Himmel. Doch sie fingen an zu begreifen: Wir sind hier, auf der Erde. Und wenn wir hier anderen helfen, für andere da sind, dann ist uns Jesus ganz nahe. So hatte sie Jesus auf ganz neue Gedanken gebracht.

Miteinander im Gespräch
Wenn es die Zeit und die Situation erlaubt, versuchen wir mit den Kindern ins Gespräch zu kommen.

Wie geht es euch, hättet ihr euch auch über Jakobus und Johannes geärgert wie die anderen Jünger oder könnt ihr die beiden auch verstehen?

Was will Jesus seinen Freunden sagen und was ist für uns heute wichtig?

Miteinander beten
Guter Gott,
wir danken dir, dass Jesus da ist.
   Er ist wie ein guter Freund zu uns,
   auch wenn wir ihn nicht sehen.
   Er geht mit uns und ist uns nahe.
   Bei ihm hat jeder einen Platz.
Deshalb brauchen wir keine Angst
zu haben.
   Wir bitten dich, lass uns ein Stück
   so werden wie Jesus.
   Lass uns auch für andere da sein,
   anderen helfen,
   wie es Jesus getan hat.
Amen.

Miteinander singen:
Ein jeder kann kommen

Friedemann und Gabriele Oehme

Einander brauchen

Text und Melodie: Okko Herlyn

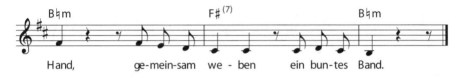

2. Einander tragen in Traurigkeit,
gemeinsam heilen die Einsamkeit.

3. Einander helfen in Leid und Not,
gemeinsam danken für Wein und Brot.

4. Einander mahnen in Zank und Streit,
gemeinsam lindern die Bitterkeit.

5. Einander streicheln in Schlaf und Traum,
gemeinsam liegen im Apfelbaum.

6. Einander sagen, was recht und gut,
gemeinsam bitten um etwas Mut.

7. Einander glauben zu jeder Zeit,
gemeinsam hoffen schon himmelweit.

Capo II, dann: | | Am | Dm | E$^{(7)}$ | Am | Dm | Am | E$^{(7)}$ | Am ‖

Rechte beim Autor

Schwer zu verstehen – Wie Petrus Leben und Sterben Jesu erlebt

Lied:
Manchmal möcht ich dich, mein Gott,
s. S. 82

Liturgischer Text:
In Anlehnung an Psalm 30, s. S. 70

IV

Schwer zu verstehen – Wie Petrus Leben und Sterben Jesu erlebt

Sonntag	Text/Thema	Art des Gottesdienstes Methoden und Mittel
7.3.2004 Reminiszere	Wo kommen die vielen Fische her? Fischzug – Lukas 5,1–11	Gottesdienst mit Kindern; Angelspiel, Erzählung, Bildbetrachtung, Gespräch, Lebensbild
14.3.2004 Okuli	Wer ist das Gespenst? Seewandel – Matthäus 14,22–33	Gottesdienst mit Kindern; Psalmgebet, Erzählung, Gespräch, Plakat gestalten
21.3.2004 Lätare	Ein Fels gerät ins Wanken Petrusbekenntnis und Leidensankündigung – Matthäus 16,13–23	Gottesdienst mit Kindern; Alten (Kirchen-)Schlüssel, bemalter Felsstein, Erzählung, Gespräch, kleine Steine mit Goldfarbe bemalen oder Anhänger aus Ton fertigen
28.3.2004 Judika	Warum können wir hier nicht bleiben? Verklärung – Markus 9,2–10	Gottesdienst mit Kindern und Erwachsenen; Lied, Erzählung
4.4.2004 Palmsonntag	Ich weiß nicht und verstehe nicht! Gefangennahme Jesu und Verleugnung – Markus 14,26–15.47 i.A.	Gottesdienst mit Kindern; Erzählung mit Legebild: Zweig, Bausteine, Petrusfigur, kleines weißes Tuch, Strick, Kreuz, Bild zum Anschauen und Ausmalen

7. März 2004 – Reminiszere

Fischzug – Lukas 5,1-11

Wo kommen die vielen Fische her?

Lieder: Wenn einer sagt, ich brauch dich, KG 150, LJ 624, MKL 100; Ich möcht, dass einer mit mir geht, EG 209, KG 211, LJ 137; Jesus, der zu den Fischern lief, EG 313; Du hast mich, Herr, zu dir gerufen, EG 210; Manchmal möchte ich dich, mein Gott, s. S. 82
Liturgischer Text: nach Psalm 30, s. S. 70

Zum Thema

Lk 5,1–11 gehört zu den Geschichten, die häufig vorgeschlagen sind. Das macht es schwer, immer neue interessante methodische Einfälle zu finden und umzusetzen. Dies ist aber um so notwendiger, je mehr wir Kinder haben, die regelmäßig den Gottesdienst besuchen. Zum „methodischen Trick" gehört wohl deshalb auch obige Themenformulierung. Mir scheint es sehr wichtig, sich nicht durch diese Frage einengen oder gar für die Verkündigung in die Irre führen zu lassen. Es kann uns wohl nicht ernsthaft darum gehen, die Frage beantworten zu wollen.

Ich mache in dieser Begegnungsgeschichte einige Entdeckungen, die mir wichtig sind und die ich gern für mich in Anspruch nehme:

Wer Jesus begegnet und sich auf ihn einlässt, verändert sich grundlegend. Das Wunder dieser Geschichte ist nicht nur der reiche Fischfang, sondern ebenso die Reaktion des Simon. Er stellt fest: Dieser Jesus ist nichts für mich. Zwischen uns liegen Welten. „Herr, gehe von mir hinaus! Ich bin ein sündiger Mensch." Simon kümmert sich dabei nicht darum, was die anderen über ihn denken könnten. In aller Öffentlichkeit spricht er diese Selbsterkenntnis, dieses Sündenbekenntnis aus. Aber Jesus geht nicht darauf ein. Ich kann also Jünger Jesu sein, trotz aller Mängel und Schuld. Jünger Jesu wird man zuerst durch Berufung, nicht durch Bewerbung, somit entfallen die sonst nötigen „Bewerbungsunterlagen". Gerade wer seine Unzulänglichkeit erkennt, sollte dem Ruf Jesu folgen.

Selbst scheinbar ungeeignete, unqualifizierte Menschen werden Mitarbeiter Jesu. Sie verlassen alles, was ihr bisheriges Leben ausgemacht hat. Dass sie sich darauf einlassen, ist wunderbar. Wenn nun Jesus sagt: „Fürchte dich nicht", hört das Simon ganz persönlich für sich: „Habe Vertrauen zu mir!"

Der reiche Fischfang ist wie ein Gleichnis für das wunderbare Wirken Gottes.

Das Thema und die Kinder

Je jünger die Kinder sind, umso mehr werden sie an dem Wunder des reichen Fischfangs hängen bleiben. Das sollte uns nicht dazu verleiten, auch daran „hängen zu bleiben", zumal die Themenformulierung (s. o.) das nahe legt.

Kinder haben einen fließenden Übergang zwischen Realität und Wunderbarem. Ihrer Phantasie sind da oft kaum

Grenzen gesetzt. Wenn sie älter werden, gehen sie viel kritischer mit den Wundergeschichten um. Anhebende Kritik muss aber den Kern der biblischen Aussage „übriglassen". Darin liegt unsere Verantwortung im Umgang mit solchen Geschichten. Folgende Aussagen der Geschichte möchte ich nicht unberücksichtigt lassen:

Das Erleben des Simon verändert ihn bis in sein Innerstes. Dazu gehört aber nicht nur der reiche Fischfang, sondern auch die Predigt Jesu. Es fällt auf, dass über den Inhalt der Predigt Jesu nichts gesagt wird. Diese Predigt steht äußerlich schon im engen Zusammenhang mit der Person des Simon: Sein Boot wird zur „Kanzel Jesu".

Erst nach der Selbsterkenntnis des Simon beginnt sein Weg mit Jesus.

Wir haben mit „ernüchternden" Fragen der Kinder zu rechnen:
- Wie konnte Simon seine Familie verlassen? Ist das nicht „unchristlich"?
- Ist der Fischfang nicht eigentlich ein schreckliches Geschehen? Da werden die Fische aus ihrem Lebenselement gerissen, um im Kochtopf zu landen. Wenn das das Bild für „Mission" wäre – und es war es ja längere Zeit auch – müssten wir uns sehr schnell davon verabschieden. In der Geschichte ist von „fangen" die Rede, nicht von „fischen". Fangen heißt für mich nicht manipulieren, Gewalt ausüben, sondern von einem schönen Erlebnis oder von einer beglückenden Begegnung „gefangen sein", sodass es mich nicht mehr loslässt. Ich soll „anbeißen", weil ich für die Zukunft alles von Jesus erwarte, weil ich Hoffnung für die Zukunft mit ihm habe. Die Fischer sind von dem Erlebten so gefangen, ergriffen, dass sie alles verlassen und Jesus folgen.

- Trotz erschwerter Bedingungen machen die Jünger den reichen Fang. Nun wäre zu erwarten, dass Simon voller Dankbarkeit vor Jesus niederfällt. Statt dessen hören wir (bzw. die Kinder) erst einmal „Ablehnung".
- Auch im weiteren verhält sich Simon ganz unvernünftig. Er fängt viele Fische und lässt dann alles stehen und liegen. Mit so einem reichhaltigen Fischfang hätte er mit seiner Familie lange gut leben können. Aber wichtig wird für ihn nur, dass er bei Jesus bleiben will. Er bemerkt, dass hier Gott am Werk ist. Deshalb ist er auch über sich selbst erschrocken. Deshalb spricht Jesus zu ihm: „Fürchte dich nicht!" Dieses Trostwort ist in der Bibel immer dann nötig, wenn Menschen die besondere Nähe Gottes spüren. Jeder Mensch, der sich von Gott angesprochen fühlt, merkt gerade in diesem Moment seines Lebens, dass er ein kleiner sündiger Mensch ist. Aber er merkt auch: Gottes Auftrag macht ihn stark. Biografien bedeutender Frauen und Männer der Bibel oder der Kirchengeschichte sind ein Beleg dafür. Angefangen von Paulus über Franziskus bis Wichern, Fröbel oder Bodelschwingh. Was es heißt, im Auftrag Jesu Menschen zu fangen, würde ich bei älteren Kindern mit einer solchen Lebensgeschichte schildern.

Gestaltungsvorschlag
für jüngere und ältere Kinder

Einstieg
Nach einem liturgischen Eingangsteil spielen wir ein Angelspiel. Wir haben dazu große Fische, die nicht blind mit Magneten zufällig geangelt werden müssen. Unsere Fische stehen offen vor den Kindern und werden mit einem Angelhaken durch Geschicklichkeit gefangen.

Oder: Wir spannen vorher ein großes Netz über uns aus. (Preisgünstig erhältlich als Vogelschutznetz für Kirschbäume oder im „Bastelbedarf" für Dekorationszwecke.) In dieses Netz legen wir die später selbst gebastelte Fische mit unseren Namen. Das „Netz-über-uns" ist uns ein Hinweis auf Gottes Handeln.

Dieses Netz kann aber auch auf dem Fußboden unter uns ausgebreitet sein und wir sitzen darauf (möglichst auf Sitzkissen, da sonst die Stolpergefahr zu groß ist). So ist es das „Netz-unter-uns", das Netz, das uns trägt. Wir sitzen alle unter oder in dem Netz, ganz gleich wer und wie wir sind.

Erzählung
(Für jüngere Kinder erzählen wir mit Bewegungen.)
Seit Jesus durch das Land Israel zieht, kommen immer mehr Menschen zu ihm. Besonders viele sind es am See Gennesaret. Alle wollen ihn *sehen* (Hände wie ein Fernglas vor die Augen) und vor allem *hören* (Hände an die Ohren). An dem Tag, von dem ich euch erzählen möchte, sind es besonders viele Menschen. Jesus ist *umringt* von vielen Frauen und Männern, auch Kinder sind dabei. Am Ufer liegen zwei Schiffe. Die Fischer sitzen mit ihren Netzen am Ufer. Sie *reparieren* und *waschen* die Netze. Die ganze Nacht waren sie auf dem See und wollten Fische fangen. Aber alle Arbeit war umsonst. Sie hatten nichts gefangen. Nun sind sie *traurig*. Deshalb merken sie wohl gar nicht so richtig, was um sie herum geschieht.

Einen der Fischer – er heißt Simon – bittet Jesus: „Kannst du mich mit deinem Boot ein Stückchen vom Ufer weg hinausfahren? Da können mich die vielen Menschen besser sehen und hören." Simon *springt* auf. Er sieht Jesus an. Jetzt erst merkt er, wer ihn bittet. „Diesen Mann kenne ich doch", denkt er. Ja, er kennt Jesus wirklich. Sie waren sich schon einmal vor kurzem begegnet. Es war im Haus seiner Schwiegermutter. Sie war sterbenskrank gewesen und Jesus hatte sie gesund gemacht. Nun war es doch klar, dass Simon die Bitte dieses Mannes erfüllt. So steigt Jesus in das Boot ein und Simon rudert ihn ein Stückchen hinaus auf den See.

Die Menschen am Ufer *erschrecken*. Will Jesus sie etwa verlassen? Sie springen auf. Sie winken. Sie *rufen* (Mundtrichter). Endlich hält das Boot an. Nun können alle Menschen vom Ufer aus Jesus sehen und hören. Die Menschen setzen sich. Und Jesus *erzählt* (Mundtrichter) ihnen von Gott. Er erzählt von der Liebe Gottes zu allen Menschen. Gott liebt jeden Menschen, so wie er ist.

Ganz still ist es geworden. Die Zeit vergeht so schnell, dass sie traurig sind, als Jesus aufhört zu reden. Nun wendet sich Jesus an Simon und sagt zu ihm: „*Fahre hinaus* (zeigt in die Ferne) auf den See. Rudere dorthin, wo es am tiefsten ist. Wirf dort die Netze aus. Du wirst dort einen großen Fang machen."

Simon *schüttelt den Kopf*. Das kann nicht sein. Soll er sich vor den vielen Menschen blamieren? Jeder Mensch am See weiß doch: Am Tag kann man keine Fische fangen. Jetzt haben sie sich an der tiefsten Stelle des Sees verkrochen. Seine Netze können sie da unten nicht fangen. Schließlich ist der See 45 m tief. Aber dann denkt Simon, dass dieser Jesus ihn sicher nicht blamieren will. Deshalb sagt er zu ihm: „Meister [wir würden heute vielleicht sagen „Chef"], Meister, wir haben die ganze Nacht gearbeitet und nichts gefangen.

Aber weil du es sagst, wollen wir es noch einmal versuchen."
Simon und seine Freunde Jakobus und Johannes *rudern* los. Sie kommen schnell voran. Bald sind die Menschen am Ufer kaum noch zu sehen. Die werfen ihre Netze aus. Es dauert gar nicht lange, da merken sie: Die Netze haben sich gefüllt. Da sind Fische drin. Sie *ziehen* die Netze zu, damit kein Fisch verloren geht. Nun wollen sie die Netze in das Boot *ziehen*. Aber es geht nicht. Was ist nur passiert. Hat sich das Netz irgendwo verfangen? Sie versuchen es noch einmal. Sie *ziehen* und *ziehen*. Da endlich bewegt es sich. Aber nur ganz langsam. Es ist *schwer*. Es ist zu schwer. Allein können sie es nicht schaffen. Sie *rufen* die Fischer im anderen Boot. Gemeinsam schaffen sie es. Mühsam ziehen sie die Netze in die Boote. Es sind viele Fische. Es sind so viele Fische, dass beide Boote voll werden. Nun wollen sie schnell an Land. Die Boote liegen durch die Last der Fische so tief im Wasser, dass es schon fast gefährlich ist. Aber was ist das. Alle *rudern*, um schnell ans Ufer zu kommen.

Aber Simon rudert nicht mit. Dabei wird jeder gebraucht. Die Boote sind so schwer. Simon ist vor Jesus *niedergekniet*. Er ist ganz verstört. Ihm fehlen scheinbar die richtigen Worte. Aber er will etwas sagen. Er muss etwas sagen! Langsam kommt es aus seinem Mund: „Herr! Ich kann es nicht glauben. Du findest nicht nur die richtigen Worte, wenn du zu uns sprichst. Was du sagst und was du versprichst, das geschieht auch. Herr, ich passe nicht zu dir. In deiner Nähe spüre ich, wie klein und unbedeutend ich bin. Du bist ein Mann Gottes. Ich aber bin ein sündiger Mensch." Sein Kopf *sinkt* nach vorn. Er weiß nicht mehr weiter.

Da *rührt* Jesus ihn sanft an. Simon schaut langsam auf. Es sieht aus, als ob er träumt. Und Jesus sagt zu ihm: „ Fürchte dich nicht! Hab keine Angst! Komm mit mir. Ich habe eine Aufgabe, für dich und deine Mitarbeiter. Du kannst gut Fische fangen. Das sollst du auch weiter tun. Aber von nun an werden es nicht mehr Fische sein, die du fängst, sondern Menschen. Ich möchte, dass du die Menschen für Gott begeisterst, so dass sie ganz von der Sache Gottes gefangen sind." Nun *springt* Simon *auf*. Nun ist er wach. Das alles war kein Traum. Und dieser Jesus kann ihn brauchen. Er hat etwas mit ihm vor. Das ist unglaublich, das ist wunderbar. Und so *rudern* sie nun gemeinsam, so schnell es geht, zum Ufer. Plötzlich sind ihnen die vielen Fische nicht mehr wichtig. Sie lassen alles stehen und liegen. Sie achten nicht darauf, was die Menschen am Ufer sagen und fragen. Sie gehen mit Jesus. Von nun an werden sie Jesus begleiten. Sie nennen sich nicht mehr Fischer. Jünger Jesu werden sie nun genannt.

Sie werden noch viel mit Jesus erleben und von Gott hören. Später werden sie das alles weitererzählen, was sie erlebt und gehört haben. Alle Menschen sollen von Gott hören. Die Botschaft von Jesus Christus umschließt uns seitdem wie ein Netz die Fische umschließt.

Angelspiel für jüngere Kinder
Wir benutzen das herkömmliche Spiel mit Magneten. Jeder angelt aus einem Angelspiel einen vorbereiteten Fisch. Jeder angelt nur einen, seinen Fisch. Die Fische sind noch nicht fertig, nur Schablonen. Die Kinder gestalten ihren Fisch, indem sie „Schuppen" aufkleben, bunt oder schillernd. Auf die Rückseite schreiben sie ihren Namen und hängen die

Fische dann ins Netz (oder legen sie auf das Netz). Sie entdecken: Wir gehören zusammen und zu Jesus Christus.

Eine andere Entdeckung ergibt sich, wenn die Kinder auf den Fisch die Namen der Menschen schreiben, die ihnen bisher von Jesus und von Gott erzählt haben. Diese Menschen haben den Auftrag Jesu an Simon weitergeführt. Und wir sind die nächsten, die diese Aufgabe übernehmen.

Bildbetrachtung für ältere Kinder
Wir betrachten das Bild „Fischzug" von Herbert Seidel, s. GoKi 2000, S. 179 – zu beziehen bei: Nationalsekretariat für Gemeinschaft christlichen Lebens, Sterngasse 3, 86150 Augsburg.

Die Kinder werden selbst vieles entdecken, z. B.: die Bewegung, Dynamik, die sich in der Diagonale ausdrückt; die Mühe der Fischer mit dem reichen Fang, obwohl nur wenige Fische zu sehen sind; den alles umschließenden Helfer, der im Hintergrund unerkannt, gesichtslos zugreift und alles erst gelingen lässt; Fische, die dem Netz entschlüpfen.

Dieses Bild predigt und stellt uns Fragen: Mit wem zusammen gehen wir die Aufgabe an, Menschen für Jesus zu gewinnen? So eine große Aufgabe ist nur mit vielen anderen zu schaffen. Im Schiff müssen auch alle drei Fischer an einem Strang ziehen. Wie oft versuchen wir es nur mit unseren eigenen Kräften? Denken wir daran, dass uns bei dieser schweren Aufgabe Jesus hilft? Wir können und sollen das tun, was wir können. Den Rest besorgt Jesus. Das setzt uns nicht unter Druck, sondern befreit zu gelassenem Handeln. Von Jesus zu erzählen, macht dann auch Freude.

Gespräch oder Lebensbild
für ältere Kinder
Wir überlegen gezielt, was ein „Menschenfischer" heute tun kann oder muss. Wie können wir heute Menschen (Freunde oder Freundinnen, Klassenkameraden, Sportfreunde) für Jesus gewinnen? Wir tun dies um ihretwillen, nicht um Jesu willen. Sie müssen entdecken, dass sich das Vertrauen zu Jesus lohnt.

Wir können aber auch mit einem „Lebensbild" zu der Erkenntnis kommen, dass „Menschen fangen" etwas ganz Positives ist. Ich denke dabei an die Rettung von Schiffbrüchigen. Für sie bedeutet es Rettung aus Lebensgefahr, wenn sie aus dem Wasser gefischt werden. Solch ein Menschenfischer ist für mich z. B. J. H. Wichern. Er fischte die Kinder und Jugendlichen von der Straße und gab ihnen Heimat und Geborgenheit. Gleiches gilt für Freiherr von Bodelschwingh, über den es sogar eine Biografie mit dem Titel „Menschenfischer" gibt.

Gemeinsamer Abschluss
Die Älteren zeigen das Bild. Sie erzählen kurz, was ihnen bei diesem Bild aufgefallen ist.

Die Jüngeren bringen ihr Netz mit ihren Fischen mit und stellen es den Älteren vor. Sie erzählen, dass in dem Netz ganz besondere Fische sind. Vielleicht haben sie sogar für die Älteren einen Fisch gebastelt, sodass nun beide Gruppen im Netz versammelt sind. Das Netz wird dabei nicht als Bedrohung, sondern als Ort der Sammlung beschrieben.

Ähnlich könnte auch ein gemeinsamer Abschluss mit der Erwachsenengemeinde gestaltet werden.

Lied:
Ich will dir folgen, besonders Kehrvers!

Horst Ramsch

14. März 2004 – Okuli

Seewandel – Matthäus 14,22–33

Wer ist das Gespenst?

Lieder:
Die güldne Sonne, EG 449,1.(5);
Meinem Gott gehört die Welt, EG 408;
Manchmal möchte ich dich, mein Gott, s. S. 82

Liturgischer Text:
in Anlehnung an Psalm 30, s. u.

Zu Text und Thema

Eine Geschichte im Zwielicht: Sie spielt in der beginnenden Morgendämmerung, in der die Konturen verwischen, denn die vierte Nachtwache ist die Zeit kurz vor dem Morgen. Die frühe Morgenstunde gilt als die Zeit der heilvollen Erscheinungen und der Rettungswunder (vgl. 2 Mose 14,24; Ps 46,6; Jes 33,2). Überdies lässt die Geschichte offen, ob sie nicht eigentlich eine Ostergeschichte ist: Nirgendwo gehören Glaube und Zweifel, Angst und Vertrauen so eng zusammen wie bei den Auferstehungsgeschichten.

Matthäus gestaltet hier – auf der Grundlage der Erzählung vom Seewandel Jesu bei Markus (Mk 6,45–52) – eine symbolische Geschichte über die frühe christliche Gemeinde und ihr Vertrauensverhältnis zu Jesus: Die Gemeinde befindet sich gleichsam in einem Boot, das feindlichen Elementen ausgesetzt ist. Jesus scheint fern zu sein, und wenn er in der Ferne erscheint, verunsichert sein Auftauchen seine Jünger eher noch mehr. Seine Worte jedoch beruhigen sie und festigen das Vertrauen auf ihn. Und wer auf ihn vertraut, wie Petrus es tut, ist in der Lage, auf dieselbe Weise wunderbar zu handeln wie Jesus selbst, solange er sich nicht irre machen lässt. Erst der Zweifel, wörtlich das „treten nach zwei Seiten hin", hindert Petrus daran, seinen Weg zu Ende zu gehen. Allerdings bringt auch erst dieser Zweifel Petrus dazu, nicht auf seine eigene Kraft zu vertrauen, sondern einzig und allein in Jesus seine Hilfe zu erbitten und zu finden. Der Kleinglaube ist also Anstoß zum Glauben, der sich von Jesus gehalten weiß. Erst hierdurch wird klar und sichtbar: Jesus allein ist der Sohn Gottes und der Herr der Gemeinde, vor dem seine Jünger vertrauensvoll anbetend niederknien. Petrus ist hier nicht als Glaubensheld geschildert, sondern als typisches Gemeindeglied, das Jesus um Rettung aus den Wassern der Not bittet (vgl. z. B. Ps 18,17).

Das Wort Gespenst kommt nur hier und in der Parallelgeschichte bei Markus vor, abgesehen von einer Textvariante bei Lk 24,37, auch wieder einer Ostergeschichte. Jesus wirkt auf die Jünger wie ein Gespenst, weil keiner mit seinem Erscheinen rechnet. Sein Kommen wird nicht erwartet und löst daher Schrecken und nicht Freude aus. Das Wort Nachtwache erinnert an die Mahnungen Jesu, dass das Reich Gottes wie ein Dieb in der Nacht hereinbricht (vgl. Mt 24,42–44). Wenn wir darauf nicht vorbereitet sind, wird uns sein Kommen erschrecken wie ein Gespenst. Allerdings verliert das Gespenst seinen Schrecken, sobald wir erkennen, worum es sich handelt. Die Furcht wandelt sich in Staunen, Freude, Vertrauen und Verehrung. Die Jünger können gar nicht anders. Sie fallen anbetend vor Jesus nieder, weil sie erkennen: „Du bist Gottes Sohn!"

Der Text und die Kinder

Bei jüngeren Kindern besteht die Gefahr, dass sie die Geschichte ungeprüft hinnehmen (und später verwerfen, weil sie nicht mehr glauben können). Ältere Kinder könnten die Erzählung von vornherein als unglaubwürdige Gespenstergeschichte verwerfen. Hilfreich ist es möglicherweise in beiden Fällen, sich der Erzählung aus der Perspektive der Jünger bzw. der Gemeinde zu nähern. Christen fühlen sich als Gemeinde vielleicht auch heute manchmal wie auf einem Boot in stürmischer See. Als einzigen Halt haben sie Jesus, auf dessen Hilfe sie vertrauen können. Die Kinder können an der Geschichte lernen, dass Jesus zu ihnen kommt auch in Sturm und

Psalm: Du, Herr

Text: in Anlehnung an Psalm 30
Melodie: Bettina Plötner-Walter

Du, Herr, hast mich aus der Tie-fe ge-zo-gen, mein

Gott, dass ich dir dan-ke, weil du mir hilfst.

Du hast mich am Leben erhalten.
Lasst uns Gott loben, lasst uns ihm singen und seinen Namen preisen.
  Denn er ist nur eine kleine Weile zornig,
  aber unser Leben lang will er für uns sorgen.
    Nachts haben wir geweint,
    aber am Morgen waren wir fröhlich.
Du, Herr ...
  Weil ich dir vertraue, fühle ich mich wie auf einem sicheren Felsen.
  Aber ich erschrecke, wenn ich dich nicht sehen kann.
    Darum höre mich, wenn ich dich rufe.
    Hilf mir, wenn ich dich bitte.
  So will ich tanzen und nicht klagen, ich will dir singen und nicht schweigen,
  denn du hast mich gerettet, dafür danke ich dir.
Du, Herr ...

Gefahren und auch in den unwahrscheinlichsten Situationen. Die Hilfe, die durch Jesus zuteil wird, ist ja nicht die Hilfe eines Gespenstes, sondern einer fest zupackenden Hand (V. 31).

Damit steht das Symbol des Schiffes auf stürmischer See und der Rettung aus dem Sturm durch Jesus im Mittelpunkt des Gottesdienstes. Diese Rettung muss erbeten sein, sie ist sichtbares Zeichen des Vertrauens auf Gott.

Gestaltungsvorschlag

Lied: Die güldne Sonne, für jüngere Kinder: Meinem Gott gehört die Welt

Psalm: Du, Herr, s. o.

Erzählung
„Ich habe Angst", sagte der kleine Simon. Er kuschelte sich eng an die Beine des alten Mannes. Wie die beiden so dasaßen, hätten sie Großvater und Enkel sein können. Sie saßen in einem Haus, zusammen mit einigen anderen aus der neu entstandenen christlichen Gemeinde. Die Soldaten des Kaisers liefen durch die Straßen. Sie suchten Christen, um sie zu verhaften und ins Gefängnis zu werfen, denn der römische Kaiser mochte die Christen nicht.
„Ja, Angst haben wir wohl alle", sagte der Alte. „Aber Jesus kann uns unsere Ängste nehmen. Auch seine Jünger hatten Angst. Und Jesus nahm sich ihrer an, wenn sie Angst hatten. Er versuchte, ihre Ängste zu zerstreuen. Gar nicht mal so sehr, damit sie stark und mutig und große Helden wurden. Sondern er wollte, dass sie lernten, ihm zu vertrauen und sich in jeder Not an ihn zu wenden. Andreas, der Bruder von Petrus, hat mir das erzählt. Pass auf, ich erzähle es dir genau so, wie er es mir damals erzählt hat:

Einmal waren wir mit dem Boot unterwegs, wir zwölf. Jesus hatte uns vorausgeschickt, regelrecht gedrängt. „Steigt in das Boot," sagte er. „Ich muss allein sein. Die vielen Leute ständig um mich herum, das kann ich nicht dauernd aushalten. Ich muss allein beten, allein mit Gott sprechen. Wenn ich dann wieder soweit bin, dann komme ich nach." Wir haben ihn gar nicht gefragt, wie er nachkommen wollte, über den See Gennesaret hinweg. Komisch, bei Jesus stellten wir solche Fragen nicht. Er wusste immer so genau, was er tat. Nein, wir stiegen in das Boot, wie er es uns gesagt hatte, und fuhren auf dass Meer hinaus.

Ja, was eben noch ein rot-goldener Sonnenuntergang gewesen war, wurde dunkle Nacht, mit Wolken und Wind. Wind ist gar kein Ausdruck, bald war es ein regelrechter Sturm. Und wir waren mitten auf dem See. Überall nur Wasser, Wind und Wellen. Das Boot schlingerte unangenehm. Alles in allem hatten wir eine ziemlich unruhige Nacht. Ganz davon abgesehen, waren wir es nicht mehr gewöhnt, allein zu sein, ohne Jesus. Wir hatten uns angewöhnt, uns in allen Lebenslagen auf ihn zu verlassen.

So waren wir dann gegen Morgen ziemlich mit den Nerven am Ende. Die Sterne verblassten langsam, leichte Nebel kräuselten sich über den Wassern. Wir blickten angestrengt umher, ob wir irgendwo das Ufer sähen und an Land kommen könnten. Nichts. Nur Wellen und Nebel im langsam heraufkommenden Zwielicht der beginnenden Morgendämmerung. Auf einmal schrie jemand von uns auf: „Da, ein Gespenst!" Wir folgten seinem ausgestreckten Finger. Auf einmal sahen wir es alle: eine Gestalt lief auf dem Wasser umher. Sie schien auf unser Boot zuzukommen. Nun schrieen wir alle. Ich muss gestehen, auch ich schrie. Dabei lasse ich mich bestimmt nicht so leicht aus der Ruhe bringen. Letzten Endes gibt es doch für die meisten Dinge eine natürliche und harmlose Erklärung.

Aber das hier war anders. Das war kein Nebelstreif. Das waren auch keine hochschlagenden Wellen. Da lief wirklich jemand auf dem Wasser. Auf einmal war das Gespenst ganz nahe. Wir hatten Todesangst. Wir schrieen und merkten es gar nicht mehr, so sehr zitterten wir.

Plötzlich hörten wir eine vertraute Stimme: „Seid getrost, ich bin's; fürchtet euch nicht!" Es war Jesus, der zu uns gekommen war. Wir hatten Angst, und er war da. So war es immer gewesen und so war es auch diesmal: Er war da, weil wir ihn brauchten. Auf einmal waren wir alle ganz ruhig. Jesus war da. Wir waren in Sicherheit. Keiner von uns fragte sich, wie das möglich war. Es war gar nicht wichtig. Wichtig war nur, dass die Angst jetzt vorbei war. Dabei war das äußerlich gesehen albern: Wind und Wellen waren noch genauso stark wie zuvor und das Boot schaukelte noch genauso unangenehm.

Natürlich war es mal wieder Petrus, der sagte, was wir dachten:: „Herr, wenn du es bist, so befiehl mir, zu dir zu kommen auf den Wassern!" Und Jesus sagte nur ein Wort: „Komm!" Woraufhin Petrus ohne nachzudenken aus dem Boot stieg und zu Jesus hinlief, den Blick starr auf ihn gerichtet. Als er ein paar Schritte gegangen war, musste es ihm wohl bewusst geworden sein, wie ungeheuerlich das war, was er tat. Er sah sich um und bekam es mit der Angst zu tun. Gleichzeitig bekamen auch wir es mit der Angst. Wind und Wellen waren ja immer noch da. Und Wasser hat nun mal keine Balken. Später hat er es mal zu mir gesagt: „Weißt du", sagte er, „als ich Angst bekam und plötzlich Wind und Wellen um mich her wieder sah, genau in dem Moment, fing ich an zu sinken."

Schon wieder rutschte uns das Herz in die Kniekehlen. Jetzt war es aber nur Petrus, der schrie: „Herr, rette mich doch!" Uns anderen hatte es gänzlich die Sprache verschlagen. Auf einmal war Jesus ganz dicht bei ihm und streckte ihm die Hand hin. Petrus klammerte sich an ihn. „Du Kleingläubiger, warum hast du gezweifelt!" Das sagte Jesus zu ihm. Es klang gar nicht ärgerlich, wie Jesus das sagte. Ein klein wenig traurig vielleicht, aber vor allem sehr liebevoll.

„Ja", sagte Petrus zu mir, „Jesus kannte mich sehr gut. So einer bin ich ja immer gewesen: Mit dem Mund vorneweg und spontan. Und dann bin ich eingeknickt. Damals auf dem See, und auch, als Jesus verhaftet wurde. Erst habe ich mich als Held gefühlt und dann am Ende sehr klein. Aber ich habe Jesus sehr geliebt, trotzdem. Und Jesus hat mich gekannt, so wie ich bin, und mir dennoch immer wieder etwas zugetraut."

Nun ja. Dann stiegen die beiden in das Boot. Und kaum waren sie eingestiegen, hörte das Boot zu schaukeln auf. Der Wind legte sich, die Wellen verebbten. Golden stieg die Sonne aus dem Wasser herauf. Wir waren fassungslos. Wie von selbst beugten sich unsere Knie, und wir warfen uns vor Jesus nieder: „Du bist wahrlich Gottes Sohn." Das war alles, was wir stammeln konnten in diesem Augenblick.

Ja, Jesus ist wirklich Gottes Sohn. Das weiß ich sicher seit dieser Fahrt auf dem See. Und wir haben es immer wieder aufs Neue erlebt bei allem, was er tat. Der alte Mann hatte aufgehört zu reden. Der Kleine war an seinem Knie eingeschlafen. Aber die anderen, die mit in der Stube saßen, hatten genau zugehört. „Seht ihr, er ist eingeschlafen", sagte der Alte, „jetzt hat er keine Angst mehr." Die anderen nickten. Auch ihre Angst war kleiner geworden. Nicht, weil ihr Leben jetzt weniger in Gefahr war als vorher. Sondern weil sie wussten, dass Jesus sie aus allen Wassern retten würde, auch aus den Wassern des Todes.

Plakat gestalten
Größe: mindestens A 2
Sujet: Im Mittelpunkt das Boot, leicht lädiert, umgeben von Wellen; Jesus groß, weiß, in Segenshaltung (seitlich im Hintergrund).
Möglichkeiten der weiteren Gestaltung: alle Kinder kleben ein Foto von sich in das Boot hinein. Es können auch Fotos von Gemeindegliedern sein oder – nach Art einer Collage – Zeitungsfotos von ganz verschiedenen Menschen.
Alle Kinder gestalten das Plakat gemeinsam. Es ist auch möglich, das Bild einfach nur auszumalen oder es mit Buntpapierschnipseln farblich zu gestalten oder mit kleinen Kügelchen aus Kreppapier zu bekleben.

Gespräch
Petrus steigt aus dem Boot der Jünger aus und geht auf Jesus zu. Was meint ihr, warum er das tut?
Dann beginnt er unterzugehen. Hat er etwas falsch gemacht? ... Und vorher ...? Zuerst kann er auf dem Wasser gehen, und dann nicht mehr ...?
Petrus ruft in seiner Angst Jesus an ...
Jesus rettet Petrus, und die Jünger erkennen, wer Jesus ist .... Sie sagen etwas ganz Großes von ihm ...

Lied: Die güldne Sonne, Str. 4.8 oder Meinem Gott gehört die Welt, Str. 5.6

Gebet
Guter Gott, du kannst aus Stürmen und aus dem Wasser retten. Du willst uns beschützen, wenn wir in Not sind. Das macht uns Mut.
Guter Gott, du kommst zu uns, wenn wir dich brauchen. Lass uns auf dich vertrauen. Du lässt uns nicht allein. Wir brauchen keine Angst zu haben, denn du sagst: Fürchte dich nicht!
Guter Gott, du gibst uns Kraft, wenn wir etwas Schweres tun müssen. Solange wir auf dich schauen, stehst du uns bei. Wenn wir dich um Hilfe bitten, rettest du uns. Du lässt uns nicht allein. Amen.

Bettina Plötner-Walter

Schwer zu verstehen – Wie Petrus Leben und Sterben Jesu erlebt

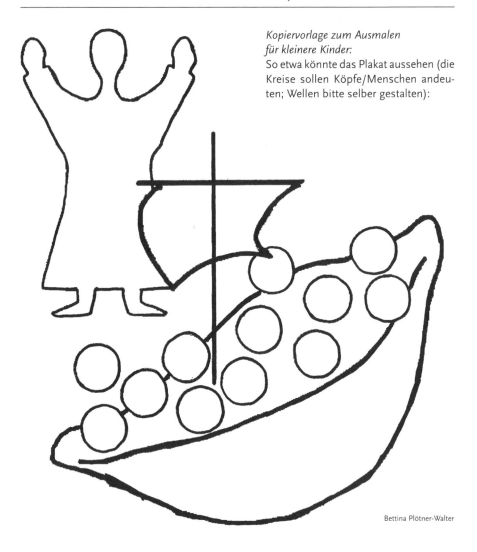

Kopiervorlage zum Ausmalen für kleinere Kinder:
So etwa könnte das Plakat aussehen (die Kreise sollen Köpfe/Menschen andeuten; Wellen bitte selber gestalten):

Bettina Plötner-Walter

21. März 2004 – Lätare

Petrusbekenntnis und Leidensankündigung – Matthäus 16,13–23

Ein Fels gerät ins Wanken

Lieder:
Manchmal möcht ich dich, mein Gott, s. S. 82;
Ins Wasser fällt ein Stein, KG 151, LJ 569, MKL 55

Liturgischer Text:
nach Psalm 30, s. S. 70

Zum Thema

Jesus hat das Land durchwandert, Menschen um sich geschart, gepredigt, geheilt und in Erwartung des kommenden Gottesreiches gelebt. Nun fragt er seine Jünger nach der Meinung der Leute, danach, was über ihn erzählt wird, wer er sei. Der Verfasser des Matthäusevangeliums lässt ihn dabei in der dritten Person von sich reden: „Wer sagen die Leute, dass der Menschensohn sei?"

Den Titel Menschensohn trägt der Messias (Retter) und Sohn Gottes. Jesus hofft auf Verstehen, auf ein Erkennen dessen, wer er wirklich ist und was er bewirkt. Es ist letztlich die Frage nach der Beziehung der Menschen und Jünger zu Jesus, danach, ob ihnen Gott durch sein Leben näher gekommen ist. Doch die Meinungen darüber, wer Jesus ist, sind unterschiedlich. Große Gestalten der Vergangenheit, berühmte wiedergekehrte Propheten werden in Jesus vermutet.

Daraufhin grenzt Jesus den Kreis noch einmal ein und fragt seine engsten Vertrauten nach ihrem Jesusverständnis. Petrus antwortet spontan und stellvertretend für alle mit dem Bekenntnis: „Du bist Christus, des lebendigen Gottes Sohn!" Dieses Bekenntnis drückt den Glauben der Gemeinde aus. Der Menschensohn ist der verheißene Christus, der Leben in sich hat und Leben schafft, durch den Gott sich selbst offenbart.

Jesus spricht Petrus daraufhin mit seinem Vaternamen an. Er deutet das Wissen des Petrus als eine Offenbarung Gottes, als etwas, das er nicht aus sich selber erkennen konnte. Auf Petrus' Bekenntnis zu Jesus antwortet Jesus mit einem Bekenntnis zu Petrus und einem Verheißungswort im Zusammenhang mit der Namensgebung des Petrus: „Du bist Petrus, und auf diesen Felsen will ich meine Gemeinde bauen."

Der Fels bezeichnet einen Ort überragender Höhe, mit unerschütterlicher Festigkeit, einen Zufluchtsort. Dieses soll der Ort sein, an dem die Gemeinde Jesu ihren Ursprung hat.

Mit der Verleihung der Schlüsselgewalt wird Petrus auch die Gemeindeleitung übertragen. Binden und Lösen beziehen sich dabei auf die jüdische Tradition der Gesetzesauslegung, in der die Gesetzeslehrer und Richter die Vollmacht hatten, zu unterscheiden zwischen erlaubt und nicht erlaubt, freilassen oder gefangen nehmen.

Maßstab für die Unterscheidung des Petrus ist das Tun der besseren Gerechtigkeit, das auf Erden genauso zählt wie im Himmel. Innerhalb der Jüngerschar hat Petrus damit eine Vorzugsstellung, da er seinen Namen: „der Fels" durch Jesus erhalten hat.

Unmittelbar an dieses gegenseitige Bekenntnis und Verheißungswort schließt sich die Leidensankündigung Jesu an. Dieser Ankündigung widerspricht Petrus, der sich eben zu Jesus bekannte. Petrus ist nicht nur Bekenner, er ist auch Versucher. Leid gehört nicht zum Wunschdenken der Menschen, die Gnade Gottes und Leiden sind für Petrus angesichts dessen, dass Jesus der Sohn Gottes ist, nicht vereinbar. Petrus erwartet, dass Jesus der Konfrontation mit der weltlichen Macht ausweicht, um sein Leben zu retten.

Aber genau in diesem Ansinnen sieht Jesus die weltliche Macht, ja den Satan, der die Menschen beherrscht und von Gott wegführt. Petrus wird zum Handlanger der weltlichen Mächte, weil er nach menschlicher Weise handelt, nicht nach göttlicher. So wird Petrus nicht nur ausgezeichnet, er wird auch gerichtet und weggeschickt. Selbst der von Gott mit einer Offenbarung Beschenkte steht den Angriffen der gottfernen Mächte offen. Das macht die Spannung deutlich, der jeder in der Nachfolge Stehende ausgesetzt ist. Aus dem Fels wird ein Strauchelfels, ein Stein des Anstoßes. Menschengedanken sind anders als Gottesgedanken, diese Erfahrung muss Petrus machen, bevor er wieder in die Nachfolge zurückgerufen wird.

Unmittelbar an diese Szene schließt sich Jesu Erläuterung an, was es heißt, in seiner Nachfolge zu leben.

Das Thema und die Kinder

Es ist nicht nur für Kinder ein Dialog mit einer rasanten Dynamik, schnellen Szenenwechseln und einem äußerst intensiven, knappen Gespräch. Umreißt man kurz den Gedankengang der zehn Verse, sieht das folgendermaßen aus:
– Jesu Bitte um ein Feedback (Frage nach seiner Person, seinem Wirken, nach der Meinung der Masse),
– Antwort der Jünger mit Mutmaßungen über seine Person (wiedergekehrter Prophet ...)
– erneute Frage Jesu direkt an den Jüngerkreis,
– bekennende Antwort des Petrus
– Anerkennung und Übertragung der Leitungsaufgabe an Petrus
– Gebot des Schweigens an die Jünger
– Leidensankündigung Jesu
– Erschrecken und Ablehnung von Jesu Weg durch Petrus
– Abweisung und Zurechtweisung des Petrus durch Jesus

Die Erzählung ist verwirrend in ihrer Dichte und ihren oft schwer nachvollziehbaren Dialogen. Deshalb denke ich, ist es notwendig, die Gedankengänge auf die Perspektive einer Person einzugrenzen, auf Petrus, den glühenden, begeisterten Anhänger Jesu, den mutigen Bekenner, den manchmal etwas Vorlauten, den erschrocken Abwehrenden, den Liebenden, der die Welt und seinen Jesus nicht immer versteht. Ein Mann, mit dem sich Kinder in ihrer Begeisterungsfähigkeit, ihrer Erfahrung, die Welt mit allen Gefahren und unerklärlichen Entwicklungen oft nicht zu verstehen, identifizieren können.

Petrus kann von sich erzählen, rückschauend und behutsam deutend. Er kann darüber nachdenken, wer Jesus ist und warum alles so gekommen ist. Er kann über seine Gefühle sprechen, seine Begeisterung, seinen Stolz, seine Ängste und die Erfahrung, abgewiesen zu werden, nichts mehr zu verstehen.

Wie ist es, wenn jemand ganz große Hoffnungen in mich setzt, mir etwas zutraut und schon im nächsten Moment wird er enttäuscht? Das bittere Erlebnis, abgewiesen zu werden, weil man Leid verhindern möchte, ist schwer nachvollziehbar und bedarf der Erläuterung. Gottesgedanken sind keine Menschengedanken. Dies annehmen zu können, ist ein langer Weg, auf dem ich Jesu Zuspruch und Korrektiv brauche.

Die Symbole Fels und Schlüssel stehen in Zusammenhang mit der Person des Petrus. Sie sind Träger einer ganzen Reihe von Assoziationen, die sich gut als Gesprächseinstieg eignen.

**Gestaltungsvorschlag
für jüngere und ältere Kinder**

Einstieg
(Wir schauen uns einen großen, möglichst alten schönen Schlüssel an.) Was meint ihr, wer hat solch einen Schlüssel? ... Hausmeister, Küster, Museum ...
   Was kann man damit aufschließen?
... altes Schloss, Burg, Kirche, Gefängnis, Schatzkiste ...
   (Es wird ein möglichst großer Felsstein enthüllt.) Wozu ist dieser Felsstein da? ... Haus bauen, Brücke, Turm ...
   Stein und Schlüssel gehören zusammen. Was meint ihr, wie? ... Der Schlüssel ist von dem Haus aus Stein ...
   Es gibt einen Mann, der wurde „der Fels" genannt und dieser Mann hat einen Schlüssel bekommen. Er heißt Petrus. (Der Stein wird umgedreht, es ist ein Gesicht darauf gemalt.)

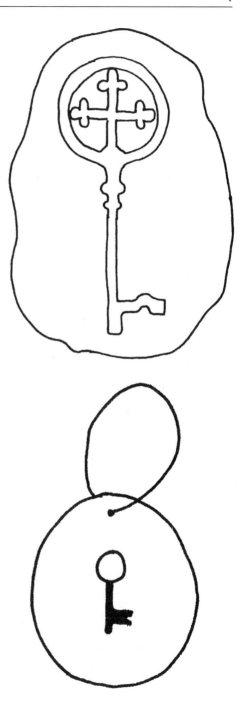

Erzählung
Ich bin Petrus, Fels hat mich Jesus genannt. Wie gern wäre ich oft so standhaft und fest wie ein Fels. Manchmal schaffe ich das von ganz allein, als ob ich auf festem Boden stehe. Aber oft fühle ich mich schwach, dann gelingt mir nichts.

Ich erinnere mich noch genau an den Tag, als Jesus mich Fels nannte. Wir, die anderen Freunde Jesu und ich, waren schon eine ganze Strecke gelaufen, durch viele Dörfer. Jesus hatte von Gott erzählt, hatte geholfen, Kranke gesund gemacht. Etwas müde waren wir und hungrig. Da blieb Jesus plötzlich stehen und fragte: „Was sagen die Leute über mich? Wer bin ich in ihren Augen?" Es wurde so viel erzählt über Jesus. Sie wussten, dass er ein besonderer Mensch ist und dass Gott ganz nahe bei ihm ist. Aber sie wussten nichts Genaues. Das sagten wir ihm. Ich glaube, er war ein wenig traurig.

Dann fragte er: „Was meint ihr denn, wer ich bin?" Es war wie ein Blitz in meinem Kopf, plötzlich wusste ich es ganz, ganz sicher. Ich musste es sagen: „Du bist Christus, der Sohn des lebendigen Gottes." Jesus war froh und sagte: "Selig bist du, darauf hat dich mein Vater im Himmel gebracht." Und dann sagte er noch: „Du bist Petrus, und auf diesen Felsen will ich bauen. Ich vertraue dir, du sollst wie ein Fundament sein, für alle, die auf mich bauen und an mich glauben."

Ich bin ganz rot geworden, als er das sagte. Dass er mir das zutraute! Ich wollte ihn nicht enttäuschen, auf mich sollte Verlass sein. Mir war so, als wäre ich ein kleines Stück gewachsen. Dann sprach Jesus weiter: „Ich will dir die Schlüssel des Himmelreiches geben, und das, was im Himmel gilt, soll auch hier auf Erden gelten. Pass bitte darauf auf. Mein Vater im Himmel wird dir helfen, damit du weißt, was richtig ist."

Erst werde ich Fels genannt, dann bekomme ich noch Schlüssel! Ich war ganz durcheinander.

Jesus wurde dann ganz still, schaute mich an, dann uns alle, als müsste er weggehen. Ich wurde traurig, bekam Angst. Dann sagte er genau das, wovor ich Angst hatte: „Ich werde euch verlassen müssen. Die Mächtigen werden mich umbringen. Mein Herz ist voller Traurigkeit und Liebe und Angst, es ist kein Hass darin. Nur so kann sich die Welt ändern. Mein Vater im Himmel wird mich nicht verlassen, ich werde den Tod überwinden." Dann ging er einfach weg.

Jedes Wort traf mich wie ein Peitschenhieb: verlassen, umbringen, Liebe und Angst ...

Das kann doch nicht sein. „Gott bewahre dich", schrie ich ihm hinterher, „das geschehe dir nicht!"

Da drehte sich Jesus um und sagte: „Geh weg von mir, du Durcheinanderbringer! Du meinst, das ließe sich vermeiden. Aber dann ändert sich nie etwas auf der Erde. Gott weiß schon, warum das alles so passiert." Da stand ich nun, eben noch stolz und glücklich über das, was Jesus mir aufgetragen hat. Und jetzt war ich völlig durcheinander. Was habe ich nur falsch gemacht, dass Jesus so ärgerlich war? Dabei hat er mich gerade „Fels" genannt.

Erst viel später habe ich dann begriffen, dass Liebe viel stärker ist als Hass, ja sogar stärker als der Tod. Erst als Jesus auferstanden war, da tat es mir nicht mehr so weh, was Jesus zu mir gesagt hatte.

Manchmal, wenn wir an ihn dachten, tat sich der Himmel auf für uns alle.

Wenn wir so lebten, als wäre Jesus noch bei uns, dann wäre es ein Stück Himmel auf Erden.

Gespräch
(Wir nehmen den Stein mit dem Gesicht nochmals zur Hand.)
   Petrus, der Fels – das war aber ganz schön schwer, was Jesus da von ihm erwartete ...
   Petrus, der Fels – kam aber auch ins Wanken ...
   Jesus hat sich trotzdem auf Jesus verlassen ...

Kreative Vertiefung
Im Anschluss an die Erzählung können ältere Kinder auf kleine runde Steine mit Goldfarbe einen Schlüssel malen.
   Jüngere Kinder können aus selbst trocknendem Ton einen Anhänger fertigen. Ein kleiner Tagebuch– oder Kofferschlüssel wird in die Tonmasse gedrückt und danach bemalt.

Lied: Ins Wasser fällt ein Stein

Gebet:
Manchmal möcht ich dich, mein Gott

Ulrike Dietrich

28. März 2004 – Judika

Verklärung – Markus 9,2-10

Warum können wir hier nicht bleiben?

Lieder:
Manchmal möcht ich dich, mein Gott, s. u.; Du hast uns, Herr, gerufen, EG 168, LJ 112, MKL 8; Sende dein Licht, EG 172, LJ 118

Liturgischer Text:
nach Psalm 30, s. S. 70

Das Thema und wir

Über der Erzählung von der Verklärung steht als Thema die Frage „Warum können wir hier nicht bleiben?" Diese Problemfrage wird zwar so im Text nicht gestellt, aber sie umschreibt treffend, was Petrus sich wünscht und wonach er sich sehnt. Darum soll sie auch im Mittelpunkt stehen. Ich würde sie allerdings mit dem Text positiv formulieren: „Jesus, können wir nicht hier bleiben?" Die Zeit anhalten, wenn alles gut ist, eine Situation bewahren können, in der wir uns bestätigt und fraglos aufgehoben fühlen, das sind Wünsche und Sehnsüchte, die auch zum Erfahrungsschatz von Kindern gehören. Als Problem des Glaubens begegnet sie sowohl bei Kindern als auch bei Erwachsenen, denn unmittelbare Erfahrungen von Gottes Nähe, Sicherheit in Bezug auf Gott werden tief gewünscht, ja ihr Fehlen sogar als Zeichen von ungenügendem Glauben gedeutet.
   In der Geschichte des Petrus werden beide Felder aufgenommen: Er erfährt unmittelbar Gottes Gegenwart und er wünscht, dieses fraglose Erleben möge dauern. Beides wird durch den Schrecken angesichts der göttlichen Wirklichkeit (V. 7) und des Gottesworts

in die Alltagswelt überführt. Darum erscheint es mir sinnvoll, drei Aspekte aufzunehmen:
1) Die alltägliche Erfahrung mit Gott, wie sie für Petrus durch den gemeinsamen Weg mit Jesus symbolisiert ist.
2) Die besondere Erfahrung mit Gott, wie sie im Geschehen auf dem Gipfel abgebildet wird.
3) Der Impuls, der von solchen Erlebnissen ausgeht und in den Alltag hineinwirkt.

Solche Erfahrungen lassen sich schlecht beschreiben, sie werden erzählt. Darum erscheint es mir sinnvoll, die Erfahrungen der Geschichte aus der Perspektive des Petrus erzählend aufzunehmen.

Mit dem Lied „Manchmal möcht ich dich, mein Gott" können die Erfahrungen des Petrus auf die Ebene der Kinder gebracht werden.

Zum Text im Einzelnen

Schon durch V. 2 ist die Geschichte mit dem Vorhergehenden verbunden: Sechs Tage nach dem tiefsten Bekenntnis und der größten Abwehr, die Petrus durch Jesus erlebt (8,29.33), setzt die Geschichte ein.
(V. 2.) Jesus geht mit drei Jüngern auf einen Berg. Das folgende Geschehen ist nicht für jeden, der mit Jesus geht. Ebene ist Alltag, Berge hingegen sind auch im übertragenen Sinn Gipfel, man ist der Welt enthoben, dem Göttlichen nah. Die Geschichte kommt sofort zum Kern:
(V. 3) Jesus wird licht, erscheint so, wie die Wesen der göttlichen Sphäre beschrieben werden. Licht gehört zu Gott.
(V. 4) Elija und Mose erscheinen und treten ins Gespräch mit ihm. Mose, der für die Tradition der Tora steht, und Elija,

der Vertreter der Prophetie, der dem Messias vorausgeht (Mal 3), treffen sich in der Gegenwart Jesu. Dadurch wird deutlich: Die Verheißungen Gottes an die Väter und am Sinai und die Verheißungen durch die Propheten erfüllen sich in Christus. Jesus wird so zweifach als Messias bestätigt: Als Lichtgestalt und als Gestalt, zu der Elija und Mose treten. Damit ist für die Jünger augenfällig, dass ihr Wanderprediger Jesus wirklich Gottes Messias ist.
(V. 5) In das Geschehen hinein platzt Petrus mit seinem Vorschlag. Geradezu kindlich ist diese Situation: Jesus ist ihm schon lange vertraut, aber jetzt so verändert und im Gespräch mit den ehrwürdigen Symbolgestalten seines Volkes, erscheint er ihm fern und fremd. Petrus erträgt diese erschreckende Fremdheit nicht, er springt mitten hinein in das Gespräch. Sein Wunsch will beides vereinen und damit auch handhabbar machen, das Vertraute und das Fremde. Er will dem, was Gott ihn erleben lässt, einen menschlichen Ort für die nächste Zeit bauen. Wenigstens etwas soll bleiben von dem, was er Göttliches erlebt. Dem Einbruch des erschreckenden Gottesgeschehens wird sozusagen eine menschliche Hülle gewünscht.
(V. 6) Dass das unmöglich ist, wird durch die Bemerkung des Erzählers deutlich: So ein Wunsch entspringt dem inneren Durcheinander. Der Schrecken des Petrus hier ist anders als in Lk 5,1–11 nicht das Erschrecken über den Abstand zwischen Gott, dem Heiligen und der eigenen Unzulänglichkeit. Er scheint mit den anderen einfach überwältigt von der Fülle und Fremdheit des Geschehens.
(V. 7) Petrus' Versuch, die Situation in den Griff zu kriegen, scheitert radikal: Über ihn hinweg, aus einer schattenden

28. März 2004

Wolke, ergeht Gottes Wort: „Dies ist mein Sohn, dem meine Liebe gehört, auf ihn sollt ihr hören!" Zu dem zeichenhaften Geschehen der Erscheinung tritt das deutende Wort. Licht, die Erfüllung der Verheißungen, das alles bestätigt Jesus in seiner göttlichen Autorität. Und diese Autorität führt zum Gehorsam. (V. 8) Im Nu ist alles vorbei. Die schrecklich – erhebende Erfahrung der göttlichen Nähe, der Klang der Stimme. Es bleibt, was die Jünger verstanden haben.
(V. 9) Dem Gipfelerlebnis folgt der Abstieg. Zum Abstieg gehört auch, dass ihr Erlebnis noch keinen Platz im Alltag unten hat: Sie dürfen jetzt nicht davon reden. Erst wenn ein weiteres, unvorstellbares Erlebnis – die Auferstehung – sie trifft, dann darf auch dieses öffentlich werden. Was sie erlebt haben, das ist zunächst nur für sie gedacht. Ihnen wird bestätigt, dass Jesus der Messias ist, ihnen wird aufgetragen, ihm zu gehorchen. Die anderen neun Jünger bleiben ohne Begründung davon ausgeschlossen. Damit wird die Betonung der Exklusivität von V. 2 wieder aufgenommen.
(V. 10) Den Jüngern bleibt, was sie verstanden haben – aber was sie demnächst erwartet, das haben sie noch nicht verstanden: Sie rätseln, was das bedeuten soll: „von den Toten auferstehen". Damit sind sie wieder voll im Alltag angekommen: Sie folgen Jesus, aber sie verstehen nicht, um was es geht. Doch sie behalten im Herzen, was sie erlebt haben und sie befolgen, was ihnen gesagt ist. So verändert die Begegnung mit Gott ihren Alltag. Später geben sie ihre Erfahrung vor dem Hintergrund der Auferstehung weiter – und werden so zur Hilfe für den Glaubensalltag anderer.

Gestaltungvorschlag für Kinder und Erwachsene

Wenn die Kinder für die Verkündigung in ihren eigenen Raum gehen, hören die Erwachsenen in dieser Zeit eine Predigt über die Verklärung Jesu.
Die Kinder hören die Geschichte und lernen das Lied „Manchmal möcht ich dich, mein Gott", kommen zum gemeinsamen Schluss zurück und tragen beides vor. Erwachsene und Kinder können aber auch den gesamten Gottesdienst über zusammen bleiben. Anstelle der Predigt hören dann alle die Erzählung und lernen das Lied.

Beginn
Ich schlage einen gemeinsamen Anfang mit dem gewohnten liturgischen Grundgerüst, aber mit nur einer Lesung (Verklärung) vor. Die Gebete sollten klar und für Kinder mit zu vollziehen sein.

Lied: Du hast uns, Herr, gerufen

Liturgischer Text: nach Psalm 30, s. S. 70 oder Kanon nach Ps 43,3-4: Sende dein Licht

Lesung: Markus 9,2–10

Lied: Manchmal möcht ich dich, mein Gott

Erzählung und Lied
Lange schon ist Petrus mit Jesus unterwegs. Es ist erstaunlich, was Jesus alles kann. Wenn er redet, dann hören alle zu, wo er hinkommt, da werden Kranke gesund und Traurige froh. Petrus vertraut deshalb auf Jesus. Bestimmt ist Gottes Kraft in ihm!
  Aber jetzt ist Petrus ärgerlich und durcheinander: Jesus hat ihn beschimpft!

Manchmal möcht ich dich, mein Gott

Text und Melodie: Anne-Christina Wegner

2. Manchmal möchte ich, mein Gott, deine Nähe fühlen,
   will erfahren, du bist da, möcht Dich richtig spüren.
   Herr, schenk uns Vertrauen …

3. Manchmal höre ich, mein Gott, wie dich andre kennen,
   dass sie wissen, wie du bist und dich Vater nennen.
   Herr, schenk uns Vertrauen …

4. Manchmal fühle ich, mein Gott, dass du auch mich liebst
   und dass du aus Freundlichkeit mir den Glauben gibst.
   Herr, schenk uns Vertrauen …

Und das nur, weil Petrus ausgesprochen hat, was alle Jünger denken: „Jesus, mit dir ist Gott! Der behütet dich vor allem Leid, rede also nicht vom Sterben!" Satan – so hat Jesus ihn genannt! Ihn – Petrus. Was ist los mit Jesus? Mal ist alles gut und alle sind stolz auf Jesus, alle glauben ihm. Und plötzlich sagt er Sachen, die kann man nicht verstehen, Sachen vom Leiden und Sterben. Wenn Gott mit Jesus ist, dann wird er ihn doch vor allem Bösen beschützen!? Oder? Petrus weiß gar nichts mehr. Ein Zeichen müsste man haben von Gott, damit man glauben kann.

(1.) Manchmal möcht ich dich,
mein Gott,
so ganz richtig sehen.
Möchte wissen, wie Du bist,
möchte dich verstehen.
Herr, schenk uns Vertrauen …

Da ruft Jesus: „Petrus, komm mal mit Jakobus und Johannes her zu mir! Ihr anderen bleibt hier!" Und dann gehen sie los: Immer höher steigen sie einen Berg hinauf. Alles hinter ihnen wird klein, wie in einer anderen Welt ist man hier oben. Still und weit wird ihnen ums Herz. Aber – was passiert denn jetzt? Jesus sieht plötzlich ganz anders aus – er strahlt richtig hell. Wie Sonnenlicht sieht er aus, ganz fremd und feierlich. Und da sind noch zwei Männer. Sie sehen aus wie Mose, Gottes Freund, und Elija, der Prophet! Aber sie sind doch schon längst gestorben und bei Gott! Fast unheimlich ist das! In Petrus überschlagen sich die Gedanken: Gott lässt seinen Freund und den Propheten mit Jesus reden – das ist doch ein Zeichen! Gott und Jesus – die gehören also wirklich zusammen! Wenn das doch alle sehen könnten! Petrus hält es nicht länger aus – er muss jetzt einfach irgend etwas tun. Und da bricht es aus ihm heraus: „Jesus – hier ist es schön! Lass uns doch hier bleiben, wir können Zelte für euch bauen! Und alle könnten an dich glauben."
Noch bevor Petrus ausgeredet hat, fällt ein Schatten auf sie alle – wie eine große, dunkle Wolke. Eine Stimme hören sie – Gottes Stimme: „Jesus ist mein lieber Sohn, er gehört zu mir, hört auf ihn!"

(2.) Manchmal möchte ich,
mein Gott,
deine Nähe fühlen,
will erfahren, du bist da,
möcht dich richtig spüren.
Herr, schenk uns Vertrauen ...

Und plötzlich ist alles vorbei. Nur noch Jesus ist da, so, wie sie ihn kennen. Gemeinsam steigen sie den Berg hinab. Nach einiger Zeit redet Jesus: „Erzählt jetzt noch keinem, was ihr erlebt habt. Erst wenn ich von den Toten auferstanden bin, dann redet davon."
Jakobus und Johannes reden leise miteinander. Was meint Jesus mit den Toten und der Auferstehung? Petrus versteht Jesus auch nicht. Er würde gern von diesem Zeichen erzählen – das hilft ihm doch für seinen Glauben. Und anderen könnte es auch helfen. Aber – er hört immer noch in sich die Stimme: „Hört auf Jesus!" Petrus wird nichts vergessen. Und später, da wird er allen erzählen: Gott ist mit Jesus.

(3.) Manchmal höre ich,
mein Gott,
wie dich andre kennen,
dass sie wissen, wie du bist
und dich Vater nennen.
Herr, schenk uns Vertrauen ...

Viel Zeit ist vergangen: Petrus hat nach der Auferstehung weitererzählt, was er mit Jesus erlebt hat. Der Glaube an Jesus hat sich ausgebreitet. Viele Menschen haben erfahren: Ja, Gott ist wirklich da, wie Jesus es gesagt hat. Er lässt uns seine Freundlichkeit spüren. Das macht sie fröhlich und sicher.

(4.) Manchmal fühle ich,
mein Gott,
dass du auch mich liebst
und dass du aus Freundlichkeit
mir den Glauben gibst.
Herr, schenk uns Vertrauen ...

Schluss:
Fürbitte, Vaterunser, Sendungslied und Segen

Anne-Christina Wegner

> *wird am 28.03.'04 erzählt!*

> **4. April 2004 – Palmsonntag**
> **Gefangennahme Jesu und Verleugnung –**
> Markus 14,26 – 15.47 i. A.
> **Ich weiß nicht und verstehe nicht!**

Lieder:
Manchmal möcht ich dich, mein Gott, s. S. 82; Ich möcht, dass einer mit mir geht, EG 209, KG 211, LJ 137, MKL 82; Halte zu mir, guter Gott, EG regional, LJ 553

Liturgischer Text:
in Anlehnung an Psalm 30, s. S. 70

Zum Text

Der Ablauf der *Ereignisse* stimmt in den Leidensberichten der vier Evangelien überein: Verhaftung Jesu, Prozess vor Pilatus, Abführung zur Kreuzigung, Kreuzestod, Begräbnis, Entdeckung des leeren Grabes.

Die Passionsgeschichte bei Markus ist durch die Zählung der Tage und den Wechsel von Abend und Morgen auch *zeitlich* zusammengebunden. Zwei Tage vor dem Pascha suchen die Hohenpriester und Schriftgelehrten einen Tötungsgrund für Jesus (14,1), am Tag der Vorbereitung des Pascha werden zwei Jünger in die Stadt geschickt (14,12), am Abend kommt Jesus mit den Zwölfen (14,17). Beim Hahnenschrei verleugnet Petrus seinen Meister (14,72), am Morgen wird Jesus an Pilatus ausgeliefert (15,1). Kreuzigung und Tod sind in einen Ablauf von zweimal drei Stunden hineingestellt (15,25.33f.), am Abend wird er bestattet (15,42).

Ein weiteres Kennzeichen der Passionsüberlieferung ist die Häufigkeit genauer *Ortsangaben*. Ist der Schauplatz hauptsächlich Jerusalem, so ereignen sich der Todeskampf und die Verhaftung Jesu in Getsemani (14,32), die Kreuzigung auf Golgota (15,22). Auch um den Ort des Grabes Jesu hat man gewusst (15,47).

Mit der Leidensgeschichte sind besondere *Personen* verknüpft: aus dem Jüngerkreis Petrus, der Jesus verleugnet, und Judas Iskariot, der ihn verrät; der Hohepriester und der Hohe Rat auf jüdischer und Pilatus auf römischer Seite als Hauptakteure gegen Jesus; der Hauptmann des Exekutionskommandos, die Soldaten sowie Knechte und Mägde des Hohenpriesters als weitere Akteure; Simon von Zyrene, Josef von Arimatäa und einige namentlich genannte Frauen als Begleiterinnen Jesu auf dessen Leidensweg: Maria von Magdala und Maria, die Mutter Jesu und Salome (15,47).

Bei zahlreichen Einzelüberlieferungen des Markusevangeliums (bes. 14,53–65; 15,21–41) ist das Einwirken alttestamentlicher Zitate (bes. Ps 22) charakteristisch, die vom leidenden Gerechten handeln. Damit ist eine bestimmte Richtung der Deutung des Leidens Jesu angezeigt. Im ersten Teil wird dies ergänzt durch die wiederholte Betonung, dass Jesus um die auf ihn zukommenden Leiden im voraus gewusst hat. Er ist in der Lage, die Dinge anzukündigen, ja geradezu zu ordnen (14,7.13–15.18.20f.25. 27f.30.41f). Hoheit und Niedrigkeit liegen so unmittelbar nebeneinander.

Der Text und die Kinder

Die Leidensgeschichte Jesu ist eine umfangreiche Erzählung, die in ihrem Aufbau nicht verändert werden soll. Da sie an Palmarum erzählt wird, sollte auch kurz der Einzug Jesu in Jerusalem (Kap. 12) erzählt werden (bei gemeinsamem Beginn mit den Erwachsenen ist er Evangeliumslesung). Die Länge der Erzählung der Leidensgeschichte gebietet es aber, einzelne Passagen nur kurz zu erwähnen, dagegen andere ausführlicher zu erzählen. Da Petrus im Mittelpunkt stehen soll, werden diese Szenen entsprechend ausgeschmückt. Durch die Figur des Petrus gewinnen die Kinder einen Zugang zu den Wirklichkeitserfahrungen von Menschen in der Bibel: Bedrückung und Angst, Konflikte und Irrwege, Schuld und Vergebung, Hoffnung und Befreiung. Dadurch kann den Kindern Orientierung in ihrer gegenwärtigen Lebenssituation angeboten werden.

Gestaltungsvorschlag für jüngere und ältere Kinder

Bei der heutigen Erzählung wäre es nicht unproblematisch, Petrus als Ich-Erzähler auftreten zu lassen. Trotzdem ist es sinnvoll, eine Figur zu gestalten, sei es aus Pappe oder Holzlöffeln; besonders eindrucksvoll wäre natürlich eine Biblische Erzählfigur oder eine Egli-Figur, die durch ihre biegsamen Gliedmaßen in unterschiedliche Stellungen gebracht werden kann. Dadurch kommen wir mit den Kindern leichter ins Gespräch über Gefühle und Gedanken des Petrus.

Des weiteren wird ein Weg mit Symbolen gestaltet, um die lange Erzählung greifbarer zu machen. Jüngere Kinder sind dadurch aufmerksamer, ältere Kinder können sich an bestimmten Stellen gut einbringen.

Die Kinder sitzen im Kreis. In der Mitte liegt ein langes lila (oder andersfarbiges) Tuch als Weg gestaltet. Am Anfang des „Weges" steht eine Kerze.

Begrüßung
Wir sind jetzt hier, um zu hören, wie es mit Jesus, Petrus und den anderen weitergeht. Die Kerze in unserer Mitte sagt uns, dass Gott bei uns ist.

Lied:
Herr, gib uns Mut zum Hören, Str. 1.3

Erzählung mit Legebild
(Grundlage des biblischen Textes: Kinderbibel von Werner Laubi)
Ich habe hier einen Zweig. Einer legt ihn bitte hier auf den Anfang unseres Weges. Der Zweig erinnert uns daran, wie der Weg für Jesus in Jerusalem begann...

Als Jesus in Jerusalem einzog, setzten die Leute und auch die Jünger große Hoffnungen auf ihn. Sie glaubten, dass Jesus von Gott gesandt sei und mit ihm alles anders werden würde. Diese Hoffnungen trugen sie in ihren Herzen. Wir wollen sie jetzt einmal sichtbar machen. Wir wollen einen „Turm der Hoffnungen" bauen und ihn als nächstes auf unseren Weg stellen. (Beschriftete Bausteine, z. B. in weißes Papier eingepackte Bauklötze, an die Kinder verteilen. Diese lesen jeweils den Begriff vor, z. B.: Frieden, Heilung, Gottes Liebe, Freiheit, Gerechtigkeit, Brot für alle ... und bauen daraus einen Turm.)

Diese Hoffnungen der Menschen begleiteten Jesus auf seinem Weg. Er ging durch das Land und die Leute freuten sich, wenn er zu ihnen kam. Manche aber freuten sich nicht. Sie fanden

Jesus gefährlich. Sie verstanden ihn nicht und wollten, dass er verhaftet wird.

Schließlich kam Jesus wieder nach Jerusalem. Er wollte mit Petrus (an dieser Stelle evtl. die Figur des Petrus vor sich hinstellen bzw. -legen) und den anderen Jüngern das Paschafest feiern. Dieses Fest feierten die Juden jedes Jahr als Erinnerung daran, dass sie vor langer Zeit Sklaven in Ägypten waren und Gott sie aus dieser Gefangenschaft befreit hatte. Auch Jesus und seine Freunde trafen sich in einem großen Saal in Jerusalem, damit alles ganz festlich sein würde. Sie bereiteten alles gut vor. Als Zeichen dafür legen wir eine schöne weiße (kleine) Tischdecke auf unseren Weg. Auf dem festlich gedeckten Tisch lagen viele leckere Sachen. Wir legen jetzt aber nur zwei Dinge davon auf unsere Tischdecke. Was meint ihr, was das ist? ... Brot und Wein(trauben!).

Jesus hat also das letzte Mal zusammen mit seinen Jüngern gegessen. Er wusste auch schon, dass einer ihn verraten würde. Alle hatten gefragt: „Bin ich's?" Sie waren ganz traurig geworden.

Schließlich gingen sie nach dem Festmahl nach draußen. Sie verließen die Stadt und gingen zum Ölberg. Unterwegs sagte Jesus zu seinen Jüngern: „Ihr werdet das, was jetzt bald geschieht, nicht verstehen. Ihr werdet mich im Stich lassen und wie Schafe ohne Hirten umherirren. Aber ich werde auferstehen und euch wieder zusammenführen." Die Jünger waren ganz verwirrt, aber da drängelte sich Petrus vor und sagte mit einer ganz festen Stimme: „Wenn alle anderen dich verlassen werden – ich bleibe bei dir!" (Eine Erzählfigur kann von nun an in verschiedene Positionen gestellt werden, die jeweils die Gefühlslage von Petrus ausdrücken soll, z. B. an dieser Stelle aufrecht, breitbeinig, evtl. Hände in die Hüften gestemmt. Eine andere Möglichkeit ist, sich selbst in eine entsprechende Position zu stellen und die Kinder dazu ermutigen, es auch zu probieren. Über das Ausprobieren passender Körperhaltungen wird eine vertiefte Auseinandersetzung mit dem biblischen Text möglich.)

Jesus schüttelte den Kopf und sagte: „Bevor die Sonne morgen früh aufgeht und der Hahn zum zweiten Mal kräht, wirst du dreimal behaupten, dass du mich nicht kennst." Petrus rief ganz erregt: „Niemals werde ich so etwas tun. Sogar wenn ich sterben müsste, würde ich dich nicht verlassen." Das Gleiche sagten auch die anderen Jünger. (Einen Stein auf den Weg legen, mit dem Hinweis auf die „felsenfeste" Überzeugung von Petrus.)

Am Hang des Ölbergs lag ein einsamer Garten, der Getsemani hieß. Dorthin begaben sich nun alle. Jesus sagte zu seinen Jüngern: „Ich will beten. Setzt euch hier auf den Boden und wartet. Nur Petrus, Jakobus und Johannes sollen mich begleiten." Als Jesus mit den drei Jüngern weiterging, überfiel ihn so große Angst, dass er zitterte. Er sagte zu ihnen: „Es ist so schwer, was jetzt auf mich zukommt. Wartet hier und bleibt wach."

Er selber ging ein paar Schritte weiter und fing an zu beten: „Mein Vater im Himmel! Du kannst alles machen! Lass doch das Leiden an mir vorübergehen! Erspare es mir!" Jesus hielt lange inne. Dann fuhr er fort: „Aber, Vater: Nicht, was ich will, soll geschehen. Sondern das, was du willst."

Nach einiger Zeit erhob er sich und ging zu den drei Jüngern zurück. Da

4. April 2004

sah er, dass sie eingeschlafen waren. Er weckte Petrus und sagte: „Du schläfst, Petrus? Kannst du nicht eine einzige Stunde wach bleiben? Wie willst du das, was auf uns zukommt, tragen, wenn du nicht wach bleiben und beten kannst?" (Kleines Kissen auf den Weg legen.)

Dann ging Jesus wieder weg und betete noch einmal. Als er zu den Jüngern zurückkam, schliefen sie schon wieder. So geschah es auch noch ein drittes Mal. Da sagte Jesus: „Schlaft ihr denn immerfort? Steht auf! Meine Feinde sind schon unterwegs. Lasst uns gehen. Schaut: Dort kommt Judas!"

Jesus hatte noch nicht fertig geredet, da tauchte Judas mit einer Schar Soldaten auf. Sie trugen Schwerter und Stöcke bei sich. Judas hatte zu ihnen gesagt: „Damit ihr wisst, welchen ihr verhaften müsst, werde ich ihm einen Kuss geben." Judas ging auf Jesus zu und küsste ihn. Sofort ergriffen die Soldaten Jesus. (Strick auf den Weg legen.)

Petrus zog sein Schwert und wollte Jesus verteidigen, wie er es versprochen hatte. Er verletzte einen Soldaten am Ohr, aber Jesus sagte nur: „Warum verhaftet ihr mich heimlich mitten in der Nacht? Ich war doch jeden Tag in der Stadt und im Tempel. Da hättet ihr mich doch festnehmen können!"

Da bekamen alle Jünger Angst und rannten davon. (Den „Turm der Hoffnungen" antippen, so dass dieser umfällt. Daran schließt sich ein Gespräch an, was diese Verhaftung für die Jünger bedeutet, wie ihre Hoffnungen zerstört werden.)

Die Soldaten brachten Jesus vor den Hohen Rat. Dort wurde über Jesus Gericht gehalten. Viele Zeugen traten gegen Jesus auf, aber die Aussagen stimmten nicht miteinander überein und Jesus schwieg. Endlich stand der Hohepriester auf und fragte Jesus: „Bist du der von den Propheten angekündigte König? Bist du der Messias? Bist du Gottes Sohn?" Jesus antwortete: „Ich bin es!"

Da zerriss der Hohepriester seine Kleider und rief: „Wir brauchen keine Zeugen mehr! Er hat Gott gelästert. Er hat sich selber zum König, zum Messias gemacht. Sprecht das Urteil über ihn!"

Alle vom Hohen Rat sagten: „Er ist schuldig! Er soll sterben!"

Während der ganzen Zeit hielt sich Petrus im Hof des Hohen Priesters beim Feuer auf. Er war den Soldaten heimlich nachgeschlichen, um zu erfahren, was mit Jesus geschehen würde. Er zitterte, saß aber ganz still am Feuer, um alles zu hören. Auf einmal näherte sich ihm eine Magd, schaute ihn an und sagte: „Du bist doch auch mit Jesus zusammen gewesen!" Petrus erschrak. Er schüttelte den Kopf und antwortete: „Was redest du da? Ich habe keine Ahnung, was du meinst." In diesem Augenblick krähte ein Hahn. Petrus schlich an den Rand des Hofes. Aber die Magd ging ihm nach und sagte zu den Herumstehenden: „Der dort gehört auch zu Jesus!" Petrus stritt es ein zweites Mal ab. Aber die Leute im Hof gaben nicht nach: „Natürlich gehörst du zu ihm! Man hört es ja an deiner Sprache! Du sprichst wie er!" Da fing Petrus an zu fluchen. Er schwor: „Ich kenne diesen Menschen nicht, von dem ihr redet!"

Da krähte der Hahn ein zweites Mal, und Petrus erinnerte sich in diesem Augenblick, was Jesus zu ihm erst vor ein paar Stunden gesagt hatte: „Bevor die Sonne morgen aufgeht und der Hahn zum zweiten Mal kräht, wirst du dreimal behaupten, dass du mich nicht

Schwer zu verstehen – Wie Petrus Leben und Sterben Jesu erlebt

kennst."(Ein Bild von Petrus und dem Hahn auf den Weg legen; Gespräch zu den Gedanken und Gefühlen von Petrus.)

Jesus war vom Hohen Rat verurteilt worden. Jesus wurde gefesselt und zum Stellvertreter des römischen Kaisers abgeführt. Er hieß Pontius Pilatus. Nur er hatte die Macht das Todesurteil zu vollstrecken. Pontius Pilatus hörte sich die Klagen des Hohen Rates an. Er fragte Jesus: „Willst du denn nichts dazu sagen?" Jesus schwieg. Pilatus erkannte, dass Jesus unschuldig war. Während er noch überlegte, kamen viele Leute vor seinem Palast zusammen und schrieen: „Lass wie jedes Jahr einen Gefangenen zum Paschafest frei!" Pilatus fragte die Leute: „Soll ich Jesus freilassen?" Die Leute schrieen: „Nein, lass Barabbas frei!" Barabbas aber war ein Mörder. Pilatus fragte noch einmal: „Was hat Jesus denn Schlimmes getan?" Die Menschen schrieen nur noch lauter: „Töte ihn! Schlag ihn ans Kreuz!"

Da ließ Pilatus den Barabbas frei und übergab Jesus den Soldaten, damit sie ihn abführten. (Kreuz auf den Weg legen.)

Die Soldaten verspotteten Jesus. Sie setzten ihm eine Dornenkrone auf, zogen ihm einen Purpurmantel an und sagten zu ihm: „Gegrüßet seist du, König der Juden!" Einige schlugen ihn oder spuckten ihn an. Schließlich zogen sie ihn wieder aus und brachten ihm den schweren Kreuzbalken. Der Weg zur Richtstätte Golgota war lang. Jesus fiel mehrmals unter der schweren Last hin. Schließlich zwangen die Soldaten einen Mann, der gerade vom Feld kam, den schweren Kreuzbalken zu tragen. Dieser Mann hieß Simon von Zyrene.

So kamen sie zur Richtstätte. Dort wurde Jesus ans Kreuz geschlagen.

Jesus starb am Kreuz. Am Abend legten sie seinen Leichnam in ein Felsengrab und wälzten einen schweren Stein davor. (Bild des Grabes auf den Weg legen. Um die Erzählung an diesem hoffnungslosen Punkt nicht enden zu lassen, wird das Ostergeschehen mit ein paar kurzen Worten angedeutet und evtl. der „Stein" auf dem Bild ein wenig zur Seite gerückt.)

Kreative Vertiefung
Je nach Zeit können die Kinder eine Kopie des Petrus-Bildes ausmalen bzw. zum Ausmalen mit nach Hause nehmen. Reibt man solch ein Bild vorsichtig mit ganz wenig Öl ein, wird es durchscheinend und kann als Fensterbild aufgehängt werden.

Bei dem Bild vom Grab kann der Stein ausgeschnitten werden, so dass er vor das Grab und wieder zur Seite „gewälzt" werden kann.

Lied: Ich möcht, dass einer mit mir geht

Gebet
Wir stellen uns nun im Kreis um diesen langen Weg von Jesus, Petrus und all den anderen herum und wollen gemeinsam beten.

Herr, nicht alle Wege, die du uns führst, sind einfach. Manchmal haben wir Angst oder wir versagen, wenn wir mutig sein sollten. Schenke uns die Kraft, deine Wege zu gehen. Schenke uns den Mut, auch bei Fehlern immer wieder zu dir zurück zu kommen. Du hast uns lieb und willst uns helfen. Amen.

Segenslied: Halte zu mir, guter Gott

Elke Sonntag

Schwer zu verstehen – Wie Petrus das Auferstehen Jesu erlebt

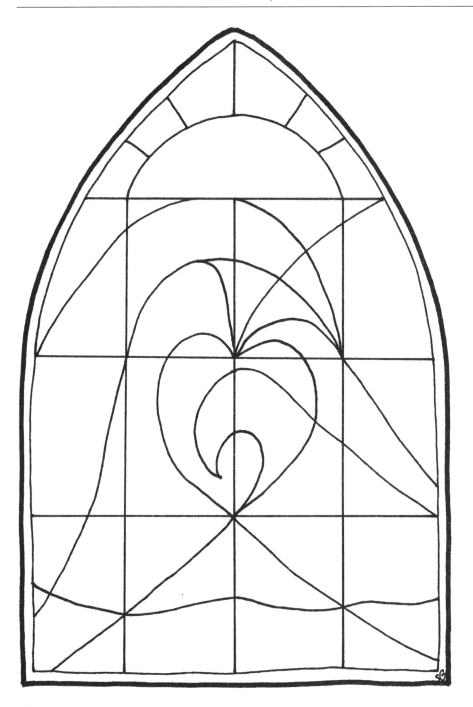

Lied:
Du verwandelst meine Trauer,
KG 198, LJ 508, MKL 9

Liturgischer Text:
Psalm 118

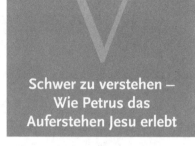

V

Schwer zu verstehen – Wie Petrus das Auferstehen Jesu erlebt

Sonntag	Text/Thema	Art des Gottesdienstes Methoden und Mittel
11.4.2004 Ostersonntag	Johannes 20,1–10 Kann das wahr sein? Ostermorgen	Gottesdienst mit Kindern und Erwachsenen; Einzug der Kinder mit Osterkerze, Blumenzwiebeln, Osterglocken, Erde, Zweige, Plüschküken, dunkles Tuch; Pantomime, Predigt, Reime, Gebet
18.4.2004 Quasimodo- geniti	Johannes 21,1–17 Hast du mich lieb? Petrus und der Auferstandene	Gottesdienst mit Kindern; Bodenbild, Gespräch, schauendes Erzählen, Mandala malen oder Leporello herstellen oder Gedicht schreiben

Schwer zu verstehen – Wie Petrus das Auferstehen Jesu erlebt

wird am 4.04.'04 erzählt!

**11. April 2004 –
Ostersonntag**

**Ostermorgen –
Johannes 20, 1–10**

Kann das wahr sein?

Lieder: Er ist erstanden, Halleluja, EG 116, KG 66, LJ 88; Wir wollen alle fröhlich sein, EG 100, KG 65, LJ 78, MKL 118; Der Herr ist auferstanden, EG 118; Du verwandelst meine Trauer in Freude, KG 198, LJ 508, MKL 9; Alle Knospen springen auf, KG 78, LJ 472, LfK 2 86, MKL 112

Liturgischer Text: Psalm 118,14–24

Zum Text

Der Evangelist Johannes schreibt in Kap. 20 von den ersten Glaubenserfahrungen der Jüngerinnen und Jünger Jesu. Der Stein ist weggerollt, etwas ist in Bewegung geraten. Maria aus Magdala, die noch in der Dunkelheit des frühen Morgens zum Grab gekommen war, ist entsetzt. Sie läuft zu Petrus und Jesu Lieblingsjünger und berichtet von ihrem Erlebnis. Sie vermutet, dass Grabräuber Jesus weggebracht haben.

Um die Wette eilen die Jünger zum Grab. Sie müssen so schnell wie möglich erfahren, was mit ihrem Herrn geschehen ist. Jesu Lieblingsjünger kommt zuerst am Grab an und schaut hinein. Er nimmt die Leinentücher wahr, in die Jesus gewickelt war. Petrus kommt nach ihm an. Er geht in das Grab hinein und erblickt ebenfalls Jesu Tücher, das Schweißtuch von Jesu Haupt ordentlich zusammengelegt an einer anderen Stelle. Nun tritt auch der Lieblingsjünger Jesu ein. Mit seinem Eintreten in das Grab öffnet sich für ihn die Tür zum Glauben. Er braucht sie nicht, die Begegnung mit dem Auferstandenen. Allein sein Herz sagt ihm, was an jenem geheimnisvollen Ort geschehen ist.

Maria aus Magdala kann dies an jenem Morgen noch nicht erleben. In ihrem Herzen ist es dunkel, und tief schmerzt die Trauer über den Tod des geliebten Menschen. Im zweiten der Teil der Geschichte, Joh 20,11–18, kann auch sie Ostern erleben. So macht Maria eine ganz andere Glaubenserfahrung als die beiden Jünger. Dies bestätigt die Vielfalt, in der uns Gott begegnet.

Aber was will uns diese Ostergeschichte nun sagen? Vielleicht will sie uns daran erinnern, dass wir unseren Glauben nicht allein durch das Verständnis der Heiligen Schrift erfahren können. Ich kann die Bibel lesen, wenn die Schrift aber mein Herz nicht berührt, dann bin ich noch weit entfernt von einem erfüllten Leben mit Gott.

Viele Geschehnisse in unserem Leben machen uns sprachlos. Sie erstaunen uns immer wieder. Hier beginnt unser Herz zu ahnen, dass Gott unser Leben in der Hand hat. Dass er es ist, der uns begleitet, auf allen unseren Wegen, ganz egal, wohin der Weg uns führt.

Überlegungen zum Gottesdienst

Gott hat uns viele Dinge gegeben, die uns zum Staunen bringen. Vieles zwischen Himmel und Erde können wir mit unserem Verstand nicht fassen, aber tief in unserem Herzen fühlen wir die Größe Gottes. Er vollbringt sie, die Wunder der Natur und auch das Wunder in uns, das uns verwandelt und neu macht. Dann geschieht in uns selbst Auferstehung. Und wir beginnen zu staunen über das, was da in uns passiert ist. Wir staunen über die Kraft, die Gott uns immer wieder gibt, um unser Leben neu zu ordnen oder etwas Neues zu erleben.

Ich denke an das Sprichwort: Gottes Wege sind unergründlich. So können wir oft nicht begreifen, aber spüren, was Gott mit uns vor hat. Ich denke, so ging es auch Jesu Lieblingsjünger und Petrus, als sie im offenen leeren Grab das Geschenk des Glaubens empfingen und sie erkannten: Jesus lebt!

Das soll in unserem Ostergottesdienst zum Ausdruck kommen. Ostern, das kostbare Geschenk Gottes, muss ich nicht erklären, sondern dankbar annehmen und mein Herz öffnen. Dann kann ich die Welt um mich herum und die Welt in mir besser sehen und staune, über alles, was Gott uns zum Leben mitgegeben hat. Wir sehen das Erwachen der Natur, die Veränderung in uns, die oftmals geschieht ohne mein Zutun, gegeben durch die Kraft Gottes.

**Gestaltungsvorschlag
für Kinder und Erwachsene**

(Der Gottesdienst wird gemeinsam mit Kindern und Konfirmanden vorbereitet. Zur Unterstützung der Lieder ist es günstig, falls vorhanden, den Kirchenchor mit einzubeziehen.)

Einzug der mitwirkenden Kinder
Zu meditativer Musik (z. B. von K. Matt Maconi, CD Wege, Lago line musik-Verlag, Nr. 3, Over The Ocean) laufen die Kinder hintereinander im ruhigen Schritt zum Altarraum. Das erste Kind trägt die Osterkerze und stellt sie auf den Altar. Die anderen Kinder stellen ihre Gegenstände vor dem Altar auf:
– Schale mit Blumenzwiebeln Osterglocken)
– einen Strauß Osterglocken
– Schale mit Erde
– Einpflanzung mit Primeln
– trockenenen Strauch
– grüne Zweige
– Hühnerei
– Plüschküken
– dunkles Tuch
Danach setzen sich die Kinder.

Begrüßung
Liebe Kinder, liebe Erwachsene, ich begrüße euch und Sie ganz herzlich zu unserem Ostergottesdienst.

Wir beginnen ihn im Namen Gottes, der zu uns wie ein guter Vater ist, im Namen von Jesus Christus, unserem Bruder und im Namen des Heiligen Geistes, der guten Kraft, die unseren Glauben stäkt und trägt. Amen.

Der Spruch aus Johannes 11,25 soll uns durch den Gottesdienst und die kommende Woche begleiten: Jesus Christus spricht: Ich bin die Auferstehung und das Leben. Wer an mich glaubt, der wird leben, auch wenn er stirbt.

Lied: Er ist erstanden, Halleluja

Liturgischer Text: Psalm 118,14–24 im Wechsel mit der Gemeinde

Ehre sei dem Vater und dem Sohn, und dem Heiligen Geist; wie es war im Anfang, jetzt und immerdar und von Ewigkeit zu Ewigkeit. Amen.

Schwer zu verstehen – Wie Petrus das Auferstehen Jesu erlebt

Gebet
Du wunderbarer Gott, dein Licht durchdringt unsere Dunkelheit, dein Leben überwindet den Tod, dein Wort sprengt die Mauern des Grabes. Komm zu uns, erwecke uns zu neuem Leben. Dir sei Ehre in Ewigkeit. Amen.

Lied:
Wir wollen alle fröhlich sein, Str. 1–4

Lesung: Johannes 20,1–10

Pantomime
Das Spiel kann gegebenenfalls auch mit passender Musik untermalt werden.
Personen: Maria aus Magdala, zwei Jünger (dargestellt von Konfirmanden oder auch Erwachsenen), zwei Kinder in schwarzer Kleidung, die sich zu einem Torbogen aufstellen (Hände nach oben gefasst), der die Öffnung des Grabes darstellen soll.

1. Szene
Maria (in Trauerkleidung) geht zum Grab. Ihre Haltung ist gebeugt und verängstigt. Sie sieht das leere Grab. Voller Bestürzung läuft sie nach Jerusalem zurück. Sie verdeutlicht die Situation durch Gestik mit den Händen, hält sie z. B. vor das Gesicht oder führt sie zum Herzen, weil ihr Herz Schlimmes befürchtet (den Raub von Jesu Leichnam).

2. Szene
Zwei Jünger sind unterwegs. Sie laufen langsam und unauffällig durch die Straßen von Jerusalem. Maria hastet an ihnen vorbei. Die Jünger sehen ihre Eile und drehen sich nach ihr um. Einer schüttelt den Kopf, weil er sich über das merkwürdige Verhalten von Maria wundert. Da bemerkt Maria die beiden und läuft zu ihnen zurück.

Hastig fasst sie Petrus an der Hand und zeigt ihm den Weg zum Grab.

3. Szene
Maria bleibt in ängstlicher Distanz zum Grab abwartend stehen.
Der Lieblingsjünger Jesu schaut hinein. Danach geht Petrus mutig in das Grab. Er hebt das Leinentuch Jesu auf und hält es behutsam in den Händen. Der Lieblingsjünger Jesu betritt ebenfalls das Grab und nimmt das Schweißtuch Jesu auf. Beide Jünger treten vor das Grab und drücken die Tücher liebevoll an sich. Als Zeichen des Jubels und der Freude erheben sie ihre Hände und drehen sich tanzend im Kreis.

Anzünden der Osterkerze

Lied und Tanz: Du verwandelst meine Trauer in Freude
Alle Teilnehmer des Osterspiels tanzen den Ostertanz.

Verkündigung
(Eine Klangschale wird angeschlagen und auf den Ton gelauscht, bis er verklungen ist.)
Sie sind gegangen, Maria, die Angsterfüllte. Sie sind fort, der Lieblingsjünger Jesu und Petrus, die Glaubenden.
Alles ist so geheimnisvoll. Und wir fragen: Wie konnte das geschehen? Da war kein Jesus. Leintücher, zurückgelassen und fein geordnet, an einer besonderen Stelle liegend. Und Jesus? Er berührte die Herzen der Jünger. Er machte sie froh. Und sie gingen heim, erfüllt von dem Leben Gottes, fröhlich und unverzagt.
Ein Wunder war geschehen. Ein Wunder, so wie es nur Gott allein vollbringen mag. Du kannst es nicht ver-

stehen? Das brauchst du auch nicht. Es gibt so viele Dinge zwischen Himmel und Erde, die du mit deinem Verstand nicht fassen kannst. Sie sind ein Geschenk. So nimm es an, das Wunder der Auferstehung, als dein Geschenk. Nimm es an, das neue Leben, und freue dich an dem, was Gott dir bereitet, am Morgen, wenn die Sonne dich mit ihren leuchtenden Strahlen weckt, bis hin zum Abend, der dich verzaubert, mit dem purpurnen Feuer am Firmament. Nimm wahr, was um dich herum und in dir aufersteht. Sieh an, wie Leben immer wieder neu erwacht. Und öffne dein Herz für ihn, den Auferstandenen, für ihn, den Hüter deines neuen Lebens. Und es beginnt zu leuchten, dein Licht des Lebens. Es beginnt zu strahlen, das Osterlicht Gottes. Und du nimmst es auf und gibst es an andere weiter. So kehrt der Friede Gottes in dir ein und du kannst sie erleben, die Freude, die in dir gedeiht.

Jesus hat dich verändert. Verwandelt, wie neu geboren, gehst du hinein, mitten ins Leben, gehalten und geborgen durch die Kraft Gottes. Er schenkt sie dir, heute und morgen, jeden Tag, immer und immer wieder neu, bis hin in alle Ewigkeit. Amen.

Lied: Gott hat dich so sehr geliebt, sing and pray aus Liedersammlung zu Kindergottesdiensttagung Nürnberg 1998 oder Der Herr ist auferstanden

Darstellung der Osterbotschaft
(Die Kinder stellen sich wieder mit ihren Gegenständen im Halbkreis im Altarraum auf. Nachdem sie ihren Vers aufgesagt haben, legen sie ihren Gegenstand auf dem Altar ab und treten in den Halbkreis zurück.)

1. Kind: Schau an die Zwiebel,
   so leer und fad,
   als ob sie kein Leben in sich hat.
2. Kind: Schau an die Osterglocken,
   so strahlend hell, entsprungen
   der Zwiebel, ihrem Lebensquell.
3. Kind: Schau an die Erde,
   so dunkel und satt.
   Ob sie wohl Leben in sich hat?
4. Kind: Schau an die Primel,
   so bunt und fein,
   sprießt hervor zur Freude dein.
5. Kind: Schau an den Baum,
   so kahl, in trauriger Pein. Kann
   in ihm denn noch Leben sein?
6. Kind: Schau an die Zweige,
   so grün und schön. Bald werden
   sie blühend im Leben stehn.
7. Kind: Schau an dieses Ei. Es ist
   leblos und klein. Was wird in ihm
   denn verborgen sein?
8. Kind: Schau an neues Leben.
   Gott schenkt es dir. Du kannst es
   entdecken mit feinem Gespür.
   (Plüschküken)
9. Kind: (Schwarzes Tuch) Schau an
   das Grab! Sieh die Trauer, den Tod!
10. Kind: (Brennende Osterkerze)
    Schau an das Grab! Es ist leer!
    Geh hinein! Und sieh, Jesus lebt!
    Er wird bei dir sein.
(Kinder setzen sich in die Reihen zurück.)

Lied: Alle Knospen springen auf

Schlussworte
Ihr Kinder habt versucht, uns von Ostern zu erzählen. Auferstehungsbilder der Natur erinnern uns daran, dass alles Leben in des Schöpfers Hand liegt. Er hat das Leben gegeben. Er ist es auch, der uns eine Chance gibt, unser Leben neu zu gestalten. Und er gibt uns seinen Sohn, der in der Krippe geboren,

am Kreuz gestorben, aber von Gott auferweckt wurde.
Jesus ist bei uns. Durch ihn wird unser Leben neu. Das ist unsere Osterfreude: die Gewissheit, dass wir in unserem Leben, bis über den Tod hinaus, nicht allein sind.

Gebet
Guter Gott, staunend stehen wir vor dem leeren Grab. Staunend nehmen wir es an, dein Geschenk an uns. Dein Sohn Jesus hat den Tod besiegt und uns neues Leben gegeben.
Danke für Jesus, den Retter der Welt.
Herr wir bitten dich, hilf uns, unsere Augen zu öffnen, damit wir es sehen, das Leben spendende Osterlicht. Wir bitten dich, berühre unser Herz, auf dass wir empfindsam werden für deine Botschaft der Liebe und der Vergebung.
Lass uns erkennen, dass du es bist, der unser Leben hält und trägt. Lass uns spüren, dass durch dich allein, in uns und um uns, immer wieder neues Leben entsteht.
Guter Gott, Danke für Jesus. Danke für Jesus, den Retter der Welt.
Vater unser

Segen
Seid gesegnet in ihm. Geht behütet hinaus in den Tag und nehmt mit das Licht der Auferstehung. Geht hinaus und tragt es in euren Herzen. Es soll euch leuchten, erleuchten und wärmen, damit ihr immer wieder aufstehen könnt, zu neuem Leben.
Seid gesegnet in ihm, der mit euch geht als der Vater, der Sohn und der Heilige Geist. Amen.

Lied: Jesus ist my salvation, aus: Open up wide, Gospels für gemischten Chor Tonos Verlag oder ein Osterlied

Elvira Mahler

18. April 2004 – Quasimodogeniti

Petrus und der Auferstandene – Johannes 21,1-17

Hast du mich lieb?

Lieder:
Du verwandelst meine Trauer,
KG 198, LJ 508, MKL 9

Liturgischer Text:
Psalm 118

Zum Thema

„Hast du mich lieb?" fragt Jesus den Petrus nach seiner Auferstehung. Es ist das erste Gespräch der beiden, nachdem Petrus versagt hat und im Moment großer Gefahr seinen besten Freund Jesus nicht kennen wollte. Johannes erzählt die Geschichte des Petrus sehr anschaulich. Er schildert ihn als einen, der wegen seiner Liebe zu Jesus viel von sich und anderen erwartet (6,66–69), der aus Liebe zu Jesus sein Leben für ihn einsetzen will (13,37), ihn mit Gewalt verteidigen will (18,10–11) und der scheitert (18,15–27).

Als Petrus am See Tiberias wieder seinen alten Beruf als Fischer ausübt, begegnet ihm der auferstandene Jesus. Petrus ist noch immer voller Liebe zu ihm, er wirft sich ins Wasser, um schnell bei ihm zu sein (21,7). Er zeigt seinen vollen Einsatz, um die Netze mit den vielen Fischen an Land zu ziehen (21,11). Am Feuer nach dem Mahl mit Jesus wird Petrus dann dreimal mit der Frage von Jesus konfrontiert: „Hast du mich lieb?" Vor kurzem stand er am Feuer im Hof des Hohenpriesters und hat dreimal behauptet: „Ich kenne Jesus nicht." Der Evangelienschreiber Johannes konstruiert diese Geschichten parallel, um deutlich zu machen, Jesus will eine Entscheidung, ein klares Bekenntnis seiner Liebe. Dreimal legt Petrus ein Bekenntnis seiner Liebe zu Jesus ab und dreimal erhält er Jesu Vertrauen. Jesus überträgt ihm die Verantwortung für die Gemeinde. Damit ist die Schuld vergeben, ohne dass Jesus das ausdrücklich sagt. Petrus hat verstanden, dreimal. Seine Liebe zu Jesus wächst. Diese Freundschaft hält ein Leben und darüber hinaus. Petrus stirbt am Ende wie Jesus den Märtyrertod.

„Hast du mich lieb?" ist eine Frage, die eine Klärung der Beziehung fordert. Stimmt es zwischen uns? Können wir einander vertrauen? So fragt einer, der sagen will: „Ich habe dich lieb. Und du? Was ist mit dir?" Wer so fragt, liefert sich mit seiner Offenheit schutzlos aus.

Jesus stellt jedem von uns die Frage: „Hast du mich lieb?" und sagt damit zugleich: „Ich habe dich lieb."

Das Thema und die Kinder

Kinder im Vor- und Grundschulalter verstehen, dass es bei der Frage „Hast du mich lieb?" um die tiefsten Gefühle geht. Das ist mehr als eine Freundschaft, die schnell geschlossen wird, und die morgen schon wieder auseinander geht, wenn einer sagt: „Du bist nicht mehr mein Freund." Kinder lernen schnell, dass jemand, der von seinen tiefen Gefühlen spricht, belächelt oder geärgert wird. Ältere Kinder sind zurückhaltender, von ihren Gefühlen zu reden. Möglicherweise kichern sie, wenn das Wort „Liebe" fällt. Aber sie können nachempfinden, was es bedeutet, von jemandem im Stich gelassen zu werden, den man liebt. Manch einer muss vielleicht an die Scheidung der Eltern denken.

Behutsam soll sich deshalb der Frage „Hast du mich lieb?" genähert werden. Das Herz ist das Symbol der Liebe. Das verstehen Kinder sehr früh. Deshalb wird dieses Symbol eingesetzt und besprochen. Ein Herz aus Pappe mit der Aufschrift „Hast du mich lieb?" soll den Kindern vor Augen stehen und sie durch den Kindergottesdienst begleiten.

Eine Erzählung, die sehr anschaulich die Erfahrungen des Petrus nach seinem Versagen aufzeigt, kann eine Identifikation ermöglichen. Gerade für die jüngeren Kinder ist Anschaulichkeit wichtig, um der Erzählung folgen zu können. Bewährt hat sich die „schauende Erzählung" (Susanne von Braunmühl gibt dazu gute Anregungen in der Zeitschrift „Grundschule Religion", 1/2002), in der parallel zur Erzählung in der Mitte des Kreises ein Bodenbild entsteht. In einem Korb oder einer Kiste sind alle benötigten Gegenstände für die Erzählung enthalten.

Schwer zu verstehen – Wie Petrus das Auferstehen Jesu erlebt

Um das Herz mit der Frage „Hast du mich lieb?" werden jeweils die Gegenstände aus dem Korb oder aus der Kiste gelegt. Die Erzählung beginnt mit einem Herzen, das aus einem kleinen weichen roten Tuch geformt wird. Darauf wird ein Stein gelegt, zwei kommen dazu: dreimal hat Petrus feige seinen Freund im Stich gelassen. Wahrscheinlich erinnern sich manche der Kinder an diese Begebenheit. Eventuelle spontane Äußerungen von ihnen werden aufgenommen. Ein roter Faden führt jeweils von einer Station zur nächsten. Die Stationen sind: das Kreuz, es erinnert an Jesu Hinrichtung; ein Papierschiff zeigt, Petrus geht fischen; ein Fisch macht deutlich, die Jünger fangen viele Fische; das Brot symbolisiert, Jesus lebt und sorgt für seine Freunde; ein neues Herz aus Tuch geformt zeigt, Petrus Herz ist frei. Der rote Faden zeigt den Fortgang der Erzählung an und markiert die innere Entwicklung bei Petrus. Nach der letzten Station wird noch einmal ein roter Faden gelegt, der aus dem Kreis herausführt. Die Geschichte ist noch nicht zu Ende. Sie fängt neu an.

Ein Gespräch nach der Erzählung soll sich an Glassteinen entzünden, die die Kinder an Stationen ablegen. Dies sind individuelle Identifikationspunkte, die den eigenen Zugang zu den Erlebnissen des Petrus markieren.

Gestaltungsmöglichkeiten für jüngere und ältere Kinder

Wo es nötig ist, können sich jüngere und ältere Kinder trennen, aber sie gehen in ihren Gruppen dieselben Schritte.

Einstieg
Die Kinder sitzen im Kreis. In die Mitte wird ein Herz gelegt. Die Leiterin wartet die Reaktionen der Kinder ab. Weitere Impulse: Wozu ist ein Herz wichtig? Fühlt euer Herz! Das Herz kann aufgeregt sein. Das Herz kann traurig sein. Es kann vor Kummer und Sorgen schwer sein, als würde ein Stein darauf liegen.
Was bedeutet es, wenn einer ein Herz malt?
Dann wird das Herz umgedreht. Es erscheint die Frage „Hast du mich lieb?" Sie wird vorgelesen. Impulse: Ist euch solch eine Frage schon einmal begegnet? Erzählt! Die Erfahrungen der Kinder sollen zur Sprachen kommen und ohne Wertung ernst genommen werden.

Schauendes Erzählen
Ich will euch von einem erzählen, bei dem hat die Frage „Hast du mich lieb?" das Herz verändert. Petrus heißt er. Und so ergeht es ihm: (Ein Herz wird abgelegt, darauf dann ein Stein gelegt.) Sein Herz ist richtig krank vor Kummer. Es ist schwer, als läge ein Stein darauf. Sein bester Freund Jesus ist tot.
‚Und ich bin mit schuld daran', denkt Petrus. ‚Ich habe ihn nicht verteidigt. Ich habe nicht zu ihm gehalten. Mein Herz ist so schwer.' (Auf das Herz werden noch zwei weitere Steine gelegt.) ‚Drei Steine liegen auf meinem Herzen. Dreimal habe ich gesagt, Jesus ist nicht mein Freund', denkt Petrus. ‚Und dabei habe ich zu Jesus gesagt: „Ich halte zu dir. Wenn es sein muss, würde ich sogar für dich sterben." Aber ich hatte Angst um mein eigenes Leben, darum habe ich geleugnet, sein Freund zu sein. Ich war feige, und das dreimal.' Petrus geht es schlecht.
Nun ist Jesus hingerichtet worden am Kreuz. Er ist tot. Alles ist aus. (Kreuz legen)
Einige Freunde von Jesus sind an den See gegangen. Sie sind Fischer. Auch Petrus ist dabei. Sein Boot liegt am Ufer. Am Abend sagt Petrus: „Ich will fischen gehen." „Wir kommen mit dir", antworten die anderen. Petrus und die anderen Freunde steigen ins Boot und fahren hinaus. (Boot stellen) Die ganze Nacht fischen sie. Aber die Netze bleiben leer. Dann wird es langsam hell. In der Dämmerung sehen sie am Ufer eine Gestalt stehen. Jesus? Das kann nicht sein. Die Freunde sehen ihn, aber sie erkennen ihn nicht. Der Fremde am Ufer fragt: „Kinder, habt ihr nichts zu essen?" Nie hätten sie zugegeben, dass sie nichts besitzen, kein Brot, keinen Fisch, keine Hoffnung. So arm sind sie. Aber das soll keiner wissen. Doch der Unbekannte redet so freundlich mit ihnen. Er ist ihnen nicht fremd und sie spüren keine Angst. Deshalb sind sie ehrlich und sagen: „Nein, wir haben gar nichts." „Versucht es noch einmal. Werft die Netze noch einmal aus. Beginnt von vorn", sagt der Fremde. Und sie gehorchen ihm. Alles ist jetzt anders. Sie haben wieder Hoffnung. Sie fangen Fische, viele Fische, so viele und ihr Netz ist voll. (Fisch legen)
„Jesus", sagt einer von ihnen. „Es ist Jesus." Johannes sagt es laut zu Petrus. Jetzt geht allen ein Licht auf. Jesus lebt. Petrus springt ins Wasser. Er kann gar nicht schnell genug an das Ufer kommen. Die anderen kommen im Boot mit dem Netz im Schlepptau

Schwer zu verstehen – Wie Petrus das Auferstehen Jesu erlebt

an Land. Sie sehen ein Feuer. Es wärmt. Und es liegt Fisch darauf zum Braten. Brot ist auch da. (Brot legen) Jesus hat für seine Freunde gesorgt. Nach einer dunklen Nacht hat er ihnen eine Mahlzeit bereitet. „Holt eure Fische", sagt Jesus, „sie werden auch gebraucht". Petrus zieht das volle Netz endgültig an Land. Er tut alles, was Jesus sagt. Er muss ihn immer wieder ansehen. „Kommt, wir wollen miteinander eine Mahlzeit feiern", lädt Jesus seine Freunde ein. Sie sitzen zusammen. Er nimmt das Brot und gibt es ihnen, ebenso die Fische. Jetzt braucht keiner mehr zu fragen. Alle wissen, Jesus ist bei uns. Er verwandelt unsere Trauer in Freude, unsere Angst in Mut.

Petrus ist ganz in Gedanken versunken. Da hört er Jesus sagen: „Petrus, hast du mich lieb?" Er schreckt hoch. ‚Jesus hat mich angesprochen', denkt er, ‚ausgerechnet mich'. Petrus schaut Jesus ins Gesicht. Da ist keine Spur von Zorn oder Ärger. Die Augen sind ganz freundlich. Petrus antwortet: „Ja, Herr, du weißt, dass ich dich lieb habe." Jesus sagt: „Dann sorge für meine Freunde." Zum zweiten Mal fragt Jesus: „Petrus, hast du mich lieb?" „Ja, Herr, du weißt, dass ich dich lieb habe", antwortet Petrus. „Dann sorge für meine Freunde", sagt Jesus noch ein Mal. Ein drittes Mal fragt Jesus: „Petrus, hast du mich lieb?" Petrus schaut ganz traurig, weil Jesus zum dritten Mal fragt. Er antwortet: „Herr, du weißt alles, du weißt auch, dass ich dich lieb habe." Wieder sagt Jesus: „Sorge für meine Freunde." Dreimal hat er das gesagt.

Petrus erinnert sich genau: „Vor wenigen Tagen wärmte ich mich an einem anderen Feuer, im Hof des Palastes, wo Jesus gefangen gehalten wurde, bei den Soldaten. Dreimal haben sie mich gefragt: „Ist Jesus dein Freund?" Dreimal habe ich gesagt: „Ich gehöre nicht zu Jesus." So einer bin ich. Ein Versager. Und Jesus hat mich noch immer lieb. Er will wissen, ob ich noch immer sein Freund bin. Er fängt ganz neu an. Er traut mir so viel Gutes zu." Und da plumpsen drei Steine von seinem Herzen. Er fühlt sich ganz leicht. (Herz legen.)

Gespräch

Was Petrus erlebt hat, zeigen die sechs Stationen, die sich um die Frage: „Hast du mich lieb?" gruppieren. Nun darf jedes Kind aus einem Körbchen einen bunten Glasstein nehmen. Nacheinander legen die Kinder ihren Stein an die Station, die sie am meisten beeindruckt hat, positiv oder negativ. Daran schließt sich ein Gespräch an. Wer mag, erzählt, warum er seinen Stein genau dahin gelegt hat.

Lied: Du verwandelst meine Trauer; Hinzugefügt werden kann folgende Zeile: Du verwandelst mein Versagen in Verantwortung.

Kreative Angebote
– Male aus den sechs Stationen des Bodenbildes und dem Herz in der Mitte ein Mandala. Der Rahmen dazu ist ein Sechseck in einem Kreis.
– Wähle eine Station als Leporellomotiv. Aus einem A4-Blatt kannst du ein Leporello herstellen, indem du eine Treppe faltest. Danach malst du dein Motiv auf die erste Seite und schneidest es aus, aber so, dass ein kleiner Rand rechts und links stehen bleibt. Falte nun dein Blatt auseinander. Ein kleines Buch ist entstanden. Zum Beispiel so:

18. April 2004

Du kannst auf die Seiten malen oder schreiben.
– Wähle die Station, wo du deinen Stein hingelegt hast und gestalte dieses Motiv. Dafür werden Materialien bereit gelegt, z. B. für Moosgummiarbeiten, für Stempeldruck, Sanddruck oder Metalldruck. Je nach Möglichkeiten und Fertigkeiten kann alles ausprobiert werden.

Für ältere Kinder:
Diese Aufgabenstellungen können jeweils auf einem Blatt abgedruckt sein, das die Kinder als Vorlage erhalten.

Schreibe ein Gefühlsgedicht.

Wähle das Gefühl, das du an der Station hattest, wo du deinen Stein hingelegt hast, z. B. Angst, Liebe, Verzweiflung, Freude ...

Schreibe dein Gedicht nach diesem Schema:
  Welche Farbe hat das Gefühl?
  Wie schmeckt es?
  Wie riecht es?
  Wie sieht es aus?
  Wie hört es sich an?
  Wie fühlt es sich an?

Beispiel: Liebe ist rotbraun. Liebe schmeckt nach frischem Brot und riecht nach einem Kohlefeuer. Liebe sieht aus wie ein helles Feuer und hat ein lustiges Gesicht. Liebe knackt und knistert und fühlt sich an wie wohlige Wärme, die das Herz weitet.

Schreibe ein Gedicht auf herzförmiges Papier. Die Überschrift lautet „Herz". Dann folgen untereinander Adjektive und am Schluss ein Aus-sagesatz.

Dasselbe kannst du mit anderen Gegenständen der Erzählung machen.

Die Kinder bringen ihre Ergebnisse mit in den Schlusskreis. Wer mag, stellt seines vor.

Lied: Du verwandelst meine Trauer

Heide Assmann

Leben in Gottes Garten

Lied:
Geh aus, mein Herz, und suche Freud,
Str. 1.2, EG 503, KG 139, LJ 294, s. u.;
Kanon: Die Herrlichkeit des Herrn, KG 173

Liturgischer Text:
Psalm 104,1.13–15.24.27–28.35c

Leben in Gottes Garten

Sonntag	Text/Thema	Art des Gottesdienstes Methoden und Mittel
25.4.2004 Miserikordias Domini	1. Mose 2,4b–15a Gott hat uns einen schönen Garten geschaffen	Gottesdienst mit Kindern; Erzählung mit Bodenbild: Tücher, Buntpapier, verschiedenes Legematerial; Spruch auf A 4-Blätter, Gebet
2.5.2004 Jubilate	1. Mose 2,15 Gottes Garten will gepflegt sein	Gottesdienst mit Kindern; Erzählung mit Bodenbild (s. o.), Müll, Gespräch zwischen zwei Personen, Gebet
9.5.2004 Kantate	„Geh aus mein Herz und suche Freud" EG 503,1–4.8	Gottesdienst mit Kindern und Erwachsenen; Erzählung mit Bodenbild (s. o.), Kärtchen mit Tieren, Tageslichtprojektor, Gräser, Blätter, Lied, Liedplakate, Kyrie

Zum Thema der Einheit

Ein Beduine sagt: „Ich höre, wie die Wüste weint: Sie möchte ein Garten sein." Nicht nur die Wüste träumt, ein Garten zu sein. „Ein Häuschen mit Garten" ist auch heute noch ein Lebenstraum für viele Menschen, besonders für diejenigen, die in „Steinwüsten" der Großstadt leben. Arbeit im Garten tut Leib und Seele gut. Mancher Gärtner wächst mit seinem Garten, blüht mit ihm auf, fürchtet Hagel und Unwetter, leidet, wenn etwas zerstört wurde, ist geduldig nach der Aussaat und freut sich über die Ernte. Wer im Garten arbeitet, kann den Schöpfungsauftrag "bebauen und bewahren" buchstäblich in die Tat umsetzen. Das Thema der Einheit weitet uns den Blick, die ganze Erde als Garten Gottes zu sehen, den er uns Menschen anvertraut hat.

Leben in Gottes Garten

Geh aus, mein Herz
So schön hat Gott

Choraltext: Paul Gerhardt 1653
Melodie: August Harder vor 1813
Melodie und Text 2: Siegfried Macht 1989

25. April bis 9. Mai 2004

Die untere Stimme bringt ein einfaches Kinderlied, dessen Echoeinwürfe (Notenhals nach unten) auch die Kleinsten sofort nachsingen können.

Beide Lieder Oberstimme „Geh aus ..." und Unterstimme „So schön" lassen sich zudem gleichzeitig als Quodlibet z. B. im Familiengottesdienst singen.

Der Garten ist ein uraltes menschliches Symbol. Darin liegt die Sehnsucht nach Geborgenheit, nach einem umhegten und gefahrfreien Ort, nach Einheit mit sich selbst, mit der Natur und mit Gott. Zu allen Zeiten träumten Menschen verschiedenster Kulturen den Traum vom Paradiesgarten, vom unbedrohten Lebensraum, in dem sich die kreativen Möglichkeiten des Menschen erst voll entfalten können. Kreuzgänge mittelalterlicher Klöster umschlossen idyllische Gärten, die als Abbild des verlorenen Paradieses aufgefasst wurden. Aus Märchen sind uns Palastgärten und Schlossgärten mit Brunnen in der Mitte, goldene Früchte tragende Bäume und Sträucher und verwirrende Labyrinthe bekannt.

In der biblischen Schöpfungsgeschichte (1 Mose 2,4bff.) lebt der Mensch in enger Gemeinschaft mit Gott im Paradiesgarten. Es ist ein angstfreier Ort, in dem Gott spazieren geht und Mensch und Tier in Unschuld und Freundschaft leben. Dort kann jeder der sein, der er ist, kann auf Kleider und Masken verzichten. Doch in seiner Maßlosigkeit verletzt der Mensch Gottes Gebot und wird aus dem Paradies vertrieben. Aber „Gott öffnet von neuem die Tore."

Als Aussage des Glaubens ist die Rede vom Paradiesgarten, aus dem wir alle kommen, ein kräftiges Bild der Hoffnung gegen alle Wüste, gegen Angst, gegen Unfruchtbarkeit und Trostlosigkeit." (G. Engelsberger) „Heut schließt er wieder auf die Tür zum schönen Paradeis" singen wir in einem Weihnachtslied.

Jesu Leidensweg beginnt im Garten Getsemani, wo er betet und danach gefangen genommen wird. Nach dem Johannesevangelium wird Jesus in der Nähe eines Gartens gekreuzigt. Als Auferstandener begegnet er den Frauen im Garten. Darum kann Blaise Pascal sagen: *„In einem Garten ging die Welt verloren, in einem Garten wurde sie erlöst."*

Brunhilde Börner

25. April 2004 –
Miserikordias Domini

1. Mose 2,4b–15a

Gott hat uns einen schönen Garten geschaffen

Lieder:
Geh aus, mein Herz, und suche Freud, EG 503, Str. 1.2, KG 139, LJ 294, MKL 46, s. S. 104; Gottes bunter Garten, KG 136, Bewahre uns, Gott, behüte uns Gott, EG 171, KG 213, LJ 117

Liturgischer Text:
Psalm 104,1.13–15.24.27–28.35c

Zum Text

Fürsorglich pflanzt Gott einen Garten in Eden für den Menschen, den er erschaffen hat. In 1 Mose 2 steht, in einer viel ausschließlicheren Weise als in Kap. 1, von Anfang an der Mensch im Mittelpunkt mit seiner Stellung als Geschöpf Gottes und seiner Beziehung zu Gott und zum Mitmenschen. In einfacher und klarer Bildsprache wird hier von Wirklichkeiten erzählt, welche die Geschichte des Menschen mit Gott schildern. Der Mensch empfängt alle Fülle des Lebens von Gott und bekommt Verantwortung übertragen für die ihm von Gott bereitete Welt.

Die überschriftartige Einleitung bezeugt die Schöpfermacht Gottes.

Der Text beginnt noch einmal ganz von vorn beim Urzustand einer unbelebten Welt. Mit ein paar skizzenhaften Strichen wird aufgezählt, was nicht da ist. Bewohner einer wasserarmen Steppenlandschaft, die das harte Leben als Viehnomaden in Wüste und Steppe kennen wie die Israeliten, haben dabei das Bild der Wüste vor Augen. Erst wenn Regen zu fallen beginnt, wird Leben aus dem vorher toten Erdreich keimen. „Gott der Herr hatte noch nicht regnen lassen." (V. 5) Das Wasser als Nebel, Regen und Strom ist hier im Text der Schöpfung förderlich, während es als chaotische Wassermassen (1 Mose 7; Ps 18,5–7) auch der Feind der Schöpfung sein kann.

Nach der Zustandsbeschreibung eilt die Erzählung sofort auf die Erschaffung des Menschen zu. Gott „formt" ihn, wie ein Künstler sein Kunstwerk, aus Erde. Westermann schreibt: „... die Erschaffung des Menschen aus Staub ist als ein ganz und gar unerklärbarer nicht anschaulicher, wunderbarer Vorgang dargestellt worden: als Urgeschehen, das unserem Verstehen nicht zugänglich ist, eben wirklich als Schöpfung."

Die schöpfungsmäßige Lebensverbundenheit zwischen Mensch und Erde kommt durch die Verwendung der hebräischen Worte *adam* – Mensch, *adama* – Erde besonders deutlich zum Ausdruck. Zum einen zeigt sie die Begrenztheit des Menschen. Er ist eine zur Erde gehörende Kreatur. Damit wird aller falschen Überheblichkeit der Riegel vorgeschoben. Zum anderen macht dies deutlich, dass der Mensch in seiner Arbeit an die Erde gewiesen und die Erde auf die Arbeit des Menschen angewiesen ist.

Ein lebendiges Wesen wird der Mensch erst, indem Gott „ihm den Odem des Lebens in seine Nase" bläst. Dieses Wort vom Atem Gottes drückt klar aus: Das Leben selbst ist Gabe von Gott. „Du nimmst weg deinen Atem, so vergehen sie und werden wieder zu Staub. Du sendest aus deinen Atem, so werden sie geschaffen, und du machst neu die Gestalt der Erde." (Ps 104,29; 36,10). Ein trauriger Erdenkloß wäre der Mensch, wenn Gott ihm nicht seinen eigenen Atem eingehaucht hätte. Das macht den Menschen zum Menschen, das schenkt ihm die Lebendigkeit, dass Gott ihn beatmet, dass in jedem Einzelnen ein Hauch von Gott zu spüren ist. „Denn in ihm leben, weben und sind wir." (Apg 17,28)

Gott pflanzt einen Garten in Eden für den Menschen. Wie auch in 1 Mose 1,29 beschrieben, gehört zur Erschaffung des Menschen seine Versorgung. Beide Male ist es eine pflanzliche Nahrung, mit der Gott sein Geschöpf versorgt. Der Verfasser bekennt: Alles Gute, alles Leben – verkörpert auch in dem Baum des Lebens und dem Baum der Erkenntnis mitten im Garten – empfängt der Mensch aus Gottes Hand. Es ist Schöpfungsgabe Gottes, wie auch der Strom, der von Eden aus geht, den Garten zu bewässern. Ohne Wasser wird jeder Garten zur Wüste. Durch die Quelle ist er eine fruchtbare Oase. Entsprechend den vier Himmelsrichtungen teilt sich der Strom in vier Hauptarme; sie umschließen die ganze von Gott geschaffene Welt. Dieses Paradies liegt nach der Aussage des biblischen Zeugen nicht irgendwo jenseits der erkennbaren Welt. In V. 10–14 wird der damals bekannte Lebensraum von Ägypten bis Mesopotamien als Gottes Schöpfung geschildert. Den genauen Ort, den der Verfasser vor Augen hatte, können wir heute nicht mehr feststellen.

„Bebauen" und vor allen Schädigungen „bewahren" soll der Mensch den Garten. Dieser Auftrag steht im Widerspruch zu den phantastischen landläufigen Vorstellungen vom Paradies. Gott möchte den Menschen wach haben und verantwortlich für die Schöpfung, die ihm anvertraut ist (vgl. dazu 1 Mose 2,15, zweiter Gottesdienst dieser Reihe).

Das Thema, der Text und die Kinder

Schön ist es, die Freude eines Kindes über die selbst gesäten, gewachsenen Radieschen im Garten oder über die Kaninchen, die es füttert und liebevoll streichelt, mitzuerleben. Wenn wir Kindern im Garten Raum geben zur eigenen Entfaltung, wenn sie Beete anlegen, Blumen säen und Tiere füttern können, wecken wir in ihnen die Freude an der Natur, die Ehrfurcht vor dem Leben und das Staunen über die alltäglichen Wunder. Kinder und Garten gehören zusammen, auch wenn ihr Spiel die eine oder andere Blume abknickt oder den Apfelbaum viel zu früh um einige Äpfel erleichtert. Leider haben viele Großstadtkinder nicht das Glück, ihre spielerische Kreativität in einem Garten ausleben zu können, aber vielleicht in einem Park oder beim Ausflug in den Wald.

Die Glaubensaussage, dass die ganze Erde Gottes Garten ist, den er für uns geschaffen und für den er uns Verantwortung übertragen hat, soll den Kindern durch die Gottesdienste nahe gebracht werden. Nur Kinder aus christlichen Elternhäusern werden davon zu Hause etwas erfahren (z. B. beim Tisch- oder Abendgebet). Im Alltag der anderen Kinder wird dies keine Rolle spielen.

Die Verse von der Erschaffung der Tiere (1 Mose 2,19.20) sind nicht mit angegeben. Ich nehme sie aber mit dazu, da sonst in Gottes Garten etwas Entscheidendes fehlen würde.

Da diese schöne bildhafte Erzählung, wie wir gesehen haben, hintergründig, schwergewichtig und tief ist, möchte ich sie nicht auflösen in eine vordergründige Erzählweise, sondern so nahe wie möglich am Text bleiben. Durch das Bodenbild, das während der Erzählung entstehen soll, wird die Aufmerksamkeit der Kinder beim Zuhören gefördert und die Bilder des Textes werden unterstrichen.

Gestaltungsvorschlag für jüngere und ältere Kinder

Vorbereitung
Stühle im Halbkreis um den Altar stellen und in der Mitte so viel Platz lassen, dass eine Decke ausgebreitet werden kann. Für das Bodenbild brauchen wir:
- ein braunes oder graues Tuch oder eine Decke
- kleine Wassertropfen aus blauem Papier
- Gräser, Zweige, Blumen, Blätter, Steine, kleines Legematerial
- braune oder grüne Tücher oder Krepppapier für den Baum
- Blüten und Früchte, echt oder aus Papier geschnitten
- blaues Tuch oder Krepppapier für den Strom
- A4-Blätter mit den Worten des Reimes zum Auftrag Gottes, für jedes Wort ein Blatt

Das Bodenbild wird auch in den nächsten beiden Gottesdiensten gebraucht.

※ *Begrüßung und Beginn*
Gottes Welt ist wie ein bunter Garten. Eine Menge gibt es darin zu entdecken. In diesem und den nächsten Gottesdiensten wollen wir gemeinsam auf Entdeckung gehen: Gottes Garten bestaunen, besingen, gestalten und von ihm hören. Seid herzlich willkommen!
(Ein Kind darf die Kerzen anzünden.)
Wir feiern den Gottesdienst im Namen des Vaters und des Sohnes und des Heiligen Geistes. Amen.

Eingangsgebet
(Es könnte von einem Kind, das gut lesen kann, gesprochen werden.)
Guter Gott, die Sonne ist aufgegangen, ein neuer Tag hat begonnen.
Danke, wir konnten gesund aufstehen.
Wir sehen die blühenden Bäume und Blumen.
Wir hören die Vögel singen.
Du meinst es gut mit uns. Öffne unsere Augen, Ohren und unser Herz, damit wir viel von dir entdecken in unserer Welt. Amen

※ *Gespräch*
Habt ihr auf dem Weg hierher etwas Schönes entdeckt? Vielleicht ein Vogelnest, einen blühenden Baum?
Wer ist heute Morgen schon durch einen Garten gegangen? Was habt ihr da gesehen?
Kinder erzählen von blühenden Wiesen mit Löwenzahn, Gänseblümchen, Tulpen usw.

Lied: Geh aus, mein Herz, und suche Freud, Str. 1.2

Glaubensbekenntnis nach KG S. 330

※ *Lied:* Gottes bunter Garten
Refrain und Str. 1 ansingen, am günstigsten singt einer vor, die anderen wiederholen.

※ *Erzählung mit Bodenbild*
(Günstig wäre, es vorher einmal auszuprobieren, damit die Erzählung im Fluss bleiben kann.)
Es war zu der Zeit, da Gott der Herr Erde und Himmel machte.
Und all die Sträucher auf dem Feld waren noch nicht auf Erden. Und all das Kraut auf dem Feld war noch nicht gewachsen. Es war alles trocken, wie in der Wüste, kein Baum, kein Strauch. Denn Gott, der Herr, hatte es noch nicht regnen lassen auf der Erde. Und kein Mensch war da, das Land zu bebauen. (Braunes oder graues Tuch in die Mitte legen.)
Aber ein Nebel stieg auf von der Erde und machte das Land feucht. (Kleine Wassertropfen aus blauem Papier über die Decke verstreuen.)
Da machte Gott der Herr den Menschen, den Adam, aus Erde vom Acker. (Ein Kind an der Hand zur Decke führen, es bleibt dort stehen.) Und blies ihm den Atem des Lebens in seine Nase. (Alle holen tief Luft und blasen.)
Und der Mensch, der Adam, holte Atem. Er atmete. Und so wurde er ein lebendiger Mensch. Gottes Atem gab ihm das Leben.
Und Gott der Herr pflanzte einen Garten in Eden für den Menschen. (Gräser, Zweige, Blumen auf die Decke legen, so dass sie etwas belebt wird, Platz für den Menschen und den Baum lassen.)
Und Gott der Herr nahm den Menschen und setzte ihn in den Garten Eden. (Das Kind an der Hand führen und bitten, sich in den Garten zu setzen.)
Und Gott der Herr ließ aus der Erde allerlei Bäume aufwachsen. (Einen Baum mit braunen und grünen Tüchern legen.)

Die Blüten der Bäume sahen sehr schön aus und die Früchte schmeckten gut. (Blüten und Früchte in die Baumkrone legen.)
Der Baum des Lebens stand mitten im Garten und der Baum der Erkenntnis des Guten und Bösen.
Und es ging aus von Eden ein Strom, den Garten zu bewässern. (Blaues Tuch für den Strom legen.) Dieser Strom teilte sich in vier Hauptarme und umspannte die ganze Erde; Norden, Süden, Osten und Westen.
Und Gott gab dem Menschen Tiere. Er sollte liebevoll mit ihnen umgehen. Er sollte sie mit Namen rufen. (Ein Tier als Figur oder gelegt mit Kleinmaterial wie Steine, Hölzer, Blätter in den Garten legen.) Und Gott gab den Menschen den Auftrag: Bebaue und bewahre den Garten.

(Die A4-Blätter mit den Worten des Reimes an den Rand des Gartens legen, wie einen Zaun um den Garten. Ein Kind lesen lassen, dann alle:)
Mit Ideen wollen wir nicht sparen, Gottes Garten bebauen und bewahren. Fleißig lasst uns die Hände regen, denn Gottes Schöpfung ist zu pflegen.

✳ *Lied:* Gottes bunter Garten
Der Refrain kann von den Kindern mit Orffinstrumenten gestaltet werden. Die Strophen können dargestellt werden.

Aktion
Mit bereit gelegten Gräsern, Blumen, Zweigen, Steinen usw. gestalten die Kinder den Garten noch bunter. (Es wird während des Gottesdienstes nicht möglich sein, sie mit den Kindern selbst zu sammeln, was noch besser wäre.)

Wiederholung Lied: Gottes bunter Garten, Refrain

Liturgischer Text: Psalm 104 i. A.
Gott hat uns einen schönen Garten geschaffen, lasst uns ihn dafür loben und Verse aus Psalm 104 im Wechsel miteinander sprechen.

Wiederholung Spruch:
Mit Ideen wollen wir nicht sparen ...

Einladung und Aufgabe
Ihr habt sicher gute Ideen, wie wir Gottes Schöpfung pflegen und bewahren können. Denkt darüber nach und überlegt: „Was kann ich zum Schutz der Schöpfung tun?" Schreibt das bitte auf ein Blatt Papier und bringt es zum nächsten Kindergottesdienst mit. Den dritten Gottesdienst zum Thema „Leben in Gottes Garten" am Sonntag Kantate wollen wir zusammen mit den Erwachsenen feiern. Ihr könnt jetzt schon eure Eltern dazu einladen.

Gebet
Wir sollen den Garten Gottes bewahren und wir dürfen Gott bitten, dass er uns bewahrt, indem wir singen: „Bewahre uns, Gott, behüte uns Gott".

Brunhilde Börner

2. Mai 2004 –
Jubilate

1. Mose 2,15

Gottes Garten will gepflegt sein

Lieder:
Morgenlicht leuchtet, rein wie am Anfang, EG 455,1–3, KG 3; Wir atmen ein, wir atmen aus, s. u.; Geh aus, mein Herz, und suche Freud, EG 503, Str. 1–4.8, KG 139, LJ 294, MKL 46, s. S 104; Gottes bunter Garten, KG 136

Liturgischer Text:
Psalm 104, 1.13–15.24.27–28.35c

Zum Thema

▶ Vgl. auch S. 103 ff.

„Bebauen und bewahren", das heißt: ernten und nicht ausbeuten, hegen und nicht gängeln, Wachstum unterstützen und nicht erzwingen, Leben erhalten und nicht vernichten oder hemmen. Immer deutlicher erkennen wir, dass die Natur, der Mensch und alle Geschöpfe aufs engste miteinander verbunden sind. Die Ausbeutung und Zerstörung der Natur zugunsten unseres Wohlstands gefährden die Zukunft der Menschen und bedrohen alles, was lebt. Überschwemmungen und Dürrekatastrophen in allen Teilen der Welt haben in den letzten Jahren unmissverständlich gezeigt, dass das Verhältnis von Mensch und Natur gestört. Eine neue Einstellung zur Umwelt und zum eigenen Leben ist nötig. Die Erziehung dazu beginnt bei den Kindern. Menschen, die Natur und Umwelt als Gottes gute Schöpfung verstehen und den Schöpfungsauftrag (1 Mose 2,15) ernst nehmen, sind wichtig.

Das Thema und die Kinder

▶ Vgl. auch S. 103 ff.

Die Kinder sollen verstehen: Die Welt ist ein Geschenk Gottes an uns. Wir sind Beschenkte. Und als Beschenkte sind wir nicht Herren dieser Welt, sondern für sie verantwortlich.

Die Kinder haben gehört und teilweise erlebt, dass nicht alles gut ist in unserer Welt. Und sie leiden darunter. Da wurde z. B. die geliebte Katze überfahren, da sehen sie im Fernsehen sterbende Seevögel, mit Öl verpestete Strände, Müllhalden, hören von Giftmüll und der Reaktorkatastrophe von Tschernobyl. Sie sollen aufmerksam werden, heilsam erschrecken und erkennen: Wir alle sind an der Zerstörung unserer Umwelt beteiligt, z. B. durch den Müll, den wir täglich produzieren.

Doch es soll nicht nur beim Erschrecken bleiben, sondern die Kinder können eigene Ideen einbringen, wie wir Gottes Schöpfung pflegen und bewahren können.

Die Lieder „Wir atmen ein, wir atmen aus", „Gottes bunter Garten" und das Gespräch zwischen Adam und Eva sollen für den Gottesdienst mit Kindern und Erwachsenen am Sonntag Kantate vorbereitet werden.

Auf diese Weise gestalten die Kinder den Gottesdienst intensiv mit und bringen ihre Gaben ein.

Leben in Gottes Garten

**Gestaltungsvorschlag
für jüngere und ältere Kinder**

Vorbereitung
Das Bodenbild „Gottes Garten", das während der Erzählung im ersten Gottesdienst entstanden ist, liegt noch in der Mitte des Stuhlkreises oder wird wieder hingelegt. Doch es ist diesmal mit allem möglichen Müll (leere Milchkartons, Eispapier, Plastbeutel), den wir täglich produzieren, verdorben.
Beschriftete Behälter für die Müllentsorgung stehen bereit.
Das verdorbene Bodenbild bleibt im 1. Teil des Gottesdienstes zugedeckt.

✳ *Begrüßung*
„Gottes bunter Garten ist mit Menschen voll." Ich freue mich, dass ihr jetzt hier seid und wir miteinander hören, etwas tun, singen und beten können.

Wir feiern den Gottesdienst im Namen des Vaters und des Sohnes und des Heiligen Geistes. Amen.

Lied: Morgenlicht leuchtet
Es kann auch „Geh aus, mein Herz" wiederholt werden, wenn es für die Kinder neu war.

Liturgischer Text: Psalm 104 i. A.
Im Wechsel: Jungen und Mädchen

Lied: Geh aus, mein Herz, Str. 8

✳ *Gespräch zwischen Adam und Eva*
(Zwei ältere Kinder oder Mitarbeiter lesen und spielen.)
Adam: Du, Eva, ich finde, Gott hat uns einen schönen Garten geschaffen!
Eva: Ja, Adam, das finde ich auch. Hast du schon gesehen, dort in dem Baum hat eine Amsel ihr Nest gebaut. Ich habe heute zugesehen, wie sie ihre Jungen gefüttert hat. Fünf kleine Schnäbel haben sich da aus dem Nest gestreckt. Das sah lustig aus!
Adam: Und ich freue mich, wenn die Amsel am Abend so schön singt. Gestern, als es still war, habe ich ganz lange ihrem Lied gelauscht.
Eva: Und das Fohlen! Es ist erst geboren und schon springt es so munter auf der Wiese herum. Und die Wiese wird von Tag zu Tag bunter, voller Blumen!
Adam: Als ich vorhin am Bach entlang ging, da wimmelte es darin von Fischen!
Eva: Gott hat uns einen herrlichen Garten geschaffen. Wir wollen ihm dafür danken.
Adam: Weißt du noch, welchen Auftrag uns Gott gegeben hat?
Eva: Ja, Adam, wir dürfen in dem wunderbaren Garten leben. Wir sollen ihn bebauen und ihn pflegen. Wir sollen an alle Pflanzen und Tiere denken und keine vergessen.
Adam: Und wir sollen dafür sorgen, dass der Garten nicht zerstört wird. Er ist wunderschön und einmalig. Gott hat uns die Erde anvertraut. Wir sollen sorgfältig mit ihr umgehen, denn sie gehört Gott.
Adam und Eva:
Mit Ideen wollen wir nicht sparen,
Gottes Garten bebauen
und bewahren.
Fleißig lasst uns die Hände regen,
denn Gottes Schöpfung
ist zu pflegen.

✳ *Lied:* Gottes bunter Garten
Wir gestalten den Refrain mit Orffinstrumenten, in Vorbereitung auf den Gottesdienst mit Kindern und Erwachsenen. Die Strophen können dargestellt werden.

2. Mai 2004

※ *Gespräch*
mit Bodenbild und Aktion
(Der verdorbene Garten wird aufgedeckt.) Wir erschrecken über den zerstörten Garten. Wer hat das gemacht? Woher kommt der Müll? Erkennen: Wir alle sind daran beteiligt.
Was können wir tun? Den Müll wegräumen, den Garten davon befreien. Und wo schmeißen wir den Müll hin? Wenn wir ihn an eine andere Stelle des Gartens werfen, hilft das nicht. Wir müssen den Müll richtig entsorgen.
Räumt bitte den Müll aus dem Garten in die entsprechenden beschrifteten Behälter.
Was können wir tun, damit Gottes Schöpfung bewahrt bleibt? Z. B.: Nicht so viel Müll entstehen lassen. Auch einmal laufen und nicht immer nur mit dem Auto fahren.
(Ideen der Kinder, s. 25.4., aufnehmen, beschriebene Blätter um den Garten legen; Die Kinder puzzeln den Reim wieder zusammen und legen ihn ebenfalls um den Garten.)
Aus euren Ideen und dem Merkvers ist ein Zaun entstanden, der den Garten schützt. Lasst uns den Reim noch einmal sprechen: Mit Ideen wollen wir nicht sparen ...

▶ Siehe auch Seite 119!

Lied: Wir atmen ein, wir atmen aus
Mit der rechten Hand zeigen wir beim Singen die Größe von „Mensch, Hund und Maus" an.

Gebet
Guter Gott, wir loben dich
und danken dir!
Du hast uns
einen schönen Garten geschaffen.
Wir staunen über die Bäume,
die Blumen und die vielen Tiere.
Die Erde ist voller Wunder.
Du hast uns alles gegeben,
was wir brauchen.
Bitte hilf uns schonend
mit deiner Schöpfung umzugehen.
Lass uns nie vergessen,
dass sie dein Geschenk an uns ist.

Vaterunser

Lied: Wir atmen ein, wir atmen aus, Str. 5 wiederholen

Verabschiedung und Einladung

Segen
Der Herr segne dich und behüte dich; der Herr lasse sein Angesicht leuchten über dir und sei dir gnädig; der Herr hebe sein Angesicht über dich und gebe dir Frieden. Amen.

Brunhilde Börner

Wir atmen ein, wir atmen aus

2. Doch wandern wir ins Land hinein, in Feld und Wald die Luft ist rein.
Wir atmen ...

3. Dort macht das Atmen doppelt Spaß, wir freuen uns an Duft und Gras.
Wir atmen ...

4. Das Auto stinkt, der Schornstein raucht, knapp wird die Luft, die jeder braucht.
Wir atmen ...

5. Herr, gib uns Menschen mehr Verstand, dass rein bleibt Wasser, Luft und Land.
Wir atmen ...

aus: Spielbuch Religion, Benziger Verlag Zürich/Einsiedeln/Köln und Verlag Ernst Kaufmann, Lahr 1974

9. Mai 2004 – Kantate

„Geh aus, mein Herz, und suche Freud ..."

EG 503,1–4.8

Ich staune über Gottes Garten

Lieder: Morgenlicht leuchtet, EG 455,1–3; Wir atmen ein, wir atmen aus, s. o.; Geh aus, mein Herz, EG 503, Str. 1–4.8.14–15, KG 139, LJ 294, MKL 46, s. S. 104; Geh aus, mein Herz – So schön hat Gott, s. S. 104; Gottes bunter Garten, KG 136; Die Herrlichkeit des Herrn bleibe ewiglich, KG 173

Liturgischer Text:
Psalm 104,1.13–15.24.27–28.35c

Zum Thema

▶ Vgl. „Thema der Einheit", S. 103 ff.
„Jeder Garten ist ein Buch Gottes, aus dem das Wunder ersehen werden kann, das Gott täglich tut." (Martin Luther) Haben wir noch Augen für die großen und kleinen Wunder in der Schöpfung? Die Gefahr unserer Zeit ist: Viele Menschen haben das Staunen verlernt. Durch die Wissenschaft, die Medien und die Möglichkeit, zu jeder Zeit alles kaufen zu können, ist uns die Welt entzaubert. „Geh aus, mein Herz, und suche Freud!" – ist Einladung und Aufforderung an uns, die Augen und das Herz neu zu öffnen für die Wunder in Gottes Schöpfung, gerade jetzt im Frühling. Erwachsene, die selbst dem Staunen noch nicht *entwachsen* und für Wunder offen sind, können auch in Kindern Staunen und Freude wecken oder fördern.
Der Sonntag Kantate – Singet – fordert uns zum Singen und Loben auf. Indem wir miteinander Gott danken für die Schönheiten, die er für uns erschaffen hat, bekennen wir: Die Welt ist Gottes Geschenk. Er hat sie uns anvertraut und uns Verantwortung übertragen.

Das Thema und die Kinder

Die meisten Kinder heute leben aus der Erfahrung des Überflusses. Alles ist wie selbstverständlich in reichem Maße und jederzeit verfügbar. Tiefkühltruhe und Supermarktangebote machen es möglich, dass sie Erdbeeren und Tomaten auch im Dezember essen können. Wasser kommt aus dem Wasserhahn oder aus künstlicher Bewässerung. Deshalb sind das Staunen und die Freude über kleine Schönheiten der Schöpfung nicht mehr selbstverständlich da.
Je mehr Kinder aber geübt sind, die kleinen Dinge des Lebens, die Schönheiten, die uns umgeben, wahrzunehmen, desto reicher und glücklicher wird ihr Leben sein. Wer gelernt hat zu staunen, der wird nicht so leicht achtlos an Pflanzen und Tieren vorübergehen oder sie sogar unbedacht zerstören. Deshalb ist es unsere Aufgabe, die Kinder zur Wahrnehmung anzuleiten, wie schön und kostbar das Leben ist, und sie darüber zum Lob Gottes zu führen.

Leben in Gottes Garten

**Gestaltungsvorschlag
für Kinder und Erwachsene**

Vorbereitung
- Bodenbild, s. S. 108
- vier bis fünf Kärtchen, auf denen ein Tier abgebildet ist
- Tageslichtprojektor und Grashalm, Schirmchen der Pusteblume, gezacktes Blatt usw.
- Leine aufgespannt und Textblätter zum Aufhängen mit folgendem Text:
Geh aus
schau an
des großen Gottes großes Tun
Mach in mir deinem Geiste Raum
Erwähle mich zum Paradeis

ERÖFFNUNG UND ANRUFUNG

Chor und Kurrende: „Geh aus, mein Herz – So schön hat Gott" oder Vorspiel mit Orgel oder verschiedenen Instrumenten

Begrüßung
„Geh aus, mein Herz, und suche Freud", so beginnt das schöne Lied von Paul Gerhardt. Es wird uns durch diesen Gottesdienst begleiten. Wir alle, Kleine und Große, Alte und Junge sind heute Morgen schon ausgegangen. Wir haben uns hierher auf den Weg gemacht, um gemeinsam Gottesdienst zu feiern, heute am Sonntag Kantate. Kantate heißt: Singet. Singet Gott und lobt ihn für seine Taten!
Wir feiern den Gottesdienst im Namen des Vaters und des Sohnes und des Heiligen Geistes. Amen.

Lied: Morgenlicht leuchtet, rein wie am Anfang

Liturgischer Text: Psalm 104 i. A.
Im Wechsel: Kinder und Jugendliche Gruppe 1, Erwachsene Gruppe 2

Kanon: Die Herrlichkeit des Herrn bleibe ewiglich

Gebet

VERKÜNDIGUNG UND BEKENNTNIS

Lesung: 1 Mose 2,4b–15a (So, wie der Text den Kindern im ersten Gottesdienst erzählt wurde. Hier im Zusammenhang:)
Es war zu der Zeit, da Gott der Herr Erde und Himmel machte.
Und all die Sträucher auf dem Felde waren noch nicht auf Erden. Und all das Kraut auf dem Felde war noch nicht gewachsen. Es war alles trocken, wie in der Wüste, kein Baum, kein Strauch.
Denn Gott der Herr hatte es noch nicht regnen lassen auf der Erde.
Und kein Mensch war da, das Land zu bebauen.
Aber ein Nebel stieg auf von der Erde und machte das Land feucht.
Da machte Gott der Herr den Menschen, den Adam, aus Erde vom Acker.
Und blies ihm den Atem des Lebens in seine Nase. Und der Mensch, der Adam, holte Atem. Er atmete. Und so wurde er ein lebendiger Mensch. Gottes Atem gab ihm das Leben.
Und Gott der Herr pflanzte einen Garten in Eden für den Menschen.
Und Gott der Herr nahm den Menschen und setzte ihn in den Garten Eden. Und Gott der Herr ließ aus der Erde allerlei Bäume aufwachsen.
Die Blüten der Bäume sahen sehr schön aus und die Früchte schmeckten gut. Der Baum des Lebens stand mitten im Garten und der Baum der Erkenntnis des Guten und Bösen. Und es ging aus von Eden ein Strom, den Garten zu bewässern. Dieser Strom teilte sich in vier Hauptarme und umspannte die ganze Erde; Norden, Süden, Os-

ten und Westen. Und Gott gab dem Menschen Tiere. Er sollte liebevoll mit ihnen umgehen. Er sollte sie mit Namen rufen. Und Gott gab den Menschen den Auftrag: Bebaue und bewahre den Garten.

Lied: Gottes bunter Garten, mit Orffinstrumenten

Glaubensbekenntnis

Verkündigung anhand des Liedes „Geh aus mein Herz"

„Geh aus"
(Ein Blatt mit diesen Worten wird an eine Leine gehängt.)
Der Liederdichter Paul Gerhardt ermuntert sich selbst und uns: Mach dich auf den Weg! Lass die Arbeit einmal liegen, auch den Fernseher, den Computer. Geh hinaus in Gottes schöne Welt. Am Weg kann man viel entdecken und beim Spazierengehen auch Tieren begegnen. Was meint ihr, welche Tiere könnten das sein? ...
Ratespiel: Die Kinder werden eingeladen, nach vorn zu kommen. Immer zwei Kinder ziehen ein Kärtchen, auf dem ein Tier abgebildet ist oder dessen Name darauf steht. Die Kinder beschreiben das Tier. Die übrigen Kinder und die Erwachsenen raten, was es ist.
Lied: Geh aus, mein Herz, Str. 1–2
Die Kinder könnten dabei wirklich gehen und um den Garten, siehe Bodenbild, das im Altarraum liegt, herum laufen.

„Schau an"
(Blatt an Leine hängen)
„– der schönen Gärten Zier"
Das ist Einladung und Aufforderung an uns: Öffnet die Augen und das Herz. Schaut genau hin! Nehmt euch Zeit, die großen und kleinen Wunder in der Schöpfung zu betrachten. Viele Menschen heute haben das Staunen verlernt. Je mehr wir aber geübt sind, die Schönheiten wahrzunehmen, die uns umgeben, desto reicher und glücklicher wird unser Leben sein. Und wer gelernt hat zu staunen, der wird nicht so leicht achtlos an Pflanzen und Tieren vorübergehen oder sie sogar unbedacht zerstören. Lasst uns neu wahrnehmen, wie schön und kostbar das Leben ist.
Wie viel Schönheit steckt in einem Grashalm?! (Blühenden Grashalm auf den Tageslichtprojektor legen und an der Wand erscheinen lassen.)
Oder in der Pusteblume? Aus einer Blume können über 100 neue wachsen. (Schirmchen auf den Tageslichtprojektor legen.)
Weitere Beispiele könnten sein: Ein schön gezacktes Blatt, eine Blume, jedenfalls alles Dinge die ein klares Schattenbild ergeben.
Lied: Geh aus, mein Herz, und suche Freud, Str. 3.4

„des großen Gottes großes Tun"
(Blatt an Leine hängen)
Jetzt belauschen wir ein Gespräch zwischen Adam und Eva im Garten Eden. (Spielszene, Gespräch zwischen Adam und Eva, s. S. 112. Die Kinder bringen dies aus ihrem Gottesdienst jetzt für Kinder und Erwachsene ein.)
Lied: Geh aus, mein Herz, und suche Freud, Str. 8
„Wir sollen dafür sorgen, dass der Garten nicht zerstört wird. Er ist wunderschön und einmalig." So sagte Adam gerade. Doch wir haben inzwischen viel kaputt gemacht in Gottes Garten, in unserer Welt. Weil wir immer mehr haben wollen, Wohlstand, Besitz und Bequemlichkeit, haben wir vieles zerstört.

Leben in Gottes Garten

Lasst uns darüber mit Gott reden und Fürbitte halten: Fürbitte mit Kyrielied, z. B. Herr, erbarme dich, EG 178,11
Guter Gott, wir staunen, wie schön du die Erde geschaffen hast. Wir freuen uns an den Bergen und Tälern, den Flüssen und Seen, den Blumen und Bäumen und den vielen Tieren. Wir loben dich und danken dir! Bitte hilf uns, diese schöne Welt zu schützen und zu pflegen. *Herr, erbarme dich*

Es macht uns traurig, wenn wir hören, wie viele Tiere, und leider auch Kinder, auf den Straßen täglich überfahren werden. Bitte erinnere die Autofahrer an ihre Verantwortung, damit sie nicht rasen und auch einmal das Auto stehen lassen und laufen oder Rad fahren. *Herr, erbarme dich*

Du, unser Gott, schenkst uns viel Gutes zu genießen. Das Eis schmeckt gut und der Saft aus dem Trinkpäckchen. Bitte lass uns dabei die Natur nicht vergessen und mit dem Müll sorgfältig umgehen. Zeige uns, wie wir leben können, ohne so viel Müll entstehen zu lassen. *Herr, erbarme dich*

Wir leiden mit, wenn wir die sterbenden Seevögel im Fernsehen sehen, weil ein Öltanker ausgelaufen ist und ein großer Ölteppich das Meer und die Strände verpestet. Bitte hilf allen, die regieren in der Welt, dass sie verantwortlich handeln und richtige Gesetze machen, um die Umwelt zu schützen. *Herr, erbarme dich*

Aktuelle Anliegen ... *Herr, erbarme dich*

Vaterunser

Lied: Wir atmen ein, wir atmen aus

„Mach in mir deinem Geist Raum"
(Blatt an Leine hängen)
Auch als Paul Gerhardt lebte, war die Welt nicht heil und idyllisch. Es tobte der Dreißigjährige Krieg. Und Paul Gerhardt hat selbst viel Schlimmes gesehen und erlebt. Trotzdem und gerade darum ruft er mit seinem Lied dazu auf, Gott unseren Schöpfer zu loben, indem wir singen, beten und handeln. Mit der Bitte „Mach in mir deinem Geiste Raum" öffnet er sich neu für Gott. Er bittet Gott: Erfülle mich mit deinem guten Geist. Gib mir gute Gedanken und Ideen. Erfülle mich mit Freude und mit Liebe zu dir und zu allen Geschöpfen.

Wir können diese Bitte aufnehmen und mit ein paar Gesten noch unterstreichen. (Kinder und Erwachsene werden gebeten dazu aufzustehen.)

Mach in mir deinem Geist Raum – (beide Arme nach oben hin öffnen) dass ich dir wird ein guter Baum (mit beiden Händen eine Baumkrone malen) und lass mich Wurzel treiben. (Beide Hände nach unten ausstrecken und mit den Füßen fest stehen.)

Lied: Geh aus, mein Herz, Str. 14 (mit Gesten)

„Erwähle mich zum Paradeis"
Paul Gerhardt möchte für immer in Gottes Garten, in Gottes Nähe sein. Wir haben vor kurzem Ostern gefeiert und wissen, Jesus Christus hat durch sein Leiden, Sterben und Auferstehen überwunden, was uns von Gott trennt, und die Tür zum Paradies wieder aufgetan.

Lied: Geh aus, mein Herz, und suche Freud, Str. 15

9. Mai 2004

SENDUNG UND SEGEN

Segen
Der Herr segne dich und behüte dich; der Herr lasse sein Angesicht leuchten über dir und sei dir gnädig; der Herr hebe sein Angesicht über dich und gebe dir Frieden. Amen.
  Der Segen kann auch gesungen werden, z. B. mit dem Lied „Segne uns, o Herr", LJ 418.

Brunhilde Börner

Zeichnung: Adelheid Schnelle

Sehnsucht nach Leben – Geschichten aus dem Johannesevangelium

Lied:
Jesus machte Menschen heil, s. u.

Liturgischer Text:
Psalm 25,1–5

VII
Sehnsucht nach Leben – Geschichten aus dem Johannesevangelium

Sonntag	Text/Thema	Art des Gottesdienstes Methoden und Mittel
16.5.2004 Rogate	Johannes 3,1–13 Die Fragen des Nikodemus und die Geburt des Lebens	Gottesdienst mit Kindern; Gespräch, Lied, Erzählung, Taufschale
23.5.2004 Exaudi	Johannes 4,1–42 Die Sehnsucht der Samaritanerin und das Wasser des Lebens	Gottesdienst mit Kindern; Papierblume basteln, Schüssel mit Wasser, Erzählung mit Sand und Steinen, Gespräch, Zettel, Stifte, zwei Krüge, Trinkwasser, Gebet
30.5.2004 Pfingsten	Johannes 20,19–23 Die Angst der Jünger und der Geist des Friedens	Gottesdienst mit Kindern (und Erwachsenen); Windmühle, Gebet, Erzählung, Button

Jesus machte Menschen heil

Text: Banigna Carstens
Melodie nach einer Idee von Paula Carstens

Je - sus mach - te Men - schen heil, die ver - zwei - felt

wa - ren. Dass er heut noch Hei - lung schenkt,

Refrain

möch - te ich er - fah - ren. Was - ser und Wort zei - gen Got - tes

Näh - he, dass ich im Le - ben nicht ver - lo - ren

ge - he, dass ich je - den Mor - gen neu be - gin - nen kann,

da - mit ich heil sei, rührt er selbst mich an.

2 Jesus machte Menschen neu vor zweitausend Jahren,
dass er neues Leben schenkt, möcht ich heut erfahren.
Wasser und Wort …

3. Jesus setzte Menschen frei, die gefesselt waren,
dass er auch mich selbst erlöst, möchte ich erfahren.
Wasser und Wort …

16. Mai 2004 – Rogate

Johannes 3,1–13

Die Fragen des Nikodemus und die Geburt des Lebens

Lieder:
Dass ich springen darf und mich freuen, EG Regionalteil, KG 101, MKL 40; Ich möcht, dass einer mit mir geht, EG 209, KG 211, LJ 137, MKL 82; Jesus machte Menschen heil, s. o.

Liturgischer Text:
Psalm 25,1–5

Zum Text

Eine typische Johannesgeschichte, kein anderer Evangelist erzählt sie! Es gibt sogar die Vermutung, Johannes habe diese nächtliche Begegnung „erfunden". Dann wäre sie eine Erzählpredigt zu Jesu Wort: „Wer nicht von neuem geboren wird, kann das Reich Gottes nicht sehen." Doch Johannes hat nicht phantasiert. Es gab Jesus-Sympathisanten unter den Pharisäern und im Hohen Rat. Denken wir an Joseph von Arimathäa, in dessen Grab Jesus (Mt 27) gelegt wurde. Auch hielten die Gelehrten ihre Gespräche über Gott und Gesetz tatsächlich bei Nacht. Und man redete auch aus Furcht, sich in die Nesseln zu setzen, mit Jesus gern bei Nacht (Joh 7,13).

Später, in den ersten christlichen Gemeinden, diskutierten sie um Taufe mit Wasser oder mit Wasser und Geist (Apg 18,25). Eine Diskussion, die heute durch die charismatische Bewegung wieder aufgeflammt ist. Die Frage heißt dann oft: Genügt die Wassertaufe, womöglich die im Säuglingsalter? Oder gehört zur vollständigen Taufe der Geist hinzu, der sich entsprechend (z. B. in der Zungenrede) äußert?

Nikodemus' Fragen und Jesu Antworten gliedern das Gespräch. Die erste kann so gehört werden: „Rabbi, du bist von Gott, aber was gibt es mehr zu erfahren von dir?" Vielleicht klingt Sehnsucht nach diesem Mehr, nach Leben darin. Jesu Antwort lässt sich so verstehen: „Es geht nicht um meine Person, es geht um jeden Menschen, um dich selbst. Du musst dich radikal verändern."

Die zweite Frage hätte kein Pharisäer so gestellt, denn sie kannten Hes 37 und die rabbinische Tradition. Dort ist von neuem Geist, sogar von wieder lebendig Gewordenen die Rede. So betont Johannes hier die Zumutung, die schon in der alten Rede vom neuen Herzen liegt. Jesus präzisiert die „Neugeburt" durch den Hinweis auf Wasser und Geist. Es geht um Taufe, aber nicht um ein äußeres Handeln am „Fleisch", sondern um die innere Bewegung auf Gott zu. Weil auch das missverstanden werden kann, fügt Jesus das Bild vom Geist als Wind an: Greifbar ist es nicht, wenn ein Mensch vom Geist bewegt wird. Wenn jemand versucht, ihn dingfest zu machen, entzieht sich der Geist. Verständlich, dass der Mann Jesus dann nach der praktischen Seite fragt. Jesus weist mit der Gegenfrage: „Du bist der Lehrer Israels und weißt das nicht?" darauf hin, dass Nikodemus es wissen könnte: Neugeburt, radikale Veränderung des Menschen durch Gottes Geist, das ist schon Thema im Alten Testament.

Der Text und die Kinder

Das Gespräch Jesu mit einem gelehrten Mann über neues Leben ist zunächst nichts für Kinder. Die schon für Erwachsene komplizierte Bildsprache mit Fleisch und Geist und Neugeburt zu erörtern, halte ich für nicht fruchtbar. Was dann? Es könnte ein Gottesdienst zum Thema Taufe werden. Und wie Nikodemus könnte angefangen werden mit der Frage: Was bedeutet dieser Jesus, von dem im Kindergottesdienst die Rede ist? War er nur ein von Gott geschickter Wundertäter? Oder bedeutet er etwas für mich? „Sehnsucht nach Leben", so würde wohl keines der Fünf- bis Zehnjährigen ihre Wünsche formulieren. Und doch gibt es Wünsche und Sehnsüchte, die Ausdruck finden können. Sie werden mit der Familie, mit Freunden, mit der Zukunft zusammenhängen. Bedeutet Jesus etwas für meine Wünsche und Sehnsüchte?

Wie Jesus können wir mit Hinweis auf die Taufe antworten: Mit uns geschieht etwas. Die Kirche taufte von Anfang an „in den Tod Jesu", beim Untertauchen des Täuflings wurde der alte Adam symbolisch ersäuft. Dadurch war neues Leben, Auferstehung möglich. Leider ist durch die Säuglingstaufe mit Besprengung die alte Symbolkraft der Taufe ein wenig ins Vergessen geraten. Die Gegenfrage des gesunden Menschenverstandes würde heute lauten: Warum muss ein neugeborenes Kind neu geboren werden? Eine gute Frage. An ihr kann erklärt werden, dass es uns mit Jesus nicht um den mechanischen oder magischen Akt geht, der an dem Baby vollzogen wird, sondern um die innere Bewegung vom Tod zum Leben hin, die mit der Taufe beginnt. Eine radikale Bewegung, aber auch eine für jeden Tag. Nicht jeder Wunsch wird so erfüllt, aber doch die zugrunde liegende Sehnsucht nach gutem, vollem Leben. Wie kann das geschehen? Man kann es nicht machen. Hier kann mit der Symbolkraft der Säuglingstaufe gearbeitet werden: Es kommt von oben und wird empfangen. Gott schenkt es uns, wie das erste, so auch das neue Leben. Wir können immer wieder darauf zurückkommen, wenn unsere Wege scheitern. Für den Gottesdienst parallel zum Predigtteil der Erwachsenen wird es zu lang sein, alle drei Fragen in gleicher Ausführlichkeit zu behandeln.

✳ **Gestaltungsvorschlag
für Kinder bis zu acht Jahren**

(Wenn weniger als dreißig Minuten Zeit sind, kann auf das erste Lied verzichtet und die Wunschsammelphase gestrafft werden. Die Erzählung sollte nicht kürzer als vorgeschlagen sein)

Lied: Dass ich springen darf

Gebet zur Sammlung
Danke für unser Leben, danke für diesen Tag.

Gespräch
Stellt euch vor, heute käme Jesus leibhaftig in den Kindergottesdienst, so zum Sehen und Anfassen. Und ihr dürftet ihn alles fragen, was ihr schon immer von ihm wissen wolltet. ... (Die Kinder werden alles Mögliche fragen, nach geschichtlichen Dingen vielleicht, aber auch nach den Wundern und ob das wirklich so war – und vielleicht werden auch Wünsche an ihn kommen: kein Krieg mehr, keine Krankheit ... Die Mitarbeiterin oder der Mitarbeiter symboli-

sieren mit einer Reihe von Gegenständen jeweils eine Frage; die Kunst liegt darin, möglichst viele verschiedene, aber einfache Symbole in Reserve zu haben, um nicht von vornherein einzuengen: einen Ball für „Spielen" oder für „Rund und Gesund", eine Blume für „Umwelt" oder für „Freundlichkeit", ein Brot für „Beseitigung des Hungers", ein Segelboot für „schöne Ferien", ein paar Männchen für Familie ...).

Lied: Jesus machte Menschen heil

Es wäre schön gewesen, wenn Jesus wirklich zum Anfassen zu uns gekommen wäre. Ein Lied, das einen ähnlich Wunsch ausspricht, probieren wir (noch ohne Refrain, Bezug auf Fragen der Kinder nehmen!).

Als Alternative kann das Lied: „Ich möcht, dass einer mit mir geht" gesungen werden

Erzählung
Nikodemus war schon ein gelehrter Mann, eine Art Pfarrer. Er kannte die Bibel und hatte auch schon viel von Jesus gehört. Nun wollte er wissen, was Jesus selbst zu sagen hatte. Nacht war es, als er zu ihm kam, vielleicht war es ihm peinlich, von anderen gesehen zu werden. Das könnt ihr vielleicht verstehen, denn nicht alle finden es toll, in den Kindergottesdienst zu gehen.

Als Nikodemus so in der Nacht mit Jesus zusammen saß, redete er ihn an. „Rabbi", begann er. Rabbi, das heißt „Meister". Nikodemus hielt eine ganze Menge von Jesus. „Rabbi", sagte er, „es ist klar, dass Gott dich geschickt hat, all die Wunder, die du tust ..." Welche Wunder hat Nikodemus gemeint? ... Ja, ihr habt recht, Heilungswunder z. B., wie wir im Lied gesungen haben – vielleicht hatte er von dem Stummen gehört, der plötzlich reden konnte, vielleicht auch von dem Zöllner Zachäus.

Weiter hat Nikodemus nichts gesagt. Doch er meinte vielleicht: „Aber was ist mit mir, mit Nikodemus? Ich war ja selbst nicht dabei, als du die Leute geheilt und all die anderen großartigen Dinge gemacht hast? Bedeutest du etwas für mich, den Schriftgelehrten? Ich habe schon die ganze Zeit in der Bibel gelesen, aber mir fehlt noch etwas. Ich sehne mich nach etwas, was ich gar nicht so genau ausdrücken kann ..."

Jesus gab ihm eine seltsame Antwort: „Nur wer noch einmal neu geboren wird, kann zu Gott gehören." Zu Gott zu gehören, war es das, was Nikodemus wollte? Vielleicht, es scheint so, aber er ist nicht zufrieden mit der Antwort: „Neu geboren, was soll das heißen?", dachte Nikodemus. „Wie kommt ein Mann wie ich noch einmal in den Leib seiner Mutter hinein?", fragte er Jesus. So ein Unsinn! Jedes Kindergartenkind weiß, dass das nicht geht! „Stimmt", sagte Jesus, „neu geboren werden ist ein Wunder, etwas, das nur durch Wasser und Geist geschehen kann." Durch Wasser? Klar, jeder weiß, dass die Babies im Bauch der Mutter im Fruchtwasser schwimmen, schön gemütlich! Aber ein erwachsener Mann? Schon gleich nach der Geburt ist klar, das ist ein für alle mal vorbei.

Gespräch: Wasser und Geist
Können wir Nikodemus helfen? Was kann Jesus meinen mit Wasser und Geist? ...
(Als stummen Impuls stellen wir eine vorbereitete Taufschale mitten unter die symbolischen Wünsche, je nach Gruppenzusammensetzung mit oder ohne Wasser.)

Dann tragen wir zusammen, was die Kinder von der Taufe wissen: Dabei finden wir heraus, wer getauft ist und ob auch Ungetaufte am Gottesdienst teilnehmen.

Taufe heißt zu Gott zu gehören. Taufe heißt neue Geburt.

Wie kann ein erwachsener Mann oder ein Säugling neu geboren werden?

Taufe heißt das Versprechen für das ganze Leben: Jesus schenkt neuen Anfang. Jesus macht heil. Jesus macht frei.

Und warum sagt Jesus noch das mit dem Geist, meint er ein Gespenst? Geist heißt: Es hat mit uns zu tun, nicht nur mit dem Tropfen Wasser damals bei der Taufe, sondern mit jedem selbst, Gott will uns dabei helfen, neu zu werden.

(Wenn Ungetaufte mit im Gottesdienst sind, betonen: das Versprechen gilt für alle. Nikodemus war damals auch nicht getauft.)

Lied: Jesus machte Menschen heil
Wir singen das Lied mit Kehrvers

Was hat die Taufschale mit unseren Wünschen zu tun?
Sie zeigt Gottes Nähe zu allen unseren Wünschen und Sehnsüchten. Sie werden darum nicht automatisch erfüllt, aber die Taufschale, das Versprechen Gottes, unserem Leben eine gute Richtung zu geben, bildet das Zentrum.

Gebet, das dies aufnimmt

Segen

Benigna Carstens

23. Mai 2004 – Exaudi

Johannes 41–42

Die Sehnsucht der Samariterin und das Wasser des Lebens

Zum Text

Auch wenn der Text relativ lang ist – seine Aussage ist klar: Die Sehnsucht der Samariterin nach lebendigem Wasser, d. h. nach Leben, wird in Jesus erfüllt. Dabei versteht die Frau lange etwas anderes unter lebendigem Wasser, nämlich

Lieder:
Ich möcht, dass einer mit mir geht, KG 211, LJ 137, MKL 82; Das Festmahl, LZU I 9; Halte zu mir, guter Gott, KG 8, LJ 549; Gib uns Frieden, jeden Tag, EG 425, KG 134, LJ 236; Jesus machte Mensch heil, s. S. 112

Liturgischer Text:
Psalm 25,1–5

frisch sprudelndes Nass. Es interessiert sie, wie der Mann, der sie um Wasser gebeten hat, selbst Wasser geben will. Hat er doch nicht einmal ein Schöpfgefäß dabei.

Interessant ist, dass die Frau in der Mittagshitze an den Jakobsbrunnen geht, um Wasser für den Haushalt zu holen.

Üblich ist, dies in der Kühle des Morgens zu tun. Dies lässt darauf schließen, dass die Frau wegen ihrer vielen Männer von den anderen Bewohnern des Ortes gemieden wird. Die Samaritanerin scheint eine vom Leben enttäuschte Frau zu sein.

Weiter ist interessant, dass diese Begebenheit in Samaria spielt. Samaria war ein von frommen Juden gemiedenes Gebiet. In ihren Augen war die Mischbevölkerung unrein, denn die Samariter beteiligten sich nicht am Tempelkult in Jerusalem, sondern hatten ihr eigenes Heiligtum auf dem Berg Garizim. Nein, nach Samaria ging man nicht, und schon gar nicht suchte man Kontakt zu den Bewohnern dieser Region. Jesus aber tut beides. Er reißt die von Menschen errichteten Grenzen nieder und bietet allen Gemeinschaft mit Gott an. Und diese Gemeinschaft ist es, die die Sehnsucht nach Leben stillen kann, nämlich das lebendige Wasser, das Jesus geben will.

Der Text und die Kinder

Tragen unsere Kinder nicht auch Sehnsüchte in sich?! Zum Beispiel die Sehnsucht, anerkannt zu werden, zu einer Gruppe Gleichaltriger dazuzugehören. Sehnen sie sich nicht auch nach Liebe und Geborgenheit – in der Familie zum Beispiel? Wünschen sich unsere Kinder nicht auch Menschen, denen sie vertrauen können, und die Zeit für sie haben; Menschen, die sie ernst nehmen und vorbehaltlos akzeptieren?

Diese Sehnsüchte sprechen Kinder aber ganz selten aus. Und doch sind sie da! Dabei können noch so große materielle Geschenke diese ihre Sehnsüchte nicht befriedigen. Hinter diesen Sehnsüchten steckt die eine Sehnsucht nach Leben, nach wirklichem unverfälschten Leben.

Unser Herz, und auch das der Kinder, ist so lange unruhig, bis es Ruhe findet in Gott, wie Kirchenvater Augustinus sagt. Anders ausgedrückt: Unsere Sehnsucht wird erst dann ihr Ziel gefunden haben, wenn wir uns von Gott angenommen wissen, wenn wir uns Gott anvertrauen.

Jesus wird uns hier in der Geschichte als der geschildert, der diese unsere Sehnsucht stillen kann, unsere Sehnsucht und die unserer Kinder. Dieses Angebot möchten wir mit der Geschichte an die Kinder weitergegeben.

Dabei sollte aber der Eindruck vermieden werden, dass die Kinder nur glauben müssen, und schon sind alle Fragen ihres Lebens gelöst und alle Wünsche erfüllt. Nein – dass und wie Jesus, wie Gott die Sehnsucht stillt, wird letztlich ein Geheimnis bleiben. Ein Geheimnis, zu dem hin die Kinder wie auch wir Erwachsenen nur immer wieder unterwegs sein können, indem wir uns Jesus und damit Gott anvertrauen. So will dieser Kindergottesdienst ein Stück gemeinsamen Weges zu Jesus aufzeigen.

Gestaltungsvorschlag

Lied:
Ich möcht, dass einer mit mir geht

Hinführung
Alle Lebewesen brauchen Wasser, um leben zu können. Alle haben immer wieder Durst. Und nur wenn sie dann Wasser bekommen, können sie sich entfalten und leben. Um dies zu verdeutlichen, wird eine zuvor recht einfach gefaltete Papierblume ins Wasser gelegt, woraufhin diese aufgeht.

Sehnsucht nach Leben – Geschichten aus dem Johannesevangelium

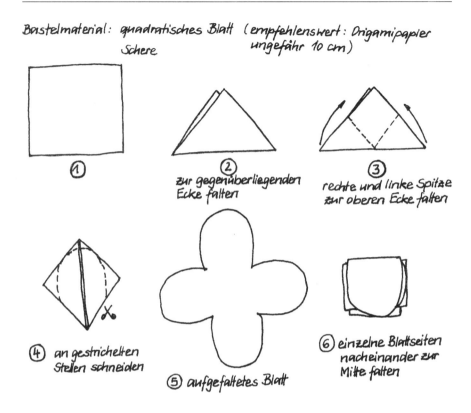

Bastelmaterial: quadratisches Blatt (empfehlenswert: Origamipapier ungefähr 10 cm), Schere

①
② zur gegenüberliegenden Ecke falten
③ rechte und linke Spitze zur oberen Ecke falten
④ an gestrichelten Stellen schneiden
⑤ aufgefaltetes Blatt
⑥ einzelne Blattseiten nacheinander zur Mitte falten

Ich möchte euch jetzt eine Geschichte erzählen. Da geht es auch um Durst und Wasser. Aber nicht um gewöhnliches Wasser. Hört zu.

Vorbereitung
Vorbereitet wird ein Tisch oder ein Backblech, auf welchem feiner Sand gleichmäßig verteilt ist. Da hinein werden auf der einen Seite kleine bis mittelgroße Steine gesetzt. Sie sollen ein Dorf mit Häusern darstellen. Vor dem Dorf, also mit etwas Abstand, wird ein Brunnen gesetzt, z. B. durch sehr kleine Steine, die kreisförmig angeordnet werden. Es kann aber auch ein umgedrehter Fingerhut oder ähnliches sein, der in den Sand gesteckt wird. Wege können angedeutet werden, indem in den Sand Vertiefungen gedrückt oder kleine Äste aneinander gelegt werden. Auch vereinzelt kleine Moosbüschel o. ä. können als Bäume herhalten. Die Samariterin wie auch Jesus werden durch je einen größeren Stein symbolisiert. Eventuell können beide Steine zuvor je eine andere Farbe bekommen haben (Jesus blau, die Frau rot). Die Jünger können durch kleinere Steine dargestellt werden (evtl. alle hellblau), die Bewohner des Dorfes Sychar ebenfalls durch kleinere Steine (in einer weiteren Farbe, z. B. gelb oder orange). Oder es wird mit natürlichen Farben der Steine gearbeitet, z. B. schwarze und weiße Steine, einfarbige und gemusterte Steine.

23. Mai 2004

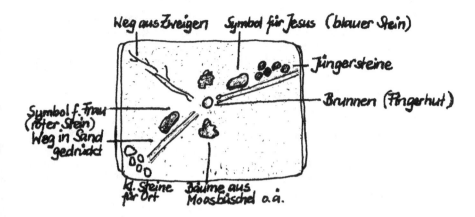

Während der folgenden Erzählung werden die Steine parallel zur Handlung bewegt.

Erzählung mit Sandkastenbild
Es ist Mittag. Die Sonne steht heiß am Himmel. Jesus und seine Freunde sind heute schon weit gegangen. Sie kommen zu einem Dorf: Es heißt Sychar und liegt mitten in Samaria.
Vor dem Dorf ist ein Brunnen. Von Stammvater Jakob ist er vor vielen Jahren gegraben worden. Seitdem kommen die Leute immer wieder hier her und schöpfen frisches Wasser. Der Brunnen ist für alle sehr wichtig, denn Wasser ist kostbar im trockenen Samaria.
Jesus bleibt am Brunnen stehen. Seine Freunde aber gehen weiter bis in das Dorf hinein. Sie wollen etwas zum Essen kaufen.
Jesus setzt sich an den Brunnenrand. Er hat großen Durst. Wie soll er aber Wasser aus dem Brunnen schöpfen, wenn er kein Schöpfgefäß dabei hat? – Zum Glück kommt da eine Frau mit zwei großen Krügen. Auch sie will Wasser holen.

Jesus spricht die Frau an und bittet sie: „Frau, gib mir Wasser zu trinken." Die Frau wundert sich und fragt zurück: „Wieso bittest du mich um etwas zu trinken? Sonst will doch kein Jude, wie du einer bist, etwas mit uns Samaritern zu tun haben."
Jesus antwortet: „Wenn du wüsstest, was Gott dir geben will, und wenn du wüsstest, wer ich bin, du würdest mich bitten, dass ich dir das Wasser zu trinken gebe, das deinen Durst nach einem guten Leben stillt. Ich würde es dir geben."
„Was erzählt der da", denkt sich die Frau. Neugierig geworden fragt sie Jesus wieder: "Herr, du hast doch gar keinen Krug zum Schöpfen dabei. Und der Brunnen ist sehr tief. Wo willst du denn das Wasser für mich hernehmen?"
„Weißt du", sagt Jesus, „wer von dem Wasser aus dem Jakobsbrunnen trinkt, der bekommt irgend wann wieder Durst. Wer aber von dem Wasser trinkt, das ich ihm geben werde, der wird nie wieder Durst bekommen."
„Von diesem Wasser möchte ich trinken", sagt die Frau. „Bitte, gib mir solches Wasser. Dann brauche ich nicht

immer wieder in der Hitze hierher zu kommen um Wasser zu holen."
(Hier sollte eine Unterbrechung der Erzählung erfolgen, um mit den Kindern die Doppeldeutigkeit des Wassers und Dursthabens zu bedenken.)

Gespräch
Jesus hat der Frau gerade etwas gesagt. Er will ihr anderes Wasser geben. Wasser, das den Durst der Frau nach einem guten Leben stillt. Was mag er damit gemeint haben?... Habt ihr eine Idee, worauf man im Leben durstig sein kann? Erzählt mal, was wünscht ihr euch ganz sehr? (Am Anfang werden hier sicher viele materielle Wünsche genannt werden.)
Kann man sich auch etwas wünschen, das man nicht kaufen kann? Wünsche, die trotzdem wichtig für euer Leben, für euer Zusammenleben mit der Familie, mit Freunden sind? ...
Diese Wünsche können zusammengetragen und dabei auf Zettel einzeln notiert und/oder gemalt werden. In etwa könnten folgende Wünsche genannt werden:
- Anerkennung in der Klasse
- gute Freunde
- keine Angst vor dem, was Schlimmes in der Welt passiert
- dass die Eltern sich nicht streiten und vielleicht sogar trennen
- dass Mutti und Vati mich genauso lieb haben wie meine Geschwister
- dass ich wieder ganz gesund werde

Fortsetzung der Erzählung
Jesus hat gemerkt, wonach die Frau am Brunnen Durst hat: Sie sucht nach Liebe und Annahme. Immer wieder sucht sie Menschen, die sie mögen, wie sie eben ist. Aber immer trifft sie auf Menschen, die sie enttäuschen. Es dauert nie lange, dann gehen ihre Freunde wieder fort. Die meisten Leute im Dorf wollen mit ihr nichts zu tun haben.

Jesus spricht am Brunnen mit der Frau über ihr Leben. Dabei hat die Frau gemerkt, dass Jesus so manches aus ihrem Leben weiß, was sie ihm gar nicht erzählt hat. Wie kann das sein? Er weiß, was nicht gut war in ihrem Leben, aber trotzdem nimmt er sich Zeit, mit ihr zu reden. Nicht wie die anderen Leute aus dem Dorf, die nichts mit ihr zu tun haben wollen.

Hört, was sie zu Jesus sagt: „Du bist ein Prophet Gottes. Du weißt genau, wer ich bin. Wenn der Retter kommt, den Gott uns versprochen hat und auf den wir alle so sehr warten, der wird auch genau wissen, wie es in unserem Leben aussieht."

Jesus sagt: „Ich bin der Retter. Und deshalb will ich dir auch dieses besondere Wasser geben, von dem du nicht wieder durstig wirst."

Da kommen gerade seine Freunde wieder mit einer Menge Essen unter dem Arm.

Die Frau lässt ihren Wasserkrug stehen und läuft rasch in das Dorf zurück. Allen Leuten ruft sie zu: „Schnell, kommt zum Jakobsbrunnen. Dort ist ein Mann. Der hat mir gesagt, was ich bisher im Leben getan habe. Vielleicht ist er der versprochene Retter!"

Viele Leute folgen ihr. Sie laufen zum Jakobsbrunnen. Dort spricht Jesus mit seinen Freunden. Sie hören ihm zu. Jesus erzählt gerade, wie wichtig ihm Gott ist. Es ist schön, Jesus zuzuhören.

Alle zusammen gehen in das Dorf zurück. Die Bewohner von Sychar bitten Jesus und seine Freunde, noch ein paar Tage bei ihnen zu bleiben. Jesus erzählt ihnen viel von Gott.

Vertiefung
Vor die Kinder werden zwei Krüge hingestellt. Ein Krug hat einen Zettel mit der Aufschrift Wasser, auf dem anderen steht Jesus.
  Wir haben in unserer Geschichte ganz viel von Wasser, von Trinken und von Durst gehört. Jetzt trinken wir auch erst einmal etwas. Schaut, hier in diesem Krug ist gutes Wasser. (Kinder bekommen zu trinken eingeschenkt.)
  Jetzt brauchen wir die Zettel von vorhin. Hier ist der andere Krug. Dahinein wollen wir unsere Zettel mit unseren Wünschen und unserem Durst nach Leben legen. Wir wollen das alles Jesus sagen. Denn Jesus hört uns. Er begleitet uns an jedem Tag.
  (Die Zettel werden noch einmal vorgelesen bzw. die Bilder gedeutet und anschließend in den Krug gelegt.)

Lied: Das Festmahl beginnt

Gestaltungsvarianten
Wenn noch Zeit ist, können die Kinder selbst einen Stein anmalen, eventuell in ihrer Lieblingsfarbe. Mit dem Föhn wird die Farbe getrocknet und da hinein ein blauer Tropfen gemalt als Zeichen dafür, dass Jesus unseren Durst nach Leben stillen will.

Lied: Gib uns Frieden jeden Tag

Gebet
Weißt du, Gott, immer wieder haben wir Durst. Durst nach etwas erfrischendem zu Trinken, wenn unsere Kehle ausgetrocknet ist. Und Durst nach einem guten Leben, weil manchmal alles gar nicht schön ist. Wir danken dir, dass Jesus uns diesen Durst stillen kann. Wir danken dir, dass Jesus uns Leben schenken will. Amen

Lied: Halte zu mir, guter Gott

Sabine und Ulf Döring

30. Mai 2004 – Pfingsten

Johannes 20,19–23

Die Angst der Jünger und der Geist des Friedens

Lieder:
Friede sei mit dir, s. u.;
Ich habe Freude im Herzen, s.u.;
Jesus machte Menschen heil, s. S. 122

Liturgischer Text:
Psalm 25,1–5

Zum Text

Ein Ostertext zum Pfingstfest! Eigentlich wird unser Text (erweitert um die Thomasgeschichte) im Gottesdienst am 1. Sonntag nach Ostern als Evangelium gelesen. Dagegen hat er seinen Platz in der katholischen Kirche als Evangelium für das Pfingstfest. In der Tat ist unser Text eine Art Klammer, die Ostern und Pfingsten verbindet: Der Auferstandene tritt unter die Jünger (Ostern) und beschenkt sie mit seinem Geist (Pfingsten). Die Jünger haben zunächst Angst. Die

Sehnsucht nach Leben – Geschichten aus dem Johannesevangelium

Geschichte nimmt da kein Blatt vor den Mund. Die Türen sind verschlossen aus Angst. Wie viele unserer Haustüren haben heute einen Knopf statt einer Klinke und sind verschlossen aus Angst. Die Jünger haben wie wir Angst vor Menschen, weniger vor Gott. Am Donnerstag haben sie noch mit Jesus das Mahl gefeiert, hatten sie die Hoffnung, dass Jesus der von Gott gesandte Befreier des Volkes sein wird. Aber dann kam alles anders und nun ist sogar sein Grab leer. Wo ist Jesus?

Jesus ist mitten unter den Jüngern und er bringt ihnen Frieden. Menschliche Sicherheiten gelten bei Gott nichts und nützen auch nichts. Das Geld für das ausgefeilteste Sicherheitssystem kann man im Hinblick auf Gottes Wirken getrost für anderes ausgeben. So wie eine unbegreifliche Kraft Jesus aus dem Grab gebracht hat, ist er nun durch diese Kraft mitten unter den verzagten Jüngern. Jesus spricht den Friedensgruß. Durch die Wunden weist er sich als der aus, der er wirklich ist: der gekreuzigte und auferstandene Jesus. Das ist mehr, als ein Mensch begreifen kann, aber es macht die Jünger froh. Es macht uns Menschen bis heute froh, dass der Tod nicht das letzte Wort hat.

Jesus schenkt den Jüngern den Heiligen Geist. So wie Gott den aus Erde geschaffenen Menschen anbläst, um ihm Leben einzuhauchen (1 Mose 2,7), so werden die Jünger angeblasen und mit dem Heiligen Geist, dem neuen Geist Gottes beschenkt. Wenn dieser Geist Leben schaffen kann, dann bekommen die Jünger damit neues Leben, eine neue Chance.

Dass Jünger von Jesus vor knapp 2000 Jahren und im Jahr 2004 ohne Angst und im Frieden leben dürfen, dass sie von Jesus den Geist Gottes bekommen, ist ein großes Geschenk, aber es ist kein Selbstzweck. Jesus hat für die Jünger einen Auftrag: Menschen, die zu Jesus gehören, werden in die Welt gesandt, so wie Jesus vom Vater zu uns gesandt wurde. Wir sind als Christen der „Leib Christi" in der Welt. Geistempfang befähigt und bevollmächtigt die Jünger Jesu, Sünden zu erlassen und Sünden nicht zu erlassen. Das ist kein Auftrag zu moralischer Besserwisserei und schon gar kein Freibrief für Urteile über Menschen. Von Jesus beauftragte Christen sind keine besseren Menschen, sondern Leute, die andere mit dem Maß messen sollen, mit dem sie selbst von Gott gemessen werden wollen (Lk 6,36ff.).

Der Text und wir

Die Geschichte beginnt mit einem Wunder und endet mit einem Auftrag. In der Mitte steht das Geschenk des Heiligen Geistes an die Jünger. Das ist Pfingsten.

Die Jünger haben sich aus Angst eingeschlossen, so wie wir das bis heute machen. Dabei wissen wir seit den sieben Geißlein, dass sich das Böse mit List die Tür dann doch öffnen kann. Das Gute aber kommt auch durch die verschlossene Tür, das ist der Unterschied. Jesus ist mitten unter seinen Freunden, obwohl die Tür zu ist und bleibt. Für die Jünger wird hinter verschlossenen Türen deutlich: Jesus, mit dem wir gelebt haben, der das Brot mit uns teilte und den Becher herumgab, Jesus, der am Kreuz starb und begraben wurde – er ist nicht tot, nein er lebt und er ist unter uns. Das ist das Wunder.

Von Jesus geht eine Kraft aus. Diese Kraft ist der Heilige Geist, der Geist Gottes. Es geht hier nicht um ein Gespenst (Lk 24,37) oder um Geister. Nein, Jesus ist bei seinen Freunden und er gibt ihnen etwas von seiner Kraft ab. Es ist an sich gar kein ungewöhnlicher Vorgang, dass Jesus seinen Jüngern etwas weitergibt. Das hat er ja schon sein ganzes Leben lang gemacht. Dass Jesus lebt, wird daran deutlich, dass die Jünger seinen Geist weitergegeben bekommen.

Der Geist Gottes ist für die Jünger ein Geschenk. Ohne Geschenke können wir nicht leben. Man bekommt etwas, oft völlig überraschend, ohne dass man eine Gegenleistung erbringen muss – oft kann man sie auch gar nicht erbringen. Auffällig ist, dass wir unseren Kindern das Danke sagen beibringen, unter Erwachsenen aber oft auf ein Geschenk der Satz „Wie soll ich denn das wieder gut machen?" zu hören ist. Ein Geschenk kann man nicht „wieder gut machen", man kann es nur dankbar annehmen. Was sollten wir dem Geist Gottes entgegensetzen? Die Geister dieser Welt, die uns immer wieder nur Angst einjagen wollen?

Gottes Geist nimmt Menschen die Angst, weil Menschen durch Gottes Geist verbunden werden. Die Jünger laufen nicht auseinander, sie bleiben zusammen. Bis heute bleiben Menschen in der Gemeinde durch Gottes Geist zusammen. So gesehen, feiern wir zu Pfingsten auch den „Geburtstag der Kirche".

Die Gemeinschaft von Menschen, die mit dem Geist Gottes beschenkt sind, hat einen Auftrag. Leben soll sich von dem Leben anderer Menschen unterscheiden, es soll ein Leben für andere Menschen sein. Der Auftrag von Christen ist, Dinge zu bewegen, zu verändern, sie zum Besseren zu wenden.

Durch den Geist Gottes soll Schuld abgebaut werden, sollen Menschen Mauern zwischen sich abreißen. Verschlossene Herzen kann der Geist Gottes öffnen. Der Auftrag an uns Christen ist schwer. Aber er ist nicht unmöglich zu verwirklichen, weil Gott uns eben durch das Geschenk seines Geist immer wieder neue Kraft gibt.

**Gestaltungsvorschlag
für Kinder und Erwachsene**

Wir wollen Gestaltungselemente vorschlagen, die sowohl für einen Familiengottesdienst Verwendung finden können, als auch für ein Kindergottesdienstangebot während der Predigt.

Element 1: Eine Windmühle aus Karton
Schablonen und Anleitungen zum Basteln gibt es in guten Bastelläden, man kann sie aus festem Karton auch selbst herstellen. Sie kann vorn im Gottesdienstraum stehen.

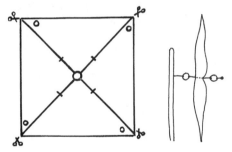

Das Quadrat wird an den vier Ecken bis zur Markierung eingeschnitten. Dann wird die Ecke mit dem Punkt jeweils zum Punkt in der Mitte gebogen. Zwei dicke Perlen geben den nötigen Spielraum zum Drehen.

Dazu gegebenenfalls eine Begrüßung: Wir feiern heute Pfingsten. Wir feiern, dass Gott uns Christen seinen Geist schenkt. Gottes Geist ist für uns Kraft. Er setzt uns in Bewegung, so wie der Wind die Mühle in Bewegung setzt.

Kanon: Friede sei mit dir

Aus: Thuma Mina. Internationales ökumenisches Liederbuch, Basel/München-Berlin 1995

Element 2: Kanon „Friede sei mit dir"
Der Kanon kann auch am Ende noch einmal gesungen werden.

Element 3: Gebet
Dazu stehen auf kleinen Karten (schwarz oder dunkelblau mit heller Schrift) Dinge, die Kindern und Erwachsenen Angst machen. Man kann die Karten auch vorher in der Gemeinde verteilen und die Dinge aufschreiben lassen.

Herr, wir sind heute hier in der Kirche, um von dir zu hören und dir Dinge zu bringen, die uns im Leben begleiten. Wir nennen dir besonders die Dinge, die uns in unserem Leben Angst machen. ...

Jetzt können die Kärtchen vorgelesen werden; dann werden sie in eine schöne Kiste gelegt.

Herr, wir glauben, dass all die Dinge in der Kiste auch bei dir aufgehoben sind. Wir glauben, dass du uns mit unserer Angst nicht allein lässt. Schenke uns hier eine Gemeinschaft, in der wir geborgen sind und uns wohl fühlen.

Element 4
Lied: Ich habe Freude in meinem Herzen

Element 5: Erzählung
Jesus war gekreuzigt worden. Er war so plötzlich fort, er war tot und seine Freunde, die Jünger, hatten furchtbare Angst. Ob die Soldaten auch sie verhaften und vielleicht sogar töten wollten? Würden die Leute auf der Straße sie dann auch auslachen und verspotten, wie sie es mit Jesus gemacht hatten? Das Gefühl der Angst kennen wir alle: wenn es einem im Bauch mulmig wird, wenn es einem die Kehle zuschnürt, wenn wir die Dinge, die wir im Gebet benannt haben, nicht mehr los werden.

Die Jünger von Jesus hatten Angst. Und als dann noch am dritten Tag das Grab leer war und die Gesetzeslehrer meinten, dass die Jünger die Leiche von Jesus gestohlen hätten und nun eine Lüge von der Auferstehung verbreiteten – da wuchs die Angst der Jünger ins Unermessliche. Sie saßen in einem Haus versammelt. Fenster und Türen waren fest verschlossen, damit sie bloß keiner bemerkt. Sie waren ganz leise, damit nur kein Laut nach draußen dringt und sie vielleicht verraten könnte. Jedes Rascheln im Haus jagte ihnen einen Schrecken ein.

Da, mitten in diese Angst der Jünger kommt Jesus. Auf einmal steht er mitten unter ihnen und sagt: "Schalom – Friede sei mit euch!" Und damit die Jünger ihn auch wirklich erkennen, zeigt er ihnen seine Hände mit den Wunden, die die Nägel vom Kreuz hinterlassen haben. Er zeigt ihnen auch seine Seitenwunde, wo ihn der Soldat mit dem Speer verletzt hat. Als die Jünger merken, dass Jesus bei ihnen ist, verlieren sie ihre Angst und beginnen sich zu freuen.

Jesus ist wieder da, ihr Herr und Freund! Sie sind nicht allein, er hat sie nicht verlassen. Sie wollen gerade erzählen, wie sehr sie sich ohne ihn gefürchtet hatten, da spricht Jesus seine Freunde wieder an: "Schalom – Friede sei mit euch!" Wie beruhigend und kraftvoll das klingt. Frieden!

Jesus möchte gern, dass die Jünger diesen Frieden auch anderen Menschen bringen und davon erzählen, dass er alle Menschen annimmt und dass sein Friede eine Chance für jeden Menschen ist, egal wo und wann er lebt.

Dabei weiß Jesus selbst, wie schwer das ist, anderen davon zu erzählen und vor allen Dingen so zu leben, dass andere sehen können: Ein Leben in dem Frieden von Jesus kann so schön sein.

Dafür schenkt Jesus den Jüngern den Geist Gottes. Ein enormes Geschenk. Jetzt haben die Jünger etwas, was ihnen Kraft und Mut gibt, was sie froh macht und ausfüllt, was sie Freunde bleiben lässt, wo sie doch vorher so ängstlich und sorgenvoll waren.

Nun müssen sie ihre Fenster und Türen nicht mehr verschlossen halten. Sie können sie öffnen und hinaustreten, damit jeder Mensch schon etwas von dem Frieden und dem Geist Gottes spüren kann.

Element 6
Lied: Ich habe Freude in meinem Herzen

Element 7: Gestaltung
Es gibt ein Zeichen, das der Frieden und der Geist Gottes gemeinsam haben: die Taube. Wenn wir sie tragen, dann können auch bei uns Menschen sehen, dass wir etwas vom Frieden und vom Geist Gottes erfahren haben.

Nun können Anstecker mit Tauben gestaltet werden (evtl. unter Benutzung der Vorlage)

Man kann die Tauben entweder auf Pappe kleben und dann mit einer Sicherheitsnadel versehen oder mit einer Buttonmaschine (vielleicht im Kirchenkreis vorhanden) Buttons herstellen. Es gibt auch Buttons, die ohne Maschine herstellbar sind bei der Firma H.-J. Heilgeist, Pfarrhofstr. 21a, 38315 Hornburg.
▶ www.button.de

Element 8: Fürbitten
Immer noch steht die Windmühle im Kirchenraum.
Was soll bei uns durch Gottes Geist bewegt werden? Diese Dinge können auf die Flügel der Mühle geschrieben werden. Die Kinder (und die Erwachsenen) können dann einmal gemeinsam versuchen, die Mühle anzublasen.

Wir beten:
Herr, deinen Geist hast du uns
geschenkt. Wir wollen uns von ihm
in Bewegung setzen lassen.
Es gibt Dinge in unserem Leben,
die wir verändern möchten.
Einiges wollen wir dir
jetzt davon nennen: ...
Nimm diese Dinge an
und bewege sie.
Gib uns im Miteinander die Kraft,
etwas zu bewegen, zu verändern
und zu gestalten.
Geh du mit uns und behüte uns.

Elisabeth und Karsten Müller

30. Mai 2004

Ich habe Freude in meinem Herzen

Text und Melodie: Mündlich überliefert

2. I: Ich habe Frieden in meinem Herzen,
jede Stunde, jeden Tag. :I
Frieden, den die Welt nicht geben kann,
Frieden, den die Welt nicht nehmen kann.
Ich habe Frieden in meinem Herzen,
jede Stunde, jeden Tag.

3. I: Ich habe Liebe in meinem Herzen,
jede Stunde, jeden Tag. :I
Liebe, die die Welt nicht geben kann,
Liebe, die die Welt nicht nehmen kann.
Ich habe Liebe in meinem Herzen,
jede Stunde, jeden Tag.

4. I: Ich habe Jesus in meinem Herzen,
jede Stunde, jeden Tag. :I
Jesus, den die Welt nicht geben kann,
Jesus, den die Welt nicht nehmen kann.
Ich habe Jesus in meinem Herzen,
jede Stunde, jeden Tag.

Befreiung feiern – Mit Gott durch die Wüste

Lieder:
Als Israel in Ägypten war, KG 168, LJ 436;
Bewahre uns Gott, EG 171, LJ 117

Liturgischer Text:
aus Jesaja 35, s. u.

VIII

Befreiung feiern – Mit Gott durch die Wüste

Sonntag	Text/Thema	Art des Gottesdienstes Methoden und Mittel
6.6.2004 Trinitatis	2. Mose 3; 4 i.A.; 5,1 Vom Auszug aus der Knechtschaft, um in der Wüste ein Fest zu feiern	Gottesdienst mit Kindern; Spiel, Erzählung mit Stabpuppen und gestalteter Mitte: Tücher, Sand, Steine, Zweige, Gespräch, Dornbusch aus Tonpapier
13.6.2004 1. Sonntag nach Trinitatis	2. Mose 14, 15 i. A. Vom Durchzug durchs Schilfmeer und Mirjams Freudentanz	Gottesdienst mit Kindern; Lied, Erzählung, rhythmisches Rufen mit Instrumenten, feiern, Handtrommeln basteln
20.6.2004 2. Sonntag nach Trinitatis	4. Mose 11,1–17 Stärkung und Verstärkung	Gottesdienst mit Kindern; Bilder von Wüstenlandschaften, Erzählung, Gespräch, Collage, Stirnbänder aus Stoffstreifen oder Krepppapier,
27.6.2004 3. Sonntag nach Trinitatis	5. Mose 26,1–11 Das Fest der Befreiung	Gottesdienst mit Kindern und Erwachsenen; Stirnbänder, Begrüßung, Predigt, Erzählung, Lied, Glaubensbekenntnis, Tanz

Stichwort: Wüste

Wüste. warme Sonnenfarben, grenzenlose Weite, zauberhaft fließende Konturen, weiche Hügel im Schatten der untergehenden Sonne, Licht und Sand in Harmonie. Der Reiseprospekt verspricht Abenteuer und Romantik. Ist das Wüste? Mörderische Hitze, unwirklich, bedrohlich, lebensverneinend, ausgeliefert sein an die Mächte der Natur, Wind, Gefahr, extreme Temperatursprünge (tags +50 Grad, nachts –40 Grad), Einsamkeit, Entbehrung, Wegsuche, Wan-

Befreiung feiern – Mit Gott durch die Wüste

der Dünen, Staub, ausgedorrte Pflanzen und Bäume. Auch das ist Wüste. Sie ist nicht nur Ebene, sondern auch Gebirge, Fels, Abgrund. Wer als Wanderer in der Wüste überleben will, muss sich anpassen können, muss auch dort noch Wasser entdecken, wo scheinbar keines mehr da ist, muss sich an den Sternen und an der Sonne orientieren. In Oasen findet er Erholung und Erfrischung.

Für ihre Bewohner hat Wüste auch positive Dimensionen. Sie ermöglicht Freiheit, Stille, Einsamkeit; sie ist ein Ort des Rückzugs. Leben in der Wüste ist geprägt von der Sehnsucht nach Leben in Fülle. Der Mensch muss sich auf einen entbehrungsreichen langen Weg einlassen und dabei sein Ziel im Auge behalten.

Die Wüste ist Symbol für den Ort der Entbehrung. Wüstenzeit beinhaltet die Sehnsucht auf bessere Zeiten, die Hoffnung auf Erlösung. Es kann eine Zeit der Krankheit sein, der Einsamkeit, Erfolglosigkeit, der Mutlosigkeit, des Zweifels, des Selbstmitleids, der Glaubensleere. Aber sie ist auch Ort der Gottesoffenbarung, der Gotteserfahrung und des Aufbruchs. Wüstenzeiten sind Übergangszeiten, die nicht ewig dauern: ein Leben am Rande der Existenz, eine knappe Möglichkeit zu überleben, wie es viele Vertriebene und Flüchtlinge in der Nachkriegszeit bei uns erlebt haben; Zeiten der Hoffnung und neuer Erfahrungen. Es ist ein Erleben des gemeinsamen Durchhaltens und der Freude, unerwartet auf eine Oase zu treffen.

Die Wüste in unserem Leben kann uns entlasten, reduzieren, uns den Blick auf das Wesentliche frei machen. Sie kann uns befreien und zu einem neuen Anfang führen, wenn wir in der Wüstenzeit die eigene Wüste in uns erkennen und die Leere und Stille wahrnehmen und aushalten. Die Wüste verwandelt, etwas Neues entsteht.

Durch die Erfahrung der Rettung, der Versorgung und der Durchhilfe erkennen die Israeliten das Wesentliche: Gott schenkt das Leben und rettet. In der Wüste entsteht Leben in Freiheit. Gott führt zum frischen Wasser, das Samenkorn keimt, die Wüste blüht.

Adelheid Schnelle

Liturgischer Text aus Jesaja 35

Kehrvers (von den Kindern und Mitarbeiterinnen gesprochen):
Jubelt und singt dem Herrn.
Freut euch, denn ihr seid befreit.

Die Steppe soll sich freuen,
das dürre Land glücklich sein,
die Wüste jubeln und blühen!
Mit Blumen soll sie sich bedecken,
jauchzen und vor Freude schreien!
Dann sieht das Volk
die Herrlichkeit des Herrn,
die Pracht und Hoheit unseres Gottes.

Kehrvers

Macht die erschlafften Hände wieder stark,
die zitternden Knie wieder fest!
Ruft den verzagten Herzen zu:
„Fasst wieder Mut! Habt keine Angst!
Dort kommt euer Gott!
Er selber kommt, er will euch befreien!"

Kehrvers

Die Gute Nachricht Bibel, Deutsche Bibelgesellschaft, 2000

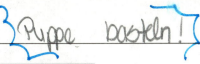

6. Juni 2004

6. Juni 2004 – Trinitatis

2. Mose 3; 4 i. A.; 5,1

Vom Auszug aus der Knechtschaft, um in der Wüste ein Fest zu feiern

Lieder:
Du bist da, wo Menschen leben, KG 147, MKL 42; LJ 498 (dort 4. Strophe); Als Israel in Ägypten war, LJ 436; Gott sagt uns immer wieder, KG 216, LJ 542; Bewahre uns, Gott, EG 171, KG 213, LJ 117

Liturgischer Text:
aus Jesaja 35, s. o.

Zum Text

Zur Erinnerung: Seit mehreren Generationen lebten die Israeliten in Ägypten. Großzügig wurden zunächst die hungernden Fremden vom Pharao aufgenommen. In den fruchtbaren Überschwemmungsgebieten des Nil ging es ihnen gut, so lange Josef lebte und er seine gute Beziehung zum Pharao nutzen konnte. So lebten Israeliten und Ägypter lange Zeit friedlich zusammen. Dann veränderte sich die Situation, weil der neue Pharao Angst bekam, die Israeliten könnten sich wegen ihrer wachsenden Zahl des Landes bemächtigen. Deshalb setzte er sie durch harte Arbeit unter Druck. „Hebräer" wurden sie genannt, das bedeutet Fremdlinge. „Doch das Volk mehrte sich weiter und wurde sehr stark" (2 Mose 1,20). Allein diese Tatsache und die Angst vor der Übermacht war der Grund für die harte Unterdrückung. Nur eine alte Geschichte? Nein, die Angst vor Überfremdung gibt es auch bei uns.

Wer sich die gesamte Mose-Geschichte vergegenwärtigen möchte, lese in einer Kinder-Bibel nach, z. B. Neukirchener Kinder-Bibel, Herders Kinderbibel, Meine bunte Bilderbibel (Dt. Bibelgesellschaft).

Mose hatte sich in das Land Midian zurückgezogen, nachdem er einen Ägypter erschlagen hatte, um einen Hebräer zu verteidigen. In der Fremde musste er nun in der Steppe die Schafe seines Schwiegervaters Jitro hüten. Er war fern von seinem Volk und fern von Gott. Die Israeliten lebten weiterhin in der Unterdrückung, ein Leben voller Entbehrungen, ohne Freude und Feiern und ohne das Bewusstsein der Gegenwart Gottes.

Viele Jahre vergingen. In der Nähe des Berges Horeb (das ist der Berg Sinai) erschien dem Mose der Engel des Herrn im Dornbusch und beauftragte ihn, sein Volk aus der Unterdrückung zu führen. Gott hat das Leiden und die Not seines Volkes erkannt und die Klagen gehört. Nun soll Mose die Israeliten in ein gutes Land führen, in das gelobte Land, das Gott den Vätern versprochen hatte. Gott redet, aber Mose kann ihn nicht sehen. Hören geht über schauen.

Gott gibt sich zu erkennen und nennt seinen Namen.: Ich bin der „ICH-BIN-DA-FÜR-DICH" (ich bin, der ich bin; ich werde sein, der ich sein werde) Wenn man den Namen Gottes kennt, kann man ihn anrufen.

Mose will die schwere Aufgabe nicht übernehmen, denn er ist kein Held. Schließlich vertraut er auf die versprochene Hilfe und fügt sich dem Willen Gottes, der sagt: Ich will mit dir sein. Das Feuer im Dornbusch drückt die Gegen-

Befreiung feiern – Mit Gott durch die Wüste

wart Gottes aus. Er sagt seine Gegenwart weiterhin zu. Er ist der Gott der Väter, und indem er an die Geschichte früherer Gotteserfahrungen erinnert, zeigt sich Gott als der, der er war und ist, nämlich treu zu seinem Volk.

Mose wird durch die Begegnung mit Gott verändert. Er wird von Gott gerufen und folgt diesem Ruf, wenn auch nach starkem Zögern und mit großen Bedenken. Aber er wagt einen neuen Anfang in seinem Land. Vom Schafhirten wird er zum Hirten seines Volkes.

Nach seiner langen Abwesenheit wird Mose bei seiner Rückkehr in Ägypten von den Ältesten des Volkes Israel und von seinem Bruder Aaron als Überbringer der rettenden Botschaft anerkannt, und das Volk glaubt ihm im Vertrauen auf Gott. Es geht seiner Befreiung entgegen, die hier im Alten Testament Befreiung aus der Knechtschaft oder Feindschaft mit anderen Völkern meint.

Mose und Aaron gehen zum Pharao und verkünden den Willen Gottes: „So spricht der Herr: Lass mein Volk ziehen, damit es mir ein Fest halte in der Wüste." Gott will, dass sich das Volk ihm zuwendet und ihn mit einem Fest ehrt. Unterdrückung und Klage sollen abgelöst werden durch Gottesdienst und Anbetung. Klage wird zu Jubel und Lob. Visionen und Träume sollen nun Wirklichkeit werden.

Der Text und die Kinder

Den Begriff Unterdrückung kennen die Kinder wahrscheinlich. Einer darf nicht machen, was er will und was ihm zusteht, er wird unterdrückt. Ein Volk wird unterdrückt, dafür können wir Beispiele aus der Gegenwart nennen. Unterdrückung ist wie Gefangenschaft. Ein anderer hat die Macht über den Unterdrückten, er drückt ihn runter. Im Spiel lassen sich die Kinder freiwillig an einen Ort „fesseln", zum Schluss werden sie mit einem Befreiungsschlag befreit, erlöst. Im Märchen wird Aschenputtel von der Stiefmutter zur Arbeit gezwungen und unterdrückt, Hänsel und Gretel werden von der Hexe unterdrückt und sind am Ende frei. Nach schwerer Krankheit, wenn die Gesundheit wieder erlangt wurde, fühlen sich auch Kinder befreit. Das ist ein Grund, ein Fest zu feiern. Unterdrückung ist Starre, man kann nicht selbst über sich bestimmen. Befreiung, Freiheit ist Bewegung. In dem Spiel „Einfrieren" können Starre und Bewegung von den Kindern erlebt werden.

Mose erhält von Gott einen Auftrag, dem er sich nicht gewachsen fühlt. Manche Kinder machen selbst die Erfahrung, dass von ihnen mehr erwartet wird, als sie sich selbst zutrauen. In unserem Text wird dies von einem Erwachsenen erzählt, der sich mit Ausreden vor dieser Aufgabe drücken will. Als Gott zornig wird und ihn zur Annahme der Aufgabe ermutigt, stellt sich Mose im Vertrauen auf die Hilfe und die Begleitung Gottes der Aufgabe. So kann die Geschichte auch die Kinder ermutigen und stärken. Vielleicht verstehen sie, dass es manchmal sinnvoll ist, wenn die Eltern mit Nachdruck darauf bestehen, dass das Kind eine Aufgabe übernimmt und durchhält. Die Kinder erfahren, dass das „Ich will mit dir sein" auch für sie gilt, weil Gott die Menschen liebt. Das Volk Israel träumt von besseren Zeiten. Denkbar ist, dass sich die Israeliten für die Zeit nach der Unterdrückung ein Fest ausmalen. Feste vorbereiten und die Vorfreude darauf sind für Kinder schön. Es könnte mit ihnen ein kleines Fest vorbereitet oder ihre Wünsche für ein Fest erfragt werden. Sicherlich ist es sinnvoll, Begriffe und Sachfragen aus dem Erzähltext mit den Kindern zu klären, wenn sie mit der Mosegeschichte nicht vertraut sind.

**Gestaltungsvorschlag
für jüngere und ältere Kinder**

Lied: Du bist da, wo Menschen leben

Liturgischer Text: aus Jesaja 35 (s. o.)

Spiel als Hinführung
Das Spiel „Einfrieren" kann die Kinder das Gefühl von Unfreiheit und Freiheit nachvollziehen lassen. Im allgemeinen wird bei dem Spiel Musik eingesetzt, die hier aber weggelassen werden sollte, damit das Spiel nicht zu ausgelassen wird. Die Kinder bewegen sich frei im Raum. Dazu kann ein Rhythmus von einer Handtrommel zu hören sein. Wenn die Handtrommel aussetzt, verharren die Kinder in der Position (auf einem Bein, mit abgespreizten Armen usw.), in der sie gerade sind, sie erstarren oder „frieren ein". Diese Haltung wird so lange ausgehalten, bis eine Mitarbeiterin die Kinder nacheinander mit der Hand oder mit einem Stab berührt. Dann sind sie befreit. Das Spiel wird mehrmals wiederholt. Wir sprechen darüber, wie die Kinder sich bei diesem Spiel gefühlt haben.

Erzählung
(Begleitend zur Erzählung kann die Mitte von den Kindern mit Steinen, Sand, trockenen Zweigen, kleinen Kakteen auf ockergelben, hellbraunen und grünen Tüchern gestaltet werden. Der Dornbusch entsteht aus aufgestellten orange-gelben, dunkelroten und hellroten Tüchern, die von trockenen Zweigen oder Disteln umstellt werden. Drei Handlungsorte sind denkbar: Steppe, Wüste, fruchtbares Ägypten. Der Text eignet sich auch für eine Erzählung mit Stabpuppen. Die Personen sind: Mose, Aaron, Jitro; Vorschlag zur Herstellung von Stabpuppen s. u.!)

Für die Israeliten war es eine schlimme Zeit. Sie lebten fern ihrer Heimat im Land Ägypten. Dort waren sie Fremde, und der Pharao, der König in Ägypten, ließ sie hart arbeiten. „Diese Israeliten werden immer mehr. Bald sind sie stärker als wir", sagte er zu den Ägyptern, „aber wir werden sie schon klein kriegen!" Die Männer mussten hart arbeiten, wie Sklaven wurden sie behandelt. Vom frühen Morgen bis zum späten Abend mussten sie in der Hitze Ziegelsteine aus Lehm formen und sie im Ofen brennen, damit sie hart wurden. Daraus mussten sie Häuser bauen. Oder sie mussten Steine aus Felsen herausbrechen und mit Werkzeug bearbeiten und Schilf ernten und zuschneiden. Die Ägypter trieben die Israeliten an: „Los, los! Beeilt euch! Macht schneller!" Wenn einer nicht mehr weiter konnte, wurde er mit der Peitsche geschlagen.

Hungern mussten sie nicht, denn es gab fruchtbares Land am Fluss, dem Nil. Dort wuchs genug Obst und Getreide und Gemüse für die Menschen und Gras für die Tiere.

Aber die Menschen litten trotzdem große Not. Was war das für ein Leben! Wie Gefangene kamen sie sich vor. „Hebräer" wurden sie von den Ägyptern genannt, „Fremdlinge", das klang wie ein Schimpfwort. Sie schrieen und beteten zu Gott um Hilfe. Würde Gott ihnen helfen? „Wenn Mose noch bei uns wäre", sagten die Israeliten, „dann hätten wir Hoffnung. Mose könnte uns vielleicht retten."

Mose war weit weg von den Israeliten. Er hatte vor vielen Jahren aus Ägypten fliehen müssen, und jetzt war er ein Schafhirte bei seinem Schwiegervater im Land Midian. Im Steppenland, am Rand der Wüste, suchte er für seine Schafe Gras. Dafür musste er mit seinen Schafen immer umher ziehen, denn in der Steppe gab es nicht viele Weideflächen. Er dachte oft an seine Verwandten und Freunde, die er damals zurücklassen musste. Wie würde es ihnen ergehen? Er fühlte sich von allen verlassen, auch von Gott.

Mit seiner Herde zog Mose durch das Land und kam eines Tages zum Berg Horeb. Da sah er, wie Feuerflammen aus einem dornigen Busch schlugen. Hatte sich wieder ein Busch in der Hitze selbst entzündet? „Der Busch brennt, aber er verbrennt ja gar nicht!", fragte sich Mose erstaunt, „wie ist das nur möglich? Ich will einmal hingehen und nachsehen, warum er nicht verbrennt." Als er näher kam, hörte er eine Stimme aus dem Dornbusch: „Mose, Mose!" – „Hier bin ich", antwortete Mose erschrocken. Die Stimme sagte: „Mose, tritt nicht näher. Zieh deine Schuhe aus! Hier ist heiliger Boden! Ich bin der Gott, den deine Väter verehrt haben, der Gott von Abraham, der Gott von Isaak und der Gott von Jakob." Da zog Mose seine Schuhe aus und verhüllte sein Gesicht. Er wagte nicht aufzuschauen, so fürchtete er sich.

Gott sagte: „Mose, geh zurück nach Ägypten! Ich habe gesehen, wie die Ägypter mein Volk unterdrücken und ich habe gehört, wie die Menschen um Hilfe schreien. Ich will mein Volk aus der Gefangenschaft führen und es befreien. Ich will es aus Ägypten herausführen in ein Land, in dem Milch und Honig fließen, in das Land Kanaan, in dem es zu Hause ist. Dort ist es schön, da könnt ihr gut leben. Mose, du sollst die Israeliten aus Ägypten führen. Geh zum Pharao!" „Ich? Warum gerade ich?", fragte Mose erschrocken, „ich kann das nicht, ich schaffe das nicht!" Gott sprach: „Ich werde mit dir sein." – „Aber wenn die Israeliten fragen, wer mich geschickt hat, was soll ich denn dann sagen?"

Gott antwortete: „ICH-BIN-DA-FÜR-EUCH, das ist mein Name. Du sollst sagen: Das ist der Herr. Sage zu den Ältesten Israels: Der Gott unserer Vorfahren hat zu mir gesagt, er will euch aus Ägypten herausführen in ein Land, in dem ihr frei leben könnt und in dem es euch gut geht." – „Herr", wandte Mose ein, „aber ich kann doch nicht so gut reden. Ich soll mit den Ältesten und mit dem Pharao sprechen? Keiner wird auf mich hören. Schicke doch einen anderen!" Da wurde Gott ärgerlich und sagte: „Mose, du wirst es tun. Dein Bruder Aaron ist ein guter Redner, der wird dir helfen."

Und so geschah es. Mose verabschiedete sich von seinem Schwiegervater und zog mit seiner Frau und seinem Sohn zurück in das Land, in dem er geboren und aufgewachsen war. Aaron kam ihm entgegen, weil Gott ihm gesagt hatte: „Geh Mose in der Wüste entgegen!" Sie umarmten sich und freuten sich sehr, als sie sich wieder sahen.

Sie hatten sich viel zu erzählen nach so langer Zeit, Mose und sein Bruder Aaron. „Wie geht es denn unserer Schwester Mirjam?", fragte Mose. Aaron berichtete: "Unserem Volk geht es noch immer schlecht und es wird unterdrückt." Mose erzählte Aaron, was Gott ihm aufgetragen hatte.

6. Juni 2004

In Ägypten angekommen, versammelten sie die Ältesten der Israeliten und weihten sie ein in den Rettungsplan, den Gott vor hatte. Nun planten sie gemeinsam, zum Pharao zu gehen. Zusammen fühlten sie sich stark. Vor dem Pharao sagten sie: „So spricht der Herr, der Gott der Israeliten. Lass mein Volk wegziehen aus Ägypten, damit es für mich ein Fest feiern kann in der Wüste."

Befreiung feiern – Mit Gott durch die Wüste

Lied: Als Israel in Ägypten war

Gespräch
Die Israeliten freuen sich auf die Zeit der Befreiung, und sie träumen von dem Leben danach. Sie haben sicherlich auch Angst. Vielleicht malen sie sich schon ein großes Fest aus, das sie für ihren Gott feiern wollen, wenn sie wieder frei sind. Was gehört für die Israeliten, was gehört für dich zu einem Fest dazu?

Gestaltung
Für die jüngeren Kinder bereiten wir auf einem großen Tonpapier einen Dornbusch vor (aufgemalt oder mit braunem Tonpapier geklebt). Die Kinder kleben mit Transparentpapier (gelb, orange, rot) Flammen in den Dornbusch. Alternative: Beigefügtes Ausmalbild von Mose vor dem Dornbusch. Die älteren Kinder gestalten jeder wahlweise einen gemalten Dornbusch und Mose auf Tonpapier (Wüstenfarbe) oder kleben Transparentpapier-Flammen auf einen gemalten Dornbusch.

Lied: Gott sagt uns immer wieder

Gebet
Guter Gott, manchmal geht es uns wie Mose. Manchmal denken wir auch, dass wir nicht schaffen, was wir tun sollen. Du hast zu Mose gesagt: „Ich will mit dir sein." Das wünschen wir uns auch. Amen

Segen: (s.o.)

Lied: Bewahre, uns Gott

Herstellung einfacher Stabpuppen für die Erzählung

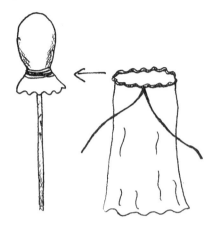

Auf einen Stab von ca. 40 cm Länge wird eine Holz- oder Styroporkugel mit Loch befestigt. Die Kugel wird mit dickem Stoff umwickelt, darüber kommt eine Lage dünneren, gesichtsfarbenen Stoffes. Der Hals wird unten abgebunden. Am Hals wird ein bis zum Boden reichendes Gewand (bestehend aus einem Stoffsack mit Durchzugband am Halsausschnitt) befestigt. Haare, Kopfumhang oder Hut werden ergänzt. Das Gesicht kann aufgemalt werden.

Die Hand des Spielers hält den Stab unter dem Gewand. Die Puppe kann auf einer Flasche abgesetzt werden. Dann sollte das Gewand bis zum Boden reichen. Die Puppe ist nicht beweglich.

Adelheid Schnelle

13. Juni 2004 –
1. Sonntag nach Trinitatis

2. Mose 14; 15 i. A

Vom Durchzug durchs Schilfmeer und Mirjams Freudentanz

Lieder:
Gott geht mit, s. u.;
Gott sagt uns immer wieder,
KG 216, LJ 542;
Bewahre uns, Gott,
EG 171, KG 213, LJ 117

Liturgischer Text:
aus Jesaja 35, aus Jesaja 35, s. S. 140

Zum Text

Die Geschichte vom Auszug aus Ägypten ist eine der wichtigsten Erzählungen der israelitischen Glaubensgeschichte. Erfahrungen der handelnden Hilfe und der machtvollen Anwesenheit Gottes finden hier ihren Ausdruck. Der Pharao hatte die Israeliten widerwillig ziehen lassen. Aber er überlegte es sich wieder und schickte seine Reiter hinterher, um den Israeliten nachzujagen und sie zu verfolgen. Es war ihm bewusst geworden, dass er nun seine Sklavenarbeiter würde entbehren müssen. Israel ist in einer verzweifelten Lage. Das Leben des Volkes ist in großer Gefahr. Da greift Gott ein und streitet für sein Volk. Er stellt eine Wolkensäule zwischen die Israeliten und Ägypter, so dass die Israeliten ruhig durch das vom Wind geteilte Wasser ziehen können. Die Ägypter gehen in den Fluten unter. Als Schilfmeer wird der nördliche Teil des Roten Meeres bezeichnet. Auf dem Weg zum Gottesberg mussten die Israeliten das Schilfmeer durchqueren, das an einigen Stellen flach ist, so dass bei passendem Wind ein Durchqueren möglich war.

In diesem Text hat Mirjam eine Hauptrolle. Sie ist nach biblischer Tradition die Schwester von Mose und Aaron. Die glückliche Rettung ihres kleinen Bruders ist auch ihr Verdienst, denn sie verfolgt das Schicksal des in einem Weidenkörbchen auf dem Nil ausgesetzten Kindes. Mirjam gehört wie ihre Brüder zu den führenden Gestalten Israels. Sie wird als Prophetin bezeichnet, als Hirtin Israels.

Die Erzählung vom Durchzug beinhaltet eine gewisse Problematik. Als Strafe für ihr Verhalten und weil die Israeliten gerettet werden sollen, gehen die Ägypter im Schilfmeer unter. Im Alten Testament wird klar benannt, was für uns vielleicht schwer zu akzeptieren ist. Wer gegen das Leben ist, hat Gott gegen sich, weil Gott ein Streiter für das Leben und ein Liebhaber des Lebens ist. Was gegen das Leben ist, führt in den Tod. Wer gegen das Leben ist, verliert sein eigenes. Der Weg durch das Schilfmeer ist für die Israeliten ein Weg durch das Wasser vom Tod zum Leben. In seiner Angst und Not setzt das Volk alle Hoffnung auf seinen Gott, der versprochen hatte, mit seinem erwählten Volk mitzugehen und es zu erretten.

Die Israeliten danken und loben Gott voll Freude mit einem Lied zur Trommel, das die Frauen, von Mirjam angeführt, anstimmen, und sie tanzen zu Gottes Ehre. Mirjam gibt den neuen Rhythmus,

Kanon: Gott geht mit

Text: Kinder-Kirchentagsteam 1979
Melodie: Rainer Ibe

den Takt, an, und die Frauen folgen ihr. Das Lied der Mirjam ist ein Bekenntnis zu Gott, dem sie ihr Leben verdanken. Die Anführerrolle der Frauen bei diesem rituellen Lob Gottes scheint selbstverständlich zu sein und weist darauf hin, dass Frauen hier eine Bedeutung zukam. Die Gelähmtheit aus Angst vor den Ägyptern wandelt sich nun in überschäumende Freude, Bewegung und Ausgelassenheit. Ein Freudenfest beginnt.

Das Fest hat nicht nur Essen und Trinken, Spielen und Tanzen und festliche Kleidung zum Inhalt, das allein macht einen Festtag nicht zum Fest. Gründe für das Feiern von Festen sind auch die Erinnerung an ein wichtiges Ereignis, der Dank an Gott für Bewahrung und Rettung und das Lob Gottes für seine Schöpfung. Die Christen feiern heute an den großen Festtagen, was Gott durch Christus für die Menschen getan hat. Feste sind Punkte in unserem Leben, an denen man sich orientieren kann.

Der Text und die Kinder

Kinder kennen verzweifelte Lagen, ausweglose Situationen, wenn auf niemanden mehr Verlass ist und sie sich allein gelassen fühlen. Sie finden oft allein keinen Ausweg, und es ist für sie gut zu wissen, dass Gott auch dann an ihrer Seite bleibt. Gott bleibt, wenn alle Menschen weggehen und Familien auseinander brechen. Er ist da, wenn niemand mehr zum Reden da ist, und hört zu. Gott entzieht nicht seine Liebe wegen eines falschen Verhaltens oder einer schlechten Schulnote. Diese Geschichte kann den Kinder die Verlässlichkeit Gottes vor Augen führen, der auch für sie der „Ich bin für dich da" sein will. Die Kehrseite der Rettung der „Guten", nämlich der Untergang der „Bösen", stellt für die meisten Kinder vermutlich kein großes Problem dar und wird als gerechte Strafe empfunden. Als Hörer der Geschichte stehen wir auf der Seite der Israeliten.

Die Mose-Geschichten sind für Kinder im Schulalter besonders geeignet, weil ihre Handlung spannend und interessant ist. Die Gelegenheit, Mirjam als weibliche Hauptrolle, mit der sich die Mädchen identifizieren können, in den Mittelpunkt zu stellen, sollte in diesem Kindergottesdienst genutzt werden.

Das Feiern kann sicherlich nicht viel Zeit dieses Kindergottesdienstes einnehmen, aber durch Lieder, Instrumente und vielleicht etwas zu trinken wird die Freude der Mirjam beim Feiern eines Freudenfestes aufgenommen und zum Ausdruck gebracht.

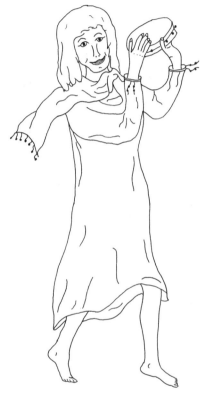

**Gestaltungsvorschlag
für jüngere und ältere Kinder**

Lied: Gott sagt uns immer wieder

Liturgischger Text: aus Jes 35

Lied: Gott geht mit

Erzählung
(Mirjam erzählt:) War das eine Nacht! Allen Familien hatten wir vorher Bescheid gesagt, dass es in dieser Nacht wohl so weit sein würde. Wir hatten unsere Leute vorbereitet: „Der Pharao wird uns jetzt bald ziehen lassen. Packt eure Sachen und wartet zu Hause!" Die Frauen sammelten das Nötigste zusammen. Was konnten sie mitnehmen? Was mussten sie da lassen? Wasser war wichtig und trockenes Obst und Mehl und getrockneter Fisch. Decken und Zelte mussten bereit gelegt werden. Die Männer packten alles zusammen, viele Körbe und Bündel, damit sie auf die Lasttiere geladen werden konnten, wenn es so weit war. Nun hieß es abwarten. Mitten in der Nacht waren die Rufe der Boten des Pharao zu hören: „Befehl des Pharao: Zieht fort! Fort mit euch!" War das eine Aufregung! Alte und Kinder, Männer und Frauen versammelten sich, Schafe und Ziegen wurden zusammen getrieben. Was für ein unendlicher Zug von Menschen war das, der sich da Richtung Osten in Bewegung setzte. Der Morgen brach an, da konnten wir erst alles überblicken! Erst jetzt war uns klar geworden: Wir sind frei. Endlich frei! Der Pharao hat uns gehen lassen! Alles wird gut.

Mose, Aaron und ich teilten den Zug von Familien und Tieren ein, damit wir einen Überblick hatten. Wenn Mose seinen Hirtenstab in die Höhe hob, hielt der Zug an. Staubig war es am Tag und heiß in der Sonne. Wir kamen nur langsam voran. Immer wieder musste ich Kinder trösten und aufgeregte Mütter beruhigen. "Mirjam, geht der Weg denn immer weiter in die Wüste hinein?", fragten sie mich. Ja, wohin führte der Weg? Mose war sich sicher, dass es der Weg ins gelobte Land war. „Gott führt uns", hatte Mose gesagt, „er hält seine Hand über uns", und darauf konnten wir uns verlassen. Am Abend waren wir erschöpft. „Seht ihr die feuerrote Säule dort am Horizont?", fragte Mose. „So führt uns Gott durch die Nacht. Am Tag zieht Gott in einer Wolkensäule uns voran."

Nach mehreren Tagen kam der Zug ins Stocken, es ging nicht weiter. Die Nachricht drang nach hinten durch: „Vorne ist ein großes Wasser, das Schilfmeer!" Endlich konnten wir ein Lager aufschlagen und rasten. Aber bald drängten die zuletzt Angekommenen von hinten und schrieen: „Hinter uns kommen Streitwagen und viele Soldaten! Die Ägypter verfolgen uns! Wir müssen weg von hier!" Andere jammerten: „Wir müssen sterben. Vor uns ist das Meer und hinter uns kommen die Ägypter. Wir können uns doch nicht wehren! Wir sind ja viel zu schwach!" Und sie klagten Mose an: „Mussten wir denn erst hierher kommen, um zu sterben? Dann hätten wir auch als Sklaven in Ägypten bleiben können. Was hast du uns angetan, Mose? Warum hast du uns nicht in Ruhe gelassen? Warum mussten wir aus Ägypten fortziehen?" Tatsächlich waren hinter uns die Streitwagen der Ägypter zu erkennen, noch weit weg, aber sie kamen auf uns zu. Hatte es sich der Pharao anders überlegt? Sollten wir doch wieder als seine Sklaven für ihn arbeiten oder wollte er uns töten? Mose und Aaron riefen den Menschen zu: „Lasst euch nicht entmutigen! Gott ist auf unserer Seite. Er führt uns aus Ägypten heraus. Gott führt uns!"

Durch das Zurückschauen auf die heranstürmenden ägyptischen Soldaten hatten wir nicht bemerkt, dass ein starker Wind das Wasser vor uns zurückgetrieben hatte. Vor uns lag ein Weg durch das Meer, als ob es sich geteilt hätte. Wo vorher Wasser war, wurde der Boden trocken. Mose hob seinen Hirtenstab und ging voran. Der Zug mit den Menschen und den Tieren folgte ihm durch den weichen Boden. Schritt für Schritt, in langsamem Tempo kamen wir voran und erreichten am Morgen das Ufer. Wir konnten es nicht fassen. Ein zweites Mal hatte Gott uns gerettet. Und wo waren die Ägypter? Voll Angst und Sorge schauten wir zurück und bemerkten, dass die Ägypter jetzt auch das Schilfmeer erreicht hatten. Plötzlich riefen einige: „Das Wasser! Das Meer! Es kommt zurück!" Die ersten Wellen überspülten schon unseren Weg, den wir gerade gegangen waren. Der Boden wurde wieder schlammig, so dass die Streitwagen der Ägypter im Boden einsanken. Sie hatten sich schon zu weit vorgewagt auf unserem Rettungsweg. Die Pferdehufe blieben im Schlamm stecken, und das Wasser stieg und stieg. Es gab für die Ägypter kein Durchkommen. Sie versanken im Meer.

„Wir sind gerettet!", jubelten wir. „Unsere Verfolger können uns nicht mehr einholen!" Jetzt waren sich alle sicher: Gott hat uns gerettet. Er hat uns geführt. Ihm können wir vertrauen. Ich nahm meine Handtrommel und schlug fröhlich mit den Fingern und der Hand darauf. Die anderen Frauen machten es mir nach, und wir begannen zu tanzen und zu singen. „Singt dem Herrn! Erhaben ist er! Ross und Streitwagen warf er ins Meer!" Ausgelassen vor Freude zogen wir singend und tanzend durch das Lager. Manche fassten sich an den Händen. Der Tanz steckte alle an. Wir feierten ein schönes Fest und lobten und dankten Gott.

Rufen im Wechsel (mit Instrumenten)
Nach der Erzählung erhalten die Kinder Instrumente (z. B. Rasseln, Klangstäbe, Cymbeln, Handtrommeln, Schellen- und Glöckchenkranz) und nehmen zunächst

einen geklatschten Rhythmus der Mitarbeiterin auf (z. B. kurz, kurz, lang ...). Dann im Wechsel rhythmisches Rufen des folgenden Textes (sich steigernd). Dabei im Kreis stehen und rhythmisch tanzend z. B. von einem Fuß auf den anderen wechseln und Instrumente schlagen.

Mirjam:	Singt dem Herrn!
Kinder:	Singt dem Herrn!
Mirjam:	Erhaben ist er!
Kinder:	Erhaben ist er!
Mirjam:	Ross und Streitwagen warf er ins Meer!
Kinder:	Ross und Streitwagen warf er ins Meer!
Mirjam:	Schlagt die Trommel!
Kinder:	Schlagt die Trommel!
Mirjam:	Wir sind gerettet!
Kinder:	Wir sind gerettet!
Mirjam:	Tanzt miteinander!
Kinder:	Tanzt miteinander!
Mirjam:	Gott ist der Retter!
Kinder:	Gott ist der Retter!
Mirjam:	Er hat uns befreit!
Kinder:	Er hat uns befreit!
Mirjam:	Jubelt und preiset den Herrn!
Kinder:	Jubelt und preiset den Herrn!

(Beliebig oft wiederholen und z. B. rufend und spielend durch den Raum ziehen)

Wir feiern die Befreiung
mit einem Getränk und „Wüstenkeksen". Dazu sitzen wir natürlich auf dem Wüstenboden.

Basteln einer Handtrommel
Je nach Anzahl der Kinder und vorhandenem Material gestalten etwa drei Kinder zusammen eine Trommel. Eine große runde Keks- oder Bonbondose wird am Außenrand und am Außenboden mit Papierstückchen bunt beklebt (Flüssigklebstoff!). Die Dose bleibt offen, damit die Kinder in den Rand greifen können. Der Außenrand wird mit einem oder mehreren feinen Lederbändern versehen, in die kleine Glöckchen geknotet sind. Mit einer Hand kann man nun den Rand der Trommel halten, mit der anderen Hand schlägt man die Trommel.

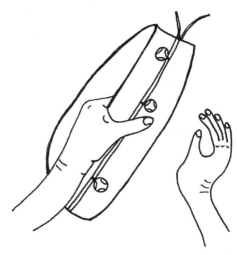

Lied: Gott geht mit

Gebet
Guter Gott, wir haben heute gehört, wie du die Israeliten sicher durch das Schilfmeer gerettet hast. Sie hatten große Angst. Aber die Menschen können dir vertrauen, weil du sie führen willst. Du willst auch bei uns sein und uns helfen und trösten. Dafür danken wir dir und loben dich. Amen.

Lied: Gott sagt uns immer wieder

Segen, s. S. 140

Lied: Bewahre uns Gott

Adelheid Schnelle

**20. Juni 2004 –
2. Sonntag nach Trinitatis**

4. Mose 11,1–17

Stärkung und Verstärkung

Lieder:
Du bist da, wo Menschen leben, KG 147, LJ 498, LfK 1 C 6, MKL 42; Gott geht mit, s. o.; Gott sagt uns immer wieder, KG 216, LJ 542; Bewahre uns, Gott, EG 171, KG 213, LJ 117

Liturgischer Text:
aus Jesaja 35, S. 140

Zum Text

Zwei Jahre sind nun schon vergangen, seit die Israeliten aus Ägypten geflohen waren und am Schilfmeer wunderbar gerettet wurden. Alltag ist eingekehrt. Es gibt Konflikte zwischen den Lagern der verschiedenen Stämme und mit den Fremden, die mitgezogen waren. Das Land, das der Herr ihnen zugesagt hatte, wo Milch und Honig fließt, ist nicht in Sicht. Überall Wüste, Trockenheit, die Sonne brennt den ganzen Tag, kein Schatten, wenig Wasser, keine Pflanzen, die man essen kann. Jeden Tag müssen sich die Menschen auf neue Probleme einstellen, nichts kann über den nächsten Tag hinaus geplant werden.

Gefahren und Feinde gibt es überall. Gottes Gegenwart ist sichtbar, am Tag in der Wolke, die den Weg weist, in der Nacht in einer Feuersäule. Die Menschen beschwören unzufrieden die guten alten Zeiten, als sie in Ägypten an den „Fleischtöpfen" saßen und reichlich zu essen hatten. Jetzt gibt es nur Manna, das mit dem Tau am Morgen auf der Erde liegt. Das Brot des Himmels, das Gott dem hungrigen Volk jeden Tag neu schenkt, stellt die Menge nicht mehr zufrieden.

Das Volk jammert und weint und klagt Mose und Gott an. Und immer wieder kommt die Frage: „Wie lange noch? Das kann doch nicht immer so weitergehen!" Das Volk will leben. Vergessen sind die schweren Zeiten in Ägypten, die Unterdrückung und Unfreiheit und die wunderbare Rettung. Wegen der kargen Nahrung auf der Wüstenwanderung zweifelt das Volk an den Zusagen Gottes. Will das Volk seine gewonnene Freiheit aufgeben, indem es sich wieder abhängig macht von der Qualität der Nahrung?

Mose ist wegen dieser Lage verzweifelt und klagt Gott an. Er will nicht wie eine Amme für das Volk sorgen müssen, die Last ist ihm allein zu schwer. Lieber will er sterben, als weiterhin in dieser Situation verbleiben zu müssen und Sündenbock für die Menge zu sein. Gott lässt mit sich reden und nennt den Ausweg: 70 Männer von den Ältesten des Volkes sollen Mose zur Seite stehen, und es soll auf diese Männer der Geist gelegt werden, der auf Mose liegt. Mose delegiert seine Aufgaben und lässt sich helfen. Die Last der Verantwortung ist nun auf viele Schultern verteilt. Es muss nicht immer einer alles machen.

Der Text und die Kinder

Dieser Text bietet viele Anknüpfungspunkte für ein Gespräch mit den Kindern. Weil sie die Wüste aus eigener Anschauung nicht kennen, können sie durch Fotos verschiedener Wüstenlandschaften (Sandwüste, Steinwüste mit Felsen) eine Vorstellung vom Leben in der Wüste gewinnen. Warum möchtest du nicht in der Wüste leben? (Weil es da nicht schön ist, die Menschen haben kein Haus, wenig zu essen, kein Wasser, dort kann man nicht spielen, es ist zu heiß.) Wie gelingt es den Menschen trotzdem, dort zu überleben oder hindurch zu wandern? (Karawane, Oase, Vorräte an Wasser und Nahrung, Orientierung an der Sonne und an den Sternen.)

Die Kinder haben schon „Wüstenzeiten" erfahren: Umzug, Krankheit, Verlassenwerden von einem Freund, den Tod eines geliebten Haustiers, den Verlust eines Familienangehörigen, Fernsehverbot o. ä. als Strafe oder „Aus-Zeiten". Dabei haben sie vielleicht die Erfahrung von Hilfe und Stärkung gemacht. Später erinnert man sich an die alten Zeiten. Durch den zeitlichen Abstand verblassen die Eindrücke und Erlebnisse, und Erfahrungen werden in einem anderen Licht gesehen. Das haben die Kinder vielleicht auch schon erlebt: Erst waren sie froh, dass sie etwas Unangenehmes, Langweiliges hinter sich lassen konnten, später gefällt das Neue nicht mehr und das Alte wird herbeigesehnt.

Die Ungeduld der Israeliten ist für die Kinder nachvollziehbar. Auch sie fragen: „Wie lange noch?", wenn eine Zeitspanne noch nicht eingeschätzt werden kann. Sich auf Erwachsene zu verlassen und ihnen darin zu vertrauen, fällt den Kindern manchmal schwer. „Bist du denn nie zufrieden?", fragen die Eltern, wenn gemeckert wird. Die an abwechslungsreiche Kost gewöhnten Kinder werden den Protest der Israeliten gegen die eintönige Nahrung verstehen. Wenn der Himmel Pommes regnen lassen würde, sähe das wohl anders aus.

Mose hat keine Lust, die Verantwortung allein zu tragen. Auch das ist den Kindern vertraut, die ja sehr wohl darauf bedacht sind, dass andere (Geschwister, Mitschüler) ihren Teil beitragen. „Immer ich!" Mose bringt seine Sorgen vor Gott, der ihm Helfer zur Seite stellt. Die von Mose empfundene Ungerechtigkeit wird von Gott gesehen und geändert. Auch für uns kirchliche Mitarbeiter und Mitarbeiterinnen gilt: Es muss nicht immer eine oder einer alles machen. Das sollten wir uns zu Herzen nehmen: Aufgaben zum Teil an andere delegieren, uns Verstärkung holen oder erbitten und uns helfen lassen, wenn die Last zu groß wird.

**Gestaltungsvorschlag
für jüngere und ältere Kinder**

Lied: Du bist da, wo Menschen leben

Liturgischer Text: aus Jesaja 35

Lied: Gott geht mit

*Bildbetrachtung und Gespräch
als Hinführung*
Wir zeigen Bilder von verschiedenen Wüsten, wenn möglich auch mit Nomaden. Können Menschen in der Wüste leben? Möchtest du da leben? Wörter zu Wüste sammeln (Karawane, Sand, Kamele, Wüstenwind, Sandsturm, Leere, Oase, Weite, Dürre, Durst, Felsen, Trockenheit, Stille, Sonne, Steine).

Befreiung feiern – Mit Gott durch die Wüste

Erzählung
„Was gibt es denn heute zu essen", fragt Jan immer, wenn er aus der Schule nach Hause kommt. Und dann nimmt er manchmal den Deckel vom Topf, um es genau zu wissen. „Schon wieder Gemüsesuppe", sagt er enttäuscht. Gehörst du auch zu den Topfguckern? (Kurzes Gespräch über die Gewohnheiten und Essensvorlieben). Jetzt will ich euch erzählen, wie es den Israeliten in der Wüste erging. Am 1. Tag der Woche gab es Manna zu essen, am 2. Tag Manna, am 3. Tag wieder Manna, und so ging es jeden Tag. Hungern mussten sie nicht, aber es gab nur diese eine Speise, denn die mitgenommenen Vorräte waren schon lange verbraucht. Das Manna wurde jeden Morgen gesammelt und in Krügen aufbewahrt, jeden Tag frisch. Mit dem Morgentau fiel es auf den Boden, kleine Kügelchen. Es machte satt und stärkte. Die Frauen versuchten Brotfladen daraus zu backen oder es zu kochen, aber der Geschmack war immer der gleiche. „Ich kann dieses süße Zeug nicht mehr sehen", sagten viele. „Immer dasselbe! Wenn uns doch jemand Fleisch beschaffen könnte! Ich habe solche Lust, Fleisch zu essen." Und sie schwärmten von früheren Zeiten in Ägypten. Wie schön es da war. Es gab keinen Mangel. Fisch konnten sie essen, so viel sie wollten. Gurken und Melonen, Lauch und Zwiebeln wuchsen dort. Früchte gab es natürlich auch, denn am Nil gab es genug Wasser für Bäume und Pflanzen. Sie sprachen nur noch vom Essen, wenn sie in Gruppen vor ihren Zelten saßen, und die Unzufriedenheit wuchs von Tag zu Tag. „Wir müssen uns bei Mose beschweren und ihm sagen, dass er das ändern soll", planten sie. Mose hörte die Leute klagen und sich beschweren. Er dachte: „Wie schnell haben die Leute vergessen, dass sie befreit wurden. Ist ihnen denn das Essen wichtiger als die Freiheit? Gott wird zornig werden, wenn er hört, wie undankbar die Menschen sind."

Mose musste sich vieles anhören. Eines Tages wurde es ihm zu viel, und er sagte zu Gott: „Herr, warum tust du mir das an? Womit habe ich es verdient, dass du mir so eine undankbare Aufgabe übertragen hast? Alle beklagen sich nur. Ich halte das nicht länger aus, diese Last ist mir zu schwer. Bin ich das Kindermädchen von all diesen Menschen? Soll ich sie alle wie ein Baby auf meinen Armen ins gelobte Land tragen? Fleisch wollen sie, sie liegen mir in den Ohren mit ihrem Geschrei. Ich kann so nicht weiterleben!" Gott antwortete: „Mose, ich habe deine Klage gehört und will dir Verstärkung geben. Suche 70 Männer aus dem Kreis der Ältesten aus und versammle sie am heiligen Zelt. Ich will sie mit dem Geist stärken, den ich dir gegeben habe. Dann können sie die Verantwortung für das Volk mit dir teilen, und du brauchst die Last nicht allein zu tragen." So geschah es, und Mose musste nun nicht mehr allein die schwere Aufgabe erfüllen, für so viele Menschen verantwortlich zu sein.

Lied: Gott sagt uns immer wieder

Gespräch mit den älteren Kindern
Wir sprechen über Wüstenerfahrungen bei uns, in unserem Leben. Was kann helfen? Was kann uns beleben und stärken wie eine Oase?

Anfertigen einer Collage
Zeitungsbilder und Fotos von Menschen in Wüstensituationen bei uns (Not, Leid, Krankheit) und in Oasen (fröhliche Situationen, Entspannung, Feier, Gemein-

20. Juni 2004

schaft) werden sortiert und auf sandfarbenes und grünes Tonpapier geklebt (3–4 grüne „Oasen" in der großen Sandwüste).

Stirnbänder gestalten

Jedes Kind erhält einen weißen Stoffstreifen (15 cm x 120 cm, aus einem alten Bettlaken oder Nessel gerissen oder geschnitten). Dieser Streifen wird an den Längskanten nach hinten umgelegt, so dass der Streifen noch ca. 7 cm breit ist. Im mittleren Bereich ist mit Bleistift die Aufschrift „Mit Gott durch die Wüste" in gut lesbaren großen Buchstaben vorgeschrieben. Die Kinder fahren diese Schrift mit Stoffmalstiften oder Filzstiften nach und verzieren das Band nach ihrer Phantasie. Das Stirnband wird dann um den Kopf gelegt und hinten verknotet.

Mit dem Stirnband kann auch ein Beduinentuch als Sonnenschutz auf dem Kopf befestigt werden. Das gestaltete Stirnband soll im Gottesdienst am folgenden Sonntag Verwendung finden und wird daher noch nicht mit nach Hause gegeben.

Anstelle von Stoff können Streifen aus weißem Krepppapier genommen werden. Eine Rolle wird im ganzen in vier Rollenstücke geschnitten. Diese werden abgerollt und halbiert, so dass aus einer Krepp-Rolle 8 Streifen (15 cm x 120 cm) entstehen. Dann wird weiter wie bei dem Stoff verfahren.

Lied: Gott geht mit

Gebet
Guter Gott, du hörst unser Singen und Loben und du hörst die Klagen der Menschen. Dir dürfen wir alles sagen. Wenn wir traurig sind, dann tröstest du uns. Wenn wir nicht weiter wissen, dann bist du auch bei uns und zeigst uns den Weg. Dafür danken wir dir. Amen.

Segen, s. S. 140

Lied: Bewahre uns, Gott

Adelheid Schnelle

27. Juni 2004 –
3. Sonntag nach Trinitatis

5. Mose 26,1–11

Das Fest der Befreiung

Lieder: Ich singe dir mit Herz und Mund, EG 324, LJ 186, MKL 54; Gott sagt uns immer wieder, KG 216, LJ 542; Gott geht mit, s. S. 148; Singt dem Herrn (s. u.); Du bist da, wo Menschen leben, KG 147, LJ 498, LfK 1 C 6, MKL 42

Liturgischer Text: aus Jesaja 35, S. 140

Zum Text

Das Ziel der langen Wüstenreise wird erreicht. Wenn das Volk angekommen ist, soll es sich darauf besinnen, dass Gott es war, der das Volk Israel dorthin geführt hat. Dann soll es ein Dankfest feiern und die ersten Früchte der Ernte dem Herrn darbringen. Sie sollen sich an den Weg ihres Volkes erinnern, an die Geschichte ihrer Väter und ihres Volkes bis in die Gegenwart hinein. Dann sollen sie ein Bekenntnis zu Gott sprechen, ihn anbeten und fröhlich sein über alles, was Gott gegeben hat.

Im Gegensatz zu den Feiern an Erntedank (Laubhüttenfest im Oktober) werden hier nicht am Ende der Ernte die letzten Früchte als Opfer dargebracht, sondern die Erstlinge, also die ersten Früchte jeder Sorte. Es ist wohl mehr ein Bittgottesdienst für eine gute Ernte, verbunden mit dem Dank, dass Gott die Früchte wachsen lässt. Bittgottesdienste, an denen z. B. an Überschwemmungen gedacht wird, gibt es regional auch in unserem Land. In Israel feiert man auch heute noch sieben Wochen nach dem Fest der ungesäuerten Brote (Passafest) das Wochenfest als Dankfest für die (dort frühe) Weizenernte und als Fest der Erstlinge. Es fällt in die Zeit, die unserem Pfingstfest im Mai/Juni entspricht.

An diesem Tag sind die Synagogen und Häuser mit Blumen, Früchten und Pflanzen geschmückt. Heute wird das Fest, abgesehen von dem Blumenschmuck, weniger als Naturfest, vielmehr als Fest der Bundeserinnerung gefeiert.

Der Text und die Kinder

Der Text bietet den Kindern eine Zusammenfassung der geschichtlichen Ereignisse und der Glaubenserfahrungen des Volkes Israel mit seinem Gott. Es ist wichtig, bei den Kindern das Bewusstsein für die eigene Herkunft und Geschichte zu schaffen. Sie sollen damit befähigt werden, sich selbst einzuordnen. Sie erkennen, dass sie in einer Gemeinschaft von Menschen stehen, die als Kinder Gottes auf ihn vertrauen und sich seiner Gegenwart bewusst sind. Gott handelt heute an uns, wie er zur Zeit des Abraham, des Josef und des Mose gehandelt hat.

In einem Gottesdienst für Kinder und Erwachsene werden wichtige Aussagen und Elemente der vergangenen drei Gottesdienste wiederholend aufgegriffen. Die Kinder sollen (ohne üben zu müssen) ebenso wie die Gemeinde mitmachen dürfen. Dieser Gottesdienst soll fröhlich und muss nicht immer leise sein.

Jeder Gottesdienst ist eine Feier, ein Fest der Gemeinde. In diesem Gottesdienst wird das Fest der Befreiung gefeiert. Der Raum kann vorher mit den Kindern geschmückt werden. Nach dem (oder im?) Gottesdienst dürfen alle von den Früchten der Jahreszeit essen (z. B. Erdbeeren, Kirschen, die sich die Kinder gerne über die Ohren hängen, Möhrenstückchen, Radieschen).

Gestaltungsvorschlag für Kinder und Erwachsene

Der Kirchenraum ist mit Wiesenblumen und Gräsern geschmückt, vielleicht gibt es schon grüne Weizen- oder Gerstenhalme. Beim Hereinkommen erhalten die Kinder ihr gestaltetes Stirnband vom vergangenen Kindergottesdienst um den Kopf gebunden. Neu hinzukommende Kinder bekommen auch ein vorbereitetes Band mit bunter Schrift.

Musik zum Eingang

Begrüßung, Ankommen
Herzlich willkommen, liebe Kinder und Erwachsene, in der festlich geschmückten Kirche. „Befreiung feiern – Mit Gott durch die Wüste" so haben wir das Thema für unseren Gottesdienst genannt. Ihr Kinder habt im Kindergottesdienst Stirnbänder gestaltet, die uns dieses Thema anzeigen.

Die Israeliten sind von Mose aus Ägypten geführt worden. Dort ging es ihnen schlecht, denn sie wurden von den Ägyptern unterdrückt. Es war ein langer Weg durch die Wüste. In der Bibel gibt es viele Geschichten von der Wüstenwanderung. Heute hören wir etwas von den Erfahrungen des Volkes Israel in der Wüste und wie es erlebt hat, dass Gott sein Volk führt, es mit Nahrung versorgt und bei ihm ist. Gott will auch uns durch unsere Wüsten führen und uns beistehen, wenn es nicht mehr weiter geht. Er will da sein, wenn uns ein tiefes Meer in unserem Leben den Weg versperrt und wir vor lauter Kummer nicht mehr weiter wissen, wenn uns das Wasser bis zum Hals steht. Wir wollen mit den Israeliten feiern, dass sie das alles mit Gottes Hilfe überstanden haben, und bitten Gott um seine Gegenwart. Wir feiern diesen Gottesdienst im Namen des Vaters, des Sohnes und des Heiligen Geistes. Amen.

Lied: Ich singe dir mit Herz und Mund

Liturgischer Text: aus Jesaja 35

Liturgie wie üblich

Gebet
Guter Gott, wir sind zu dir gekommen mit dem, was uns freut und mit dem, was uns Angst macht und uns bedrückt. Du bist da bei den Menschen. Ob wir in Bedrängnis sind, auf dem Weg durch die Wüste oder auf unseren Straßen, ob wir fröhlich oder traurig, gesund oder krank sind, allein oder mit vielen zusammen. Du willst uns begleiten und für uns da sein, auch jetzt. Dafür danken wir dir, Gott. Amen.

Lied: Gott sagt uns immer wieder

Verkündigung I:
Mose wird beauftragt
Die Kinder kommen nach vorn und bringen vorbereitete rote und gelbe „Flammen" aus Papierservietten am Dornbusch an. Dazu werden rote und gelbe Papierservietten in Lagen getrennt; eine

dünne Lage im Mittelpunkt fassen und dann durch die andere Hand ziehen. Das ergibt eine Flamme. Der Dornbusch kann aus richtigen oder aus Tonpapier ausgeschnittenen Zweigen bestehen, die als Busch an einer Stellwand angebracht sind.

„Mose, geh zurück nach Ägypten!", hatte Gottes Stimme zu Mose aus dem brennenden Dornbusch gesagt. „Mein Volk wird in Ägypten vom Pharao unterdrückt. Führe mein Volk aus Ägypten heraus in ein Land, das ich euch zeigen werde." „Ich, warum ich?", antwortete Mose erschrocken. „Ich kann das nicht!" Gott sagte zu Mose: „ICH-BIN-DA, das ist mein Name. Ich bin bei dir, und dein Bruder Aaron wird dir dabei helfen, mein Volk aus der Hand der Ägypter zu befreien."

Liedruf: Gott geht mit

Verkündigung II:
Gott rettet sein Volk am Schilfmeer
„Der Wind treibt das Wasser weg! Schaut her, die Erde wird trocken!" So riefen die Israeliten, als sie nach tagelanger Wüstenwanderung am Schilfmeer angekommen waren und das Wasser ihnen den Weg versperrte. Sie hatten große Angst, denn vor ihnen war das Wasser und hinter ihnen kamen ihre Verfolger, die Ägypter, und drohten sie einzuholen. Trockenen Fußes konnten die nun alle das rettende andere Ufer erreichen. Die ägyptischen Streitwagen aber versanken hinter ihnen in den Fluten. Das Wasser war zurückgekommen und besiegte die ägyptischen Verfolger.

„Gott hat uns gerettet!", jubelten die Israeliten und feierten ein Fest. Mirjam schlug die Trommel und sang und tanzte ein Befreiungslied mit den anderen Frauen, auch viele Kinder und Männer machten mit.

Eine Mitarbeiterin ist Mirjam. Die Kinder kommen nach vorn und begleiten sie mit Schlaginstrumenten und ihren gebastelten Handtrommeln. Mirjam ist Vorsängerin im Wechsel mit der Gemeinde, die zum Mitmachen aufgefordert wird. Bei einem zweiten Durchgang könnten die Kinder mit Mirjam durch die Kirche ziehen.

Mirjam: <u>Singt</u> dem <u>Herrn</u>!
Gemeinde: <u>Singt</u> dem <u>Herrn</u>!
(weiter s. S. 160)

Verkündigung III:
Mose bekommt Verstärkung
„Immer das gleiche Essen! Jeden Tag Manna! Mose, wir wollen Fleisch essen!", so beklagten sich die Israeliten in der Wüste bei ihm. Mose sprach mit Gott über das murrende Volk. Er sagte: „Das wird mir jetzt zu viel! Ich schaffe das nicht mehr allein, Gott! Entweder du hilfst mir, oder ich will nicht weiterleben." Wieder war Gott bei seinem Volk und half weiter. Mose bekam Verstärkung. Er durfte sich 70 Männer von den Ältesten aussuchen, die ihn unterstützen und mit ihm die Verantwortung auf der Wanderung durch die Wüste tragen sollten.

Liedruf: Gott geht mit

Erzählung und Predigt:
Das Fest der Befreiung im gelobten Land
Nach langer Wüstenwanderung und vielen Entbehrungen kamen die Israeliten im gelobten Land an. Es ist das Land Kanaan, von dem gesagt wird: Dort fließen Milch und Honig. „Das ist ja ein Schlaraffenland", werdet ihr denken. So war es auch fast. Die Familien hatten sich bald auf das Land verteilt

und Obst und Gemüse angebaut, Getreide gesät und Weideland für die Tiere gefunden. Es wuchs alles gut. Sie erinnerten sich daran, dass Gott ihnen aufgetragen hatte, was sie zu Beginn der ersten Ernte tun sollten. Ein großes Fest sollten sie feiern mit allen, die zu ihnen gehörten. Mit der Familie, mit Freunden und auch mit den Fremden, die bei ihnen wohnten. Aber vorher sollten sie die ersten Früchte der Ernte, das, was zuerst reif war, zum Altar Gottes bringen. Der Priester war dort und nahm die Früchte entgegen.

(Die Kinder werden nun aufgefordert, bereitgestellte Früchte vom hinteren Teil der Kirche nach vorn zum Altar zu tragen. Dort werden sie entgegengenommen und auf einem großen Tuch oder auf dem Altar abgelegt. Dazu kann die Gemeinde aufstehen und für die Kinder eine Gasse bilden. Die Gaben werden laut genannt: Frühkartoffeln, Radieschen, Erdbeeren ...)

Die Gaben der ersten Ernte wurden zum Altar gebracht. Und dann kam noch etwas ganz Wichtiges: Die Israeliten sollten sich an die Geschichte ihres Volkes erinnern und sich zu Gott bekennen. Sie kannten die Worte, denn die hatte Mose ihnen gesagt: „Unser Stammvater war ein Aramäer. Als es eine Hungersnot gab, zog er mit seiner Familie nach Ägypten und lebte dort als Fremder. Die Ägypter unterdrückten uns und zwangen uns zu harter Arbeit. Da schrieen wir zum Herrn, und er führte uns aus großer Not. Gott hat uns gerettet. Er gab uns dieses Land, und ich bringe ihm nun als Dank die ersten Früchte der Ernte." Das waren die Worte, die beim Darbringen der Erstlingsfrüchte gesagt wurden, ein Bekenntnis zu Gott.

Gott ist der „ICH-BIN-DA", „Ich bin bei euch", das ist sein Name. Das haben die Israeliten erfahren. Sie haben, wie seit vielen Generationen vorher ihre Eltern und Großeltern und deren Eltern, immer wieder erfahren, dass Gott treu ist, dass er die Menschen mit allem versorgt, was sie brauchen, und dass er sie aus der Not führt. Daran wollen wir uns auch heute erinnern. „Gott hilft uns nicht immer am Leiden vorbei, aber er hilft uns hindurch." (J. A. Bengel) Gott will das auch heute noch tun. Wenn wir zurückschauen auf den Glaubensweg der Menschen, die vor uns gelebt haben, können wir unseren eigenen Weg für die Zukunft erkennen. Gott will bei euch Kindern sein und seine Hand über euch halten, und er ist bei den Erwachsenen, er tröstet und befreit, er ermutigt und stärkt uns. Gott segnet und schenkt seinen Frieden. Die Israeliten haben sich zwischendurch manchmal enttäuscht von Gott abgewendet und haben es Gott nicht immer recht gemacht. Aber er hat sie trotzdem nicht im Stich gelassen. Wir dürfen ihm vertrauen. Auch wir leben in einem Land, in dem Milch und Honig fließen. Den meisten von uns geht es sehr gut. Und wir freuen uns darüber, dass Obst und Gemüse und Getreide für das Brot bei uns auch in diesem Jahr wieder wachsen können. Wir bitten Gott um eine gute Ernte bei uns und dort, wo die Menschen die gute Ernte dringend brauchen, um überleben zu können. Amen

Lied: Singt dem Herrn

Befreiung feiern – Mit Gott durch die Wüste

Singt dem Herrn

Text:
Adelheid Schnelle

Melodie:
Kommt herbei, singt dem Herrn
KG 176, LJ 445,
EG Regionalteil, GoKi 1995, S. 137

|: Singt dem Herrn, singt dem Herrn,
wir sind frei, die Not ist fern. :|
Gott führte uns aus Ägypten,
aus dem Land der Sklaverei.
Gott führte uns aus Ägypten,
aus dem Land der Sklaverei.

|: Tanzt dem Herrn, preiset ihn,
lasst uns mit ihm unsre Wege gehn. :|
Gott bewahrte uns am Schilfmeer,
führte sicher uns ans Ziel.
Gott bewahrte uns am Schilfmeer,
führte sicher uns ans Ziel.

|: Lobt den Herrn, lobt den Herrn,
Gott hört unser Loblied gern. :|
Er ging mit uns durch die Wüste,
gab uns Zuversicht und Mut.
Er ging mit uns durch die Wüste,
mit Gott wird unser Leben gut.

|:Dankt dem Herrn, dankt dem Herrn,
Er ist bei uns jederzeit. :|
Gott gießt auf uns seinen Segen,
gibt unserm Leben einen Sinn.
Gott führt uns auf guten Wegen,
habt Geduld, vertraut auf ihn.

Glaubensbekenntnis
Die Israeliten haben sich zu ihrem Gott bekannt und gesagt: „Wir gehören zu Gott, er ist unser Herr." Das tun wir jetzt auch, indem wir das Glaubensbekenntnis sprechen.
(alle:) Wir glauben an Gott, den Vater.
Er gab denen,
    die unter der Knechtschaft
    litten, seine Liebe.
Er gab denen,
    die fremd waren im Land,
    ein Zuhause.
Er gab denen,
    die unter die Räuber fielen,
    seine Hilfe.
(alle:) Wir glauben an Jesus Christus,
Sohn Gottes, unsern Bruder
und Erlöser.
Er gab denen,
    die Hunger hatten,
    zu essen.
Er gab denen,
    die im Dunkel lebten,
    das Licht.
Er gab denen,
    die im Gefängnis saßen,
    die Freiheit.
(alle:) Wir glauben an den
Heiligen Geist.
Er gibt denen,
    die verzweifelt sind,
    neuen Mut.
Er gibt denen,
    die in der Lüge leben,
    die Wahrheit.
Er gibt denen,
    die die Schrecken
    des Todes erfahren,
    die Hoffnung zum Leben.

(aus: Evangelisches Gottesdienstbuch, S. 540)

Lied: Du bist da, wo Menschen leben

Fürbitte, Vater unser
Guter Gott, du bist für uns da.
Wir danken dir, dass du uns gibst,
    was wir zum Leben brauchen.
Wir wollen miteinander teilen,
    damit kein Mangel herrscht.
(alle:) Weise uns, Herr, deinen Weg.
Wir bitten dich für die Ernte dieses
    Jahres. Segne alles, was auf
    den Feldern und in den Gärten
    wächst. Wir wollen deine
    Schöpfung schützen.
(alle:) Weise uns, Herr, deinen Weg.
Wir bitten dich für unsere Familien und
    Freunde. Beschütze und
    bewahre die Menschen, die zu
    uns gehören. Wir wollen uns
    miteinander vertragen und
    aufeinander Rücksicht nehmen.
(alle:) Weise uns, Herr, deinen Weg.
Gott, wir bitten dich für alle, die krank
    oder traurig, unterdrückt oder
    schwach sind. Wir wollen helfen
    und nicht wegschauen, damit
    alle Menschen gut leben
    können.
(alle:) Weise uns, Herr, deinen Weg.
Wenn wir jetzt in die neue Woche
    gehen, dann gib uns die Kraft
    für alles, was zu tun ist. Leite
    uns bei Entscheidungen und sei
    bei uns. Dir wollen wir
    vertrauen.
(alle:) Weise uns, Herr, deinen Weg.
    Amen

Segen
Wir werden gesegnet mit dem aaronitischen Segen. Diesen Segen hat Gott Aaron gegeben, damit er mit diesen Worten die Israeliten segnet:
    Der Herr segne dich und behüte dich, der Herr lasse leuchten sein Angesicht über dir und sei dir gnädig. Der Herr erhebe sein Angesicht auf dich und gebe dir Frieden.

Auszug der Kinder zum Liedruf:
Gott geht mit
Dazu kann man einen Tanzschritt ausführen: rechter Fuß vor, linker Fuß tippt an, links vor, rechts tipp, rechts vor, links tipp usw., bei ‚tipp' auch in die Hände klatschen. „Mirjam" zieht mit der Handtrommel voran.

Adelheid Schnelle

Taufe erinnern – zur Taufe einladen

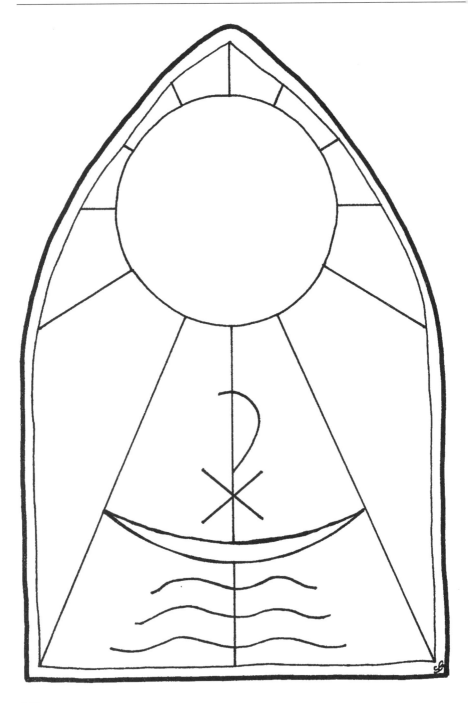

Lied:
Ich kann mich nicht erinnern, s. u.

Liturgischer Text:
Du kennst unsere Wege,
nach Ps 36, Sagt Gott 34

IX

Taufe erinnern – zur Taufe einladen

Sonntag	Them/Text	Art des Gottesdienstes Methoden und Mittel
4.7.2004 4. Sonntag nach Trinitatis	Die Taufe ist VERHEISSUNG für das Leben Markus 1,9–13	Gottesdienst mit Kindern; Puzzle, Gespräch, Erzählung, Bildbetrachtung
11.7.2004 5. Sonntag nach Trinitatis	Zur Taufe gehört ge- lungene BEGEGNUNG Apostel- geschichte 8,26–40	Gottesdienst mit Kindern; Stegreifspiel, Erzählung mit Sand- kasten, Bausteine, Palme, blauer Stoff, Schriftrollen basteln
18.7.2004 6. Sonntag nach Trinitatis	In der Taufe liegt eine kräftige HERAUS- FORDERUNG Römer 6,3.4	Gottesdienst mit Kindern; Ruhige Musik, Bildbetrachtung, Bilder aus Zeitungen ausschneiden, auf großes Pappkreuz kleben, große Sonne, kleine beschriftete Sonnen

Ich kann mich nicht erinnern
Tauf-Erinnerungslied

Text und Melodie (nach „Wohl denen, die da wandeln"): Siegfried Macht

Ich kann mich nicht er-in-nern und weiß doch, es ist wahr: Du hast mich auf-ge-nom men in dei-ne gro-ße Schar.

2. Ich hab es nicht verstanden, ich war noch viel zu klein;
vielleicht hab ich geschrien – auch das darf bei dir sein.

3. Du magst mich nicht nur leise, du magst mich nicht nur laut;
ich hab, schon eh ich's wusste, auf deine Art vertraut.

4. Dein Licht brennt auf dem Altar, dein Licht brennt auch für mich;
und wen es angesteckt hat, der brennt seitdem für dich.

5. Ein jeder sollte wissen, dass Gott mich rufen ließ,
so sagten meine Eltern zur Taufe, wie ich hieß.

6. Ein Kreuz als Fingerzeichen berührte mein Gesicht –
nicht viel, nicht wenig Wasser: dein Kreuz ist von Gewicht!

7. Das soll mich stets erinnern, was du für mich getan,
und dass dein Weg den meinen gekreuzt, um mir zu nahn.

8. Und so wie jenes Wasser so ist auch, Gott, dein Wort –
ich möchte darin baden: es wäscht das Böse fort.

9. Was war, das ist gewesen – dass uns nichts Altes quält,
hat Gott das Bild des Bades, der Neuerung gewählt.

10. Du hast, solang ich lebe, stets „ja" gesagt zu mir.
Was soll man dazu sagen? – Ich sage „ja" zu dir!

11. Wir wolln uns stets erinnern: entäußert hat sich Gott
und tauschte seinen Himmel gegen der Menschen Spott.

Aus: Siegfried Macht. Kleine Leute – große Töne. Mit Kindern singen, spielen, musizieren.
Verlag Junge Gemeinde. Leinfelden-Echterdingen 19997. © beim Autor

Das Lied kann, wenn jüngere Kinder unter sich sind, vereinfacht werden: z. B. reicht es, die erste Strophe wie einen Refrain wiederkehrend mit allen zu singen und die anderen Strophen von der Gruppenleitung singen oder sprechen zu lassen. Vielleicht können einige Strophen auch von Kindern (gelesen oder auswendig) gesprochen werden.

4. Juli 2004 –
4. Sonntag nach Trinitatis

Markus 1,9–13

Die Taufe ist Verheißung für das Leben

Lieder: Ich kann mich nicht erinnern, s. o.; Du hast uns, Herr, gerufen, EG 168, LJ 112, MKL 8; Gottes Liebe ist wie die Sonne, KG 153, LJ 539, MKL 47; Bewahre uns, Gott, EG 171, KG 213, LJ 117

Liturgischer Text:
Du kennst unsere Wege, nach Psalm 36, Sagt Gott 34

Zum Thema und zum Text

Die Verheißung Gottes ist die Zusage Gottes an uns Menschen für das Leben, in dem Gott uns begleiten und behüten möchte, uns unter seinen Schutz und seine Gnade stellt. Sie ist nicht nur Angebot, sondern in Jesus Christus schon längst Realität geworden.

Durch die Taufe bestätigen wir diese Verheißung und nehmen das Angebot wahr, unser Leben bewusst unter die Herrschaft Gottes zu stellen. Wir vertrauen uns voll und ganz der Gnade und Zuwendung Gottes an. Gott hat sich uns schon längst zugewandt und durch die Taufe wendet sich der Mensch bewusst Gott zu. Dieses Bewusstsein muss im Menschen erhalten bleiben. Der Taufakt macht den Vollzug der gegenseitigen Annahme sichtbar, doch folgt auf die Taufe ein lebenslanger Prozess, indem sich die gegenseitige Annahme vertieft und immer wieder erneuert. Dieser Prozess vollzieht sich in der lebenslangen Begleitung und Unterweisung im christlichen Glauben.

In Mk 1,9–13 lässt sich Jesus von Johannes dem Täufer vor dem Beginn seines öffentlichen Wirkens taufen. Mit seiner öffentlichen Taufe unterstreicht Jesus seine enge Beziehung zu Gott. Jesus stellt sich unter die Fürsorge und den Schutz Gottes, unter seine Verheißung für das Leben. Und Gott bestätigt ihn als seinen Sohn (V. 11). Mit dieser Zusage kann Jesus den Versuchungen des Satans widerstehen. Die Kraft dazu hat er von Gott. Und in der lebensfeindlichen Wüste sorgt Gott für sein Leben. Die Engel, Gottes Boten und Diener, sorgen für Jesus.

Heute stehen wir in der Nachfolge Christi. Somit hat die Taufe Jesu für uns auch Vorbildfunktion. Wie er sich durch die Taufe unter die Herrschaft Gottes gestellt hat, können und sollen wir uns heute auch unter die Herrschaft Gottes stellen.

Das Thema und die Kinder

Die Kinder haben unterschiedliche Erfahrungen mit der Taufe. Manche Kinder wurden schon als Kleinkinder getauft, andere erst später, oder sie sind noch nicht getauft. Viele Kinder haben sicherlich schon die Taufe ihrer Geschwister oder anderer Kinder miterlebt. Einige Kinder können sich vielleicht an ihre eigene Taufe erinnern.

Vermutlich wissen Kinder, dass sie mit der Taufe Christen geworden sind und zur Gemeinde gehören. Ältere Kinder wissen vielleicht auch, dass sie mit

Taufe erinnern – zur Taufe einladen

der Taufe eine Bindung an Jesus Christus eingegangen sind. Doch die Formulierung „Verheißung für das Leben" ist für Kinder schwer zu verstehen. Das Wort Verheißung ist in der Umgangssprache der Kinder kaum noch oder nicht mehr vorhanden. Deshalb schlage ich vor, den Begriff „Verheißung" mit „Versprechen" zu übertragen. Mit „Versprechen" haben die Kinder schon Erfahrungen. Sie haben Erfahrungen mit eingehaltenen Versprechen, aber auch Erfahrungen mit nicht eingelösten Versprechen. Hier kann nun eingesetzt werden, z. B. mit einer Geschichte, dass das Versprechen Gottes – seine Verheißung – unbedingt von Gott eingelöst wird. Den Kindern muss dabei aber auch klar gemacht werden, dass dies nicht von heute auf morgen geschieht, sondern oft langsam und manchmal ganz unauffällig.

Gestaltungsvorschlag für jüngere und ältere Kinder

Lied: Du hast uns Herr gerufen

Liturgischer Text:
Du kennst unsere Wege, nach Psalm 36

Lied: Ich kann mich nicht erinnern

Textlesung
Auch Jesus ließ sich taufen. Wir lesen das in der Bibel, Markus 1,9–13: …

Puzzle und Gespräch
Das Bild mit den Dingen, die zur Taufe gehören, wird als Puzzle zerschnitten und zusammen mit den Kindern gelegt. Es sollte, je nach Anzahl der Kinder, eine entsprechende Anzahl von Teilen haben, oder man bereitet mehrere Puzzlespiele vor, die dann in Kleingruppen gelegt wer-

Taufe ist Verheißung für das Leben

den. Danach spricht man mit den Kindern über die Bilder auf dem Puzzle. Bestandteil des Puzzles ist auch der Spruch „Taufe ist Verheißung für das Leben". Er leitet zu der Geschichte über, in welcher der Sinngehalt des Spruches verdeutlicht werden soll. Im Anschluss an die Geschichte kann noch einmal zusammengefasst werden, was dieses Versprechen Gottes von den Versprechen der Menschen und von Wünschen unterscheidet.

Bilder für das Puzzle:
Taufstein/Taufschale: Darin ist das Wasser für die Taufe.
Wasser: Mit dem Wasser wird die Taufe vollzogen. Im Wasser stirbt das alte Leben und das neue Leben beginnt. Wasser reinigt und belebt.
Kreuz: Es steht für den Tod und die Auferstehung, ist zum Symbol der Christen geworden. Unter dem Kreuz versammeln sich alle Christen der Welt.
Taube: Mit der Taube wird der Heilige Geist dargestellt. Er ist die Kraft Gottes, die wir bei der Taufe empfangen. Die „Flugrichtung" von oben nach unten zeigt an: Die Kraft kommt von Gott zu uns.
Kerze: Die Kerze ist eine Erinnerung an die Taufe. Sie wird an der Osterkerze angezündet. Das Licht der Kerze erinnert daran, dass Gottes Licht in unsere dunkle Welt kommt
Spruch „Taufe ist Verheißung für das Leben": Er soll die Neugier der Kinder wecken und dient zur Überleitung in den zweiten Abschnitt.

Geschichte: Elke und das Versprechen
Elke ist sieben Jahre alt und ein Mädchen wie alle Mädchen. Mal ist sie artig, mal ist sie zickig, mal ist sie fröhlich und mal ist sie traurig, mal ist sie fleißig und mal ist sie ein wenig bequem.

Elke ist aufgeregt. Morgen hat sie Geburtstag. Darauf freut sie sich schon die ganze Woche. Da gibt es Geburtstagskuchen, Glückwünsche und eine kleine Feier mit ihren Freundinnen. Und Elke ist neugierig auf ihre Geschenke. Doch wenn sie an Geschenke denkt, wird ihr ein wenig mulmig, sie wird ein wenig traurig und hat auch etwas Angst. Warum das so ist? Dazu müssen wir ein Jahr zurückschauen.

Im Frühling des vergangenen Jahres lernte Elke Fahrrad fahren. Ihr Bruder Hannes sagte zu Ihr: „Mensch, Elke! Du bist schon so groß und im Sommer kommst du zur Schule. Da musst du Fahrrad fahren können! Komm, ich bringe es dir bei." Ach war das aufregend! Von den ersten Versuchen, bei denen ihr Bruder sie festhielt, bis zur ersten eigenen Runde im Hof!

Zum Geburtstag wünschte Elke sich ein eigenes Fahrrad. Dann könnte sie ihre Oma im Nachbardorf besuchen oder mit ihren Freunden zum See am Wald radeln. Oh, würde das schön werden! Elke schrieb ihren Wunsch ganz oben auf den Wunschzettel.

Doch zu ihrem Geburtstag war kein Fahrrad da! Elke war enttäuscht und traurig. Die Eltern, die ihre Tochter so traurig sahen, versprachen ihr, dass sie ein Fahrrad bekommen würde.

Zu Weihnachten schrieb Elke wieder das Fahrrad ganz oben auf ihren Wunschzettel. Diesmal sogar mit dem Vermerk: „Meine Eltern haben es mir versprochen." Sogar in ihrem Abendgebet bat sie Gott, er soll es machen, dass sie ein Fahrrad bekommt. Denn sie hat in der Kinderkirche gelernt, dass Gott immer bei ihr ist und ihr hilft. Das hat Gott versprochen. Und schließlich, so sagte sich Elke, ist sie ja getauft.

Aber wie groß war ihre Enttäu-

Taufe erinnern – zur Taufe einladen

schung, als sie zum Heiligen Abend wieder kein Fahrrad bekam! Elke weinte. Die Mutter nahm Elke in den Arm. Sie fragte, warum Elke so traurig sei. Da platzte alles aus ihr heraus: „Ihr habt mir versprochen, dass ich ein Fahrrad bekomme! Ich möchte doch so gerne ein eigenes Fahrrad haben! Ihr habt euer Versprechen nicht gehalten! Ihr habt es vergessen. Auch Gott hat sein Versprechen nicht gehalten, obwohl ich darum gebetet habe."

Die Mutter fragte, wieso Gott sein Versprechen nicht gehalten hätte. Elke antwortete: „Na, ich bin doch getauft! Und in der Kinderkirche habe ich gelernt, dass Gott immer zu mir halten will und immer bei mir ist und mir hilft. Das hat er bei meiner Taufe versprochen!"

Nun begann die Mutter ihrer Tochter zu erklären: „Du hast dir ein Fahrrad gewünscht. Damit werden einige Sachen in deinem Leben einfacher und besser. Aber Wünsche gehen nicht immer gleich in Erfüllung. Man muss oft lange warten, bis ein Wunsch in Erfüllung geht. Mit den Versprechen ist es oft nicht anders. Ein Versprechen kann manchmal nicht gleich eingelöst werden. Auch hier muss man warten können. Dein Vati und ich haben dir ein Fahrrad versprochen. Das haben wir nicht vergessen. Doch ein Fahrrad kostet viel Geld. Vati und ich legen immer etwas Geld beiseite und sparen so für dein Fahrrad. Das dauert halt etwas länger. Das verstehst du doch?"

Die Mutter machte eine Pause. „Das verstehe ich", sagte Elke, „Aber wie ist das mit dem Versprechen von Gott?" Die Mutter antwortete: „Gott hat in der Taufe nicht versprochen, dass er dir ein Fahrrad schenken wird. Er hat auch nicht versprochen, unsere Aufgaben zu übernehmen. Aber er hat bei deiner Taufe versprochen, dass er immer bei dir ist und dir hilft. Gott hält seine Versprechen, ohne das wir sie mit unseren Augen sehen, oder mit unseren Händen anfassen können. Das können wir nur mit unserem Herzen.

Bei deiner Taufe sagte der Pfarrer: "Gott schenkt dir ein neues Leben. Du bist aber vom Aussehen dieselbe Elke geblieben und keine andere Elke geworden. Das Versprechen Gottes ist, dass du ein neues Leben hast, in dem Gott immer bei dir sein wird. Das ist Gottes Verheißung. Und dass Gott seine Versprechen hält, das wissen wir doch aus vielen biblischen Geschichten. Auf Gott können wir immer vertrauen. Darum haben wir dich zur Taufe gebracht."

Elke freute sich. „Ach so ist das", sagte sie. „Schade, dass ich bei meiner Taufe noch so klein war, ich kann mich gar nicht mehr daran erinnern." Da zeigte ihr die Mutter Fotos von ihrer Taufe.

An all das muss Elke jetzt denken. Ihr mulmiges Gefühl verfliegt und sie denkt hoffnungsvoller an morgen.

Gespräch und Bildbetrachtung

Kann sich jemand von euch an seine Taufe erinnern? ... Habt ihr Fotos von eurer Taufe?

Ich habe hier ein Bild (s. S. 162), das heißt „Taufe erinnern – zur Taufe einladen". Was seht ihr auf diesem Bild? ... (Sonne, Wasser, Taufschale) Die Sonne bescheint das ganze Bild ...

Lied: Gottes Liebe ist wie die Sonne

Gebet und Vaterunser, Segen

Lied: Bewahre uns Gott

Renate Crain

11. Juli 2004 –
5. Sonntag nach Trinitatis

Apostelgeschichte 8,26–40

Zur Taufe gehört gelungene Begegnung

Lieder:
Ich kann mich nicht erinnern, s. S. 164;
Du hast uns, Herr gerufen, EG 168,
LJ 112, MKL 8; Du bist da wo
Menschen leben, KG 147, LJ 498,
LfK 1 C 6, MKL 42

Liturgischer Text:
Du kennst unsere Wege,
nach Psalm 36, Sagt Gott 34

Zum Text

Im Text begegnet uns Philippus, der von Gott losgeschickt wird, um eine Mission zu erfüllen.

Indem er sich dem afrikanischen Finanzminister und Bediensteten der äthiopischen Königin zuwendet, lässt die Erzählung ahnen, dass nun eine Erweiterung des Horizontes (auch innerhalb der Apostelgeschichte) eingesetzt hat. Plötzlich befinden sich alle Völker, auch die Fernen, mit im Boot der Nachfolge Jesu. Die Geschichte erinnert an das Geschehen bei einem Staffellauf.

1. Gott setzt etwas in Gang, indem er
2. einem Boten (Engel) den Auftrag gibt, Philippus zu suchen.
3. Philippus nimmt den Auftrag an und findet den Mann auf der Wüstenstraße, der bereits indirekt auf Jesus Christus durch die Lektion der Schriftrolle des Jesaja (Kap. 53) vorbereitet wird.
4. Er fügt den Afrikaner zur Gemeinschaft der Christen hinzu, in dem er ihn tauft. Das ist wiederum durch das Auftauchen der Wasserstelle im rechten Moment möglich.
5. Der Afrikaner ist nun selbstständig und benötigt Philippus nicht mehr. Jedoch lässt die Erzählung am Schluss die Vermutung zu, dass nun ebenfalls der Afrikaner auch in seiner Heimat nicht über das Geschehene schweigen wird. Er wird der Anstifter neuer Mission sein, auch wenn dies der Textabschnitt selbst nicht mehr angibt.

Innere (Begegnung) und äußere (Ort und Zeit) Voraussetzungen führen zu einer Begegnung von übergreifender (missionarischer) Bedeutung.

Die Taufe geschieht folgerichtig im Erzählaufbau und lässt aus dem fragenden Afrikaner einen fröhlichen Christen werden.

Der Text und die Kinder

Die Entscheidung des Kämmerers für die Taufe reifte in der Begegnung mit Philippus. Jüngere wie ältere Kinder können gut nachvollziehen, dass Dinge und Erlebnisse besser gelingen (mehr Spaß machen), wenn man nicht allein ist. In diesem Zusammenhang soll von der Taufe erzählt werden.

Die Taufe der Kinder liegt vielleicht schon so weit zurück, dass keine Erinnerung mehr möglich ist. Doch sie wurden von Eltern und Paten begleitet.

Philippus ist so etwas wie ein Pate, auch wenn seine Begleitung zeitlich nur sehr begrenzt war. So bringen auch die Kinder von Zeit zu Zeit Freunde mit in den Kindergottesdienst – begegnen sich plötzlich Kinder ganz verschiedener Herkunft und Prägung. Die älteren Kinder bereiten sich auf die Konfirmation ebenfalls durch Teilnahme an Unterweisung vor.

Dass Christen sich biblische Geschichten weitererzählen und miteinander versuchen zu begreifen – „Versteht du auch, was du da liest?" – ist den Kindern bekannt.

Der Gestaltungsvorschlag möchte Taufe als Folge von Begegnung mit Christus, mit Christen und christlicher Gemeinde herausarbeiten.

Es sollte deutlich werden, dass diese drei Gesichtspunkte offenbar werden: Begegnung – Begleitung – Annahme.

**Gestaltungsvorschlag
für jüngere und ältere Kinder**

Lied: Du hast uns, Herr, gerufen

Stegreifspiel
Jeweils zwei Kinder spielen vor, wie sich unterschiedliche Menschen begegnen können: zwei Freunde, zwei ältere Menschen, Lehrer und Schüler, Mutter und Kind, zwei Verliebte, ein Fußball- oder Popstar und ein Fan ...

Mit jüngeren Kindern kann man sich darüber unterhalten, wo man überall Menschen treffen kann. Man kann auch Gesichtsausdrücke beim Treffen von bekannten und völlig fremden Personen vormachen.

Ältere Kinder können sich mit den in der Rolle der oben genannten Personen einen kleinen Dialog ausdenken. Wie ist es, wenn sie sich begegnen?

Zur Vorbereitung der Erzählung
Man benötigt einen flachen Kasten, der gleichmäßig mit Sand gefüllt ist. Der Sand muss glatt gestrichen sein.

Mit Bausteinen wird der Tempel in Jerusalem angedeutet und mit kleinen Steinen ist ein Weg (Wüstenstraße) abgesteckt. An einer Stelle befinden sich ein bis zwei Palmen aus Naturmaterial und eine kleine Wasserstelle aus blauem Stoff (s. Zeichnung). Die Fußspuren werden mit zwei Fingern eingedrückt.

Der Kasten steht in der Mitte.

Als Alternative kann man Fußspuren mit Buntpapier auf den Boden legen und die Landschaft als gestaltete Mitte entstehen lassen.

Erzählung
Ein afrikanischer Finanzminister und hoher Beamter der Königin von Äthiopien hatte die Stadt Jerusalem und den heiligen Tempel besucht.

Er war guter Laune und befand sich nun wieder auf dem Heimweg. Er saß in seinem Wagen, der von zwei Pferden die Wüstenstraße entlang gezogen wurde. **(1)** Auf der Straße werden jeweils zwei Spuren für den Afrikaner mit den Fingern eingedrückt.

In seinen Händen hielt er eine Schriftrolle, die er im Tempel gekauft hatte. Sie sollte ihm eine Erinnerung an seine Reise sein. Jetzt las er laut darin.

Da stand plötzlich ein Mann neben seinem Wagen und lief ein Stück des Weges mit. **(2)** Zwei Fußspuren nähern sich dem Wagen und verharren dort.

Philippus, so hieß der Mann, wurde von Gott auf die Wüstenstraße zu dem Afrikaner geschickt. Er fragte den Finanzminister aus Afrika: „Ich höre, du liest in einer heiligen Schriftrolle. Nun, verstehst du auch, was du da liest?"

„Ich lese zwar die Worte", antwortete der Mann auf dem Wagen, „aber verstehen kann ich sie nicht. Würdest

11. Juli 2004

du mich ein Stück des Weges begleiten und mir erklären, was hier steht?"

Philippus zögerte nicht. Er stieg auf den Wagen und sie setzten die Fahrt fort. **(3)** Die zwei Fußabdrücke im Sand gehen neben dem Wagen auf der Straße weiter.

Der Afrikaner las weiter vor und fragte dann: „Sag mir, wen meint der Prophet mit einem, der ohne Murren wie ein Lamm zum Schlachten geführt wird und den Gott von der Erde weggenommen hat und der viele Nachkommen haben wird?"

Philippus antwortete: „Er spricht von Jesus, der große Schmerzen erleiden musste. Mit dem Gott etwas Besonderes vorhatte und zu dem viele Menschen gehören wollen, weil er ihnen Gott nahe gebracht hat."

Und Philippus erzählte noch weiter, alles, was er von Jesus wusste, und der Afrikaner hörte mit Spannung zu. (An dieser Stelle könnten in einer kleineren Gruppe die Kinder gefragt werden, was Philippus alles von Jesus erzählt haben könnte.)

Plötzlich fragte der Minister: „Was muss ich tun, dass auch ich zu Jesus gehören kann?" „Ganz einfach", erwiderte Philippus, „du musst an Jesus glauben und dich taufen lassen. Damit gehörst du zu ihm."

„Das möchte ich, denn ich glaube an Jesus. Und schau – hier ist eine Wasserstelle – taufst du mich?" **(4)** Die Fußspuren sind an der Palme angekommen und bewegen sich nun zum Wasser hin, 2 x 2 Füße. Die beiden stiegen vom Wagen und Philippus führte den Afrikaner zur Wasserstelle. Sie stiegen hinein und Philippus taufte ihn auf den Namen des Vaters und des Sohnes und des Heiligen Geistes.

Als der Afrikaner aus dem Wasser stieg, war Philippus verschwunden. Er hatte seinen Auftrag erfüllt. Der getaufte Mann war aber voller Freude und nicht traurig darüber. **(5)** Zwei Füße gehen zur Straße zurück. Denn er wusste: Ich gehöre jetzt zu Jesus. Ich bin niemals allein, denn ich bin getauft.

Er stieg in den Wagen und fuhr fröhlich weiter in sein Heimatland. **(6)** Wieder zwei Spuren ein Stück weiterführen.

Lied: Du bist da, wo Menschen leben mit neuen Strophen:

Du bist da, wo Menschen segnen,
du bist da, wo Segen ist.

Du bist da, wo Menschen feiern,
du bist da, wo Freude ist.

Du bist da, wo Menschen träumen,
du bist da, wo Träume sind.

Du bist da, wo Menschen froh sind,
du bist da, wo Frohsinn ist.

Du bist da, wo Menschen lachen,
du bist da, wo Lachen ist.

Du bist da, wo Menschen taufen,
du bist da, wo Wasser ist.

Kreative Vertiefung
Kleine Schriftrollen mit dem Namen und dem Taufdatum der Kinder versehen (vorher aus den Kirchenbüchern heraussuchen). Diese könnten sie erhalten, wenn in diesem Gottesdienst Tauferinnerung gefeiert wird.

Lied: Ich kann mich nicht erinnern

Katrin Lange

18. Juli 2004 – 6. Sonntag nach Trinitatis

Römer 6,3.4

In der Taufe liegt eine kräftige Herausforderung

Lieder: Ich kann mich nicht erinnern, s. S. 164; Mir ist ein Licht aufgegangen, EG Regionalteil, LfK 1 A4, LJ 410; Gottes Liebe ist wie die Sonne, KG 153, LJ 539, MKL 47; Du verwandelst meine Trauer in Freude, KG 198, LJ 508, MKL 9

Liturgischer Text: Du kennst unsere Wege, nach Psalm 36, Sagt Gott 34

Zum Text

Röm 6,3.4 erscheint mir beim ersten Lesen für Kinder ziemlich schwierig. Ich selber habe Schwierigkeiten, bei der Taufe eines Menschen, eines kleinen Kindes, an den Tod zu denken. Ist doch dieses Fest, das die Kirchengemeinde mit der Familie und dem Täufling feiert, ein fröhliches, Leben bejahendes und hoffnungsvolles Fest. Keiner wagt dort an den Tod zu denken.

Und doch sind diese Verse im Römerbrief der Schwerpunkt, die Grundlage unseres christlichen Glaubens. Es gibt keine bessere Zusicherung von Gottes Liebe, keine stärkere Ermutigung auf unserem Lebensweg. Wir erfahren, Gott hält treu zu uns und verlässt uns auch in Dunkelheit und Tod nicht.

Durch den Tod seines Sohnes kommt Gott uns Menschen sehr nah. Er zeigt uns damit, dass wir nach unserem Tod das neue Leben der Auferstandenen führen dürfen. Das gibt Mut und Zuversicht.

Durch die Taufe werden wir mit dem Tod Jesu verbunden. Gott spricht: Fürchte dich nicht, denn ich habe dich erlöst; ich habe dich bei deinem Namen gerufen; du bist mein! (Jes 43,1)

Gott zeigt damit in seiner grenzenlosen Liebe, dass er mit uns noch etwas Großes vorhat. Wir stehen in seiner Fürsorge und dürfen, genau wie sein Sohn Jesus, nach unserem Tod ein neues Leben als Auferstandene beginnen. Das ist sein Geschenk an uns. Dieses Geschenk ist die Grundlage unseres Glaubens.

Das Oster- und Auferstehungsfest müsste nun eigentlich deshalb das beherrschende Fest im Kirchenjahr sein. Aber es ist längst nicht mehr so. Uns ging wohl die Freude verloren, an jedem Sonntag ein Fest der Auferstehung Jesu zu feiern, obwohl seine Auferstehung doch Angelpunkt unseres Glaubens ist.

Wir haben Leben geschenkt bekommen. Wir sind getauft. Wir dürfen Frieden mit Gott machen und seine Liebe erfahren. Wir dürfen unser Leben verwandeln lassen und neu anfangen.

Durch die Auferstehung Jesu hat sich Gott als der wahre Schöpfer gezeigt. Er hat Jesus erlöst, angenommen und ihn erhoben. Er macht damit deutlich, dass er das auch mit uns vorhat. Dies ist eine Verheißung, eine Quelle des Lichtes mitten in dunkler, angsterfüllter Zeit.

Gott spricht: Es wird nicht dunkel bleiben über denen, die in Angst sind. (Jes 8,23) Menschen, unterwegs auf der Suche nach einem erfüllten Leben, sollen nicht an den Ängsten und Nöten dieser Welt resignieren. Sie sind herausgefordert, sich damit auseinanderzusetzen und darauf zu vertrauen, dass es keine Macht gibt, die uns von Gott trennen kann. Der Tod hat nicht das letzte Wort – sondern Gott.

Wenn Gott so wie in Mt 28,18 zu uns sagt: „Mir ist gegeben alle Macht im Himmel und auf Erden ...", so ist dies ein Wort der Ermutigung, den eigenen Lebensweg mit Gott zu gehen.

Das Licht der Auferstehung – die Ostersonne – wärmt, leuchtet und stärkt uns auf unserem Weg durch das Jahr immer wieder auf das Neue – gegen die Schatten des Todes, gegen die Angst, gegen die verrinnende Zeit, die erlittenen Niederlagen, gegen die Liebe, die zu versiegen droht.

Röm 6,3.4 ermutigt uns zum Leben und bei der Entscheidung für Gott. Die Erinnerung an den Tod Jesu in der Taufe ist für uns Herausforderung, unser Leben bewusst zu leben und es unter Gottes Namen, sein Wort und seinen Schutz zu stellen.

Der Text und die Kinder

Eine bevorstehende Taufe ruft bei vielen Kindern leuchtende Augen und Neugier hervor. Deshalb ist es an vielen Orten schon zur Gewohnheit geworden, dass alle im Taufgottesdienst anwesenden Kinder während der Taufe mit am Taufstein stehen dürfen.

Sie können dort alles genau miterleben. Sie hören den Taufspruch, sehen den Täufling, die Familie und die Gemeinde von bester Stelle aus. Sie sind mittendrin.

Sicherlich würden sie, genauso wie Gemeinde und Taufgesellschaft, erschrecken, wenn sie hören würden: Du wirst getauft, denn du musst sterben ... Wie gut ist es da, erklärt zu bekommen: Wir Christen haben eine große Hoffnung und die stimmt uns fröhlich. Weil Jesus am Kreuz gestorben und auferstanden ist, werden auch wir einmal auferstehen.

Gott lässt uns nicht im Stich. Er versichert uns immer wieder: „Ich bin bei euch alle Tage bis an der Welt Ende." (Mt 28,20)

Deshalb ist die Taufe ein Freudenfest, an dem der Täufling erfahren wird: Auch ich gehöre dazu, zu dieser großen Familie der Christen. Ich bin nicht allein. Gott hält seine Hand über mich.

Kinder wissen, wie es ist „gefangen" zu sein: durch Krankheit an das Bett „gefesselt" werden, nicht spielen und toben können, liegen bleiben müssen. Auch in ihrer Lebensumwelt erfahren sie, was es heißt zu unterliegen, sich nicht wehren zu können.

So erleben sie auch besonders stark, was es heißt, wieder aufzustehen von diesen schmerzvollen Erfahrungen.

Viele Erfahrungen, die wir Erwachsenen machen, bekommen auch die Kinder mit: Auferstehen von etwas, das zu Boden gedrückt war. Aufstehen – dieses Wort wirft ein besonderes Licht auf die Bedeutung der Auferstehung:
– Aufstehen gegen Unrecht
– Aufstehen von langer Krankheit
– Aufstehen, losgehen, sich bewegen, nicht mehr gelähmt sein, nicht mehr träge sein, sondern etwas verändern, sich verändern, neu tätig werden
– Aufstehen aus der Trauer
– Aufstehen, um etwas Neues zu beginnen

Aufstehen gegen/von etwas, was allmächtig schien. Tod, Dunkelheit, Schmerz, Trauer, Krankheit und Scham behalten nicht die Oberhand. Denn Gott befreit aus diesen Situationen. Er ermutigt neu anzufangen, sich in Bewegung zu setzen. „Ich bin bei euch alle Tage."

Welches Kind versteht nicht diesen tröstenden Zuspruch: „Ich bin doch da. Du brauchst keine Angst zu haben." Es merkt dadurch: „Ich werde beschützt, ich kann es wagen, mir passiert nichts."

Durch die Taufe bekommen wir von Gott gesagt: Du bist jemand, ein Mensch, der nach meinem Willen geschaffen wurde. Ich habe großes Vertrauen und Zutrauen zu dir. Ich lade dich ein, auf mein Wort zu hören und meinen Geboten zu folgen. Nimm diese Herausforderung an, dann wirst du ein reiches Leben haben. Ich werde stets da sein, besonders wenn du meinen Schutz und meine Hilfe brauchst.

**Gestaltungsvorschlag
für jüngere und ältere Kinder**

Bitte vorher bereitstellen
- alte Tageszeitungen
- großes Pappkreuz (groß genug, damit jeder aus der Gruppe mindestens ein Bild oder einen Text aufkleben kann)
- Leim, Scheren, Stifte
- Zeichenpapier
- kleine gelbe Sonnen mit Zuspruch
- Bild, s. u.
- MC oder CD mit ruhiger (klassischer) Musik, kein Gesang
- Recorder
- Kerze, Streichhölzer
- Stuhlkreis
- in der Mitte des Stuhlkreises ein dunkles Tuch, darauf das Pappkreuz
- keine Kerze
- Tische mit den Zeitungen und Bastelzubehör im Hintergrund

Einstimmung
Zu Beginn werden die Kinder mit ruhiger Musik empfangen.

Lied: Ich kann mich nicht erinnern

Liturgischer Text
Gemeinsam lesen alle den Psalm.

Bildbetrachtung
▶ siehe Seite 176
Wir schauen uns das Bild an.
  Was seht ihr? Was fällt euch sofort ins Auge? Wie fühlt sich das Kind? In welcher Situation könnte sich das Kind befinden? Habt ihr so etwas auch erlebt oder so empfunden? Wann? ...
  Gut, wenn einer da ist, dem ich vertrauen kann und der mich beschützt! Aber manchmal ist keine Hand da, die mich hält. ... Erinnert ihr euch an solch eine Situation? ... Könnt ihr euch vorstellen, dass dieses Bild ein Taufbild ist?
  In der Taufe nimmt uns Gott an die Hand. Er nimmt uns als sein Kind an. Ihm können wir vertrauen. Außerdem gehören wir nun zur großen Familie der Christen. Wir erfahren – Gott liebt uns und möchte, dass auch wir friedlich und liebevoll miteinander umgehen.
  Trotzdem ist unser Leben gefüllt mit vielen Ängsten, großen und kleinen Dunkelheiten: Beleidigungen, Zank, Streit, Verfolgungen, Ausgrenzungen, Zerfall von Familien, Tod bringende Krankheiten, Unfälle, Kriege. Unsere Zeitungen sind voll von diesen beunruhigenden Nachrichten. Das ängstigt und belastet viele Menschen.

Bilder aus Zeitungen ausschneiden
Wir suchen Beispiele dieser großen und kleinen Dunkelheiten aus den Tageszeitungen heraus und schneiden sie aus. Wenn ihr ein bis zwei Texte oder Bilder gefunden habt, setzt euch bitte wieder in den Stuhlkreis. *Jüngere Kinder* können inzwischen eine Situation, vor der sie Angst haben, malen.

Glasfenster, Bruder Eric de Taizè

© Ateliers et Presses de Taizè

18. Juli 2004

Kreuz und Ostersonne
Wir schauen auf das Kreuz in der Mitte. Es ist ein Bild für alles Dunkle, auch für das, was wir ausgeschnitten haben. Alle kleben ihre Zeitungsausschnitte an das Kreuz. Dabei hören wir Musik.

Gott möchte uns in Angst und in Dunkelheiten nicht allein lassen. Das macht uns Mut, wenn es dunkel ist.

Gott hat Jesus am Kreuz nicht allein gelassen. Er hat ihn auferweckt. Gott will, dass Jesus lebt und wir sollen auch leben. Als Zeichen dafür legen wir eine Ostersonne über das Kreuz (oder darunter schieben).

Jetzt können wir uns alle in diese Ostersonnenstrahlen hinein schreiben oder malen. Als wir getauft wurden, sagte Gott zu uns: Ihr gehört zu mir. Ich halte euch an meiner Hand. Tut etwas gegen die Angst und gegen das Dunkle. Ich bin bei euch.

Lied: Du verwandelst meine Trauer

Gebet
Lieber Gott, du lässt uns nicht allein.

Es gibt Geschehnisse in unserem Leben, die uns erschrecken, uns ängstigen und traurig machen. Die wollen wir dir nun sagen: ...

Lieber Gott, wir danken dir für unsere Taufe. Da erfahren wir: Bei dir sind wir gut aufgehoben.

Du schenkst uns jeden Tag neue Kraft, Mut und Zuversicht. Unsere Dunkelheiten müssen nicht dunkel bleiben. Das Licht der Auferstehung, die Ostersonne, möge uns auch in den kommenden Tagen leuchten.

Wir beten mit den Worten, die wir von Jesus kennen: Vater unser

Lied: Gottes Liebe ist wie die Sonne

Verabschiedung
Jedes Kind bekommt eine kleine Sonne mit dem Spruch (Mt 28,20) mit auf den Weg.

Beate Jagusch

„Sei Quelle und Brot in Wüstennot"

Lied:
Bewahre uns Gott, EG 171, LG 213, LJ 117

Liturgischer Text:
Psalm 121

„Sei Quelle und Brot in Wüstennot"

Sonntag	Thema/Text	Art des Gottesdienstes Methoden und Mittel
25.7.2004 7. Sonntag nach Trinitatis	Lebensquelle in der Wüste – Hagar (1. Mose 21,8–20)	Gottesdienst mit Kindern; Stammbaum, Phantasiereise oder Wüstenbild auf Packpapier und Wassertropfen aus Tonpapier zum Beschriften, Gespräch, Erzählung, Krug mit Wasser und Glas, Mandala
1.8.2004 8. Sonntag nach Trinitatis	Lebensbrot in der Wüste – Elija (1. Könige 19,1–8)	Gottesdienst mit Kindern; Figuren zum Anschauen und Beschriften auf Tonkarton kopiert, Erzählung, Gespräch
8.8.2004 9. Sonntag nach Trinitatis	Die Wüste wird blühen (Jesaja 35,1–7)	Gottesdienst mit Kindern (und Erwachsenen); Wüste gestalten (Sand, Folie, Tuch, leere Flasche, Scherbe, Dornzweig, verwelkte Pflanze, Steine, Wasser), Erzählung, Tanz, Malen, Requiem von Brahms

Aktionen zur Auswahl

Aktion 1
In der Kirche hängt für alle gut sichtbar ein von den Mitarbeiterinnen vorbereitetes Plakat in Kratztechnik mit Wachsmalfarben. Bitte denken Sie daran, vor dem Kratzen den Boden gut abzudecken. Zunächst ist nur tiefes Schwarz zu sehen.

Am ersten Sonntag wird nach der Verkündigung die Mitte freigekratzt: leuchtendes Blau ist zu sehen: Lebensquelle in der Wüste (1. Mose 21,8–20).

Am zweiten Sonntag erscheint darum herum Grün (mit etwas Braun): Lebensbrot in der Wüste (1. Könige 19,1–8).

Am dritten Sonntag wird dann der Außenkreis mit vielen leuchtenden Far-

„Sei Quelle und Brot in Wüstennot"

ben sichtbar: Die Wüste wird blühen (Jes 35,1–7).

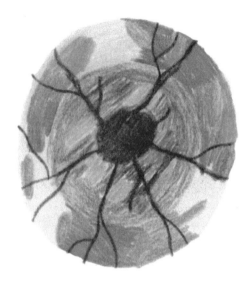

Aktion 2
Am ersten Sonntag wird auf einem großen Bogen Architektenpapier nach der Verkündigung ein blauer Kreis in die Mitte gemalt, aus dem feine blaue Linien verlaufen.

Am zweiten Sonntag entsteht ein zweiter Kreis in verschiedenen Grüntönen mit einzelnen braunen Flecken.

Am dritten Sonntag gibt es einen bunten fröhlichen Außenkreis.

So entsteht ein großes Mandala, das in der Kirche oder im Gemeindehaus als Fensterbild aufgehängt werden kann.

Gebet
Im gemeinsamen Fürbittengebet wird für Menschen gebetet, die solche Wüstenerfahrungen erleben wie die Menschen in den jeweiligen Geschichten.

Birgitt Johanning

**25. Juli 2004 –
7. Sonntag nach Trinitatis**

1. Mose 21,8–20

Lebensquelle in der Wüste – Hagar

Lieder: Bewahre uns Gott, EG 171, KG 213, LJ 117, Du verwandelst meine Trauer in Freude, MKL 9, KG 198, LfK B3, MKL 2 26, LJ 508; Gott gab uns Atem, EG 432, MKL 73, LJ 242, LfK 2 119; Wo ein Mensch Vertrauen gibt, LfK A6, LJ 651; Auf der Suche nach dem Leben, LfK 2 120; Das wünsch ich sehr, MKL 5, LZU 10, LfK C2, LJ 488; Du Gott stützt mich, LJ 501, LfK 2 143
Liturgischer Text: Psalm 121

Zum Thema

Quelle: Gott als unsere Lebensquelle eröffnet neue Lebensperspektiven – auch in Wüstensituationen. Er stillt unseren Durst (nach Leben) und spendet so Kraft, den vor uns liegenden Lebensweg zu meistern. Der Psalmist vertraut darauf: „... bei dir ist die Quelle des Lebens, und in deinem Lichte sehen wir das Licht." (Ps 36,10)

Wüste: In der Bibel ist die Wüste der Ort, an dem Menschen besondere (intensive) Erfahrungen mit Gott machen. Manche Menschen, wie z. B. Johannes der Täufer, begeben sich deshalb sogar freiwillig für einige Zeit in die Wüste, um dort zu leben und Gott nahe zu kommen.

Wüste wird auch im übertragenen Sinn verwendet: Wer „in die Wüste geht", entflieht der menschlichen Gesellschaft in die Einsamkeit, z. B. wenn er sich unverstanden fühlt. Jeder Raum, selbst große Städte, können zur Wüste werden aufgrund ihrer Leblosigkeit. Auch Lebensverhältnisse und innere Zustände können uns das Gefühl geben, dass wir uns in einer Wüste befinden: Wir fühlen uns völlig allein gelassen, hungern und dürsten nach Zuwendung und Liebe, nach einem Menschen, der uns hilft, einen Weg aus unserer Situation zu finden. Manchmal fühlen wir uns sogar von Gott verlassen. Wir laufen wie blind umher. Dann muss uns Gott erst die Augen öffnen, damit wir unseren Weg finden.

Zum Text

Sara, die Frau Abrahams, kann (zunächst) keine Kinder bekommen. Da aber Söhne für das Überleben einer Sippe notwendig sind, greift sie zu dem damals legitimen Mittel der Leihmutterschaft: Ihre Magd Hagar gebiert Abraham einen Sohn, der als legitimer Nachfolger gilt und damit erbberechtigt ist. Als Sara wider Erwarten doch noch den Sohn Isaak zur Welt bringt und dieser stark genug ist zu überleben, regt sich in ihr die Eifersucht auf Ismael, den Erstgeborenen und auf Hagar, dessen Mutter. Und so entsteht eine spannende Geschichte um Leben und Tod.

Zu damaliger Zeit wurden Babys drei Jahre lang gestillt, und das Abstillen war Anlass, ein großes Familienfest zu feiern. Denn nun konnte man ziemlich sicher sein, dass das Kind überleben würde.

Saras Gedanken richten sich in die Zukunft: Sie sieht Ismael mit ihrem Sohn spielen. Das schürt ihre Eifersucht auf das Kind der Ägypterin, sie will nicht, dass beide gleichberechtigte Erben werden. Sara fordert Abraham auf, den „Sohn dieser Magd" wegzuschicken.

Zunächst weigert sich Abraham, denn er liebt Ismael. Erst als Gott ihm verspricht, für Hagar und Ismael zu sorgen, ja sogar Ismael wie Isaak zu einem großen Volk zu machen, willigt er ein, Saras Willen nachzugeben. Bis in das kleinste Detail werden nun die Vorbereitungen für den Aufbruch erzählt, wir erfahren von kargem Proviant, aber kein Wort von den Gefühlen der Beteiligten.

In 1 Mose 16 wird übrigens erzählt, dass die schwangere Hagar schon einmal in die Wüste gegangen war, weil sie die Sticheleien Saras nicht mehr ertragen hatte. Dort gab ihr Gott eine Verheißung. (Wer Interesse hat, sollte im Mitarbeitendenkreis einmal diese Erzählung unserer gegenüberstellen. In beiden Erzählungen werden die Charaktere der beteiligten Personen völlig unterschiedlich geschildert.)

Nun irren Mutter und Kind durch die Wüste, und als ihnen das Wasser ausgeht, legt Hagar ihren Sohn in den Schatten und entfernt sich, weil sie den Anblick des verdurstenden Kindes nicht ertragen kann. Sie bringt es aber auch nicht über das Herz, wegzugehen, ihn im Stich zu lassen. Hagar hadert mit ihrem Schicksal und schreit ihren Kummer heraus.

Ismael bedeutet „Gott hat erhört", und dies geschieht nun: Gott hört das Kind wimmern und wendet sich an Hagar: „Steh auf und nimm dein Kind fest bei der Hand." Gott will aus Ismaels Nachkommen ein großes Volk machen. Und Gott öffnet Hagar die Augen. Sie, die aus großer Verzweiflung wie blind war, sieht jetzt den lebensrettenden Wasserbrunnen.

Und Hagar nimmt, nachdem beide ihren Durst gestillt haben, Ismael und damit ihr Schicksal in die Hand und macht sich gestärkt und voll Zuversicht auf den Weg in eine Zukunft unter Gottes Schutz.

So wächst Ismael in einer kargen Landschaft als Bogenschütze heran und wird so zum Ahnherr der Beduinen.

Der Text und die Kinder

Sogenannte „Patchwork-Familien" gehören heute zur Normalität. Auch unter unseren Kindergottesdienstkindern gibt es sie: Geschwisterkinder mit verschiedenen Müttern oder Vätern. „Du hast mich lieber als meinen Bruder" oder ähnliche Gefühle gehören zum Alltag. Und manchmal spüren solche Kinder auch die Eifersucht der Mutter auf die ehemalige Partnerin ihres Vaters.

Dass Isaak nun kein Baby mehr ist, dass er sich freut, nun zu „den Großen" zu gehören, können gerade die kleinen Kinder gut nachvollziehen.

Normalerweise kennen Kinder „Wüste" nur aus dem Fernsehen und durch Abenteuergeschichten. Der übertragene Begriff jedoch ist ihnen nicht fremd: Sich von allen Menschen, selbst von der eigenen Familie verlassen zu fühlen.

Ich selbst habe mich als kleines Mädchen einmal so gefühlt, als ich mit einer Schere meine gute Strumpfhose zerschnitten habe und meine Eltern daraufhin einen Tag lang kein Wort mit mir gesprochen haben. Das war für mich eine echte Wüstenerfahrung. Die erste Zuwendung meiner Mutter danach war so etwas wie eine Quelle, an der ich mich laben konnte. Solche Erfahrungen sind selten, prägen aber oft für das ganze Leben.

Zu essen und zu trinken haben unsere Kinder genug. Aber manchmal fehlt es an Verständnis und Zuwendung sowie an Lebensperspektiven.

Auch wenn der Schwerpunkt dieser Reihe ein anderer ist, könnte unsere Geschichte z. B. in Gemeinden mit einem hohen Ausländeranteil zum Anlass genommen werden, über unser Verhältnis zu den Muslimen nachzudenken, da diese ihren Ursprung viel stärker von Ismael als von Isaak herleiten. So entdecken die Kinder eine Gemeinsamkeit zu ihren muslimischen Mitschülern oder den muslimischen Kindern im Kindergarten.

❋ **Gestaltungsvorschlag für jüngere und ältere Kinder**

Hinführung für ältere Kinder
Auf einem großen Blatt Papier oder Tonkarton werden mit Figuren, Namen und Pfeilen die Familienverhältnisse erklärt: Abraham, der Vater, Sara seine Frau. Sie haben kein Kind. Deshalb wird die Sklavin Hagar auch Abrahams Frau. Damals konnte ein Mann mehre Frauen haben. Hagar bekommt einen Sohn, Ismael.

Einige Zeit später wird Sara doch noch schwanger und bekommt Isaak. Beide Jungen sind Söhne Abrahams. (An dieser Stelle kann ein Gespräch folgen über die Familienverhältnisse der Kinder. Hier ist ein großes Einfühlungsvermögen von Nöten.)

Je nach Gemeindesituation kann der „Stammbaum" so weitergeführt werden, dass deutlich wird: Die Christen leiten sich eher von Isaak her, die Muslime von

Ismael. Nun erst wird die Geschichte erzählt.

Hinführung für jüngere und ältere Kinder
Phantasiereise:
Beim Betreten des Raumes empfängt die Kinder leise (Wüsten-)Musik. Die Kinder werden gebeten, sich auf Decken auf den Boden zu legen, dabei ist auf ausreichend Abstand achten.
    Bitte macht es euch möglichst bequem und schließt die Augen.
    Ihr seid heute morgen früh aufgestanden und habt vielleicht schon einiges erlebt.
    Aber jetzt seid ihr hier – in diesem Raum – und könnt alles, was euch belastet oder bedrückt hinter euch lassen.
    In Gedanken machen wir uns auf eine weite Reise, zurück durch die Zeit nach Israel ...

Erzählung für jüngere und ältere Kinder
„Hab' dich! Jetzt bist du dran!" Ismael berührt lachend den kleinen Isaak mit seiner Hand.
    Isaak ist ganz außer Atem. Er kann noch nicht so schnell laufen wie die Großen. Aber er ist sehr stolz, dass er mitspielen darf. Sowieso ist dies heute ein ganz großer Tag für ihn. Die ganze Familie feiert ein großes Fest. Ab heute wird seine Mutter ihn nicht mehr stillen. Er ist kein Baby mehr und fühlt sich schon so richtig erwachsen. Voller Eifer rennt er los, um seine Freunde zu fangen.
    Nicht weit entfernt sitzt seine Mutter Sara unter einem Baum im Schatten und beobachtet das muntere Treiben. Aber sie kann sich darüber nicht freuen. Sie macht sich Sorgen. Isaak ist ihr ein und alles. Sie will nur das Beste für ihn. Deshalb will sie nicht, dass Ismael als der große Bruder später einmal genauso viel oder sogar noch mehr erben wird als ihr Sohn.
    Plötzlich hat sie die Lösung: Ismael muss weg. Sie steht auf und geht zu Abraham: „Ich will nicht, dass Isaak einmal sein Erbe mit Ismael teilen muss. Schick ihn weg, zusammen mit seiner Mutter."
    Abraham weiß zunächst gar nicht, wie er reagieren soll. Schließlich hat er Ismael genauso lieb wie Isaak. Beides sind seine Söhne, auch wenn sie verschiedene Mütter haben.
    Aber Gott hilft ihm aus seinem Dilemma: „Lass Sara ruhig ihren Willen. Ismael wird nichts geschehen. Ismael wird genauso wie Isaak eines Tages viele Nachkommen haben. Ich habe mit beiden noch viel vor."
    Trotzdem kann Abraham den Rest des Tages nicht mehr fröhlich mit den anderen feiern. Er macht sich Sorgen.
    Aber am nächsten Morgen lässt Abraham Ismael mit seiner Mutter Hagar zu sich kommen, gibt ihnen Brot und einen Schlauch mit Wasser, segnet sie und schickt sie in die Wüste.
    Ihr könnt euch vorstellen, dass die nächsten Tage für die beiden sehr schwer wurden: ständig unterwegs, nur Sand und Steine, tagsüber die Hitze, nachts die Kälte und kein anderer Mensch weit und breit. Schon bald ist das Brot aufgegessen und das Wasser ausgetrunken.
    Hagar kann kaum noch mit ansehen, wie Ismael leidet.
    Schließlich sind Hunger und Durst so stark, dass sie Ismael unter einen Strauch in den Schatten legt. Sie geht ein paar Schritte weiter, setzt sich in den Sand und fängt laut an zu weinen und zu klagen.
    Plötzlich hört sie eine Stimme: „Was hast du, Hagar? Du brauchst keine

Angst zu haben. Gott hat euer Weinen gehört. Steh auf und nimm Ismael an die Hand. Ich habe noch viel vor mit ihm. Schau, da vorn ist ein Brunnen. Aus dem könnt ihr trinken."

Hagar ist erstaunt. Warum hatte sie den Brunnen nicht selbst entdeckt? Sie gibt Ismael von dem Wasser, dann trinkt sie selber. (Die Erzählerin oder der Erzähler schüttet langsam aus einem Krug Wasser in ein Glas.)

Nach kurzer Zeit geht es beiden besser. Hagar füllt den Schlauch mit Wasser, und beide machen sich auf den Weg.

Die Wüste macht Hagar keine Angst mehr. Sie fürchtet sich nicht mehr vor der Zukunft. Gott hatte ihnen das Leben gerettet.

Und Ismael wird größer und lernt, mit Pfeil und Bogen umzugehen. Er wird ein so guter Schütze, dass beide gut von seiner Beute leben können.

So ist die ganze Geschichte dank Gottes Hilfe doch noch gut ausgegangen.

Abschluss der Phantasiereise und Gespräch
Deshalb kann ich jetzt beruhigt die beiden verlassen. Ich verabschiede mich in Gedanken von Hagar und Ismael und mache mich langsam auf den Weg zurück hierher nach ..., in diesen Raum.

Was haben wir während der Erzählung vor unserem inneren Auge gesehen, was haben wir empfunden? Was haben wir gehört, als das Wasser plätscherte? (Vielleicht haben ja einige in diesem Moment wirklich gespürt, was es heißt, dass Gott die Quelle unseres Lebens ist.)

Fürbittengebet, s. S. 180

**Alternativvorschlag
für jüngere und ältere Kinder**

Hinführung
Ein großes Bild von einer Wüste wird in die Mitte gelegt. Die Kinder werden gebeten, „Wüstensituationen" in dieses Bild zu schreiben, wie z. B. Einsamkeit, Angst usw. (für die jüngeren Kinder schreiben die Mitarbeiterinnen.)

Alternativ zum Wüstenbild kann auch ein großes Stück braunes Packpapier (möglichst leicht zerknittert wegen des Effekts) verwendet werden.

Erzählung
Heute will ich euch von einer Frau erzählen, die zusammen mit ihrem Sohn eine solche Wüstensituation erlebt hat ... (Erzählung s. o.).

Aktualisierung
Woher bekommen wir Hilfe in den oben aufgeschriebenen Wüstensituationen?

Wassertropfen aus blauem Tonpapier werden mit den gefundenen Antworten beschriftet und an die Wüstenerfahrungen geklebt.

Fürbittengebet, s. S. 180

Birgitt Johanning

1. August 2004 – 8. Sonntag nach Trinitatis

1. Könige 19,1–8

Lebensbrot in der Wüste – Elija

Lieder:
Wenn einer sagt, LJ 624, MKL 100, ML C 15; Bewahre uns, Gott, EG 171, KG 213, LJ 117; Steh auf und iss; s. S. 188

Liturgischer Text:
Psalm 121

Zu Thema und Text

„Lebensbrot in der Wüste" – das klingt nach einem Wunder und nach einer Zusage.

Lebensbrot ist das, was man in der Wüste dringend benötigt, jedoch dort nicht vermutet. Die Verbindung der zwei gegensätzlichen Begriffe verleiht dem Thema seine Brisanz: „Lebensbrot" verheißt Energie und Kraft, ist eine Notwendigkeit, die die Not des Hungers und der Schwäche in Leben wendet. Lebensbrot ist Brot, das zum Leben verhelfen und ihm dienen soll.

Dagegen gehen die Assoziationen bei „Wüste" in eine deutlich negative Richtung. Man denkt an karges Land, an Trockenheit, an unerträgliche Hitze, an Einsamkeit. Kein Wasser, kein Brot, keine Spur von Leben oder doch nur eines Lebens mit Mühsal.

Dennoch sind diese beiden Extreme verbunden. Sie stehen sich nicht mehr gegenüber, als gehörten sie eigentlich nicht zusammen, sondern gerade in der Wüste bekommt das Lebensbrot seinen Sinn. Die scheinbare Widersprüchlichkeit erhält dadurch etwas Wunderbares.

Der Prophet Elija läuft nach der Drohung der Königin Isebel um sein Leben, läuft jedoch in die Wüste und will sterben. Er kann nicht mehr weiter. Er geht dorthin, wo keiner ist. Er ist allein. Ein Engel des Herrn kommt zu ihm und befreit ihn durch den zweimaligen An- bzw. Zuspruch „Steh auf und iss!" von seiner Lebensmüdigkeit und Einsamkeit. Völlig unerwartet sieht er Wasser und Brot.

„Und er stand auf und aß und trank und ging durch die Kraft der Speise vierzig Tage und vierzig Nächte bis zum Berg Gottes, dem Horeb." (1 Kön 19,8). Elija hört auf den, der ihn anspricht. Er steht auf, er isst und läuft wieder los. Dazu ist er nicht aus eigenem Vermögen fähig, sondern allein „durch die Kraft der Speise", durch die Gabe und Zuwendung Gottes. Das Wunder ereignet sich – es geschieht Elija: Er findet Lebensbrot in der Wüste.

Das Thema und die Kinder

Kinder können sich eine Wüste vorstellen. Sie haben sicher davon in Geschichten gehört oder im Fernsehen gesehen. Sie wissen, dass man in der Wüste Wasser und Speise braucht, um zu überleben. Doch das Wissen davon ist nur die eine Seite. Die Frage stellt sich nach der Erfahrung von Mangel im Alltag der Kinder. In materieller Hinsicht bleibt diese Erfahrung der Mehrheit der Kinder unseres Kulturkreises erspart. Statt Hun-

ger erleben sie Überfluss und oft einen achtlosen Umgang mit Lebensmitteln. Doch das Lebensbrot geht in seiner symbolischen Bedeutung über die Nahrung im materiellen Sinn hinaus: Lebensbrot ist das, was man zum Leben braucht: eine Familie, Freunde, Zeit mit anderen, Geborgenheit, Sicherheit, Vertrauen u. a. Dies kommt im Leben der Kinder vor – oder eben auch nicht. „Wüsten-Erfahrungen" können mitten im Alltag der Kinder stehen und diesen bestimmen:
- Wenn ein Kind sich allein fühlt, weil keiner Zeit hat.
- Wenn es Angst hat, und keiner da ist.
- Wenn es sich in der Schule überfordert und dem allgemeinen Leistungsdruck nicht gewachsen fühlt.
- Wenn es aus einer Gruppe ausgegrenzt wird, weil es anders ist.

Dann kennen Kinder das Gefühl: Ich kann nicht mehr. Ich habe keine Kraft mehr. Ich brauche jemanden.

Was man in solchen Situationen am nötigsten braucht, kann man sich selbst nicht geben. Lebensbrot kommt von außen, als Geschenk: wenn sich jemand Zeit nimmt, sich tatsächlich für einen anderen interessiert, ihn anspricht und ihm Hoffnung zuspricht. Das können andere Menschen sein, und es kann Gott sein.

Durch die Geschichte von Elija kann dies den Kindern an einem anderen Menschen verdeutlicht werden. Wichtig ist anschließend die Übertragung in die eigene Erfahrungswelt und der Zuspruch: „Gott sagt dir zu: Ich hab dich lieb und wär so gern dein Freund. Und das, was du allein nicht schaffst, das schaffen wir vereint!" (Str. 4 von Kindermutmachlied „Wenn einer sagt, ich mag dich, du")

Gestaltungsvorschlag

Vorbereitung und Material
Die Elija-Figuren werden auf Tonkarton kopiert und ausgeschnitten. Sie sollten groß genug sein, um etwas hineinschreiben zu können. Es liegen Stifte bereit. Falls ältere Kinder kommen, die gern den Psalm mit lesen würden, sollte dieser in Kopien vorhanden sein.

Begrüßung

Psalm 121 im Wechsel

Lied:
Wenn einer sagt, ich mag dich, Str. 1.2

Erzählung
(Während der Erzählung werden die Figuren 1–3 an eine Tafel geheftet oder auf den Boden um eine Kerze gelegt. Dazu ist kein Kommentar nötig.)

Elija war verzweifelt. Seit einiger Zeit war er im Auftrag Gottes unterwegs. Aber er hatte große Mühe mit seinem Volk, dem Volk Israel. Es hörte nicht auf Gott, es tat nicht, was Gott wollte. Die Königin war mächtig, und das Volk folgte ihr, und nicht Gott. Elija fühlte sich so schwach und allein. Er konnte einfach nicht mehr.

(Die Figur 1 wird jetzt – für alle gut sichtbar – an eine Tafel geheftet oder auf den Boden gelegt.)

1. August 2004

Wenn doch wenigstens Gott sich wieder einmal zeigen würde! Aber das tat er nicht. Hatte Gott sein Volk aufgegeben? Wenn sie gar nicht mehr auf ihn hören, dann werden sie ihn bald ganz vergessen haben, dachte Elija. Und nun musste er auch noch um sein Leben fürchten. Die Königin hatte ihm gedroht. Er lief und lief und lief und kam in die Wüste. Dort setzte er sich unter einen Wacholder. „Ich will sterben, Gott", sagte er. „Ich bin auch nicht stärker oder besser als meine Väter."
(Figur 2)

Elija legte sich hin und schlief ein. Plötzlich rührte ihn ein Engel an und sprach: „Steh auf und iss!" Und Elija sah Brot und einen Krug Wasser. Er aß und trank und schlief wieder ein. Da kam der Engel zum zweiten Mal. Wieder sagte er zu ihm: „Steh auf und iss, denn du hast einen weiten Weg vor dir!" Da stand Elija auf. Er aß und trank und er ging durch die Kraft der Speise 40 Tage und 40 Nächte bis zum Berg Gottes, dem Horeb.
(Figur 3)

Gespräch
Was stellt ihr euch vor, wenn ihr an Wüste denkt? ...
  Elija läuft mit Absicht in die Wüste. Warum? Was fehlt ihm? ...
  Wie geht es ihm an den verschiedenen Stationen? Dazu sehen wir uns noch einmal die drei Figuren an: Was geht in ihm vor? Wenn ihr Elija wärt, was würdet ihr denken? ...
  (Die Ideen der Kinder werden während des Gesprächs in die Figuren hineingeschrieben.)
  Wie kommt es, dass Elija plötzlich wieder loslaufen kann? ...
  Geht es euch manchmal ähnlich? Ihr könnt nicht mehr, ihr wisst nicht mehr weiter. Wer gibt euch dann Kraft?

Lied: Bewahre uns, Gott, behüte uns Gott, Str. 1; oder Steh auf und iss

Gebet
(Hier können Situationen der Kinder, von denen sie im Gespräch erzählt haben, aufgenommen werden.)
  Gott, manchmal fühlen wir uns so allein, als wären wir in einer Wüste. Keiner ist für uns da, obwohl wir jemanden brauchen. Keiner hat Zeit für uns. Wenn wir Angst haben, können wir es manchmal keinem sagen. Gott, sei du bei uns. Amen.

Lied:
Wenn einer sagt, ich mag dich, Str. 3.4

Ulrike Lemme

"Sei Quelle und Brot in Wüstennot"

Kanon: Steh auf und iss

Text (nach 1. Könige 19,7) und
Melodie: Siegfried Macht

Aus: Macht, Siegfried. Noch lange nicht ausgedient. Neue Lieder für Schule und Gemeinde.
(Auch auf gleichnamiger Doppel-CD)

Rechte: Strube Verlag, München 1997

8. August 2004 –
9. Sonntag nach Trinitatis

Jesaja 35,1–7

Die Wüste wird blühen

Lieder: Ich lobe meinen Gott, EG 272, KG 161, LJ 160; Freunde, dass der Mandelzweig, LJ 518, ML 1, B 127; Ich lobe meinen Gott, der aus der Tiefe mich holt, KG 112, LJ 560; Wir haben Gottes Spuren festgestellt, LJ 642, MKL Grün 121; Wo ein Mensch Vertrauen schenkt, LJ 651, ML 2, B 195; Bewahre uns Gott, behüte uns Gott, EG 171, KG 213, LJ 117
Liturgischer Text: Psalm 121

Zu Thema und Text

Das Wüsten-Thema ist an den beiden letzten Sonntagen schon angeklungen und es wurde deutlich, dass mit dem Stichwort „Wüste" nicht nur geologische Landschaften angesprochen sind, sondern dass Wüste auch ein Bild für menschliche Erfahrungen der Verzweiflung, Mutlosigkeit und Not darstellt.

Die Wüste wird blühen. Das Thema dieses Sonntags strahlt Hoffnung und Zuversicht aus. Alles kann anders werden. Nichts wird bleiben, wie es ist. Denn Gott ist da. Er kommt und hilft. Jesaja 35 beschreibt eindrücklich die große Veränderung. Einerseits bleibt der Text in den Bildern der Natur (Steppe wird blühen, Wasser brechen hervor, Ströme in dürrem Land), andererseits bietet er aber auch die Übertragung an. Menschen werden verändert. Blinde werden sehen, Stumme frohlocken, Lahme springen wie Hirsche … Es sind starke, sehr lebendige Bilder. Sie richten sich an Verzagte und Mutlose, an Menschen, deren Leben dürr geworden ist, die sich wie vertrocknet fühlen.

Jesaja ist wohl in Jerusalem beheimatet. Er wirkte in der Zeit (ca. 736–701 v. Chr.), als die Assyrer mächtig wurden und auch das Reich Juda (701 v. Chr.) belagerten und das Nordreich mit der Hauptstadt Samaria eroberten. Jes 35 richtet sich an das Volk Israel, das nun in einem besetzten Land lebt. Leben und Hoffnung sind zerstört. Die Schrecken des Krieges vor Augen, malt Jesaja ein farbiges Hoffnungsbild. Die Menschen sollen sich bereithalten. „Macht fest die wankenden Knie …" Es besteht kein Grund zur Mutlosigkeit, denn Gott wird die Erlösten nach Jerusalem (Zion) zurückführen. Freude und Wonne wird sie ergreifen.

Die Kraft des Textes liegt zum einen direkt in seinen Bildern, die vor aller Skepsis unsere Phantasie anregen und beleben. Zum anderen bezieht er sich auf menschliche Wüsten-Erfahrungen und malt dahinein Bilder der Hoffnung auf Gottes veränderndes Handeln.

Das Thema und die Kinder

Wüste – was verbindet ein Kind mit diesem Stichwort? Vielleicht denkt es an weite Dünenlandschaften voller Sand, an große Hitze und Durst, an Kamele und Karawanen, an Oasen und die Trugbilder von Fata Morganas.

Kinder kennen Wüste sicher auch in der Übertragung auf menschliche Erfahrung. In der Gestaltung versuche ich diese Erfahrungen über Gegenstände ins Spiel zu bringen, die entweder die Mitarbeiterinnen sprechen lassen (siehe unten formulierte Vorlage) oder die Kinder werden eingeladen, ihre Einfälle zu den Dingen auszusprechen.

**Gestaltungsvorschlag
für Kinder und Erwachsene**

Gebet
Gott, du Quelle des Lebens, wir brauchen deine Hilfe.
 Denn manchmal sind wir wie ausgetrocknet und kraftlos.
 Schenke uns neue Kraft.
 Manchmal sind wir verzagt und trauen uns nichts zu.
 Gib uns neuen Mut.
 Manchmal machen wir andere klein mit dem, was wir sagen oder tun.
 Verwandle unsere Worte und Taten zum Guten. Amen.

Psalm
Ps 96; Ps 63,1–8, s. Übertragung in Gottesdienste mit Kindern, Kurhesses-Waldeck, S. 61

Lied und Tanz:
Bewahre uns Gott, behüte uns Gott
Alle stehen im Kreis.
1. *Zeile:* Alle gehen auf der Kreisbahn nach rechts, drehen bei „Gott".
2. *Zeile:* Alle gehen nach links auf der Kreisbahn bis zum Ausgangspunkt, wenden sich bei „Wegen" zur Mitte.
Sei Quelle und Brot: Alle gehen zur Mitte und heben die Hände langsam nach oben.
In Wüstennot: Alle gehen rückwärts bis zur Kreislinie, senken dabei die Hände.
Sei um uns mit deinem Segen: Jede und jeder dreht sich einmal um die eigene Achse.

※ **Gestaltungsvorschlag
für ältere Kinder**

Material: Eimer mit Sand, Folie oder Wachstuch, Tablett, Tuch, leere Flasche, (Ton)Scherbe, Dornenzweig, verwelkte Pflanze, Steine, Schale mit Wasser, ausgeschnittene Blumen aus dünnem Papier gefaltet.

Einstieg
„Die Wüste soll blühen" ist unser Thema heute. Wenn wir das Stichwort „Wüste" hören, dann fallen uns weite Sanddünen ein. (Sandeimer zeigen.) Ein bisschen Sand habe ich uns heute mitgebracht. Er reicht für eine kleine Wüste. (Folie ausbreiten und Sand darauf ausschütten. Die Kinder werden eingeladen eine Wüstenlandschaft zu formen.)
 So, jetzt haben wir eine kleine Wüste hier bei uns. In der Wüste gibt es nicht nur Sand.
 Hier auf diesem Tablett liegen Dinge verborgen, die auch etwas mit Wüste zu tun haben. (Tablett auf den Boden stellen. Unter einem Tuch liegen Steine, Dornenzweig, leere Flasche, Tonscherbe, verwelkte Blume. Kinder werden eingeladen zu fühlen – immer nur ein Kind.)
 Na, was habt ihr gefühlt? (Kinder nennen Gegenstände. Tuch abdecken.) Was haben diese Dinge mit der Wüste zu tun? Ich will sie erzählen lassen:
Stein: Das Leben ist hart und steinig. Viele lassen mich links liegen. Manche trampeln auf mir herum. Niemand ist da, der mich streichelt.
Dornenzweig: Das Leben ist dornig. Keiner mag mich. Das sticht und tut

weh. Deshalb brauche ich meine Dornen. Ich lasse keinen an mich heran. Keiner soll mir zu nah kommen. Falls es doch jemand tut, wird er meine Dornen spüren.
Flasche: Ich mag es nicht mehr hören, wenn andere über mich sagen: Du bist vielleicht ne Flasche. Das macht mich ganz leer.
Pflanze: Schaut mich an. Ganz vertrocknet bin ich. Keiner denkt an mich. Ich brauche doch gar nicht viel – nur ein bisschen Wasser.
Scherbe: Ich bin nur eine Scherbe. Mit mir kann keiner mehr etwas anfangen.
Das, was die Gegenstände gesagt haben, könnten auch Menschen sagen. Es gibt Menschen, die so etwas erleben, die den Mut verlieren, die keine Freude mehr spüren. Das gibt es heute und das gab es auch früher. Es ist sehr schade, denn Gott wünscht uns ein Leben voller Hoffnung.

Erzählung
Ich denke jetzt an Menschen, die vor langer Zeit gelebt haben. Alles, das ganze Leben kam ihnen wüst und leer vor, denn ein Krieg war über ihr Land gezogen. Feinde hatten Dörfer und Städte zerstört. Soldaten marschierten in ihren Straßen. Kampf und Gewalt herrschte überall. Sie konnten sich an nichts mehr freuen. Sie waren ganz mutlos geworden. Das erlebten die Menschen im Land Israel, als das Volk von Assur ihr Land eroberte. Ihr Leben war nach dem Krieg eine richtige Menschenwüste geworden. An nichts konnten sie sich mehr freuen. Und immer wieder fragten sie sich: Hat Gott uns vergessen?
Ihre Augen und Herzen waren wie blind. Die Blüte der Mandelbäume, der Regen im Frühling, die Geburt eines Kindes – nichts konnte sie aufmuntern. Sie sahen alles schwarz.
Da trat ein Mann auf, der hatte den Namen Jesaja, und war ein Prophet. Er war Gott ganz nah und er wusste, so wie es jetzt ist, wird es nicht bleiben. Er sprach zu den Menschen und er malte ihnen ein farbiges Bild voller Leben und Hoffnung vor Augen. „Freut euch", sagte er zu ihnen. „Alles wird sich ändern."

Lesung Jes 35,1–10 und Verkündigung
Ich bitte euch alle, die Augen zu schließen. So könnt ihr die Worte des Propheten Jesaja innerlich mitmalen.

(Ich denke, dieser Text ist so, wie er ist, für die Älteren verständlich. In V. 4 kann man überlegen den Vers so zu ändern: „Sei getrost, fürchtet euch nicht. Seht, da ist euer Gott. Er kommt und wird euch helfen." Der Rachegedanke kann zu Irritationen führen.

Damit sich die Zuhörenden innerlich Bilder vorstellen können, sollte langsam gelesen werden.)

Nach dem Text: Ihr könnt eure Augen wieder öffnen.

Alles wird anders, so beschreibt es Jesaja. Gott ist bei euch. Er hilft. Das haben Menschen erlebt. Jede Wüste hat einmal ein Ende, auch die Menschenwüste. Auch wir können uns verwandeln. Das ist auch für uns heute ein Trost. Deshalb können wir fröhlich sein und anderen Mut zusprechen.

„Sei getrost und unverzagt und verliere nicht den Mut. Geh deinen Weg und vertraue auf Gott." Ich möchte gern, dass wir uns diesen Satz gegenseitig zusprechen. Wir geben den Satz im Kreis herum von einem zum anderen. (Kinder geben sich den Mutmachsatz weiter. Wenn er einmal im Kreis herumgewandert ist, könnte ein fröhliches Lied folgen.)

„Sei Quelle und Brot in Wüstennot"

**Gestaltungsvorschlag
für jüngere Kinder**

Material: Trockener Sand in einer Schale, mit Tuch verdeckt, Kakteen, Steine, Trockenzeug

Wüste gestalten
Heute habe ich euch etwas mitgebracht, das ist noch versteckt unter diesem Tuch. Ich bringe die Schale zu euch und ihr dürft mit der Hand unter das Tuch greifen und fühlen, was in der Schale ist. Aber niemand sagt, was er gespürt hat. Alle sind still. (Mit der Schale in aller Ruhe herum gehen.)

Ich will jetzt nicht hören, das war das und das. Sondern sagt mir, wie hat sich das angefühlt? (Kinder äußern, was sie gefühlt haben. Anschließend wird die Schale in die Mitte gestellt und das Tuch weggenommen)

Es ist trockener Sand. Mit diesem Sand wollen wir jetzt eine kleine Wüste bauen. Hier ist eine Kiste, darin kann unsere Wüste entstehen. Hier sind Steine, trockene Pflanzen, Kakteen. Zuerst soll der Sand in die Kiste. Wer mag das tun? (Hier und im folgenden sollten immer nur wenige Kinder an der „Wüste" arbeiten.)

In jeder Wüste gibt es Steine. Wer mag Steine in unsere Wüste legen? Wer setzt die Kakteen hinein? Wer die vertrockneten Äste?

Das ist also heute unsere Wüste. Wie ist das, kennt von euch jemand eine echte Wüste? Was gehört noch zu einer richtigen Wüste dazu? (Hitze, Sonne, kein Wasser, Durst, Oase, Kamele, gefährlich, man muss sich gut auskennen ...)

Gespräch
Es kommt vor, dass auch Menschen von sich sagen: „Ich komme mir vor, wie in einer Wüste." Habt ihr eine Idee, wer das sagen könnte? Was hat ein Mensch erlebt, der das sagt? (Warten, ob die Kinder Einfälle haben. Diese können dann durch die folgenden Sätze ergänzt werden.) Ich komme mir vor wie in der Wüste,
... weil ich krank bin und keiner mich besucht.
... weil keiner mein Freund sein will. Ich bin ganz allein.
... weil mich keiner lieb hat.
... weil mich immer alle ärgern.
... weil wir umgezogen sind.
... weil Papa keine Arbeit findet. ...
Ich komme mir vor wie in der Wüste. Es ist nicht schön, wenn man so etwas erlebt. Man verliert den Mut und kann sich gar nicht mehr so richtig freuen.

Erzählung
Damit wir, Kinder und Erwachsene, nicht den Mut verlieren, malt uns Jesaja ein Mut-Mach-Bild. Jesaja war ein Prophet und Gott sagte zu ihm: „Geh zu den Menschen, die traurig sind oder allein oder geschlagen. Geh und mach ihnen Mut. Sag ihnen, Gott lässt euch nicht allein."

Und Jesaja stellte sich vor die Menschen und fing an ein Bild zu malen – vielleicht macht ihr eure Augen zu, dann könnt ihr in eurem Kopf das Bild sehen.

Und so ungefähr redete Jesaja zu den Menschen:
Ihr Menschen in der Wüste, es dauert nicht mehr lang, dann wird sich alles ändern. Die Wüste wird lachen und jubeln. Überall wird es blühen, in allen Farben der Welt. Gras wird wachsen und Bäume werden Blätter tragen. Ver-

8. August 2004

liert nicht den Mut. Sagt den verzagten Herzen: Seid getrost. Fürchtet euch nicht. Ihr seid nicht allein. Gott kommt und wird euch helfen.

Menschen, die blind waren, werden sehen.

Menschen, die stumm waren, werden singen und jauchzen.

Menschen, die gelähmt waren, werden fröhlich umher springen.

Mitten in der Wüste werden Wasser sprudeln und alles wird wachsen und grün werden. Ströme von Wasser fließen durch das Land. Alles wird jauchzen und fröhlich sein. An den Brunnen treffen sich Menschen und lachen miteinander.

Und Gott macht einen Weg durch die Wüste. Hier gehen alle, die ihm vertrauen. Sie werden singen, jubeln und tanzen. Alles Seufzen, alle Schmerzen, alle Quälerei wird vergehen. Denn Gott ist bei ihnen. Niemals wird die Freude zu Ende sein.

Freut euch in euren Herzen und schöpft neue Kraft. Alles kann sich ändern. Sogar die Wüste kann blühen.

Möglichkeiten kreativer Vertiefung

1. Die Wüste in der Mitte verändern (Vorschlag, wenn viele jüngere Kinder da sind), frische Blumen hineinstellen, eine Schale mit Wasser, ein Brot. Anschließend miteinander das Lied „Bewahre uns, Gott" tanzen (s. o.).

2. Kinder malen die blühende Wüste auf buntem Karton mit Zuckerkreide (Zuckerkreide: bunte Tafelkreide wird ca. 1/4 Stunde in Zuckerwasser gelegt. Die Farben leuchten auf dunklem farbigem Karton nach dem Trocknen kräftig.)

3. Johannes Brahms, Requiem
Brahms setzt in seinem Requiem Jes 35,10 musikalisch um. Wenn man den Kindern erklärt, dass ein Requiem der Toten gedenkt und die Zuhörer durch die Musik getröstet werden sollen, dann können die Älteren diese Musik schon begreifen.
Mögliche Hinführung: Ich möchte gern eine Musik mit euch anhören. Johannes Brahms hat sie sich ausgedacht, weil ihm die letzten Worte von Jesaja so gut gefallen haben. Er fand sie sehr tröstend auch für Menschen, die traurig sind, weil ein Mensch gestorben ist. Ich lese sie uns noch einmal vor. In der Musik werden sie von einem Chor gesungen ...

Inge Böhle

Grenzen überschreiten – Zum Leben befreit

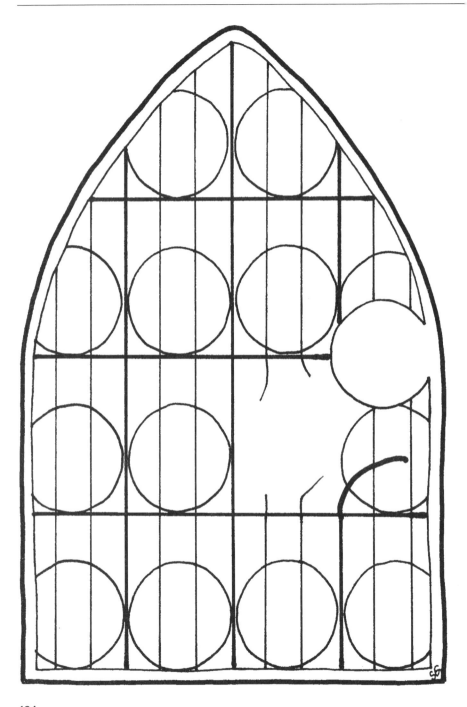

Lied:
Christus, das Licht der Welt, EG 410

Liturgischer Text:
Psalm 103,1–3

XI

Grenzen überschreiten – Zum Leben befreit

Sonntag	Text/Thema	Art des Gottesdienstes Methoden und Mittel
15.8.2004 10. Sonntag nach Trinitatis	Markus 2,1–12 Heilung des Gelähmten	Gottesdienst mit Kindern; Gespräch, Erzählung, Papierstreifen zum Beschriften, Gebet
22.8.2004 11. Sonntag nach Trinitatis	Markus 2,13–17 Berufung des Levi	Gottesdienst mit Kindern und Erwachsenen; Tonbandaufzeichnung mit verschiedenen Stimmen, Verkündigung mit Bildern auf Folie kopiert, Gebet
29.8.2004 12. Sonntag nach Trinitatis	Markus 2,23–28 Ährenraufen am Sabbat	Gottesdienst mit Kindern; Aktion: Besenstiel und Stricke, Gespräch, Erzählung, Bänder aus Wollfäden oder Schleifenband anfertigen

Fürbittgebet

Lasst uns beten:
für alle, die zur Zeit im Dunkel leben:
für alle, die krank sind,
für alle die einsam sind,
für alle, die traurig geworden sind,
für alle, die irgendwie
unter Druck stehen.
Lasst uns beten:
für die, die immer wieder Dunkelheit
in deine Welt bringen,
für die, die Kriege schüren,
für alle, die Streit suchen,
für alle, die nehmen, was sie nur
kriegen können,
für alle, die immer wieder
jemandem weh tun.
Lasst uns beten:
für alle, die immer wieder
Hoffnung geben können,
für alle, die sich einmischen
und ihre Grenzen verlassen,
für alle, die Geduld haben,
für alle, die deine Welt
etwas heller machen.
Wir bitten dich:
Sei du in unserer Nähe
und schenke, dass wir
deine Stimme hören.

Carmen Ilse

> **15. August 2004 –
> 9. Sonntag nach Trinitatis**
>
> **Markus 2,1–12**
>
> ## Heilung des Gelähmten oder Wer ist Jesus?

Lieder:
Christus, das Licht der Welt, EG 410;
Uns wird erzählt von Jesus Christ,
LfK 2 42, LJ 56, MKL 133; Steh auf, s. u.

Liturgischer Text:
Psalm 103,1–3

Zum Text

Wer ist Jesus? Um diese Frage geht es in unserer Geschichte. Jesus predigt – zum ersten Mal bei Markus – nicht in der Synagoge, sondern in einem der einstöckigen Lehmhäuser mit flachem Dach. Alles Interesse gilt ihm. Von dem Gelähmten wird nur berichtet: „Er war gelähmt", und „er stand auf". Auch über seinen Glauben wird nichts gesagt. Der Glaube, den der Herr „sieht", ist der Glaube derer, die den Gelähmten Jesus zu Füßen legen. Er ist stellvertretender Glaube. Wer ist Jesus – der bevollmächtige Sohn Gottes oder ein Gotteslästerer? Alles zielt in der Geschichte darauf hin, Jesus, der für das Ende der Tage verheißen und von Gott selbst an seiner Stelle eingesetzt (Dan 7,13f.) worden ist, als den „Menschensohn" zu bezeugen. So scheint es, als sei der Gelähmte vergessen.

Was ist leichter, Sünden zu vergeben oder zu heilen – diese Frag ist leicht zu beantworten. Es ist beides gleich unmöglich und gleich leicht – unmöglich für den Menschen, und gleich leicht für den Schöpfer selbst. Der Gelähmte wird gesund zu einem besonderen Zweck: „auf dass ihr wisset" (V. 10). Seine Heilung wird zum Zeichen, an dem Ungläubige und Kleingläubige erkennen können, wer da vor ihnen steht.

Anscheinend ist es für den Menschen leichter, eine übernatürliche Macht im leiblichen Bereich von Krankheit und Heilung zu erkennen (V. 12) als im seelischen Bereich von Sünde und Vergebung.

So wirkt die Heilung des Gelähmten wie ein „Nebenerfolg". Von seinen Empfindungen, seinem Dank, seinem Verbreiten des Geschehenen wird nichts angedeutet. Der Kern der Erzählung ist ein anderer: Jesus erweist sich als der von Gott an seiner Stelle eingesetzte Bevollmächtigte. Dies wirkt sich zum Segen und Heil des Menschen aus.

Das Thema und die Kinder

Da die Heilung des Gelähmten im Hintergrund steht und ihr allein lediglich zeichenhafte Bedeutung zukommt, habe ich mich für die thematische Ausarbeitung entschieden: Wer ist Jesus? – Wie stelle ich mir Jesus vor?

1981 erschienen im St. Benno-Verlag Leipzig Äußerungen von Kindern über Gott in dem Band „Gott hat Licht ringsherum", hrsg. Von H. Nikelski und G. Jany. Die Kinder wurden spontan gefragt, sie haben spontan geantwortet. An den Aussagen der Kinder lässt sich beobachten, in welch hohem Maße die alltägliche Umwelt ihre Gottesvorstellung mitprägt. Die Antworten verdeutlichen mir auch, dass Kinder Gott Vater und Sohn als Einheit empfinden. Die zwölfjährige Manuela schreibt: „Gott ist als König geboren. Als er geboren war, stand ein großer Stern am Himmel. Gott ist gestorben und lebt jetzt im Himmel und herrscht über die ganze Welt. Er möchte, dass die Menschen ihre Schuld einsehen." – So bin ich ermutigt, die Kinder zu fragen: „Wer ist Jesus? Wie stellt ihr euch Jesus vor?" Nach kurzem Gespräch möchte ich zum Bibeltext überleiten, zu den Menschen, denen Jesus begegnete und für die die Frage „Wer ist Jesus?" so entscheidend war.

Gestaltungsvorschlag für jüngere und ältere Kinder

※ *Begrüßung*
Wir haben die Kindergottesdienstlaterne (-kerze) vom Altar in der Kirche mitgebracht. Sie steht in der Mitte unseres Kreises, in dem ich euch begrüße, weil Gott es so will, dass wir von ihm sprechen; weil Jesus gesagt hat, dass Gott für uns da ist; weil der Heilige Geist überall in der Welt ist und die Herzen der Menschen bewegt.

Lied: Christus, das Licht der Welt

Liturgischer Text: Psalm 103,1–3

Gebet
Es ist Sommer. Wir haben Ferien. Wir dürfen mit unseren Eltern in Urlaub sein. Dafür möchten wir danken.
Nicht allen geht es so gut. Es gibt Menschen, die krank sind vor Einsamkeit und Traurigkeit. Es gibt Menschen, die nicht mehr aus ihrem Bett aufstehen können. Auch an die wollen wir denken und dich, Gott, um Hilfe bitten.

※ *Hinführung und Gespräch*
Oft wünsche ich mir, dass viel mehr Menschen uns fragen: Wer ist Gott? Wer ist Jesus? Wie stellt ihr euch Jesus vor? Aber was antworten wir ihnen? Ich habe bunte Papierstreifen mitgebracht, auf die ich eure Antworten schreiben möchte. Ihr könnt sie dann wie Strahlen um die Laterne (Kerze) legen. Das zeigt, dass vom Kindergottesdienst das Licht weiter leuchtet zu den Menschen, die sich Jesus nicht vorstellen können, die nicht wissen, wer er ist.

※ *Erzählung*
Als Jesus mit seinen Freunden von Ort zu Ort ging, fragten die Menschen, die ihm begegneten: „Wer ist das eigentlich, der da durch unser Land zieht? Er redet anders von Gott als wir von Gott sprechen: Er ist freundlich und hilft Menschen. Traurigkeit und Krankheit kann er heilen. Wer ist dieser Jesus?"
Damit ihr euch vorstellen könnt, wie es in dem Land aussah, durch das Jesus zog, habe ich euch Bilder von dort mitgebracht. Schaut sie euch an, danach legen wir sie in die Mitte. (Vielleicht haben wir Bilder dabei, auf denen einstöckige Lehmhäuser mit Flachdach zu sehen sind.)
Auf einem Bild ist der See Gennesaret abgebildet. Da war Jesus oft mit seinen Jüngern. Eines Tages kommt er nach Kafarnaum am See. Doch er geht nicht, wie er es sonst immer tut, in die Synagoge. Dort versammeln sich die Juden, wenn sie aus der Thora, ihrer Bibel, lesen und über den Willen Gottes nachdenken. Heute geht Jesus in ein Wohnhaus, um mit den Menschen von Gott zu reden. Auf einigen Bildern sind

Grenzen überschreiten – Zum Leben befreit

Wohnhäuser abgebildet. Eigentlich sehen diese Lehmhäuser aus wie Kästen mit ihren glatten Wänden und dem flachen Dach.

Viele Menschen sind mit Jesus mitgegangen, auch die Gelehrten und Frommen aus Kafarnaum. Vielleicht haben sie sich gefragt: „Was hat er wohl heute wieder vor? Wer ist er überhaupt?"

Das Haus wird voll, dass niemand mehr hineinpasst. Auch draußen stehen die Menschen dicht gedrängt. Sie wollen wenigsten hören, was Jesus zu sagen hat.

Dann kommen noch einige Männer, die eine Matte tragen, auf der ihr gelähmter Freund liegt. Er kann seit vielen Jahren nicht gehen, nicht stehen, nur liegen. Seine Freunde müssen ihn versorgen. So lange ist er schon krank, dass ihm alles gleichgültig geworden ist, auch dass seine Freunde ihn auf der Matte durch den Ort tragen. Sie tun alles für ihn, damit er am Leben bleibt. Der Gelähmte kümmert sich um nichts mehr. Nichts interessiert ihn. Wie gut, dass er solche Freunde hat, denen er wichtig ist. Wie gut, dass diese Freunde so fest glauben, dass Jesus ihm helfen wird.

Als sie merken: „Durch die Tür kommen wir nicht mit dem Kranken zu Jesus", geben sie nicht auf. Vorsichtig steigen sie mit der Matte die Treppe außen am Haus hinauf auf das flache Dach. Sie decken es auf und machen ein Loch. Da sehen sie, dass Jesus genau unter ihnen steht. Da vergrößern sie das Loch. Sie knüpfen die Matte an Seile und lassen sie mit dem Gelähmten vorsichtig hinab, bis er vor Jesus liegt. Jesus bemerkt die Erwartung und das große Vertrauen der Freunde des Kranken. Laut sagt er zu dem Gelähmten: „Mein Sohn! Deine Sünden sind dir vergeben." Was soll das heißen?

Einige der Gelehrten und Frommen sind empört. Was erlaubt sich dieser Jesus! Nur Gott kann Sünden vergeben! Bildet sich Jesus etwa ein, er sei Gott? Unerhört!

Jesus weiß, was sie denken. Deshalb fragt er sie: „Was meint ihr? Was ist leichter, die Sünden vergeben oder die Krankheit heilen? Ihr sollt wissen, dass

Gott mir die Macht gab, beides zu tun." Zu dem Kranken sagt Jesus: „Steh auf! Nimm deine Matte und geh nach Hause!" Da konnte der Mann sich wieder bewegen. Er war gesund. Er nahm seine Matte und ging fort. Sicher staunte er und war glücklich. Aber darüber wird nichts berichtet. Jesus hat geholfen, weil die Freunde des Kranken ihm vertrauten. Jesus hat Schuld vergeben und den Gelähmten gesund gemacht. Die Menschen sollen erkennen, wer Jesus ist.

„So etwas haben wir noch nie erlebt", sagen einige und sind sehr erschrocken. Andere schütteln die Köpfe. Freuen können sie sich nicht. Aber da sind auch viele, die anfangen Gott zu loben. Es hört sich an, als würde ein großer Chor ein wunderschönes Lied singen. Vielleicht war es ja das Lied, das wir zu Beginn gelesen haben: „Lobe den Herrn, meine Seele, und was in mir ist, seinen heiligen Namen! Lobe den Herrn, meine Seele, und vergiss nicht, was er dir Gutes getan hat: der dir alle deine Sünde vergibt und heilt deine Krankheit. Amen"

Vertiefung

„Wer ist Jesus", haben sich die Leute gefragt. Was meint ihr, wie sie nach diesem Erlebnis darüber gedacht haben? Wir schreiben die Antworten auf Papierstreifen und legen sie zu den anderen. Jüngere können die Streifen bemalen.

✳︎   *Lied:* Uns wird erzählt von Jesus Christ; Als Refrain singen wir: „Christ ist gekommen! Christ ist gekommen! Darüber freun wir uns!"

✳︎   *Vaterunser und Segen*
Zum Segen reichen wir uns im Kreis die Hände: Gott, dein guter Segen ist
wie des Freundes Hand,
die mich hält, die mich führt
in ein weites Land.
Guter Gott, ich bitte dich,
  führe und begleite mich.
Lass mich unter deinem Segen
leben und ihn weitergeben.
Bleibe bei uns alle Zeit.
Segne uns, segne uns, denn der Weg
  ist weit. Amen   Reinhard Bäcker (LJ 382,3)

Barbara Fuhrmann

Kanon: Steh auf und nimm dein Bett

Text: nach Joh. 5,8
Melodie: Siegfried Macht

> **22. August 2004 –
> 11. Sonntag nach Trinitatis**
>
> **Markus 2,13–17**
>
> ## Die Berufung des Levi

Lieder:
Christus, das Licht der Welt,
EG 410; Wenn einer sagt, ich mag dich du, MKL 100; Schwarze, Weiße, Rote, Gelbe, Gott hat sie alle lieb, MKL 95; Einsam bist du klein, MKL 11; Du bist da, wo Menschen leben, MKL 42 (*)

Liturgischer Text:
Psalm 103,1–3

(*) Zum Anhören zwischen den Predigtteilen, als Nachspiel oder an anderer Stelle: Wellensittich und Spatzen, Gerhard Schöne
CD Menschenskind 1995, LP 1985, CD Lieder 1993

Zum Text

Dieser Text aus dem ältesten Evangelium (um 70 n. Chr. aufgeschrieben) hat für mich eine ganze Menge Zündstoff. Das beginnt damit, dass ich mir nicht vorstellen kann, dass Levi nach einer einzigen Begegnung mit Jesus alles stehen und liegen lässt und mit Jesus geht, wohin auch immer. Wenn ich nur diese kurze komprimierte Szene sehe, dann entsteht der Eindruck, Jesus verzaubere förmlich Menschen. Diesen Eindruck möchte ich nicht verstärken. Ich sehe diesen Text so, als sei er ein Moment, allerdings ein entscheidender Moment, aus einer längeren Beziehung zwischen Jesus und Levi. Wie oft mag Levi schon Jesus begegnet sein? Was werden die beiden Männer miteinander beredet haben? Was mag Jesus in Levi wachgerüttelt haben? Wie lange wird Levi schon an seinem Zöllnerberuf gelitten haben, einem Beruf, der einsam macht, weil die Menschen seiner Umgebung ihn ablehnen. Als Zöllner arbeitet man für die Interessen der Besatzungsmacht, da ist Ablehnung vorprogrammiert. In diesen seelischen Nöten hat Levi offenbar gesteckt.

Und dann dieses „Folge mir nach!" Es hat endlich das Fass zum Überlaufen gebracht. Und er wagt die Entscheidung, weil er weiß oder auch nur ahnt, was er von Jesus erwarten kann. Er kann seine bisherigen Grenzen verlassen. Es ist zwar nichts mehr, wie es war, aber es wird turbulent und lebendig für ihn. fühlt sich getroffen. Er ist gemeint. Das berührt und verändert ihn.

Der andere Aspekt, der mich bewegt, sind die Gesunden und die Kranken. Klar ist es, dass die Gesunden keinen Arzt brauchen. Das weiß jedes Kind. Aber sind die wirklich gesund, die scheel und arrogant auf die so genannten Sünder schauen? Sind sie wirklich so gerecht, wenn sie glauben, sie seien die besseren Menschen, weil frömmeren, der Gemeinde nahe stehenden, damit gottesnahen und auserwählten Menschen? Sind gerade diese nicht an einer ganz anderen Stelle krank? Und brauchen sie nicht auch einen Arzt? Wer ist Sünder, wer ist gerecht?

Der Verfasser des Markusevangeliums schreibt für Heidenchristen, also für Menschen, die zu den ersten christlichen Gemeinden gehörten, die keine jüdische

Vorbildung und Frömmigkeit vorweisen konnten. Mit solch einem Text sind aber gerade sie angesprochen: Gottes Heilshandeln betrifft jeden Menschen – sowohl die so genannten Kircheninsider als auch die Gottesfernen, die am Rande Stehenden.

Der Text und die Kinder

Auf den ersten Blick ist das kein Text für Kinder. Hier geht es um Lebensentscheidungen, die ein Kind noch nicht fällen kann. Es kann sogar lebensgefährlich werden, wenn ein Kind den Worten „Komm mit mir mit!" Folge leistet. Man kann nicht einfach mitgehen. Schlimme Erfahrungen zeigen das immer wieder, in jüngster wie auch fernerer Vergangenheit.

Es sei denn (und da wird es dann durchaus ein Text für Kinder), ich kenne die Stimme oder die Person ganz genau, die mich anspricht, die mich meint, die etwas Wohltuendes für mich will. Dann kann ich mich der Stimme anvertrauen. Und dann ist es gut, dass es diese Stimme gibt. Dies bedeutet: Ich bin in einem Beziehungsgeflecht aufgehoben. Dieses Beziehungsgeflecht oder -netz ist lebensnotwendig. Je jünger das Kind, um so weniger Stimmen werden da sein. Mit dem Heranwachsen wird das Kind dann immer mehr Stimmen hören und es wird auch erfahren: Nicht jede Stimme meint es gut mit mir. Da wird es entscheiden müssen. Das ist ein schwerer Prozess, der ein Leben lang nicht aufhört.

Das Problem der Ausgrenzung, um das es in unserem Text auch geht (zum einen ist es der ausgegrenzte Levi, zum anderen sind es die ausgegrenzten Gerechten, zu denen Jesus nicht kommt), ist Kindern gut bekannt.

Kinder leben in Gruppen oder Cliquen. Da zählt in erster Linie das Gesetz der eigenen Clique, sei es die Musikrichtung, die Klamotten, das Gedankengut. Und man muss da schon mitlaufen und so wie die anderen „ticken", wenn man dazugehören will. Andersartigkeit wird abgelehnt.

Und immer wieder erfahren Kinder, dass sie durch den Gruppenzwang Dinge tun, die sie eigentlich nicht tun würden, wenn nicht die Gruppe wäre. Das kann vehemente Folgen haben. Der Schritt aus der Clique ist schwer. Da ist es gut, wenn jemand da ist, der Mut macht und Unterstützung gibt.

Kinder erleben in ihrem Umfeld immer wieder Ausgegrenzte: Obdachlose, Körperbehinderte, Ausländer, Arme... Ich mache die Erfahrung, dass Kinder solidarischer mit den am Rande Lebenden sind als Erwachsene.

So kann der Text drei Schwerpunkte für Kinder erhellen:
– Höre ich in dem Stimmengewirr die für mich wichtigen Stimmen?
– Es kann spannend sein, sich für den zu interessieren, der anders ist.
– Gott lässt keinen Menschen links liegen.

**Gestaltungsvorschlag
für Kinder und Erwachsene**

Lied: s. o.

Begrüßung und Einstimmung
Dabei wird eine Tonbandaufzeichnung vorgespielt. Viele verschiedene Stimmen sollen dabei zu hören sein, z. B. verschiedene aktuelle und bekannte Werbespots (aufgenommen aus dem Radio- oder Fernsehprogramm), Mahnungen von Eltern, Lehrern, Einflüsterungen und

Grenzen überschreiten – Zum Leben befreit

Bild 1

Bild 2

22. August 2004

Bild 3

Bild 4

Verlockungen von Freunden .... Es soll ein bunter Mix von verschiedenen Aufforderungen und Werbungen sein.

Im Altarraum kann ein Kind stehen, pantomimisch hören und zum Ende der Aufzeichnung achselzuckend weggehen (im Vorfeld einüben).

Lied: s. o.

Psalm 103,1–3

Eingangsgebet
Gott, unser Vater,
es gibt in unserem Leben
so vieles, was auf uns einstürmt:
Vieles, was uns gut tut,
vieles, was schlecht für uns ist.
Wir müssen entscheiden,
was wir tun und was wir lassen.
Stell du uns Menschen an die Seite,
die uns helfen, die Schritte zu gehen,
die uns und den Menschen
in unserer Umgebung
wohl tun. Amen.

Lied: s. o.

Verkündigung mit Bildern für Overhead
1. Teil
(Bild 1) Tagtäglich, Jahr für Jahr sitze ich hier am Zoll vor dem Stadttor. Die Römer, die Besatzungsmacht, streichen Steuern ein und Zollgebühren, nicht zu knapp. Ihnen geht kein Cent durch die Lappen. Na ja, sie sind die Herren, die das Sagen hier in Israel haben.

Ich kann gut verdienen bei ihnen, nirgendwo gibt es weit und breit so einen gut bezahlten Job. Das ist schon eine Verlockung. Aber ich merke, ich habe mich verändert. Ich bin nicht mehr so froh, wie ich das früher einmal war. Seit ich bei den Römern arbeite, haben sich meine Freunde und Bekannten von mir abgewendet. Mit der Besatzungsmacht unter einer Decke stecken, damit wollen sie nichts zu tun haben. So bin ich immer einsamer geworden. Und es geht mir überhaupt nicht gut. Ich grübele viel, zermürbe mir den Kopf, was aus mir noch werden soll.

Wer ich bin, wollt ihr wissen? Ich heiße Levi, seit einigen Jahren bin ich Zöllner, und seit einiger Zeit zerbreche ich mir den Kopf über mich selbst, wie ihr eben gehört habt.

(Bild 2) Angefangen hat das alles vor einiger Zeit, als ich das erste Mal Jesus getroffen habe. Er ist hier oft in Galiläa unterwegs. Zum Glück ist der Landstrich nicht sehr groß. Da läuft man sich immer einmal über den Weg. Wir haben viel geredet. Dabei war ich erst sehr zurückhaltend. Denn wer redet schon mit einem Zöllner. Aber Jesus hat das nichts ausgemacht: So als wäre ich wie jeder andere, hat er sich zu mir gesetzt. Erst haben wir über oberflächliche Dinge gesprochen: Wetter und Ernte, Geldeinnahmen und so. Aber je öfter wir uns trafen, umso mehr konnte ich von meinen Sorgen reden. Und er sagte mir, dass ich mich irgendwann entscheiden müsse, was ich eigentlich tun will, einen Haufen Geld verdienen und sonst weiter nichts haben oder etwas anderes.

Tja, und das lässt mir keine Ruhe. Nun überlege ich, was ich machen soll? Ich weiß es einfach noch nicht.

(Bild 3) Habe ich das jetzt richtig gehört? „Folge mir nach!" Ich sitze hier an meinem Tisch am Stadttor und schaue auf, aber ich brauche eigentlich nicht hinzuschauen. Ich weiß auch so, dass es Jesus ist. Ich kenne ja seine Stimme. „Folge mir nach!" Das hallt mir durch den Kopf. Ist das die Lösung für mich? ... Einfach alles liegen lassen? ... Was hält mich hier eigentlich? ... Was habe ich zu verlieren? ... Das Schlimmste ist die Einsamkeit. Die könnte ich verlieren. Jetzt ist der Zeitpunkt. Ich wage es! ... Und ich stehe auf und gehe mit. Sicher wird das nicht ganz unkompliziert, aber einen Versuch ist es wert. Ich lade Jesus zum Essen ein.

(Bild 4) Und da kommt es auch schon, das erste Problem. Die Leute haben uns beobachtet, besonders die ganz Treuen aus der Gemeinde. Denen passt das natürlich nicht. Sie wollen lieber Jesus bei sich haben, sie haben auch eine Menge zu bereden, und nun hat Jesus für sie keine Zeit. Levi, das gibt ein Problem, sage ich mir. Mir ist nicht ganz geheuer und ich bin gespannt, wie das gelöst werden soll. Und dann sagt Jesus etwas ganz Unerwartetes. Da sind alle Anwesenden erstaunt und sagen kein Wort mehr. Jesus sagt ihnen: Ihr seid doch stark, ihr braucht mich nicht. Im Moment braucht mich Levi.

Das hat mich wirklich stark gemacht und ich bin bei Jesus geblieben.

Lied: s. o.

Verkündigung 2. Teil
Das ist ja noch einmal gut gegangen, na ja oder fast, denn einige Leute in der Levi-Geschichte waren ja nicht so recht zufrieden.

Jedenfalls hat Levi erkannt, was in dem Moment für ihn wichtig war.

Ich finde die Geschichte aus dem Neuen Testament spannend, denn hier passiert etwas, was so wirklich ganz selten passiert: Da wird einer angesprochen, mit dem sonst keiner zu tun haben will. Und für ihn ändert sich dadurch sehr viel. Er sieht wieder Licht, hat neuen Lebensmut. Er bekommt eine Chance, Dinge die schief gelaufen sind, zu verändern. Das find ich enorm.

Kenne ich vielleicht auch jemanden wie den Levi, der oder die darauf wartet, angesprochen zu werden?

Aber ich habe das bisher einfach nicht gemacht, weil ...
... der immer so dreckige Klamotten an hat
... die ja immer bei den Punks rumhängt,
... der ja Springerstiefel trägt
... die aus der Türkei kommen
... ich einfach Schiss davor habe
... (auswählen oder erweitern was in die jeweilige Situation vor Ort passt).
Sich einmischen ist wirklich nicht einfach. Und auch Jesus sind nicht alle Leute nachgelaufen zu denen er sagte: „Folge mir nach!" Trotzdem ist es das Wagnis wert und ganz wichtig, wenn sich etwas verändern soll. Und das braucht viel Zeit und eine gute stabile Beziehung.

Vielleicht ist es aber auch noch anders. Es könnte sein, dass ich warte, dass mich jemand anspricht. Und wenn dann niemand kommt, gibt es jemanden, auf den ich zugehen kann? Diese Fragen wühlt der Levi-Text bei mir auf.

Eine Antwort finde ich auch: Gott sorgt sich um die Menschen, die ihn gerade nötig haben. Dazu braucht es immer wieder Menschen, die sich von Gottes Sorge anstecken und bewegen lassen. Und dann kommen wir wieder zu den Stimmen, die wir am Anfang gehört haben.

Finden wir die heraus, die uns sagen will: Du, der andere braucht dich?! Und geben wir nicht auf, wenn das nicht gleich klappt, oder wenn der oder die sich gar nicht helfen lassen will. Das kann nämlich auch passieren.

Fürbittgebet: ▶ Seite 195

Lied: s. o.

Vaterunser, Lied, Segen

Carmen Ilse

> 29. August 2004 –
> 12. Sonntag nach Trinitatis
>
> Markus 2,23–28
>
> **Ährenraufen am Sabbat**

Lied:
Christus, das Licht der Welt, EG 410

Liturgischer Text:
Psalm 103,1–3

Zum Text

Kurz und knapp wird in Markus 2,23–28 davon berichtet, wie die Jünger Jesu beim Übertreten des Sabbatgebotes ertappt werden. Die Pharisäer fordern Rechenschaft von Jesus für dieses Vergehen. Jesus steht ihnen Rede und Antwort.

Das Sabbatgebot gehört zum Gesetz, das für jeden Israeliten verbindlich ist. Unter „Gesetz" ist hier die Gesamtheit aller religiösen und bürgerlichen Bestimmungen zu verstehen, die in den fünf Büchern Mose gesammelt sind. Alle Gesetzbücher im Alten Testament schreiben vor, dass der Sabbat zu heiligen und durch Unterbrechung der täglichen Arbeit zu feiern ist (▶ z. B. 2 Mose 20,10 f.; 2 Mose 23,12).

Es würde zu weit führen alle Tätigkeiten, die damals bereits als Arbeit galten und am Sabbat strengstens untersagt waren, aufzuzählen. (Nähere Informationen findet man u. a. im Bibellexikon.) In jedem Fall galt „etwas abreißen" schon als Arbeit. „Ähren rupfen" war bereits Erntearbeit, und damit übertraten die Jünger Jesu nach Auslegung der Pharisäer eindeutig das Sabbatgebot.

Die Pharisäer stellen Jesus offenbar zu Recht zur Rede (Mk 2,24). Als gesetzeskundiger Lehrer hätte Jesus seine Jünger zurechtweisen und das Ähren Rupfen unterbinden müssen. Aber er tut nichts dergleichen.

Jesus wusste: Die Pharisäer waren sehr fromme Männer, die das Gesetz gründlich studiert hatten und streng danach lebten. Sie galten als die religiösen Führer des Volkes. Ihre Gesetzesauslegungen, deren strikte Einhaltung sie vom Volk wie von sich selbst einforderten, waren jedoch kaum erfüllbar. Nach und nach hatten sie das Gesetz, vor allem das Sabbatgebot, zu einer Unzahl peinlich einzuhaltender Einzelvorschriften ausgeweitet, die den Sabbat – ursprünglich als Ruhe- und Feiertag gedacht – zu einer Last machten. Und genau gegen diese Ausweitung des Sabbatgebotes durch die Pharisäer will Jesus angehen.

Jesus hätte es aus Achtung vor der Sabbatruhe sicher nicht zugelassen, wenn seine Jünger mit Hacke und Schaufel das Feld hätten beackern wollen. Aber die Jünger waren hungrig und wahrscheinlich schon lange unterwegs gewesen. Vermutlich hatten sie keine Gelegenheit gehabt, am Vortag des Sabbats für Speise zu sorgen, wie es Vorschrift gewesen wäre. Und so pflückten sie ein paar Ähren ab, um ihren Hunger zu stillen, mehr nicht.

Für Jesus ist das eine Handlung aus einer Notsituation heraus, wie es seinerzeit auch König David getan hatte (Mk 2,25f.). Eine Ausnahmesituation also, die in keiner Weise den Grundsatz des Sabbatgebotes umstoßen sollte. Jesus nahm sich und seinen Jüngern lediglich die Freiheit heraus, die Enge der strengen Gesetzesauslegungen der Pharisäer zu durchbrechen.

Alle Gesetze – gerade auch das Sabbatgebot – sind grundsätzlich eine gute Gabe Gottes, die den Menschen zum Heil, zur Freude und zum Wohl dienen sollten. „Der Sabbat ist um des Menschen willen gemacht und nicht der Mensch um des Sabbats willen." (Mk 2,27) Die Grenzen der Gesetzesauslegungen dürfen nicht so eng gesteckt sein, dass der Mensch wie ein Sklave darin gefangen ist und keinerlei Bewegungsfreiheit mehr hat. Die Pharisäer haben das aber getan. Und Jesus will ihnen deutlich machen, dass dies nicht im Sinne Gottes ist.

Grenzen überschreiten – ausnahmsweise mal am heiligen Sabbat Ähren pflücken, um Hunger zu stillen – Gott für das Kornfeld danken, gestärkt und gesättigt weiterleben und seinen Weg fortsetzen können – wieder Kraft haben, auch anderen Gutes tun zu können – zum Leben befreit sein. So stelle ich mir – entsprechend des Themas dieser Einheit – eine mögliche Auslegung Jesu zum Sabbatgebot vor. An erster Stelle steht das Wohl der Menschen. Das Sabbatgebot dient dazu, dieses Wohl zu ermöglichen. So hat es Gott gewollt. Jesus als der Menschensohn hat das Recht und die Macht, die Auslegungen der Pharisäer zum Sabbatgebot im Sinne Gottes zu widerlegen und für nicht mehr gültig zu erklären. „So ist der Menschensohn ein Herr auch über den Sabbat." (Mk 2,28)

Damit nimmt er den Menschen die Last der einengenden pharisäischen Gesetzesvorschriften am Sabbat. Darum darfst du am Sabbat deine Arbeit ruhen lassen und neue Kräfte sammeln. Diese Ruhe brauchst du. Gott lässt dir Spielraum, am Sabbat für dein eigenes Wohl zu sorgen. Damit ehrst du Gott!

Der Text und die Kinder

Es wird nötig sein, Kindern kurz zu erklären, wer die Pharisäer waren und welche Bedeutung dem Sabbat und dem Sabbatgebot zukam. Hierbei geht es um sachliche Informationen. Keinesfalls würde ich die Pharisäer schlecht machen wollen. Sie waren keine schlechten oder bösen Menschen.

Jüngere Kinder übernehmen beinahe vorbehaltlos die Regeln, die man ihnen beibringt und anerzieht und verteidigen diese dementsprechend. Mit zunehmendem Alter ändert sich das. Sie stellen Regeln in Frage, testen ständig ihre (von anderen gesetzten) Grenzen und probieren aus, wie weit sie gehen können. Kinder streiten oft und gern darum, wer Recht oder Unrecht hat, auch in Auseinandersetzungen mit Eltern oder anderen Erwachsenen.

Kinder wissen auch sehr wohl die Vorzüge von „arbeitsfreien Tagen" (Sonntag, Feiertag – Sabbat) zu schätzen. Sie können diese Tage tatsächlich noch genießen und so wunderbar sorglos ohne schlechtes Gewissen faul sein. Sie wissen ganz genau, was ihnen gut tut und fordern es mitunter auch ein. Im Grunde sind Kinder hervorragende Lehrmeister für Erwachsene, wie man „Sabbat hält".

Mein Gestaltungsvorschlag zielt darauf hin, die Kinder in ihrem natürlichen „Sabbat-Empfinden" zu bestärken.

Gestaltungsvorschlag für jüngere und ältere Kinder

Vorbereitung und Material
Körperlich anschaulich sollen die Kinder erfahren, welche Vorzüge das Sabbatgebot hat und welche Einschränkungen die vielen Einzelvorschriften der Pharisäer mit sich bringen. Dies soll mit zwei Kindern vor der Gruppe demonstriert werden. Dazu werden ein Besenstiel (oder entsprechend großer Stock) und mehrere ca. ein Meter lange Stricke benötigt. (In großen Gruppen können auch mehrere Kinder als „Vorführer" genommen werden, entsprechend braucht man mehr Material.)

Für das Fertigen der Bänder werden bunte Wollfäden und/oder Schleifenbänder, Filzstifte und Scheren benötigt.

Begrüßung
Die Kinder sitzen nach Möglichkeit in einem Stuhlkreis und werden in ortsüblicher Form begrüßt.

Psalm 103,1–3
Der Psalm (vielleicht in Auswahlversen) kann als Gebet vorgelesen oder mit den Kindern im Wechsel gesprochen werden.

Einstieg
Heute ist Sonntag. Wir sind jetzt hier, um Gottesdienst zu feiern. Hinter uns liegt eine lange Woche. Manche von euch haben noch Ferien und können die Zeit richtig toll genießen. Für andere hat die Schule bereits wieder begonnen. Eure Eltern, die Erwachsenen, müssen zur Arbeit oder haben zu Hause jede Menge zu tun. Aber heute ist Sonntag. Diesen Tag hat uns Gott geschenkt, damit wir von unserer Arbeit ausruhen, etwas Schönes unternehmen Gottesdienst feiern und neue Kräfte sammeln können für die Wochentage, die vor uns liegen. Das hat Gott in einem Gebot bestimmt. Es heißt: „Du sollst den Feiertag heiligen." (An dieser Stelle könnte mit den Kindern kurz über das dritte Gebot gesprochen werden. Sie könnten erzählen, wie sie den Sonntag verbringen und was ihnen am Sonntag besonders gefällt.)

Hinführung zur Erzählung
Was für uns der Sonntag ist, ist für die Menschen in Israel der „Sabbat".

Zu der Zeit, als Jesus ein erwachsener Mann war, gab es eine Gruppe von Männern, Pharisäer wurden sie genannt, die hatten für den Sabbat ganz viele Vorschriften eingesetzt, an die sich jeder halten musste. Diese vielen Vorschriften zusammen hießen das „Gesetz". Um euch das deutlich zu machen, brauche ich jetzt mal zwei Kinder. (Ein Kind kommt in die Mitte und soll einen Pharisäer darstellen. Das andere Kind stellt einen Menschen aus dem Volk dar. Zunächst folgt eine sachliche Information, wer die Pharisäer waren.)

Die Pharisäer sahen das Gesetz als ihre Stütze an. (Erstes Kind bekommt Stock/Besenstiel aufrecht an den Rücken gebunden.) Es hielt sie aufrecht. Sie fühlten sich dadurch stark und stolz. Nichts konnte sie umstoßen. Sie waren ganz fest mit dem Gesetz verbunden.

Der Sabbat war ihnen ganz besonders wichtig. Und damit niemand auf die Idee kam, das Sabbatgebot „Du sollst den Feiertag heiligen" zu übertreten, ließen sie sich ganz viele Verbote einfallen und erklärten diese zum Gesetz. Zum Beispiel durfte man am Sabbat nicht reisen. (Zweites Kind wird auf einen Stuhl gesetzt.) Arbeiten war grundsätzlich verboten. (Kind wird mit

Strick an den Stuhl gebunden. Für jedes weitere Verbot, das aufgezählt wird, kommt ein weiterer Strick dazu.) Man durfte keine Lasten tragen. Essen kochen war nicht erlaubt. Das Vieh durfte nicht gefüttert und getränkt werden. Das musste alles schon vorher bereit gestellt werden. Einen Kranken zu pflegen war verboten, es sei denn, der Kranke befand sich in Lebensgefahr. Man durfte nichts irgendwo abreißen oder vom Boden aufheben. Das galt schon als Arbeit. (Man kann weitere oder andere Beispiele für Verbote anführen.)

Die Pharisäer hatten das Gesetz in ihrem Rücken und standen dazu. Sie verlangten es auch von anderen, z. B. den Bauern und Viehhirten. Ihnen waren die Hände gebunden. Die vielen einzuhaltenden Vorschriften ließen ihnen kaum Bewegungsfreiheit. (Auf die Kinder in der Mitte verweisen, die das mit ihrer Haltung demonstrieren.)

Erzählung
Es war der letzte Tag der Woche, der Sabbat. An diesem Tag arbeitete niemand in Israel, denn Gott hatte den siebenten Tag zum Ruhetag bestimmt. Als Gott die Welt geschaffen hatte, ruhte er am siebenten Tag aus. Deshalb sollte niemand am Sabbat eine Arbeit tun oder eine lange Strecke gehen.

Jesus ging mit seinen Jüngern am Sabbat durch die Felder. Das Korn war gelb und neigte sich reif. Seine Jünger waren hungrig und rissen beim Gehen einige Ähren ab. Sie schüttelten die Körner heraus und aßen sie. Einige Pharisäer beobachteten das aus der Entfernung. Sie kamen näher und sprachen Jesus an. „Sieh nur", sagten sie, „was deine Männer machen. Sie ernten Getreide. Warum tun sie das, wo es doch nicht erlaubt ist am Sabbat?" Aber Jesus antwortete ihnen: „Habt ihr nie in der Bibel gelesen, was König David tat, als er und seine Männer in Not waren und sie Hunger hatten? Er ging in das Haus Gottes und aß von den geweihten Broten. Das ist verboten, denn nur die Priester dürfen davon essen. Gott hat den Sabbat für die Menschen gemacht, damit es ihnen gut geht, und nicht die Menschen für den Sabbat."

Gespräch und Aktion
„Gott hat den Sabbat für die Menschen gemacht", sagt Jesus. ... Versteht ihr das? ...

Dem gefesselten Kind werden die Stricke wieder abgenommen. Dem „Pharisäer-Kind" kann schließlich der Stock vom Rücken abgenommen und in die Hand gegeben werden im Sinne von: Gesetze sind gut und wichtig für den Menschen. Sie müssen uns nicht steif und unbeweglich machen, sondern sie können uns als Stütze (Wanderstab) auf unseren Wegen dienen.

Armbänder gestalten
Aus bunten Wollfäden können sich die Kinder Armbänder flechten. Die bunten Fäden sollen verschiedene Vorschriften und Gesetze symbolisieren, die uns nicht „fesseln" und unserer Freiheit berauben sollen. Wir können sie als Schmuck tragen und uns gerade im Blick auf das Sabbatgebot erinnern, dass dieses Gebot uns von der täglichen Arbeit entlastet.

Ältere Kinder können zum Beispiel das dritte Gebot „Den Feiertag heiligen" auf Schleifenbänder schreiben und als Armband umbinden.

Lied: Christus, das Licht der Welt

Gebet und Segen

Silvia Gützkow

Sind Träume Schäume? Traumerfahrungen in der Bibel und im Leben der Kinder

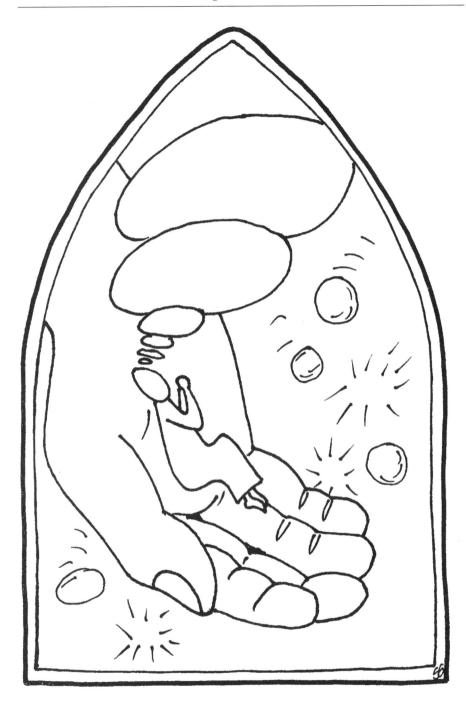

Lieder:
Du bist da, wo Menschen leben (träumen),
KG 147, LJ 498, MKL 42;
Lieber Gott, nun lass uns ruhig schlafen,
KG 20, MKL 59

Liturgischer Text:
Psalm 139,1–5

Sind Träume Schäume? Traumerfahrungen in der Bibel und im Leben der Kinder

Sonntag	Thema/Text	Art des Gottesdienstes Methoden und Mittel
5.9.2004 13. Sonntag nach Trinitatis	Träumen vom Leben 1. Mose 37,3–11 Der junge Josef und seine Träume	Gottesdienst mit Kindern; Legebild mit dunklem Tuch, Sterne, Mond und Sonne, Erzählung, Gespräch, Gebet, Mandala ausmalen
12.9.2004 14. Sonntag nach Trinitatis	Wenn Träume Angst machen 1. Mose 41,1-36 Der Traum des Pharao	Gottesdienst mit Kindern; Gespräch, Erzählung, Basteln: Kopien, Scheren, Musterbeutelklammern, Gebet
19.9.2004 15. Sonntag nach Trinitatis	Mit Gott träumen 1. Könige 3,(3.4)5–15 Der Traum des Königs Salomo	Gottesdienst mit Kindern; Einstieg mit Bildern, Puzzle, Gespräch, Erzählung, Gebet

Zum Thema

Träume hat jeder. Beurteilt werden sie sehr unterschiedlich. Manche Menschen können sich hinterher daran erinnern, andere nicht. Für den einen sind Träume wichtig, für den anderen nur „dummes Zeug".

Wissenschaftlich gesehen sind Träume ein wichtiger Bestandteil des Lebens. Wird uns die Traumphase unseres Schlafes dauerhaft entzogen, kommt es zu psychischen Störungen.

Träume helfen uns, unser inneres Gleichgewicht zu finden und zu erhalten. Sie sprechen dabei in Bildern und Symbolen. Manchmal sind diese recht leicht zu durchschauen, manchmal brauchen wir Hilfe zum Verstehen.

Bis ins Letzte erklärbar sind Träume nur selten. Sie machen deutlich, was meist unbewusst bleibt, decken auf, was sonst schläft: Erinnerungen, Erlebnisse, auch Einsichten. Wer von seinen Träumen erzählt, gibt viel von sich preis.

Dabei ist ein Zusammenhang mit Eindrücken des Tages oder auch nächtlichen Sinnesreizen wahrscheinlich gegeben. Eine logische Folge des einen aus dem anderen aber ist nicht nachweisbar.

In der Alltagssprache nennen wir auch das phantasievolle Hineindenken in eine nur vorgestellte Realität „Träumerei". Ein ganz wichtiges Merkmal aber haben solche Tagträume mit den Träumen des Schlafes gemeinsam: Sie machen möglich, was sonst unmöglich scheint. Sie zeigen uns eine andere Welt und machen uns Hoffnung auf das, was (noch) nicht da ist. Sie lassen deutlich werden, dass die Realität unserer Welt nur ein Teil unseres Lebens ist. Träume sind ein Hinweis darauf, dass unser menschliches Leben mehr ist, als wir manchmal wahrnehmen. Es ist offen hin zu Gott.

Sabine Meinhold

**5. September 2004 –
13. Sonntag nach Trinitatis**

1. Mose 37,3-11 – Der junge Joseph und seine Träume

Träumen vom Leben

Lieder:
Du bist da, wo Menschen leben (träumen), KG 147, LJ 498, MKL 42;
Lieber Gott, nun lass uns ruhig schlafen, KG 20, MKL 59

Liturgischer Text:
Psalm 139,1–5

Zum Text

In den Josephsgeschichten spielen Träume mehrfach eine Rolle. Als junger Mann träumt Joseph selbst. Später (1 Mose 40 bzw. 41) deutet er die Träume anderer und gibt damit seinem Leben eine ganz neue Richtung. Träume sind wichtig für ihn.

In den Träumen Josephs geht es um seine Stellung zu den Brüdern, um seine Rolle innerhalb der Familie. Rechtlich hat er nicht viel zu sagen. Von allen Geschwistern ist er fast der jüngste. Vom Vater aber wird er besonders geliebt und sogar vorgezogen.

Auch im Traum steht Joseph – stehen seine Garbe, sein Stern – im Mittelpunkt. Mutter, Vater und Brüder erweisen ihm Ehrerbietung. Für die Brüder ist das Anlass genug, ihn als Gerngroß zu verachten. Träume aber kann man nicht machen. Sie geschehen uns und zeigen immer noch mehr, als der Träumer selbst wissen kann.

Hinter den Träumen Josephs steht wohl das Nachdenken über die Herrschaft des einen über die anderen überhaupt. Am Ende steht dahinter die Frage nach dem Königtum.

Bisher war Gott allein der Herrscher über sein Volk. Soll es jetzt einen menschlichen König geben? Werden dann nicht andere neidisch werden? Wird nicht ein Riss durch das Volk gehen, wie jetzt durch Josephs Familie?

Der Text und die Kinder

Die Geschichten von Joseph sind anschaulich und spannend. Es wird den Kindern nicht schwer fallen, sich hineinzudenken und sich (wahrscheinlich mit Joseph) zu identifizieren. Für jüngere Kinder spielen schöne Kleider sowieso eine große Rolle. Auch der Konflikt „Ich bin schöner, besser als ihr", ist leicht nachvollziehbar. Er wird den Kindern im Alltag häufig begegnen. In den Träumen Josephs spiegelt er sich wider.

Auch in die symbolische Bilderwelt der Träume können sich die Kinder wohl leicht hineinfinden, entspricht sie doch ihrem eigenen phantasievollen Spiel, selbst wenn dieses durch das immer funktionsreichere Spielzeug nicht gerade gefördert wird.

Ob die Kinder schon auf eigene Traumerfahrungen zurückgreifen können, hängt sehr vom Alter ab. Nach C. G. Jung erinnern wir uns zwischen dem dritten und dem fünften Lebensjahr das erste Mal an einen Traum. Wahrscheinlich werden die Kinder wissen: „Ein Traum ist, wenn man im Schlaf Bilder sieht." Aber ob sie schon von eigenen Traumerfahrungen erzählen können oder wollen, ist eher ungewiss.

Die beiden Träume Josephs sind inhaltlich gleich bedeutend, verwenden aber verschiedene Symbolik. Wahrscheinlich ist es für die Kinder einfacher, sich auf ein Traumbild zu beschränken. Ich habe dazu den zweiten Traum gewählt. Zu Sonne, Mond und Sternen haben die Kinder sofort eine Beziehung. Was Garben sind, muss erst noch erklärt werden und bleibt im Leben der Kinder trotzdem ohne direkten Bezug.

Durch die Erzählung von Josephs Träumen kann deutlich werden, dass es im Leben mehr gibt als nur das, was sichtbar ist. Manches ahnen wir gar nicht, was noch passieren wird. Das Leben lässt sich nicht planen und berechnen. Da ist es gut, dass wir Gott an unserer Seite wissen.

Gestaltungsvorschlag

Begrüßung

Lied: Du bist da, wo Menschen leben

Liturgischer Text: Psalm 139,1–5

Kreativer Einstieg
In der Mitte liegt ein dunkles Tuch. An die Kinder werden zwölf glänzende Sterne, eine Sonne und ein Mond ausgeteilt. Dann werden sie gebeten, alles auf das Tuch zu legen. Vielleicht wird dann schon über die Ordnung diskutiert, sonst wird dazu angeregt: Was gehört oben hin? Was unten? Können Sonne und Mond gleichzeitig zu sehen sein? Was gehört in die Mitte? Und warum?

Erzählung
(Während der Erzählung werden Sonne, Mond und Sterne in die Hand genommen und in eine Reihe gelegt, wenn von Mutter, Vater und den Brüdern die Rede ist. Wenn Joseph seinen Traum erzählt, wird aus ihnen ein Kreis gelegt, wie es im Mandala zu sehen ist.)

Als Joseph die Augen aufschlägt, ist es noch dunkel. Aber er ist nicht der erste, der wach ist. Drüben hört er schon das Klappern der Töpfe. Und die Stimme seiner Mutter. Sie macht das Essen für die Brüder. Sie singt dabei. Von Gott singt sie. Und wie schön das Leben ist mit ihm.

Joseph gähnt. So gerne würde er noch liegen bleiben. Er hat wieder ge-

Sind Träume Schäume? Traumerfahrungen in der Bibel und im Leben der Kinder

träumt in dieser Nacht. Es war ein schöner Traum. Soviel weiß er noch. Aber was war es nur genau? Er kann sich einfach nicht mehr erinnern. Vielleicht später.

Wieder hört er die Stimme der Mutter. Nun muss er wohl doch aufstehen. Vater hat gesagt, es gibt viel Arbeit heute. Das Wetter ist gut. Es muss geerntet werden. Da muss er mit hinaus aufs Feld.

Joseph seufzt. Dann streift er sein Gewand über. Weich ist es und voller Farben. Joseph reckt sich ein bisschen. Schön sieht er damit aus! Der Vater hat es extra für ihn gekauft. Damals, als die Händler hier waren.

Sonst muss er ja immer das abgetragene Zeug von den Großen tragen. Er seufzt wieder. Manchmal ist es ja schön, Brüder zu haben. Aber meistens ist es gar nicht so einfach. Vor allem, wenn sie alle älter sind. Na ja, fast alle. Aber der kleine Benjamin zählt wohl noch nicht. Der ist ja fast noch ein Baby.

Aber die anderen! Alle zehn sind sie älter als er. Und alle wollen sie bestimmen. Dabei hat doch erst einmal der Vater das Sagen. (Mond hinlegen)

Und dann natürlich Mutter. (Sonne hinlegen)

Und danach kommen erst die Brüder. (Zehn Sterne in eine Reihe legen)

Aber er, Joseph, hat wirklich keine wichtige Stimme, als Vorletzter. (Den elften Stern hinlegen)

Nur Benjamin kommt noch nach ihm. Aber den stört das noch nicht. (Zwölften Stern hinlegen.)

Na ja. Immerhin sieht er, Joseph, jetzt schöner aus als die anderen mit ihren grauen Kitteln.

Aber nun muss er endlich los. Er hat lange genug getrödelt. Sonst wird der Vater noch ungeduldig. Und das will Joseph nicht. Denn seinen Vater, den hat er wirklich gern.

Die anderen sind schon losgegangen.

Joseph nimmt seine Wasserflasche und ein paar Brote und läuft hinterher. Es ist tatsächlich schön heute. Und warm. Joseph würde viel lieber am Bach liegen als Halme binden. Aber lustig ist es auch, wenn aus den vielen Halmen dann ein dickes Bündel wird, das sogar stehen kann. Gestern haben sie daraus einen großen Kreis gebaut.

Und da fällt Joseph sein Traum wieder ein! Natürlich! Von so einem großen Kreis hat er geträumt! Alle haben ihr Bündel hingestellt. Aber seines, das stand in der Mitte. Und die anderen haben sich davor verbeugt.

Und dann, ja, da war doch noch ein Traum! Den muss er unbedingt den anderen erzählen! Joseph läuft schneller. Ganz beschwingt ist er jetzt. „Hört mal!", ruft er schon von weitem, „Hört mal zu! Ich muss euch was erzählen!" Die Brüder blicken auf und kommen heran. Besonders freundlich sehen sie nicht aus. Schließlich haben sie schon gearbeitet, als Joseph noch im Bett lag. Aber Joseph merkt das gar nicht. „Hört mal!", ruft er. „Ich habe einen Traum gehabt heute Nacht. Einen wunderschönen Traum! Zwölf Sterne standen am Himmel. Und die Sonne und der Mond noch dazu. Und dann sind sie alle in Bewegung gewesen, und schließlich war ein Stern in der Mitte, und alle anderen ringsum. Und sogar Sonne und Mond haben ihm Platz gemacht. Wunderschön sah das aus!" (Auf dem Tuch alles entsprechend anordnen.)

Joseph ist noch ganz begeistert, da fühlt er sich hart an der Schulter gepackt. Es ist Ruben, der älteste der Brüder, der ihn böse anschaut. „So, so, wun-

derschön. Jetzt hör mal zu, du Spinner. Du hast uns gar nichts zu sagen. Und im Mittelpunkt stehst du schon gar nicht. Zuerst kommen immer noch die Eltern. Und dann ich. Und dann noch neun andere. Kapierst du?" Die anderen grinsen. Dann lassen sie Joseph einfach stehen. Der lässt traurig die Schultern hängen.

Aber er hat es doch so geträumt! Wirklich. Er kann doch gar nichts dafür.

Nur der Vater steht jetzt noch neben ihm.

„Joseph. Nimm es nicht so schwer. Im Traum ist vieles möglich, was sonst undenkbar ist. Du kannst nicht im Mittelpunkt stehen. Das weißt du doch." Joseph nickt.

„Obwohl –" der Vater blickt ihn an, „manchmal denke ich, nichts ist unmöglich in unserem Leben. Den Traum, den hast du dir ja nicht selbst ausgedacht. Vielleicht wollte Gott dir etwas sagen damit? Bei ihm, weißt du, da ist nichts unmöglich. Mit ihm ist das Leben noch viel schöner als wir uns das je vorstellen können. Behalte deinen Traum, Joseph. Behalte ihn im Herzen. Vielleicht wird er noch einmal wichtig für dich. Aber jetzt komm, pack mit an. Wir brauchen dich, Joseph."

Lied: Du bist da, wo Menschen leben
Du bist da, wo Menschen träumen;
Du bist da, wo Träume sind …

Gespräch
Habt ihr schon einmal geträumt? War es ein schöner oder ein schlimmer Traum? Was ist überhaupt ein Traum?
War Josephs Traum schön? Für wen war er schön? Warum waren die Brüder so verärgert?
Josephs Traum sagt uns, dass das Leben auch ganz anders sein kann. Alles kann sich ändern. Es kann passieren, was wir uns gar nicht ausdenken können. Wie immer unser Leben aussieht, Gott ist größer als wir.

Lied:
Lieber Gott, nun lass uns ruhig schlafen

Gebet
Großer Gott,
manchmal denken wir,
alles wird bleiben, wie es ist.
Nie wird sich etwas ändern.
Nichts wird besser.
Aber es ist nicht so.
Mit dir kann das Leben
richtig schön sein.
Lass uns immer daran denken.
Amen.

Vertiefung
Mandala ausmalen

Sabine Meinhold

12. September 2004 –
14. Sonntag nach Trinitatis

1. Mose 41,1–36 –
Die Träume des Pharao

Wenn Träume Angst machen

Lieder:
Du bist da, wo Menschen leben (träumen), KG 147, LJ 498, MKL 42;
Lieber Gott, nun lass uns ruhig schlafen, KG 20, MKL 59

Liturgischer Text:
Psalm 139,1–5

Zum Text

Träume eines Königs haben im alten Orient eine wichtige Bedeutung. Von Königen wurde angenommen, sie hätten eine ganz besondere Verbindung zu Gott. Ein König kann im Traum göttliche Anweisungen empfangen, Anweisungen, die manchmal das ganze Königreich betreffen. Es wird nicht ungewöhnlich gewesen sein, die Weisen des Landes deswegen um Rat zu fragen.

Der Pharao hat Bilder gesehen. Sie müssen gedeutet werden. Joseph erklärt den Traum wie ein Gleichnis. Was im Traum geschieht, entspricht einem Geschehen in der Wirklichkeit.

Die Kühe sind typisch für die Viehzucht Ägyptens. Die Ähren stehen für den Ackerbau. Beides wird sieben Jahre lang gute Erträge bringen. Beides wird aber auch in den sieben Jahren der Dürre brach liegen und sogar die Rücklage der guten Jahre aufzehren.

Der unwirkliche Vorgang: Kühe fressen Kühe auf – passt zu einem Traum. Dass jeweils die mageren, hässlichen Kühe oder Ähren die stärkeren sind, ist das Bedrohliche an der Sache. Der Pharao kann den Traum nicht vergessen, er muss um Rat fragen.

Beide Träume haben die gleiche Aussage. Die Wiederholung zeigt die Gewissheit, mit der das Geträumte eintreffen wird. Die Sache eilt.

Die Antwort, die Joseph dem Pharao gibt, ist Gottes Antwort. Gott hat den Traum geschickt, er deutet ihn auch. Er sagt dem Pharao, dass Unheil geschehen wird, aber er zeigt ihm auch, wie es zu überstehen ist. Am Ende ist sogar der unheimliche Traum zum Besten des Landes. Gott hat den Pharao gewarnt.

Das Thema und die Kinder

Angstträume sind bei Kindern nicht ungewöhnlich. Erschrocken wachen sie mitten in der Nacht auf, können sich aber an nichts mehr erinnern. Nur manchmal sind noch Bilder vor Augen, Bilder von Ungeheuern und Monstern vielleicht, die sich mit allerlei Phantasievorstellungen mischen. Nur wenigen Kindern gelingt es, über ihre Traumbilder zu sprechen. Oft wissen sie nach dem Aufwachen auch nicht mehr, was es war. Vielleicht wird auch wenig darauf geachtet, was Kinder erzählen. „Ich hab was Schlechtes geträumt." „Nun ist es wieder gut, schlaf schön. Es war ja nur ein Traum." – Vielleicht kennen die Kinder solch beruhigende Worte.

Aber wenn die Bilder sie auch noch in den Tag hinein verfolgen? Wem können sie ihre Träume wirklich schildern? Wem können sie die oft verworrenen Eindrücke mitteilen ohne beschwichtigt oder gar ausgelacht zu werden? Träume geben auch etwas von unserem Inneren preis. Von Träumen erzählt man nur, wem man vertraut. Die Erzählung von den Träumen des Pharao kann deutlich machen, dass auch Träume ein Teil unseres Lebens sind. Auch über sie kann man reden und verstanden werden.

Es wird nur selten so sein, dass Kinder im Gottesdienst spontan von einem solchen Angst machenden Traum erzählen können und wollen. Wo dies aber geschieht, sollte die Möglichkeit dazu gegeben werden. Eventuell kann dann auch ein Gespräch im Anschluss an den Kindergottesdienst hilfreich sein.

Gestaltungsvorschlag

Begrüßung

Lied:
Lieber Gott, nun lass uns ruhig schlafen

Kurzes Gespräch
„Und pass auf auf unsere Träume, dass unser Schlaf uns Freude macht." So haben wir eben gesungen. Gibt es denn auch Träume, die uns keine Freude machen?

Habt ihr selbst schon mal was Schlechtes geträumt? Seid ihr schon mal aufgewacht, mitten in der Nacht, und hattet Angst? Und seid ihr vielleicht zu euren Eltern ins Bett geschlüpft? Aber was macht ein großer, erwachsener Mann, wenn er etwas Schlimmes träumt? Was macht der König von Ägypten, wenn ein Traum ihm Angst macht? Ich will es euch erzählen:

Erzählung
Lustlos stochert der Pharao in seinem Essen herum. Ach, wenn ihm doch nur einer helfen könnte! Alle weisen Männer seines Landes hat er schon gefragt. Lange haben sie beraten und in alten Schriften gelesen. Aber helfen konnte ihm niemand. Er soll sich keine Sorgen machen, haben sie schließlich gesagt. Es war doch nur ein Traum. Er soll ihn vergessen.

Als ob das so einfach wäre! Immer wieder sieht er die Bilder vor Augen. Immer wieder. Er muss nur die Augen zumachen, schon sind sie wieder da. Und er hat Angst davor.

Im Traum steht er am großen Fluss, am Nil. Er ist gern dort. Mit seinem Wasser werden die Felder bewässert und die Viehherden bekommen zu trinken. Jetzt, im Traum, steigen sieben Kühe aus dem Wasser. Dicke, wohlgenährte Kühe, denen es an nichts fehlt. Schön sehen sie aus. Aber dann kommen sieben andere Kühe aus dem Wasser. Mager und hässlich sind sie. Sie laufen auf die schönen Kühe zu, sperren das Maul auf und verschlingen die dicken Kühe mit Haut und Haaren! Und sie werden nicht dicker davon. Hässlich und dürr sind sie, wie vorher.

Erschrocken war er aufgewacht. Was hat das nur zu bedeuten?

Und noch einen Traum hatte er. Er sah einen Halm vor sich, grün und saftig. Sieben Ähren wuchsen daran. Und ihre Körner waren rund und schwer. Daneben wuchs ein anderer, dürrer Halm aus dem Boden. Auch er trug sieben Ähren.

Aber sie waren braun und vertrocknet. Und wie sie so nebeneinander standen, neigte sich der trockene Halm hinüber, und die dürren Ähren verschlangen die gesunden und dicken. Und waren doch genauso braun und vertrocknet wie vorher.

Der Pharao schlägt die Hände vors Gesicht. Nein, er kann seine Träume nicht vergessen. Immer bleibt nur das Hässliche übrig. Ach, wenn er doch nur wüsste, was das bedeuten soll!

Hinter sich hört er jetzt den Diener mit dem Wein. Unwillig winkt ihn der Pharao hinaus. Er will niemanden sehen.

Aber der Diener bleibt stehen. „Ich wüsste einen, der dir helfen kann, Pharao. Er heißt Joseph. Als ich im Gefängnis war, hat er mir auch einen Traum gedeutet. Mir und dem Oberbäcker. Und es ist alles genauso eingetroffen, wie er gesagt hat."

„Joseph? Und du meinst, er kann Träume deuten? Lasst ihn rufen! Sofort!"

Der Pharao ist aufgestanden. Er ist unruhig jetzt. Ob ihm dieser Joseph wirklich helfen kann? Ein Hebräer soll er sein. Einer von denen, die nur an einen Gott glauben. Ach, wenn er doch nur schon hier wäre!

Aber es dauert eine Weile, bis Joseph kommt. Er bekommt erst noch die Haare geschnitten, darf sich waschen und ein neues Gewand anziehen. Erst dann wird er zum Pharao vorgelassen. „Du kannst Träume deuten, habe ich gehört?"

Joseph verbeugt sich tief. „Nicht ich, mein König. Gott selbst wird mir sagen, was die Träume bedeuten. Er allein versteht ihre Sprache."

„Nun gut. Ich will dir meine Träume erzählen." Und wieder erzählt der Pharao von den Kühen, und von den Ähren, und wie am Ende immer nur das Hässliche übrig bleibt.

Als er geendet hat, fängt Joseph an zu sprechen. „Beide Träume bedeuten das Gleiche", sagt er. „Du hast es zweimal geträumt, weil es ganz bestimmt geschehen wird. Sieben Jahre lang wird das Vieh genug zu fressen haben. Sieben Jahre lang wird genug Korn wachsen für alle. Und die Ähren werden rund und voll sein. Aber dann werden sieben schlechte Jahre kommen. Das Gras wird verdorren. Die Kühe werden nichts zu fressen mehr finden. Das Getreide wird dürr und leer sein. Die Menschen werden Hunger haben. Gott will dich warnen mit diesem Traum. Du musst Vorräte anlegen. In den sieben guten Jahren musst du große Lagerhäuser bauen und sie füllen mit dem, was übrig bleibt. Dann wirst du in den sieben schlechten Jahren genug haben, damit niemand hungern muss. Suche dir einen klugen Mann und setze ihn als Verwalter ein. Dann wird dein Land keinen Schaden nehmen."

Der Pharao hat genau zugehört. „Dein Rat gefällt mir, Joseph. Du bist ein kluger Mann. Ich werde dich zu meinem Verwalter machen. Du sollst das Korn sammeln und du sollst es wieder herausgeben. Gott hat dir jetzt gesagt, was zu tun ist. Er wird auch weiter mit dir sein."

Als Joseph gegangen ist, winkt der Pharao seine Diener heran: „Bringt Essen her! Gießt Wein in die Becher! Die schlimmen Bilder vor meinen Augen sind verschwunden. Ich habe keine Angst mehr davor. Jetzt weiß ich, was zu tun ist. Gott hat mir durch den Traum etwas sagen wollen. Er hat mich gewarnt. Wie gut, dass ich davon erzählt habe. Jetzt kann ich wieder fröhlich sein!"

Lied: Du bist da, wo Menschen leben
Du bist da, wo Menschen träumen,
du bist da, wo Träume sind ...

Sind Träume Schäume? Traumerfahrungen in der Bibel und im Leben der Kinder

Kreative Vertiefung
Wir basteln mit den Kindern ein Traumrad. Wenn man daran dreht, wiederholt sich der Traum wieder und wieder, bis der Pharao ihn erzählen kann und weiß, was er bedeutet. Dann hat er Ruhe.

(Die beiden Räder werden kopiert und ausgeschnitten, ausgemalt und schließlich mit einer Musterbeutelklammer aneinander befestigt. Wo das möglich ist, können die beiden Teile auch auf Karton geklebt werden.)

Gebet
Großer Gott,
manchmal haben wir schlechte Träume.
Dann haben wir Angst.
Das ganze Leben ist traurig.
Nichts macht uns mehr Freude.
Schick du uns Menschen, denen wir von unserer Angst erzählen können,
denen wir vertrauen können,
die uns verstehen.
Damit wir wieder fröhlich werden.
Amen.

Sabine Meinhold

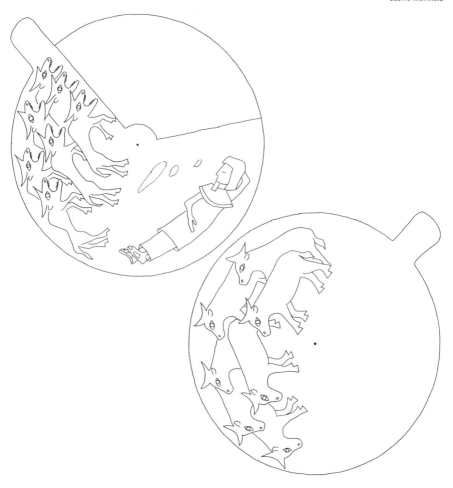

**19. September 2004 –
15. Sonntag nach Trinitatis**

**1. Könige 3,(3.4)5–15
Der Traum des Königs Salomo**

Mit Gott träumen

Lieder:
Du bist da, wo Menschen leben (träumen), KG 147, LJ 498, MKL 42;
Lieber Gott, nun lass uns ruhig schlafen, KG 20, MKL 59

Liturgischer Text:
Psalm 139,1–5

Zum Text

Salomo ist König geworden. Aber noch fehlt die Zustimmung Gottes zu seinem Königtum. Was sagt Gott dazu? Ist er damit einverstanden? Saul ist von Gott selbst zum König auserwählt worden. Auch David ist im Auftrag Gottes gesalbt worden. Und Salomo?

Es wird erzählt, Salomo begibt sich nach Gibeon, um dort Opfer zu bringen. Gibeon war in früherer Zeit eine wichtige Kultstätte, die dann zugunsten des Jerusalemer Tempels an Bedeutung verloren hat. Salomo will dort mit Gott in Beziehung treten.

Und er hat einen Traum. Einen Traum, der nicht als Folge von Bildern erzählt wird, sondern als Gespräch mit Gott. Gott selbst gewährt dem jungen König die Erfüllung einer Bitte. Das ist nicht neu. Auch in den Psalmen (2,8; 21,3) ist von solch einer Bitte die Rede. Gott stimmt damit dem Königtum Salomos zu. Durch den Traum, in dem er dem jungen König gegenübertritt, wird dies bestätigt.

Salomos Wunsch macht seine Befähigung zum König deutlich. Nach israelitischem Denken ist im Herzen vor allem die Vernunft zu Hause. Ein verständiges Herz befähigt den jungen König, sein Volk gerecht zu regieren und zwischen gut und böse, richtig und falsch zu unterscheiden. Weil er damit um das Wichtigste gebeten hat, was ein König braucht, wird ihm alles andere – Reichtum und Ehre und ein langes Leben – zufallen.

Die so berühmte Weisheit Salomos ist also ein Geschenk von Gott. Sie ist eine Fähigkeit, über die der König verfügt, die er aber nicht aus eigener Kraft erreicht hat. Im Traum hat ihm Gott seine Unterstützung zugesagt.

Der Text und die Kinder

Die Welt der Könige ist für Kinder wohl immer faszinierend. Vor allem in Märchen und Geschichten haben sie davon gehört. Dort sind Könige in der Regel reich und mächtig. Und nicht selten wünschen sich die Kinder, selbst Prinz oder Prinzessin zu sein.

In der Erzählung von Salomos Traum wird deutlich, dass auch der König nicht mächtiger ist als Gott. Erst durch Gottes Zusage wird aus dem jungen König Salomo der weise und mächtige Herrscher, als der er weit über die Grenzen Israels hinaus bekannt wurde. Salomo ist auf göttliche Hilfe und Unterstützung angewiesen, um ein guter König zu werden.

Sind Träume Schäume? Traumerfahrungen in der Bibel und im Leben der Kinder

Für Kinder, die sehr oft zu hören bekommen, dass sie noch zu klein sind, ist es hilfreich zu hören: Auch Erwachsene brauchen Unterstützung. Sogar ein König braucht Hilfe. Auch er kann nicht alles allein.

Die Freigabe einer Bitte kennen die Kinder wohl aus eigenem Erleben. Im Märchen sind es meist drei Wünsche, die erfüllt werden. Kindern fallen oft noch eine ganze Menge mehr ein. Die Strategie der Werbung, die oft gerade auf die Bedürfnisse der Kinder abzielt, tut ein Übriges. Die Kinderzimmer sind in unserer Überflussgesellschaft meist gut gefüllt. Die Eltern bemühen sich, ihren Kindern etwas zu „bieten": Kino, Erlebnisbad, Mc Donald's ...

Trotzdem haben Kinder wohl (noch) ein Gespür dafür, dass die wichtigsten Dinge unseres Lebens nicht käuflich sind. Zuneigung, Verständnis, Anerkennung der eigenen Person sind nicht durch Geld aufzuwiegen.

Der Traum Salomos auf dem Gibeon kann die Kinder erfahren lassen, dass wir die Kraft für unser Leben nicht kaufen können. Aber wir müssen sie auch nicht nur bei uns allein suchen. Wir dürfen nach Gottes Hilfe und Unterstützung, nach seiner Anerkennung fragen. Wir dürfen ihn bitten, dass er uns gibt, was wir wirklich nötig haben.

Gestaltungsvorschlag

Begrüßung

Lied: Du bist da, wo Menschen leben

Liturgischer Text: Psalm 139,1–5

Kreativer Einstieg
Das ist Salomo. (Die Abbildung liegt in der Mitte.) Er ist gerade König geworden. Aber er macht sich Sorgen. Jetzt soll er ein ganzes Land regieren, und weiß doch gar nicht, was er alles dazu brauchen wird. Was ist wichtig für einen König, damit er ein guter König werden kann? ...

Die Kinder können jetzt die Dinge benennen, die ihnen wichtig erscheinen. Wenn es ein entsprechendes Puzzleteil gibt, wird es jeweils in die Mitte gelegt (Schmuck, Krone, Waffen, Kutsche, Schätze, Schloss, Siegelring, kluge Berater, Diener). Wenn alle Teile auf dem Tisch liegen, werden die Kinder gebeten, das Puzzle zusammenzusetzen.

(Praktischer Hinweis: Für jüngere Kinder kann es einfacher sein, wenn das Puzzle vorher farbig gestaltet wurde. Der Zusammenhang ist dann leichter zu erkennen. Es ist auch möglich, dass jeder sein eigenes kleines Puzzle bekommt.)

Gespräch
Es ist ein großes, kluges und verständiges Herz entstanden. Meint ihr auch, dass ein solches Herz am wichtigsten für einen König ist? Und warum? ... (Er muss entscheiden, er muss wissen, was richtig ist, ein weises Herz ist unverlierbar.)

Und wie bekommt man ein weises Herz? Wer kann es uns geben? Wen wird Salomo darum gebeten haben? ... (Wir lernen von Eltern, Großeltern, Leh-

19. September 2004

rern. Wirkliche Weisheit aber ist ein Gottesgeschenk.)
Wie kann man Gott um etwas bitten? Wie redet Gott überhaupt mit uns? ... (Beten, Bibel lesen, durch andere Menschen, durch Engel, durch Träume)

Erzählung
Es ist Abend geworden. Die Sonne ist untergegangen. Jetzt ist es kühl. Salomo zieht seine Decke fester um die Schultern. Er ist müde und friert. Es war ein langer Tag.

Noch in der Dunkelheit sind sie heute morgen aufgebrochen. Er selbst und viele Knechte und Viehtreiber mit ihm. Eine große Herde Schafe und Ziegen haben sie hier nach Gibeon gebracht. Hier, an diesem besonderen Ort wollte er Gott Opfer bringen und ihm ganz nahe sein. Immer wieder hat er nach ihm gerufen. Jetzt ist der Tag vorbei. Aber Gottes Stimme hat er nicht gehört. Er hat ihm nicht geantwortet.

Salomo seufzt. Die meisten Knechte schlafen schon. Dicht nebeneinander gedrängt haben sie Schutz vor der Kälte gesucht. Aber Salomo kann nicht schlafen. Er hat Sorgen. Mit den Fingern schnippst er die Sandkörnchen von seinen Sandalen. Kostbare Sandalen sind es, aus weichem Leder, verziert mit glänzender Stickerei. Aber was nützen sie ihm? Was nützen ihm all sein Geld und seine Edelsteine, alle Perlen und die kostbaren Stoffe? Sein großer Palast, all seine Diener, was nützen sie ihm? Sicher, er ist König geworden. Aber wer hilft ihm, wenn er mit anderen Königen verhandeln muss? Wer weiß, was er tun soll, wenn zu wenig Regen kommt und die Leute hungern müssen? Was soll er tun, wenn eine feindliche Armee vor den Grenzen steht? Wen soll er dann um Rat fragen?

Auf wen kann er sich verlassen? Seinen Vater David hatte Gott selbst zum König bestimmt. Dieser wusste, dass er Unterstützung hatte. Aber er?

Jetzt ist es ganz finster geworden. Eine Weile noch sitzt Salomo da und grübelt. Dann fallen auch ihm die Augen zu.

Und da – hört er eine Stimme. Ganz deutlich hört er sie: „Bitte, was ich dir geben soll!" Die Stimme Gottes! Ja, Gott redet mit ihm! Mit ihm, Salomo!

„Bitte, was ich dir geben soll!" Gott ist mit ihm! Salomo muss nicht lange überlegen. Ganz klar weiß er die Antwort, die er geben muss.

„Meinem Vater David bist du immer treu gewesen, Gott. Du bist mit ihm gewesen, hast ihm geholfen, und er hat so gelebt, wie es dir gefallen hat. Meistens. Nun hast du ihm einen Sohn geschenkt, der nach ihm auf dem Thron sitzt. Jetzt soll ich das Land regieren. Über dein Volk soll ich bestimmen, über dein großes Volk. Aber ich bin noch jung. Manchmal weiß ich nicht, wie ich mich entscheiden soll. Und doch soll ich wissen, was gut ist und was schlecht. Soll wissen, was richtig ist und was falsch. Ich bitte dich, hilf mir dabei! Gib mir ein kluges und verständiges Herz, damit ich ein guter Herrscher werde!"

Und wieder hört Salomo die Stimme Gottes: „Es gefällt mir, was du dir wünschst. Es gefällt mir, dass du nicht um Geld bittest, sondern um Weisheit. Ich will sie dir geben. Ein weises und einsichtiges Herz sollst du haben, so wie sonst keiner. Und weil es mir gefällt, will ich dir auch noch das geben, worum du nicht gebeten hast: Reichtum und Ehre und ein langes Leben."

Da erwacht Salomo. Hatte er nur geträumt? Ja, es war wohl ein Traum.

Und doch hat Gott wirklich zu ihm gesprochen. Hat ihm wirklich seine Hilfe zugesagt. Salomo ist fest davon überzeugt. Warum auch nicht? Natürlich kann Gott auch im Traum bei ihm sein. Gott ist immer da. Bei ihm ist nichts unmöglich.
Ja, Gott hat seinem Königtum zugestimmt. Das weiß Salomo jetzt. Er, Salomo, würde das Volk regieren können. Gott würde ihn unterstützen. Und gleich, wenn er wieder zu Hause ist, wird er ein großes Fest feiern.

Lied: Du bist da, wo Menschen leben (träumen)

Gebet
Herr, unser Gott,
wir danken dir,
dass du immer bei uns bist,
Tag und Nacht.
Du willst uns helfen,
wenn wir nicht mehr weiterwissen.
Du hörst uns zu,
wenn wir Sorgen haben.
Und du willst,
dass unser Leben fröhlich ist.
Dafür danken wir dir.
Amen

Kreative Vertiefung
Die Kinder können die Puzzle jetzt noch ausmalen. Wo es möglich ist, kann auch mit Gebäck und Saft oder Tee noch ein „königliches Gastmahl" gegeben werden.

Sabine Meinhold

Brot zum Leben – Unser täglich Brot gib uns heute

Lied:
Alle guten Gaben, EG 463, KG 140, LJ 269

Liturgischer Text:
Psalm 104,10–15.1

Brot zum Leben – Unser tägliches Brot gib uns heute

Sonntag	Text/Thema	Art des Gottesdienstes Methoden und Mittel
26. 9. 2004 16. Sonntag nach Trinitatis	Markus 4,26–29 Das Korn wächst ganz von selbst	Gottesdienst mit Kindern; Lied, Bildgeschichte, Leporello, Gebet
3.10.2004 17. Sonntag nach Trinitatis	Johannes 6,1–15 Brot des Lebens	Gottesdienst mit Kindern und Erwachsenen; Darstellen der Samenkorngeschichte, Lied
10.10.2004 18. Sonntag nach Trinitatis	Jesaja 58,6–12 Brich dem Hungrigen dein Brot	Gottesdienst mit Kindern; Erzählung mit Rollenspiel, Lied, Gebet

Zum Thema

Der 16. und 18. Sonntag nach Trinitatis nehmen auf den dazwischenliegenden 17. Sonntag nach Trinitatis, das Erntedankfest, Bezug.

16. Sonntag nach Trinitatis: Das Gleichnis von der wachsenden Saat veranschaulicht den Gedanken vom sich selbst ausbreitenden Himmelreich.

Der Mensch, dem es unmöglich ist, das Himmelreich einzurichten, kann darauf hoffen, dass es sich ausbreiten wird. Es wird sich selbst entfalten, wie sich aus dem Samen die Pflanze entwickelt.

In der Verbindung mit dem Erntedankfest bietet es sich an, den Gedankengang umzukehren: Die Natur kann zum Gleichnis des Himmelreiches werden, da sie in ihrer ganzen fehlerhaften Vorläufigkeit doch vom Geist Gottes durchwaltet wird. Die Erde ist fruchtbar, bringt Leben und Fülle und spiegelt so die himmlische Herrlichkeit.

17. Sonntag nach Trinitatis: Aber Hunger, Krankheit, Elend und Tod verdunkeln dieses Gleichnis bis zur Unkenntlichkeit. Die Welt ist auch ein Gleichnis der Hölle. Wird sie in der Hölle enden oder wird sich das Reich Gottes durchsetzen?

An Jesu zeichenhaftem Wirken und seinem Schicksal hat sich der Glaube entzündet, dass das in Mk 4,26–29 erzählte Gleichnis eine tiefe und letzte

Wahrhaftigkeit besitzt. Gegen die lautstarke Herrschaft des Todes wird sich still aber unaufhaltsam das Leben durchsetzen. Im Gottesreich, das wir durch Jesu Worte und Taten vorgezeichnet sehen, werden die Kranken geheilt, die Hoffnungslosen getröstet und die Hungernden gesättigt sein. Das Zeichen des Brotes, das Symbol des Mahles, hält die Hoffnung auf das Reich Gottes in uns lebendig.

18. Sonntag nach Trinitatis: Wie können wir Gott dienen und damit das Kommen des Gottesreiches fördern? Welcher Gottesdienst ist wahrer Gottesdienst? Leere religiöse Praxis jedenfalls ist Götzendienst. Der Versuch, sich Gott in magischer Weise präsent zu machen, muss scheitern. Gott lässt sich nur finden, wenn er in uns Mitarbeiter seines Reiches findet, wenn er uns in seinen Diensten sieht, um Hunger, Elend, Not und Knechtschaft zu bekämpfen.

Petra Neumann

**26. September 2004 –
16. Sonntag nach Trinitatis**

Markus 4,26–29

Das Korn wächst ganz von selbst

Lieder:
Alle guten Gaben,
EG 463, KG 140, LJ 269;
Wir pflügen und wir streuen,
EG 508, LJ 300

Liturgischer Text:
Psalm 104,10–15.1

Zum Text

Wird das Reich Gottes kommen? Wie wird es kommen? Muss es, wie nicht nur die Zeloten zur Zeit Jesu meinten, mit Gewalt durchgesetzt werden? Die Antwort des Gleichnisses lautet: Es wird kommen und der Mensch weiß nicht, wie es geschieht. Es wird sich selbständig ausbreiten, nach Gottes Willen.

Wie der Same keimt, ohne dass wir letztendlich verstehen, wie es zugeht, wie der Same selbständig einen Halm und Frucht hervorbringt, so wird sich das Himmelreich entfalten.

Hinter dem Wort vom selbständigen Wachstum der Saat steht der Glaube an Gottes Geist in der Natur. Sie hat sich nicht selbst ihre Gesetzmäßigkeiten gegeben, sondern sie ist von Gott zu selbständiger Entfaltung eingerichtet worden. Und wie Gott das Werk begonnnen hat, so wird er es auch vollenden.

Welchen Anteil haben wir an der Ausbreitung des Gottesreiches? Im Gleichnis wirft der Mann den Samen auf das Land und hat damit seine Arbeit getan. Er muss das Pflanzenwachstum nicht initiieren, kontrollieren und optimieren, die Pflanze entfaltet allein die inneliegende Kraft. Wenn wir Menschen in die Natur eingreifen, müssen wir damit rechnen, dass wir das Zusammenspiel der Prozesse stören oder gar zerstören. Das Himmelreich können wir so jedenfalls nicht herbeiexperimentieren.

Was kann also wirklich unser kleiner Anteil sein? Am besten besteht er wohl darin, uns in Gottes Dienst zu stellen und sein Werk, das mit Jesus begonnen hat, zu unterstützen, Gerechtigkeit zu suchen und so dem Hunger, dem Elend und der Not zu begegnen.

Der Text und die Kinder

Kinder sind voller Zukunftsfreude und sie benötigen ein hoffnungsvolles Zukunftsbild, um ihre Kräfte und Fähigkeiten zu entwickeln. Die Beobachtung der Natur kann sie darin bestärken, denn sie ist jedenfalls dort, wo sie unverletzt ist, voller Leben stärkender Symbole. So kann der sich zu einer Pflanze entwickelnde Same ein Zeichen für die vom Geist Gottes berührte Welt sein. Zudem ist ein Samenkorn auch ein interessantes Beobachtungsobjekt:

Die Kinder lernen die Entwicklungsstadien eines Korns zu einer Frucht tragenden Pflanze kennen, lernen die einzelnen Bestandteile der Pflanze zu benennen.

Sie stellen fest, dass aus einem Korn viele Körner entstehen und dass die Erde auf diese Weise ihren Reichtum vermehren will.

Die Kinder können bemerken, dass der Mensch zu dieser Entwicklung nichts beitragen kann und muss.

Es kann ihnen die Frage einfallen, wer dies alles so eingerichtet hat, und sie werden auch die Antwort finden, dass es Gottes Werk ist.

Sie können lernen, dass wir Menschen für den Reichtum der Natur nicht anderen Menschen dankbar sein müssen, sondern Gott dafür danken können.

Ich empfehle, bei der Behandlung des Gleichnisses im Kindergottesdienst mit jüngeren Kindern auf dieser Bildebene des Samenkorns zu bleiben und den Gedanken von der selbst wachsenden Saat zu entfalten. Die andere Seite des Gleichnisses sollte man wegen der Kürze der Zeit hier nicht ins Spiel bringen. Inhaltlich entsteht dabei in diesem Zusammenhang kein Verlust, denn die Rede vom Himmelreich ist für jüngere Kinder ohnehin schwer verständlich und das Vertrauen in die Welt, das sie den Kindern schenken könnte, kann auch auf dieser Samenkorn-Bildebene vermittelt werden.

Gestaltungsvorschlag für jüngere Kinder

Lied: Alle guten Gaben oder Wir pflügen und wir streuen

Eine Bildgeschichte

Basteln eines Leporellos
Die Leiterin kopiert das Leporello aus dem Buch derart, dass auf einer A4-Seite acht, also zwei mal vier gegenüberliegende Bilder erscheinen. Dann befinden sich auf einem Blatt die Bilder 1–4 und das Deckblatt, 14a+b, 13, auf dem anderen Blatt die Bilder 5–8 und 12–9. Beide A4-Seiten werden nun mit durchsichtigem Klebestreifen an den kurzen Seiten so zusammengefügt, dass in der einen Reihe die Bilder 1–8 und in der gegenüberliegenden und auf dem Kopf stehenden Reihe das Deckblatt und die Bilder 14–9 angeordnet sind.

Die Kinder falten den Bilderstreifen einmal längs in der Mitte zusammen und kleben die Vor- und Rückseite aneinander. Dann wird der Streifen senk-

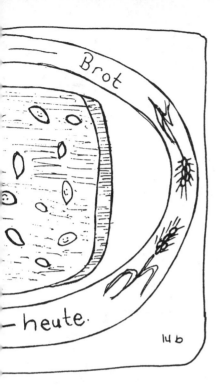

Das Korn wächst ganz von selbst

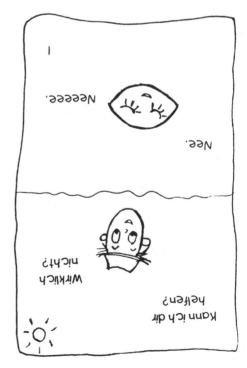

recht auf den Tisch gelegt, so dass das Deckblatt als erstes Bild vor den Kindern liegt. Nun faltet man den Streifen bis zum Klebestreifen nach oben und faltet dann das Deckblatt wieder zurück. Damit ist die richtige Bildbreite festgelegt und die Faltung kann fortgeführt werden, bis alle Bilder zusammengefaltet sind. Es ergibt sich diese Reihenfolge: Oben steht das Deckblatt, unten liegt Seite 9. Man kann das Büchlein nun vor und wieder zurück zum Anfang klappen.

Es kann sinnvoll sein, für jüngere Kinder schon geklebte und fertig gefaltete Leporellos bereit zu halten. Danach wird die Geschichte erzählt kombiniert mit dem Lesen des Textes durch die Kinder.

Erzählanstöße für die ersten Bilder
1. Bild: Es war ein Mann, der war sehr besorgt um den Samen, den er in die Erde gelegt hatte. Dauernd fragte er ihn, ob er ihm helfen und ihm nicht irgendetwas Gutes tun könne. Aber der Samen brauchte keine Hilfe. Er war einfach nur müde.

2. Bild: Der Mann konnte sich jedoch nicht beruhigen und quasselte weiter auf seinen Samen ein. Ihr lest, was der Samen ihm antwortete.

3. Bild: Nun gut. Endlich gab sich der Mann zufrieden und schickte sich darein, doch wohl etwas warten zu müssen. Mann und Samen schliefen beide ein.

4. Bild: Aber da geschah dann etwas, usw.

Gespräch
Die Leiterin arbeitet die im ❧ Abschnitt: „Der Text und die Kinder" aufgezählten Punkte heraus. (Der Entwicklungsweg des Samens und die Benennung der einzelnen Pflanzenteile wird mit den Kindern am besten schon während des Anschauens erörtert.)

Gleichnis für ältere Kinder
Jesus erzählt von einem Bauern, der gesät hat. Nach dem Säen geht er nach Hause, legt sich nachts schlafen und steht morgens wieder auf. Das macht er viele Tage lang. Inzwischen geht die Saat auf und wächst. Der Bauer weiß aber nicht wie. Die Erde bringt die Pflanze zum Wachsen, zuerst den Halm, danach die Ähre und schließlich bilden sich reife Körner in der Ähre.

Jesus erklärt seinen Zuhörern: Das ist ein Bild für die neue Welt Gottes, für sein Reich, das in unserer Welt entsteht. Wir wissen: Es wird einmal entstehen, das ist Gottes Wille, da gibt es gar keinen Zweifel. Einmal ist die Zeit da, aber wann, wissen wir nicht. Und wir wissen auch nicht, wie es geschieht. Die Pflanze wächst auf verborgene Weise. Wir können beobachten: Heute ist die Pflanze schon wieder ein Stück gewachsen, aber wie das vor sich ging, können wir nicht sehen. Gottes Reich kommt ganz von selbst, das ist wie bei der Pflanze, machen können wir es nicht.

Ist das nicht ein schönes Bild? Wir dürfen hoffen, dass sich Gottes Herrschaft in unserer Welt durchsetzt. Kleine Pflänzchen sind schon zu sehen ...

Ausmalen
Nun können die Kinder das Leporello ausmalen. Zuerst auf allen Bildern den Samen, um so noch einmal seinen Entwicklungsweg nachzuvollziehen.

Gebet, Vater unser

Lied: Alle guten Gaben

Petra Neumann

3. Oktober 2004 –
17. Sonntag nach Trinitatis

Johannes 6,1–15
Brot des Lebens

Lied:
Korn, das in die Erde,
EG 98, KG 59, LJ 74

Liturgischer Text:
Psalm 103,1–3

Zum Text

Von der Speisung vieler Menschen wird in allen Evangelien berichtet. Im Johannesevangelium folgt der Speisungserzählung ein Gespräch (Joh 6,22ff.) über den Sinn dieses Zeichens. Jesus erklärt den Menschen, dass sie nicht wiederkommen, weil sie ein Wunder erlebt haben, sondern weil sie gesättigt wurden (Joh 6,22). Diese Sättigung beschränkte sich nicht auf den Körper, sondern war in wundersamer Weise vollkommen. Jesus hat sie durch sein Reden und Handeln in Leib und Seele befriedet, beruhigt, geheilt und gesättigt. Die Vollkommenheit dieser Sättigung hat in der übermäßigen Zahl der Gesättigten Ausdruck gefunden.

Jesus sagt ihnen, dass dieses Zeichen von Gott kommt und versucht, dem Volk dessen geistlichen Gehalt zu deuten: Das Brot des Lebens hat sie gesättigt und dieses Lebensbrot ist Jesus selbst, sein Fleisch und sein Blut. (Joh 6,53)

Dies verstehen seine Gesprächspartner natürlich nicht, sind empört und nennen es eine harte Rede (Joh 6,60). Die Leser des Evangeliums aber wissen, dass das Symbol des Abendmahles damit gemeint ist. Das Speisungsmahl der Fünftausend ist also das „Abendmahl" des Johannesevangeliums. Es ist die Vorwegnahme des endzeitlichen Freudenmahles. Mit dieser eucharistischen Deutung der Speisungserzählung wird das Erntedankfest zum Dankfest für die Stärkung von Körper und Seele. Die Frucht der Erde, das Brot, ist das Symbol für den Tod und die Auferstehung Jesu und damit das Symbol für das kommende Reich Gottes.

Diesen geistlichen Gehalt zu entfalten, gibt uns die Speisungserzählung im Johannesevangelium auf.

Der Text und die Kinder

Der engere Text der Speisungsgeschichte könnte im Kindergottesdienst gelesen und erzählt werden und es wäre auch leicht, eine gedankliche Verbindung zum Erntedankfest zu knüpfen. So käme aber der besondere eucharistische Charakter der johanneischen Speisungserzählung nicht zum Zuge. Damit würde m. E. viel vom Sinn der Geschichte vergeben. Der folgende Vorschlag zielt auf die Gestaltung eines Familiengottesdienstes. Für die Umsetzung des Vorschlages ist allerdings etwas vorbereitende Arbeit mit den Kindern nötig.

Um die Speisungsgeschichte mit dem Abendmahl in augenfälliger und symbolischer Weise zu verbinden, schlage ich

vor, folgende drei Elemente im Gottesdienst miteinander zu verbinden:
- Speisungsgeschichte
- Das Wort vom Weizenkorn Joh 12,24, dargestellt an der Bildergeschichte vom vorangegangenen Sonntag
- Leben, Tod, Auferstehung Jesu und Abendmahl

Folgender Gedankengang soll mit der Zusammenstellung der drei Elemente hauptsächlich veranschaulicht werden:
1. Die wunderbare Brotvermehrung Jesu entstammt derselben Kraft, die die jährliche wunderbare Kornvermehrung auf unseren Feldern anstößt, dem Geist Gottes.
2. Der Weg eines Kornes wird zum Gleichnis für Jesu Leben. Es stirbt, wird zum Leben erweckt und bringt Frucht.
3. Anhand dieses Gleichnisses wird Jesu Leben und Sterben gedeutet und der Sinn des Abendmahls symbolisch dargestellt.

Vor allem der mittlere Teil wird von den Kindern der Gemeinde gestaltet. Er ist auch derjenige, der hauptsächlich das Erntedankthema transportiert.

Gestaltungsvorschlag für Kinder und Erwachsene

Der folgende Plan soll im Verkündigungsteil des Gottesdienstes realisiert werden, also anstelle der Predigt stehen.

Lesung: Joh 6,1–15

Erzählung
1. Erzähler (Kind) erzählt weiter: Die Leute kamen zu Jesus und fragten ihn: Kannst du uns die ganze Sache erklären? Wir verstehen nicht, wie sich das Brot so heftig vermehren konnte.

Jesus sagte zu ihnen: „Es ist durch den Geist Gottes geschehen."
Aber die Leute verstanden nicht, was er meinte.

Gestaltung der Geschichte vom Weizenkorn

2. Erzähler (Kind): Wir zeigen euch, wie Gott das Korn und das Brot auf der Erde jedes Jahr wunderbar vermehrt.

Im Folgenden wird die Samenkorngeschichte vom vorangegangenen Sonntag dargestellt. Dabei bekommt sie aber jetzt einen anderen Akzent. Anfang und Ende der Geschichte werden besonders betont. Vor allem der Anfang erhält einen neuen Aspekt: Das Samenkorn wird in die Erde gelegt und stirbt. Doch der Geist Gottes berührt es und das Weizenkorn beginnt zu wachsen und bringt reiche Frucht. Die Geschichte wird gespielt und kommentiert.

Ausstattung und Requisiten:
- ein Tisch, zwischen dessen Beinen ein braunes Tuch hängt und auf dem ein grünes Tuch liegt

3. Oktober 2004

- Aus dem Tuch ist samenförmig ein Stück herausgeschnitten, so dass in dem Ausschnitt ein Kindergesicht erscheinen kann.
- An einer Stelle ist das Tuch eingeschnitten, so dass durch den Schlitz eine Hand hindurchgesteckt werden kann, um die Wurzeln darzustellen.
- ein Kreuz
- Triangel oder Cymbel
- ein brauner und ein grüner Handschuh, auf dem grünen sind auf einer Seite kleine Holzperlen aufgenäht, so dass die gespreizte Hand aussieht wie eine Kornähre
- Gießkanne
- eine Vase mit einer Kornähre
- ein schöner Brotteller

2. Erzähler: Ein Mann ging auf das Feld, um seinen Acker zu bestellen. Er nahm ein Korn, legte es in die Erde und wartete, was nun geschah.

Aktion: Zwei Kinder stellen dar, was der Erzähler beschreibt: ein Gesicht erscheint im Samenkornausschnitt mit geschlossenen Augen. Der Mann steht hinter dem Tisch und nimmt eine wartende Haltung ein.

2. Erzähler: Er wartete und wartete und wartete und nichts geschah, dann wieder nichts und wieder nichts. Der Mann wurde sehr traurig und sagte sich: Der Samen ist tot. Er wird mir keine Frucht bringen. Wovon soll ich nur leben?

Aktion: Der Mann nimmt das Kreuz und stellt es über den Samen auf den Tisch und guckt traurig.

2. Erzähler: Als der Mann schon alle Hoffnung aufgeben wollte, bemerkte er eine Bewegung in der Erde. (Ein Triangel- oder Cymbelton wird angeschlagen.) Der Mann hielt sein Ohr ganz dicht an den Erdboden. Ja, da regt sich etwas! (Der Ton erklingt noch einmal.)

Aktion: Das Samengesicht wacht auf, lacht und schiebt so langsam eine mit einem braunen Handschuh bekleidete Hand aus dem Schlitz und breitet sie aus. Sie stellt die Wurzeln dar.

2. Erzähler: Jetzt wird es spannend. Der Mann kann zwar etwas hören, aber nichts sehen. Könnt ihr ihm sagen, was da unten in der Erde passiert? (Frage an die Zuschauer-Kinder)

Der Mann freut sich riesig und bald schon bekommt auch er etwas zu sehen. Aus der Erde schaut etwas winzig Grünes heraus.

Aktion: Das Samenkind zeigt den Daumen seiner anderen Hand über den Tisch. Diese Hand ist mit einem grünen Handschuh bekleidet.

2. Erzähler fragt die Zuschauer: Könnt ihr sagen, was das ist? Jetzt kommt noch mehr Grün zum Vorschein und es wächst eine stattliche Pflanze.

Aktion: Das Samenkind schiebt seine zusammengeballte Hand über den Tisch und streckt den Arm aus. Der Mann gießt die Pflanze.

2. Erzähler: Und schaut her, was jetzt passiert.

Aktion: Das Samenkind spreizt seine Finger und zeigt die Frucht. Der Mann stellt eine Vase mit einer Kornähre auf den Tisch. (Wenn einige andere Kinder dieses Samenwachsspiel auch nachspielen wollen, bekommen sie Handschuhe und

237

hocken sich vor den Tisch neben das Samenkind. Der Erzähler leitet ein: „Und viele andere Samen wuchsen neben dem einen" und erzählt im Kurzdurchlauf die Geschichte noch einmal.)

1. Erzähler: Aus einem Korn werden zehn, dies ist die wunderbare Kornvermehrung. Gottes Geist hat sie bewirkt.

Aktion: Ein Kind stellt einen Teller mit geschnittenem und ungeschnittenem Brot auf den Tisch.

1. Erzähler: In diesem Geist, dem Geist Gottes hat Jesus das Brot vermehrt, in diesem Geist hat er Kranke geheilt und die Leute mit seinen Worten getröstet. Aber trotzdem hatte er Feinde. Sie schlugen ihn ans Kreuz und töteten ihn.

Seine Freunde dachten: Jetzt ist alles aus. Er ist tot. Der Tod hat über das Leben gesiegt.

Aktion: Ein Kind holt das Kreuz vom Spieltisch und stellt es auf den Altar.

1. Erzähler: Die Welt wurde dunkel und kalt. Aber so blieb es nicht. Nach drei Tagen hat Gott Jesus von den Toten auferweckt. Das Leben hat doch gesiegt.

Aktion: Ein Kind stellt die Kornähre auf den Altar, ein zweites holt den Brotteller (Abendmahlsbrot).

Lied: Korn, das in die Erde

Abendmahl

Petra Neumann

**10. Oktober 2004 –
18. Sonntag nach Trinitatis**

Jesaja 58,6–12

Brich dem Hungrigen dein Brot

Lied:
Brich mit den Hungrigen dein Brot,
EG 420, MKL 65, LJ 232

Liturgischer Text:
Psalm 104,10–15.1

Zum Text

In Jes 58 geht es erst um den falschen und dann um den rechten Gottesdienst. Gott lässt seinen Propheten zu denen sprechen, die sich wohl über sein Fernsein beklagt haben. Warum zeigt er sich nicht, wenn sie doch so brav fasten? Der Prophet sagt ihnen, dass dieses Fasten leeres und nutzloses Handeln ist. Denn das Wichtigste, die rechte Herzenseinstellung, fehlt ihnen. Sie meinen es richtig zu machen, wenn sie nichts essen und in Sack und Asche gehen, aber es geschieht nicht im rechten Geist. Der Geist, den sie durch äußere Handlungen darstellen, der Geist der Reue und der Umkehr, liegt ihnen in Wirklichkeit fern. Sie sind im Gegenteil selbstzufrieden. Ihre religiösen Handlungen erreichen nicht ihr eigenes Herz. Wenn sie mit ihrem Herzen sähen, dann nähmen sie wahr, dass sie Wichtigeres zu tun hätten, nämlich sich um die anderen Menschen zu kümmern. Rechter Gottesdienst ist Dienst am Mitmenschen.

Der Text und die Kinder

Am konkreten Beispiel des Fastens und am Gebot: „Brich mit dem Hungrigen dein Brot", soll den Kindern gezeigt werden, was rechter und was falscher Gottesdienst ist. Die Gedanken des Textes werden in eine Geschichte mit Symbolhandlungen gekleidet.

Die Grundzüge der Geschichte: Ein Mann will Gott in der rechten Weise dienen und hat beschlossen, drei Tage hintereinander zu fasten. Er isst nur trockenes Brot. Die vielen übrigen Köstlichkeiten schließt er weg und wird durch seine Sparsamkeit reicher. Das Fasten bringt ihm etwas ein. Dann beschließt er, in einem Festmahl alle aufgesparten Lebensmittel zu essen.

Die Kinder werden nach und nach in die Geschichte hineingezogen und müssen zuschauen, wie ein Festmahl vorbereitet wird, zu dem sie nicht eingeladen werden. Sie werden zu Außenstehenden, Ausgeschlossenen und spielen damit die Rolle der vom Propheten gemeinten Armen. Durch diese spielerische Identifizierung soll die Problematik falschen religiösen Handelns einprägsam werden. Der Mann bekommt Besuch vom Propheten. Mit seiner Hilfe versteht er, was er falsch gemacht hat. Er lädt die Kinder ein, mit ihm zu speisen.

Gestaltungsvorschlag

Lied: Brich mit den Hungrigen dein Brot

Vorbereitung
Folgende Dinge werden gebraucht:
- Gedecke für die Kinder (Teller, Gläser, Servietten)
- ein festliches Gedeck
- ein kleiner Teller
- eine Kerze
- Lebensmittel: trockenes, schwarzes Brot, Weißbrot, Obst und Süßigkeiten
- eine schöne Kiste mit Deckel

Zunächst wird der Tisch für eine Person reichlich gedeckt. Auf einem schönen Teller liegen Obst, Weißbrot und Süßigkeiten, also leckere Dinge. Auf einem zweiten kleinen Teller liegt ein Stückchen Schwarzbrot. Ein Glas mit Saft, eine Serviette und eine Kerze vervollständigen das Gedeck.

Die Kinder werden eingeladen, Platz zu nehmen. Die Leiterin setzt sich an den gedeckten Platz. Sie heißt die Kinder willkommen, zündet die Kerze an und beginnt nach einer kurzen Überleitung mit folgender Erzählung.

ERZÄHLUNG UND AKTION
Erzählung: Es war ein Mann, der wollte Gott wohlgefällig leben. Er hatte von anderen gehört, dass es Gott wohlgefalle, wenn der Mensch ab und zu einmal faste. So beschloss der Mann eines Abends bei sich, drei Tage lang zu fasten.

Am nächsten Morgen setzte er sich an seinen Tisch, rieb sich die Hände und wollte schon losessen. Da fiel ihm ein, dass er ja fasten wollte. Er dachte eine Weile nach und sagte sich dann: Fasten heißt bestimmt, wenig essen. Ich werde mir aus diesen Köstlichkeiten eine Sache auswählen.

Aktion: Die Leiterin sucht jetzt ein geeignetes Fastenessen. Zunächst greift sie nach einer Süßigkeit und legt sie vor sich hin.

Erzählung: Als der Mann sich etwas Schönes ausgesucht hatte und mit dem Essen beginnen wollte, fiel ihm wieder etwas ein. Er dachte: Ob ich wohl das richtige Fastenessen ausgewählt habe? Ich weiß nicht.

Aktion: Die Leiterin / der Mann fragt die Kinder: Könnt ihr mich vielleicht ein bisschen beraten? Die Kinder äußern ihre Meinung und werden sicherlich das Schwarzbrot vorschlagen.

Erzählung: Der Mann machte es so, wie ihr vorgeschlagen habt, stellte die Süßigkeit zur Seite, nahm sich das Schwarzbrot und aß es auf.

Aktion: Leiterin isst von dem Brot.

Erzählung: Dann, als er gegessen hatte, fragte er sich: Was soll ich jetzt mit dem übrigen Essen tun? Ach, ich werde es mir aufheben.

Aktion: Die Leiterin legt den Rest der Mahlzeit in eine Kiste und schließt den Deckel. Sie stellt zwei weitere mit Essen vorbereitete Teller auf den Tisch, nimmt einen Schluck Saft und erzählt weiter.

Erzählung: Am nächsten Morgen setzte sich der Mann wieder an seinen Tisch. Nun wusste er schon, wie das mit dem Fasten geht, aß mürrisch etwas Schwarzbrot und verstaute den Rest der Mahlzeit in seiner Speisekiste.

Aktion: Die Leiterin lässt die Kinder deutlich sehen, dass ihr das Brot nicht schmeckt. Nachdem sie erneut den Frühstücksrest weggelegt hat, deckt sie mit noch mürrischerem Gesicht für ein weiteres Frühstück, nimmt einen Schluck Saft und erzählt weiter.

Erzählung: Am nächsten Morgen war der Mann sauer. Er hatte zu nichts Lust, am wenigsten hatte er Lust zum Essen. „Immer dieses olle Schwarzbrot! Das kommt mir glatt zu den Ohren raus." Er wollte es schon wegwerfen, aber er hatte großen Hunger und aß es doch auf. Als er den Rest wieder in der Kiste verstauen wollte, hellte sich sein Gesicht plötzlich auf, denn ihm kam ein blendender Gedanke.

„He", dachte er „ich habe hier ja eine Menge angesammelt. Ich war so sparsam, dass ich jetzt einen reichen Vorrat habe. Mensch, vom Fasten wird man richtig reich!" (Er wendet sich an die Kinder) „Wisst ihr, was ich mache? Ich werde morgen ein großes Festmahl halten und alles, alles aufessen. Das wird ein Spaß! Und jetzt bereite ich alles vor.

Aktion: Die Leiterin fordert die Kinder auf, ihr bei der Vorbereitung des Festessens zu helfen. Sie decken einen Platz.

Erzählung: Am nächsten Morgen war es dann so weit. Der Mann hatte an seinem reich gedeckten Tisch Platz genommen, dankte Gott und wollte schon nach der ersten Süßigkeit greifen, da klopfte es an der Tür.

Ein alter Mann kam herein. „Guten Morgen", sagte er. „Ich wollte einmal nach dir schauen und mich erkundigen, wie es dir geht." „Siehst du ja", antwortete der Mann. „Mir geht es glänzend!" „Aber wolltest du nicht fasten?", fragte der Alte. „Habe ich ja schon und das hier ist der Beweis. So viel habe ich gespart. Jetzt ist die Fastenzeit vorbei und ich werde kräftig reinhauen und alles aufessen."

Der Alte machte ein bedenkliches Gesicht, runzelte die Stirn und entgegnete: „Meinst du, dass du das jetzt richtig machst?" Der Mann, der ja alles richtig machen wollte, wurde nun unsicher und sagte: „Etwa nicht?"

Da sagte der Alte: „Leider wird dir dein ganzes Fasten nichts nützen." „Was", rief der Mann, „das kann doch nicht wahr sein. Ich habe mich doch so angestrengt!" „Ja. Aber leider hast du nichts begriffen. Das ist schade." „Ach, bitte sag mir doch, was ich falsch gemacht habe!" Der Alte antwortete: „Du hast die ganze Zeit etwas nicht gemerkt, nämlich, dass es hier eine Menge Leute gibt, die nichts haben."

Der Mann musste lachen: „Jetzt verstehe ich dich. Du meinst, ich sollte mit den Hungrigen hier mein Brot brechen und sollte mit ihnen meine Süßigkeiten teilen?" „Ja, das meine ich! Dies ist die richtige Art zu fasten." Da sagte der Mann: „Eine prima Idee. Dass ich nicht selbst darauf gekommen bin! Ich hatte das Gefühl, dass irgendetwas fehlt. Jetzt weiß ich es. Gäste fehlen."

(Der Mann wendet sich an die Kinder:) „Deswegen lade ich euch alle miteinander zum Essen ein. Helft ihr mir, den Tisch zu decken?"

Aktion: Alle decken den Tisch.

Lied: Brich mit den Hungrigen dein Brot

Gebet
Alle guten Gaben, alles was wir haben, kommt, o Gott von dir, wir danken dir dafür. Amen

Gemeinsame Mahlzeit
Gespräch
- Die Kinder beschreiben ihre eigenen Fastenerfahrungen.
- Die Kinder erörtern und verstehen, was der Mann falsch gemacht hat und wie man es besser machen könnte. Die Leiterin fasst zusammen, was sich alle für die nächste Fastenzeit merken wollen.

Lied: Brich mit den Hungrigen dein Brot

Petra Neumann

Martin Luther und die Freiheit der Christen

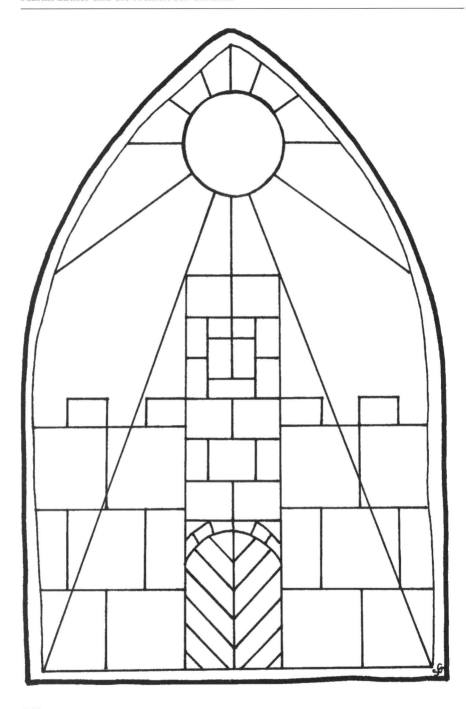

Lied:
All Morgen ist ganz frisch und neu,
EG 440, LJ 249, MKL38

Liturgischer Text:
Psalm 46, s. u.

XIV
Martin Luther und die Freiheit der Christen

Sonntag	Thema/Text	Art des Gottesdienstes Methoden und Mittel
17.10.2004 19. Sonntag nach Trinitaits	Das Turmerlebnis – Der guten Botschaft glauben Römer 1,16–18; 6,3–4	Gottesdienst mit Kindern; Anspiel, Erzählung, liturgische Aktion, Plakat mit Lutherrose, Tanz
24.10.2004 20. Sonntag nach Trinitatis	Der Thesenanschlag – Sich Freiheit schenken lassen – Römer 3,24; 1. Korinther 7,23	Gottesdienst mit Kindern; Anspiel, Erzählung, liturgische Aktion
31.10.2004 21. Sonntag nach Trinitatis Reformationstag	Der Reichstag und die Wartburg – Für den Glauben einstehen Galater 5,1	Gottesdienst mit Kindern und Erwachsenen; Anspiel, Erzählung, liturgische Aktion, aus Tapete Transparente gestalten, Glaubensbekenntnis

Martin Luther und die Freiheit der Christen

Luther und die Kinder

»Es gibt keinen größeren Schaden in der Christenheit, als Kinder zu vernachlässigen. Denn will man der Christenheit wieder helfen, so muss man fürwahr bei den Kindern anfangen, wie vorzeiten geschah.«

»Wo Kinder das Evangelium nicht annehmen wollen, soll man darum nicht
von ihnen lassen noch sie verstoßen, sondern sie pflegen und versorgen wie die allerbesten Christen und ihren Glauben Gott befehlen.«

Diese Lutherworte ermutigen uns, mit den Kindern zu überlegen, was Martin Luther und die Reformation für uns heute bedeuten. Von Martin Luther erzählen heißt von dem reden, was Gott an ihm getan hat, wie er seinen Glauben gelebt hat und wie er das Evangelium neu zum Klingen bringt.

Nach dem Plan für den Kindergottesdienst 2004–2006

Zur Liturgie

Eingangslied: All Morgen ist ganz frisch und neu

Begrüßung (1. Sonntag)
Zum Gottesdienst begrüße ich alle herzlich. Ich habe ein Bild mitgebracht. Die älteren von euch haben es vielleicht schon einmal gesehen. Es zeigt Martin Luther. Von ihm hören wir heute und an den beiden nächsten Sonntagen spannende Geschichten. Martin Luther hat vor fünfhundert Jahren gelebt. Er war eine Zeit lang Mönch im Kloster in Erfurt. Danach war er Theologieprofessor in Wittenberg, wo er die Studenten in der Bibel unterrichtet hat. Aber das Wichtigste war: Er hat in der Bibel eine große Entdeckung gemacht. Durch ihn haben die Christen einen kostbaren Schatz erhalten. Von diesem Schatz hören wir. Diesen Schatz wollen auch wir in unseren Gottesdiensten entdecken. Deshalb feiern wir im Namen des Vaters und des Sohnes und des Heiligen Geistes. Amen.

Eingangspsalm
Gott ist unsere Zuflucht,
ein starker Helfer in aller Not.
Darum fürchten wir uns nicht,
auch wenn die Erde bebt
und die Berge im Meer versinken,
wenn die Fluten toben und tosen
und die Berge davon erzittern

17., 24. und 31. Oktober 2004

Kanon: Der Herr Zebaoth ist mit uns

Text: Psalm 46
Melodie: Albrecht Schmidt-Brücken

Frisches Wasser strömt durch die Gottesstadt.
Hier ist die heilige Wohnung des Höchsten.
Gott selbst ist in ihren Mauern, nichts kann sie erschüttern.
Er bringt ihr Hilfe bevor der Morgen kommt.
Er lässt seine Stimme hören – und Königreiche zerfallen.

Der Herr Zebaoth ist mit uns ...

Kommt und seht, wie mächtig Gott ist.
Er macht den Kriegen ein Ende in aller Welt.
Die Bogen zerbricht er. Die Spieße zerschlägt er.
Die Streitwagen verbrennt er.
„Macht Frieden!" – ruft er.
„Erkennt, dass ich Gott bin! Ich habe Macht über die Völker der Erde."

Der Herr Zebaoth ist mit uns ...

Luthers Morgensegen, EG 863, LJ 711 (1)

Werner Pohl

> **17. Oktober 2004 –
> 19. Sonntag nach Trinitatis**
>
> **Römer 1,16–18; 6,3–4**
>
> ## Das Turmerlebnis – Der guten Botschaft glauben

Lieder:
Sende dein Licht und deine Wahrheit, EG 172; Nun freut euch, lieben Christen gmein, EG 341,1.2.4; Vom Himmel hoch, da komm ich her, EG 24,15, KG 35, LJ 32

Liturgischer Text: s. o.

Zum Thema

Das so genannte Turmerlebnis hatte Martin Luther in seiner Arbeitsstube, die im Turm des Schwarzen Klosters zu Wittenberg lag. Hier saß der Augustinermönch und Theologieprofessor bei der Vorbereitung seiner Psalmvorlesung. In Ps 31,2 las er: „Errette mich durch deine Gerechtigkeit!" Die Auslegung bereitete ihm Schwierigkeiten. Seine philosophische Vorbildung versperrte ihm die biblische Bedeutung des Begriffes „Gerechtigkeit". Luther vertrat den Standpunkt: Gott handelt gerecht wie ein Richter und muss die Sünder und Ungerechten strafen. Er fragte sich: Wie kann dieser gerechte Richter zugleich der Retter sein?

Luther sah Gott als tödliche Bedrohung für sein Leben, das den Maßstäben des göttlichen Richters trotz größter Bemühungen nicht entsprechen konnte. Er fragte bei Paulus an und auch hier begegnete ihm nur das Wort von der Gerechtigkeit Gottes. Selbst bei Christus konnte er nicht Frieden für sein unruhiges Gewissen finden. Auch dieser schien unerbittlich über das Leben der Menschen zu richten. In seiner Verzweiflung buchstabierte Luther immer wieder Röm 1,16.17 und rang um das richtige Verständnis. Da kam es wie ein Wunder zu der reformatorischen Entdeckung.

Luther erkannte: Die Gerechtigkeit Gottes wird in dem Leiden und Sterben Jesu Christi erfüllt. Hier allein erfährt sie ihre Genugtuung. Von hier aus wird sie zu einer frohen Botschaft, die Gott den Menschen verkündigen lässt und die Rettung für Sünder bedeutet. Das andere Wort, das auf Luther wie eine Befreiung wirkte: „Der Gerechte lebt aus dem Glauben." Im Glauben erfahre ich Gott als den Barmherzigen, der den Sünder vollkommen rechtfertigt.

Luther schrieb über diese Entdeckung: „Da fühlte ich mich wie ganz und gar neu geboren, und durch offene Türen trat ich in das Paradies selbst ein. Da zeigte mir die ganze Schrift ein völlig anderes Gesicht."

Das Thema und die Kinder

Wie lässt sich die reformatorische Erkenntnis Luthers in das Leben der Kinder übersetzen? Luther hatte Angst vor einem unbarmherzigen Gott, vor dem er trotz aller Leistungen nicht bestehen konnte. Vor diesem Gott kann ein Mensch nur versagen. Luther fühlte, dass vor ihm sein Leben nichts wert war.

Die Angst vor dem richtenden Gott machte das Leben eng und unfrei, aber von ihr wurde er auch getrieben zu dem

Wunsch nach Anerkennung und Freiheit. Das theologische Problem ist den Kindern gewiss fremd. Aber sie können leiden unter der Angst, nicht anerkannt zu werden und in den Augen anderer Menschen zu wenig wert zu sein.

Ich denke an Kinder, die stark geprägt sind durch eine Erziehung in Familie, Schule, Gesellschaft, die überfordernde Maßstäbe setzt. Auf diese Kinder kann die Entdeckung Luthers befreiend wirken. Sie hören von einem Gott, der sie so nimmt, wie sie sind, mit allen Stärken und allen Schwächen. Diese Erfahrung befreit sie von der Furcht vor den Werturteilen der Menschen. Sie werden Kraft und Mut bekommen, so zu leben, wie Gott es ihnen zugedacht hat.

Gestaltungsvorschlag

Lied: Sende dein Licht und deine Wahrheit

Anspiel
Die Jugendlichen Daniela mit Tim und Patrick mit Eva kommen aus verschiedenen Richtungen und begrüßen sich, wobei sie gegenseitig die Namen nennen. Nach kurzem Gespräch (Was macht die Schule? Alles klar zu Hause? ...) kommen sie zur Sache.

Daniela: Weiß jemand von euch, was eigentlich mit Nico los ist? Ich habe den Eindruck, er zieht sich in letzter Zeit ziemlich zurück.

Tim: Ich habe mich schon gewundert, dass er mir auf dem Schulhof aus dem Weg geht. Und wenn ich ihn anspreche, weicht er aus. Er macht ein ungewöhnlich ernstes Gesicht.

Patrick: Eva und ich haben ihn getroffen und ihn gefragt, ob was ist.

Eva: Dann haben wir uns zu dritt ins Café gesetzt, und bei einer Cola hat er ausgepackt.

Daniela: Da bin ich aber gespannt.

Eva: Nico hat gesagt, dass er zu nichts mehr Lust hat. Er würde am liebsten auch nicht mehr zur Schule gehen. Er findet, weil er schlechte Noten hat, mögen die Lehrer ihn nicht. Und die Leute in der Klasse schauen ihn kaum noch an. Ich habe das Gefühl, die Schule ist für ihn ein einziges Gefängnis.

Patrick: Und dann die Eltern und seine älteren Geschwister! Er sagt, die sind alle mit ihm unzufrieden. Sie schimpfen: „Du leistest nicht genug!" Zu Hause gibt es seinetwegen oft Ärger.

Tim: Das sieht nach Angst aus. Ich glaube, Nico denkt, er sei nicht soviel wert wie andere. Er hat Angst, dass er ausgeschlossen ist, dass er nichts mehr gilt.

Daniela: Das also scheint der Grund zu sein, weshalb er sich nicht mehr sehen lässt. Er fürchtet vielleicht, dass auch wir ihn nicht mehr anerkennen.

Eva: Wie kann Nico seine Angst überwinden? Wie kann er frei werden von dem Gedanken, er sei nicht so viel wert? Wie bekommt er wieder Lust zum Leben?

Erzählung
Wie Nico geht es vielen Menschen, und ich denke, auch vielen Kindern. Sie haben Angst, dass sie nicht viel gelten. Sie fragen: Was bin ich eigentlich wert? Eine Geschichte aus dem Leben von Martin Luther erzählt: auch er hatte solche Fragen. Vielleicht können wir bei ihm eine Antwort bekommen.

Martin Luther wohnte in Wittenberg eine Zeit lang im Kloster. Es hieß Schwarzes Kloster, weil die Augustinermönche schwarze Kutten trugen. Er las viele Bücher. Besonders in der Bibel las er Tag und Nacht. Er wurde Professor und musste die Studenten unterrichten. Seine Arbeitsstube lag im Turm des Klosters. In der Turmstube bereitete er sich auf den Unterricht vor und überlegte, was er den Studenten von Gott erzählen wollte. Dabei drängte sich immer wieder die Frage auf: Was muss ich tun, damit Gott mit mir zufrieden ist. In der Bibel lesen? Das tat er. Gottesdienst feiern und mit den anderen Mönchen in der Kirche beten? Er verbrachte viel Zeit damit. Gutes tun? Er half anderen Menschen, wo er konnte. Wenn er in der Bibel von Gott las, hatte er immer den Eindruck: Gott ist streng wie ein Richter. Er passt genau auf, ob alles richtig ist. Er straft, wenn ich etwas falsch mache. Da, im Brief des Apostels Paulus an die Römer, da steht es schwarz auf weiß: Gott ist gerecht. Martin Luther musste immer wieder diese Stelle lesen. Und immer wieder stand ihm der strenge Richter vor Augen. Es gab Bilder, die sogar Jesus zeigten, wie er mit scharfem Schwert kommt, um die Menschen zu richten. »Was muss ich tun, damit Gott mir gut ist?« Diese Frage quälte Martin Luther immerzu. Er hatte Angst vor Gott, dem gerechten Richter.

Er kämpfte um eine Antwort. Er legte seinen Finger auf eine bestimmte Stelle im Römerbrief und las sie sich laut vor: »Der Gerechte lebt aus dem Glauben«. Er buchstabierte jedes Wort. Und er blieb bei einem einzigen Wort hängen. Es hieß »Glauben«. Da fiel es ihm wie Schuppen von den Augen. Er konnte sehen. Er konnte erkennen, was der Apostel Paulus mit seinen Worten sagen will. Martin Luther fing an zu lachen – vor Freude. Keine Angst mehr! Die Zweifel waren wie verflogen. Er sprang von seinem Stuhl auf. Er musste den anderen Mönchen erzählen, was er soeben entdeckt hatte. »Jetzt sehe ich Gott in einem ganz anderen Licht!«, rief er aus. »Ich höre eine frohe Botschaft! Sie heißt: Gott ist barmherzig! Das darf ich glauben. Gott nimmt mich an wie ich bin, mit allem, was ich gut mache und was ich falsch mache. Gott spricht mich gerecht. Er macht mein Leben richtig! Ich weiß jetzt: Das ist seine Gerechtigkeit.« Diese frohe Botschaft aus der Bibel wollte Martin Luther genau so auch seinen Studenten weitersagen. Auch Jesus lernte er mit anderen Augen sehen. Die Bilder mit dem Richterschwert waren auf einmal nicht mehr wichtig. Jesus war jetzt vor allem Gottes lieber Sohn, das Beste, was Gott den Menschen schenken konnte. Er war gekommen, um den Armen das Heil zu bringen. Er sollte ihnen in ihrer Angst und Not beistehen, Er sollte den Menschen sagen: Ich bin euer Bruder. Den schweren Weg zum Kreuz gehe ich für euch. Ich habe alles schon getan, was Gott von euch erwartet. Gott sieht mich an und spricht euch frei, wo ihr Fehler gemacht und versagt habt. Ihr braucht euch nur an mich zu halten. Dann wird es euch gelingen, das Leben, das Gott gefällt.

Die Mönche im Schwarzen Kloster merkten, wie sehr Martin Luther sich verändert hatte. Sie freuten sich mit ihm, wenn er singend durch die Gänge des Klosters ging. Seine Schritte waren nicht mehr schwer vor lauter Sorgen. Er sah eher aus, als würde er tanzend seinen Weg gehen. Und wenn ihn jemand fragte, wie es ihm gehe, antwortete er: »Ich fühle mich wie neu geboren.« Neu geboren – ein neuer Mensch. Befreit von der Angst vor Gott und vor den Menschen.

Nachspiel
Patrick: Ich lerne aus der Geschichte von Martin Luther: Gott nimmt mich an, wie ich bin. Gott sagt Ja zu mir.
Eva: Und das gilt, auch wenn ich versage, in der Schule, im Sport, in der Familie. Für Gott muss ich nicht erst Leistung bringen.
Daniela: Das mit der Taufe finde ich wichtig. Wir haben im Unterricht über die Taufe gesprochen, auch über das Wasser der Taufe. Ich denke es mir so: Im Wasser der Taufe muss die Angst untergehen und sterben. Und dafür kommt etwas Neues aus dem Wasser hervor, nämlich neues Leben, neuer Mut, neue Freude. Wie Martin Luther muss ich nur daran glauben. Ich muss an meiner Taufe festhalten.
Tim: Ich habe gehört: Martin Luther soll mit Kreide auf den Tisch geschrieben haben „Ich bin getauft!". Das soll er immer gemacht haben, wenn wieder die Angst hervor kam.
Eva: Wie kann aber unser Freund Nico von seiner Angst frei werden? Wie kann er wieder das Gefühl bekommen, dass er etwas wert ist?
Patrick: Wir versuchen das mit ihm zu tun, was Gott und Jesus mit allen Menschen tut: Wir nehmen ihn an, wie er ist. Wir zeigen ihm, dass wir seine Freunde sind.
Daniela: Ja, wir feiern mit ihm ein Fest der Befreiung.

Liturgische Aktion „Freiheit feiern"

1. Lied: Nun freut euch, lieben Christen gmein

2. Sprechstück zu Röm 6,3–4
Wir haben gehört, Martin Luther hat besonders gern im Römerbrief gelesen. Wenn er an seine Taufe dachte, schlug er die Stelle im 6. Kapitel auf. Ich übersetze die schweren Sätze, damit wir sie verstehen können. Sie lauten:
Alle, die auf Jesus Christus getauft sind, die haben teil an seinem Tod. Begraben ist die Angst und die Traurigkeit, die Mutlosigkeit und das Versagen.
Alle, die auf Jesus Christus getauft sind, die haben teil an seiner Auferweckung.
Das neue Leben heißt: Vertrauen auf Gott und Liebe zu anderen Menschen, Freude am Glauben und Mut zum Leben. (Die Kinder werden eingeladen, jeweils den Anfangssatz nachzusprechen.)

3. Die Lutherrose

(Die Lutherrose wird auf Plakatkarton DIN A1 übertragen, ca. 60 cm groß und ausgemalt, s. dazu folgende Farben, und vor die Kinder gelegt.)
Das ist die »Lutherrose«. Sie war das Wappen von Martin Luther. Es schmückte seine Haustür. Er siegelte damit seine Briefe und trug sie in dem Ring, den er vom Sohn des Kurfürsten geschenkt bekam. Einem Freund hatte er einmal erklärt, was das Wappen für ihn bedeutet: Das schwarze Kreuz ist das Wich-

tigste. Es zeigt auf Jesus. Das Kreuz im roten Herz soll daran erinnern, dass der Glaube an den Gekreuzigten das Leben bringt. Das glaubende Herz befindet sich mitten in der weißen Rose. Das bedeutet: Der Glaube macht Freude, wie auch die Engel im Himmel sich an Gott freuen. Die Rose steht im himmelfarbenen Feld. Es zeigt: Die Freude der Glaubenden ist ein Anfang der kommenden himmlischen Freude. Und um dies alles spannt sich ein goldener Ring. Er will sagen: Gott ist im Himmel und auf der Erde, bei den Engeln und bei den Menschen. Diese Freude hat kein Ende.

4. Der Rosentanz
Wir tanzen zum „Kinderlied" von Martin Luther „Vom Himmel hoch" und singen die 15. Strophe: Lob, Ehr sei Gott im höchsten Thron, der uns schenkt seinen ein'gen Sohn. Des freuet sich der Engel Schar und singet uns solch neues Jahr.

Wir bilden einen oder mehrere konzentrische Kreise um die Lutherrose.
a) Im Kreis mit gefassten Händen nach dem Rhythmus des Liedes links herum schreiten. Ab »Des freuet sich« Richtungswechsel. Konzentrische Kreise wählen die Gegenbewegung.
b) Im stehenden Kreis die Hände zur geöffneten Rose formen und langsam nach oben bewegen. Ab »Des freuet sich« mit dieser Geste im Kreis drehen.
c) Im Kreis die gefassten Hände nach oben führen und wieder zurück. Zu »Des freuet sich« den Rhythmus klatschen.

Werner Pohl

**24. Oktober 2004 –
20. Sonntag nach Trinitatis**

Römer 3,24; 1. Korinther 7,23

Der Thesenanschlag – Sich Freiheit schenken lassen

Lieder: Der Himmel geht über allen auf, LJ 364, MKL 7; Kommt herbei, singt dem Herrn, Str. 1.3, LJ 445. KG 176; So, wie ich bin, komme ich zu dir (s. u.); Vom Himmel hoch, da komm ich her, EG 24,15

Liturgischer Text: s. S. 244

Zum Thema

Der „Thesenanschlag" zu Wittenberg am 31.10.1517 hat eine Vorgeschichte. Die Kirche kannte den so genannten Ablass. Er wurde im Zusammenhang mit der Buße gewährt. Die Strafen für gebeichtete Sünden waren in der Absolution durch den Priester nicht schon aufgehoben. Sie mussten durch Genugtuungswerke wie Fasten, Almosengeben, Wallfahrten abgebüßt werden. Selbst die Toten hatten ihre Reststrafe im Fegefeuer zu verbüßen. Die Kirche begann, aus der Buße und Sündenvergebung ein Geschäft zu machen. Der Ablass wurde für Rom eine willkommene Geldquelle. Der Papst erlaubte den Gläubigen, Ablassbriefe für Geld zu erwerben und sich damit von den Kirchenstrafen loszukaufen.

Auch für die Toten galt der Ablassbrief, sie waren vom Fegefeuer befreit. Dieses Geschäft fand bei vielen Menschen, die Angst vor Gottes Strafgericht hatten, großen Zuspruch.

Gegen diesen Ablasshandel wandte sich Martin Luther. Aufgrund der theologischen Erkenntnis und wegen seiner seelsorgerlichen Aufgaben hielt er den Ablass für unvereinbar mit dem Evangelium und der Gnadenzusage Gottes.

Nach Gesprächen mit Freunden verfasste er 95 Thesen in lateinischer Sprache, die zunächst als Grundlage für ein öffentliches Streitgespräch zwischen den Gelehrten der Universität gedacht waren. Die Thesen fassten zusammen, was Luther nach dem Verständnis der Heiligen Schrift gegen den Ablass zu sagen hatte. Die 12. These lautet: „Da unser Herr und Meister Jesus Christus spricht ‚Tut Buße‘, will er, dass das ganze Leben der Gläubigen auf Erden eine Buße sein soll." Luther schlug seine Thesen an die Tür der Schlosskirche, wie es für die Bekanntmachungen der Universität üblich war.

Die Thesen, inzwischen ins Deutsche übersetzt, wurden schnell im ganzen Land bekannt und von vielen Menschen begrüßt. Sie erkannten mit Luther: Der wahre Schatz der Kirche ist das Evangelium, das die Angefochtenen tröstet, die Gebundenen frei macht, die Geängstigten und Verzweifelten von der Todes- und Höllenfurcht erlöst.

Das Thema und die Kinder

Die Kinder leben in einer Welt, in der nach wie vor die Maßstäbe für das Leben von den Erwachsenen vorgegeben werden. Sie heißen häufig: Genug Geld verdienen. Sich einen guten Lebensstandard leisten können. Darauf hinarbeiten, dass ich besser bin als die anderen. Über andere bestimmen können. Beim Vorwärtskommen andere rücksichtslos zurückstoßen. Die Anerkennung durch andere Menschen kaufen. Und diesen Lebensstil vielleicht sogar für „himmlisch" halten.

Die Kinder können in der Geschichte von Martin Luther hören: Die Maßstäbe, bei denen sich alles um Geld und Macht dreht, sind für ein Leben nach Gottes Willen untauglich. Sie engen ein, sie machen unfrei, sie isolieren am Ende. Aber die Menschen werden eingeladen, Buße zu tun, umzudenken, umzukehren auf den neuen Weg des Evangeliums. Hier können sie Gottes Liebe und Vergebung erfahren. Hier können sie ein Leben nach Gottes Willen zusammen mit anderen Menschen versuchen. Hier können sie sich die Freiheit der Christen schenken lassen.

In einem Anspiel (vgl. 17.10.) fragen die Jugendlichen: Wie sehen die Maßstäbe aus, die Erwachsene für erfolgreich halten? Welche Rolle spielt dabei das Geld? Die Erzählung vom Thesenanschlag will aufzeigen: Erfülltes Leben wird von den Maßstäben bestimmt, die durch Gottes Liebe und Vergebung gesetzt werden. Im Nachspiel (vgl. 17.10.) stellen die Jugendlichen fest: Der Maßstab, den Gottes Liebe setzt, befreit mich dazu, dass ich mich nicht mehr nach einem Lebensentwurf richten muss, der durch Geld und ichbezogenes Leben bestimmt wird.

Gestaltungsvorschlag

Lied: Der Himmel geht über allen auf

Martin Luther und die Freiheit der Christen

Anspiel
Die Jugendlichen kommen wieder aus verschiedenen Richtungen und begrüßen sich. Zunächst läuft ein kurzes lockeres Gespräch. Danach greifen sie das Thema auf:

Patrick: Mein Vater hat neulich zu mir gesagt: Junge, mach was aus dir, damit du einmal einen guten Beruf hast und viel Geld verdienst. Wer Geld hat, der kann sich alles kaufen.

Eva: Das stimmt! Wer Geld hat, der kann sich z. B. ein tolles Auto leisten. Und wer im Quiz gewinnt, kann manchmal in ferne Länder reisen.

Tim: Geld ist Macht – habe ich mal gehört. Ich verstehe das so: Wer genug Geld hat, der kann bestimmen, was gemacht wird. Etwa in dem Betrieb, wo mein Vater arbeitet.

Eva: Oder so, wie in dem Fußballverein von meinem großen Bruder. Er sagt, sie können nicht mithalten mit den großen Vereinen. Die haben Geld und die kaufen sich die besten Spieler weg.

Daniela: Wer Geld hat, kann sich alles kaufen – der Satz von Patricks Vater gefällt mir nicht. Mit Geld alles kaufen? Alles? Ich bin gespannt auf die Geschichte von Martin Luther. Vielleicht hören wir bei ihm eine Antwort.

Erzählung
Als Martin Luther lebte, hatten viele Menschen große Angst, dass Gott sie für ihre Sünden bestraft. Sie dachten auch an ihre Toten, die vielleicht im Fegefeuer für ihre Sünden büßen müssen. Die Priester sagten: „Ihr könnt gerettet werden, aber ihr müsst Buße tun. Ihr müsst eure Sünden bereuen und umkehren von dem falschen Weg." Die Priester sagten auch: „Damit ihr es mit der Buße ernst meint, müsst ihr fasten oder an einer Wallfahrt zu einer alten Kirche oder zu einem Kloster teilnehmen. Und für die Toten könnt ihr beten." Der Papst in Rom hatte sich noch etwas anderes ausgedacht. Er brauchte viel Geld für seine Kirche in Rom, die Peterskirche. Sie sollte neu gebaut werden, größer als die alte und viel schöner. Er erinnerte sich, dass die Menschen schon früher für ihre Buße und für die Vergebung der Sünden Geld bezahlt hatten. Sie nannten es Ablass. Für genügend Geld wurden die Sünden und die Strafen erlassen. So ein Ablass kam dem Papst jetzt gerade recht. Für das Geschäft mit dem Ablass brauchte er Leute, die ihm dabei halfen und für den Ablass warben.

In Deutschland gab es einen Mönch mit Namen Johann Tetzel. Der konnte besonders gut Ablassbriefe verkaufen. Überall trat er auf und hielt seine Ablasspredigten. Besonders gern wäre er auch nach Wittenberg gekommen, wo Martin Luther predigte und den Menschen von Gottes Gnade erzählte und dass Gott umsonst Sünden vergibt. Aber Kurfürst Friedrich, der gern zuhörte, wenn Martin Luther predigte, hatte in seinem Land, zu dem auch die Stadt Wittenberg gehörte, den Ablassverkauf verboten. Es sprach sich schnell herum, dass Tetzel in der Nähe ist. Viele Leute wollten den berühmten Ablassprediger sehen. Auch viele Wittenberger liefen zu ihm. Da stand ein bunt gekleideter Diener und schlug die Trommel. Sie rief die Leute herbei. Daneben war die Fahne mit dem Wappen des Papstes aufgestellt. Unübersehbar war der große Kasten, in den die Leute das Geld werfen sollten. Johann Tetzel redete mit lauten Worten auf die Menschen ein. „Kauft Ablassbriefe!", drängte er sie. „Keine Strafe mehr! Für eure Sünden müsst ihr nicht mehr fasten und euch quälen! Ein Ablassbrief ist genau so viel wert wie eine anstrengende Wallfahrt!" Die Menschen hörten gespannt zu und dachten: Mit so einem Ablass bin ich sicher. Mir kann nichts mehr passieren. Sünde tun ist auch nicht mehr schlimm. Ich brauche mich nicht mehr vorzusehen. „Aber was ist mit den Toten im Fegefeuer?", fragten sie sich. Tetzel beruhigte sie: „Wenn ihr für eine Seele im Fegefeuer Geld in den Kasten werft und wenn es auf dem Boden klingt, dann fährt in diesem Augenblick die Seele in den Himmel hinauf!"

Martin Luther erlebte, wie die Menschen dem Ablassprediger hinterherliefen. Viele gaben ihm ihr letztes Geld für einen Ablassbrief. Er beklagte, dass die Menschen betrogen wurden. Er dachte: Ich bin ein Priester und ein Professor der Theologie. Ich muss etwas dagegen tun. Er fragte seine Freunde um Rat. Dann schrieb er 95 Sätze auf. Diese „Thesen", so nannte er seine Sätze, hatte er in lateinischer Sprache geschrieben. Die Gelehrten sollten sie lesen und ihre Meinung dazu sagen. Dazu hatte er die 95 Thesen an die Tür der Schlosskirche in Wittenberg angeschlagen, wo die Professoren wichtige Nachrichten bekannt gaben. Die Studenten und viele andere Leute versammelten sich vor der Tür und wollten wissen, was da steht. Wer die lateinischen Sätze nicht selber lesen konnte, ließ sie sich übersetzen. Da hörten sie die 1. These: *Jesus Christus ist unser Herr, er sagt: „Kehrt um! Hört auf Gott!" Jesus will, dass wir in unserem ganzen Leben nach Gott fragen.*

Das klang anders als die geldgierigen Worte von Johann Tetzel. Die Menschen hörten jetzt: Nur das Wort von Jesus gilt. Er zeigt auf Gott, den himmlischen Vater. Und „Buße tun" heißt zu ihm kommen, so, wie ich bin, jeden Tag aufs neue. Die Leute fragten weiter und hörten eine andere These: *Gott schenkt jedem, der an ihn glaubt, seine Liebe. Diese Liebe kann man nicht kaufen oder sich verdienen. Gott will, dass wir alle zu seiner Kirche gehören.*

Die Menschen staunten nur über diese Sätze. Sie sagten sich: Wenn das stimmt, dann haben Ablassprediger wie Tetzel in der Kirche nichts mehr zu suchen. Hier verschenkt Gott allein die Vergebung der Sünden. Andere fingen an zu singen. Sie sangen Lieder von Gottes Barmherzigkeit. Schließlich wurde noch eine andere These übersetzt: *Die Kirche hat einen kostbaren Schatz. Dieser Schatz ist das Evangelium, ist die Botschaft, dass Gott uns seine Liebe schenkt.*

Man hörte die Leute sagen: Kostbarer Schatz – das Evangelium! Da lohnt es sich, in die Kirche zu gehen und die gute Botschaft zu hören.

In Wittenberg gab es bald nur ein Thema: Luthers Thesen. Sie wurden in deutscher Sprache gedruckt und in alle Richtungen verschickt. Sie breiteten sich aus wie ein Lauffeuer. In zwei Wochen waren sie durch ganz Deutschland gelaufen. Die Menschen rissen sich die Blätter mit den Thesen aus den Händen. Überall wurde darüber gesprochen. Überall freuten sich die Menschen, dass einer den Mut hatte, Worte auszusprechen, die eine große Befreiung waren.

Nachspiel
Daniela: Martin Luther zeigt mir: Mit Geld kann ich mir nicht alles kaufen. Für Geld kriege ich vielleicht vieles, was ich mir wünsche und was ich brauche. Aber das Wichtigste für mein Leben

kriege ich für Geld nicht: Gottes Liebe.

Patrick: Auch ich höre in Luthers Thesen: Gottes Liebe ist umsonst. Und Vergebung meiner Sünden ist umsonst. Um sie zu erhalten, muss ich mich nicht anstrengen. Darüber kann ich mich ganz einfach freuen.

Tim: Und wen Gott frei macht von der Sünde und der Schuld, der ist auch frei, immer auf ihn zu hören und nach seinem Willen zu fragen.

Eva: Merkt ihr was? Das heißt ja: Ich muss nicht mehr auf die Leute hören, die sagen: Du musst zuerst an dich denken. Du musst einmal viel Geld verdienen. Du musst dich anstrengen und immer besser sein als die anderen.

Patrick: Nach Gott fragen, auf ihn hören, befreit sein von selbstsüchtigen Gedanken und Wünschen – das will ich nicht nur für mich behalten. Davon möchte ich auch anderen Menschen erzählen, meinen Eltern, meinen Geschwistern, meinen Freunden und euch hier im Kindergottesdienst.

Liturgische Aktion „Freiheit feiern"

1. *Lied:* Kommt herbei, singt dem Herrn, Str. 1.3

2. *Malaktion:* Jedes Kind erhält die kopierte Lutherrose und malt sie aus (Farben s. S. 249 f.). Auf die Rückseite schreiben die Kinder ihren Vornamen.

3. *Kyrie:* Die Kinder werden eingeladen, gruppenweise ihre ausgemalten Bilder zum Altar zu bringen und ihre Namen zu nennen.

Wir werden jetzt ganz still und denken an schöne und auch schlimme Dinge in unserem Leben. Unsere Gedanken bringen wir mit den Bildern und unseren Namen vor Gott.

Zu jeder Gruppe singen die Kinder den folgenden Kehrvers. „So, wie ich bin..." singt die jeweilige Gruppe, „So, wie wir sind ..." singen alle: (s. u.)

4. *Mutmachwort (1Kor 7,23):* Jesus Christus hat für euch bezahlt und euch freigekauft. Ihr gehört jetzt zu ihm. Darum macht euch nicht zu Sklaven, die sich nach den Maßstäben der Menschen richten.

5. *Gloria:* Wir bilden einen Kreis um die große Lutherrose und tanzen den Rosentanz vom vorigen Sonntag zum Liedvers „Lob, Ehr sei Gott".

Werner Pohl

Aus: Wir feiern Kindergottesdienst: Sich freuen und traurig sein, Hg.: Rheinischer Verband für Kindergottesdienst, Saarbrücken

31. Oktober 2004 –
21. Sonntag nach Trinitatis/
Reformationstag

Galater 5,1

Der Reichstag und die Wartburg – Für den Glauben einstehen

Lieder:
Fürchte dich nicht, EG Regionalteil, LJ 522; Vom Himmel hoch, da komm ich her, EG 24,15; Der Herr Zebaoth ist mit uns, s. S. 245; Ein feste Burg ist unser Gott, EG 362,1.2

Liturgischer Text: s. S. 244

Zum Thema

Martin Luther löste mit seinen Thesen starken Protest bei den für den Ablasshandel Verantwortlichen aus. Der Theologe Dr. Eck ahnte: Nicht der Ablass, sondern das ganze Kirchensystem werde durch den Wittenberger Mönch bedroht. Er setzte sich dafür ein, dass Luther exkommuniziert wird. Es folgte ein Verhör, zu dem Luther nach Augsburg vorgeladen wurde. Hier sollte er Kardinal Cajetan, dem päpstlichen Gesandten, rede und Antwort stehen. Er verlangte vergebens von Luther den Widerruf der angeblichen Irrtümer. Mit Hilfe von Freunden konnte Luther der Verhaftung entkommen. Bald darauf wurde der Kirchenbann angedroht. Er bedeutete Ausschluss aus der kirchlichen Gemeinschaft. Jetzt erst erkannte Luther, dass er es in dem Papst von Rom mit dem Antichristen zu tun hat, den es zu bekämpfen gilt. In mehreren Schriften versuchte er die Christen im Lande aufzuklären. Wenig später wurde über ihn der Bann verhängt.

Karl V. berief seinen ersten Reichstag nach Worms ein. Hier kam auch Luthers Sache zur Sprache. Unter der Zusicherung des freien Geleits stimmte auch Kurfürst Friedrich, Luthers Landesherr, der Vorladung zu. Der papsttreue Kaiser wollte den Ketzer aus Wittenberg einem öffentlichen Urteil unterwerfen. Auf dem Weg nach Worms wurde Luther in vielen Orten jubelnd empfangen. Es gab auch Warnungen der Freunde, die ihn vor Gefahr schützen wollten. In der Stadt selbst gab es große Begeisterung für den Mönch, der den Mut hatte, vor Kaiser und Reich für seinen Glauben einzutreten. Es wurde versucht, ihn zum Widerruf zu bewegen. Er hatte sich Bedenkzeit erbeten. Wieder stand er vor dem Reichstag. Und wieder die Frage: „Willst du widerrufen?". In klarer und mutiger Rede gab Luther Antwort. Er sagte: „Wenn ich nicht mit Zeugnissen der Schrift oder mit offenbaren Vernunftgründen besiegt werde, so bleibt mein Gewissen gefangen in Gottes Wort. ... Widerrufen kann und will ich nicht, weil es weder sicher noch geraten ist, etwas gegen sein Gewissen zu tun. Gott helfe mir. Amen."

Über Luther wurde nun auch die Reichsacht verhängt. Nach Ablauf des freien Geleits war er vogelfrei und konnte überall gefangen genommen und ausgeliefert werden.

Aber der Kurfürst hatte einen Plan. Er ließ Luther zum Schein überfallen und auf die Wartburg in Thüringen bringen.

Martin Luther und die Freiheit der Christen

Als Junker Jörg getarnt war er hier in Sicherheit. Er korrespondierte mit seinen Freunden in Wittenberg. Seine wichtigste Arbeit war die Übersetzung des Neuen Testaments aus dem Griechischen in die deutsche Sprache. Die Absicht war: Jeder im Lande sollte selber die Bibel lesen können und in ihr Gottes befreiendes und frohmachendes Wort entdecken.

Das Thema und die Kinder

Zum christlichen Glauben stehen – das ist ein wichtiges und das Leben bestimmendes Thema auch für Kinder. Das Gelingen hängt davon ab, wieweit die Kinder schon mit dem Glauben in Berührung gekommen und darin verwurzelt sind. Kinder, die in der Familie glauben lernen, werden es leichter haben, zu ihrem Glauben zu stehen. Für die anderen bleibt als Übungsplatz die christliche Gemeinde. In diesem Zusammenhang müssen sich die Verantwortlichen für den Gottesdienst fragen, ob es ihnen vor allem um die Vermittlung des zum Glauben einladenden Evangeliums geht.

Gestaltungsvorschlag für Kindern, Jugendliche und Erwachsene

Lied: Fürchte dich nicht

Anspiel
Auch heute treffen sich die Jugendlichen. Sie stellen sich vor und leiten zum Thema über.

Tim: Wir haben spannende Geschichten von Martin Luther gehört. Ich muss sagen, ich habe von ihm gelernt. Das Wichtigste ist für mich: Gott sagt Ja zu mir, egal wer ich bin.

Daniela: Du meinst, das Wichtigste ist für unser Leben Gottes Liebe. Er schenkt sie uns, auch wenn wir Fehler gemacht haben.

Tim: Du denkst an die Thesen, mit denen Martin Luther gegen den Ablass kämpfte. Sozusagen Gottes geschenkte Liebe gegen das Geschäft mit der Vergebung.

Eva: Das gefällt mir auch. Aber es ist leicht, im Gottesdienst an Gott zu glauben. Doch was wird aus meinem Glauben, wenn es wirklich ernst wird?

Patrick: Deine Frage ist berechtigt. Ich habe neulich einige Leute aus meinem Sportverein zum Gottesdienst einladen wollen. Die haben die Nase gerümpft und gefragt, was wir da machen. Ich muss gestehen, ich kam ganz schön ins Stottern.

Daniela: Schlimm ist, wenn die Leute in der Klasse einen auslachen, nur weil man in die Kirche geht.

Patrick: Martin Luther hat sicher auch mit vielen Leuten zu tun gehabt, die gegen seinen Glauben waren. Ich bin gespannt, wie er ihnen begegnet ist.

Erzählung
Alle kannten die Thesen, die Martin Luther gegen den Ablasshandel veröffentlicht hatte. Auch der Papst in Rom hatte davon gehört. Seine Berater waren sich einig: Der Mönch aus Wittenberg will den Glauben und die Kirche verändern. Sie sagten: Luther ist ein Ketzer.

Martin Luther aber war nicht gegen die Kirche. Er wollte seine neuen Gedanken erklären. Dazu schrieb er Bücher. Darin sagte er: Es gilt nur eines: Gott schenkt den Menschen seine Liebe und befreit sie, nach seinem guten Willen zu leben. Der Papst fürchtete, dass am Ende niemand mehr auf ihn und seine Priester hören würde. Deshalb hatte er

Martin Luther aus der Kirche ausgeschlossen und in den Bann getan. Jetzt sollte der Ketzer Luther auch vom Kaiser verurteilt werden. Das sollte auf dem Reichstag zu Worms geschehen. Der Kaiser und die Fürsten waren schon seit Wochen in Worms, um alle wichtigen Sachen des Reiches zu beraten. Kurfürst Friedrich setzte es durch, dass Martin Luther auf dem Reichstag gehört wird und sich verteidigen kann. Er sagte: „Als Luthers Landesherr bin ich verpflichtet, dafür zu sorgen, dass er zu seinem Recht kommt."

Luther hatte Angst, vor so vielen mächtigen Männern zu erscheinen. Aber seine lange Fahrt mit dem Pferdewagen nach Worms machte ihm Mut. Die Leute in den Städten und Dörfern waren zusammengelaufen und jubelten ihm zu. Doch aus Worms schickte ihm sein Freund Spalatin, der Sekretär des Kurfürsten, einen Brief entgegen: „Kehr um! Du bist hier in Gefahr!" Luther aber entgegnete: „Und wenn in Worms soviel Teufel sind wie Ziegel auf den Dächern, so will ich doch hinein." In Worms aber erlebte Martin Luther nichts anderes als unterwegs. Die Menschen drängten sich in den Straßen. Alle wollten den Mönch aus Wittenberg sehen, der es mit dem Kaiser und dem Papst aufzunehmen wagte.

In der Nacht vor dem entscheidenden Tag konnte Martin Luther überhaupt nicht schlafen. Er betete die ganze Nacht hindurch. Er betete: „Gott, gib mir genug Mut, dass ich sagen kann, was dir gefällt."

Am nächsten Tag wurde er in den großen Saal des Bischofspalastes geführt. Erhöht wie auf einem Thron saß Kaiser Karl. Auch die Fürsten und viele bedeutende Männer waren versammelt. Luther musste vor ihnen allen stehen.

Vor ihm war ein Tisch mit seinen Büchern und Schriften aufgestellt. Der Sprecher des Kaisers sagte zu ihm: „Du bist ein gelehrter Mann. Du denkst nicht zum ersten Mal über den Glauben nach. So gib Antwort auf die Frage: Willst du widerrufen, was in deinen Büchern und Schriften steht?" Im Saal war es ganz still geworden. Alle sahen gespannt auf Martin Luther. Er antwortete: „Ich bin Priester und unterrichte an der Universität Wittenberg die Studenten in der Bibel. Es ist meine Aufgabe, den Glauben zu erklären. Die Kirche hat Fehler gemacht. Dazu kann ich nicht schweigen. Deshalb habe ich die 95 Thesen und diese Bücher geschrieben. Was sie sagen, steht auch in der Bibel. Es geht um den richtigen Glauben." Der Sprecher unterbrach Martin Luther und fragte noch einmal mit strengem Ton: „Willst du widerrufen?". Darauf antwortete Martin Luther mit sicherer Stimme: „Niemand kann mir aus der Bibel beweisen, dass ich etwas Falsches geschrieben habe. Ich kann nicht widerrufen. Ich stehe zu meinem Glauben. Gott helfe mir." Darauf wurde die Versammlung geschlossen. Am nächsten Tag verkündete der Kaiser das Urteil. Es lautete: „Ich halte zum Papst und zu allem, was die Kirche vorschreibt. Martin Luther muss sich irren. Er steht jetzt auch unter dem Bann des Reiches. Niemand darf mehr auf ihn hören und ihm helfen. Er ist·aus unserer Mitte ausgestoßen."

Martin Luther verließ wenige Tage später mit dem Pferdewagen die Stadt Worms.

Kurfürst Friedrich, ein mutiger Mann, hielt sich nicht an die Worte des Kaisers. Er war entschlossen, Martin Luther zu beschützen. Er hatte einen schlauen Plan. Auf dem Weg nach

Wittenberg wurde Martin Luther von mehreren Reitern überfallen und entführt. Alles war geheim. Der Gefangene wurde auf die Wartburg in Thüringen gebracht. Hier war er in Sicherheit. Hier konnte der Kaiser ihn nicht verfolgen. Nur der Hauptmann von der Wartburg wusste Bescheid. Er gab Martin Luther ein abgelegenes Zimmer und sagte: „Halte dich hier versteckt. Hier bekommst du dein Essen. Hier sind auch Bücher, du kannst hier in Ruhe deine Gedanken aufschreiben." Der Hauptmann bemerkte noch schmunzelnd: „Lass dir am besten einen Bart wachsen, dann siehst du aus wie ein Ritter. Dann bist du ‚Junker Jörg' und niemand kann dich erkennen."

Martin Luther blieb fast ein ganzes Jahr auf der Wartburg. Heimlich bekam er immer wieder Besuch. Es waren seine Freunde aus Wittenberg. Sie sprachen viel über die Bibel und den Glauben. Aber Martin Luther sagte sich: „Nur über den Glauben nachdenken und sprechen, das ist nicht genug. Ich möchte, dass auch die Menschen überall im Land die Bibel lesen können. Sie müssen erfahren, wie Gott über die Menschen denkt und dass er ihnen seine Liebe schenkt. Sie sollen Mut zum Leben bekommen." Er nahm Papier und Tinte und begann das Neue Testament aus dem Griechischen in die deutsche Sprache zu übersetzen.

Das war keine leichte Arbeit. „Was habe ich mir da aufgeladen!", schrieb er an seine Freunde. Jedes Wort, jeder Satz musste genau überlegt werden. Die Menschen sollten die Bibel in der Sprache lesen können, die sie auch im Alltag sprachen.

So bekam das Evangelium, die frohe Botschaft Gottes, einen ganz neuen, befreienden Klang.

Nachspiel
Patrick: Martin Luther steht vor dem Kaiser und muss seinen Glauben verteidigen. Dagegen sind ja wohl unsere kleinen Erfahrungen unwichtig!

Daniela: Sicher, mit Martin Luther können wir uns nicht vergleichen. Aber geht es bei uns nicht auch um denselben Glauben?!

Eva: Du meinst, auch wir vertreten die gute Botschaft von der Liebe Gottes?!

Tim: Genau! Auch wir müssen einstehen für das, was wir glauben. Und wir haben erlebt, das ist nicht immer leicht.

Patrick: Ich denke, auch hier können wir von Martin Luther lernen. Wir haben gehört, er hatte Angst vor dem Tag, an dem er vor dem Reichstag erscheinen musste. Da hat er gebetet, dass Gott ihm beisteht.

Eva: Beten um Mut und Kraft, das halte ich auch für wichtig.

Tim: Mir hat auch gefallen, wie Martin Luther mit der Bibel umgeht. Für ihn ist die Bibel nicht nur ein Buch. Für ihn ist sie Gottes Wort. Und dieses Wort trägt ihn, gerade auch, wo er Angst bekommt.

Daniela: Vielleicht sollte ich öfters in der Bibel lesen.

Patrick: Und Luther hatte Freunde! Die Freunde in Wittenberg und sogar den Kurfürsten, seinen Landesherrn. Ich denke, die alle haben ihm auch Halt gegeben.

Eva: Ich wünsche mir, es wäre jemand in meiner Klasse da, der zu mir hält, wenn sie mich wieder verspotten. Aber ich habe ja Freundinnen und Freunde, auch hier in der Gemeinde. Und auf die kann ich mich die ganze Woche freuen.

Liturgische Aktion „Freiheit feiern"

1. Gal 5,1:
Ein Vers aus dem Galaterbrief passt besonders zu Luthers Glauben und zu seinem Leben. Luther hat es so gesagt: „Zur Freiheit hat uns Christus befreit! So steht nun fest und lasst euch nicht wieder das Joch der Knechtschaft auflegen!" (Einer oder eine spricht teilweise vor, alle sprechen nach.)

2. Rosentanz der Kinder: ♪ S. 250
Dazu liegt wieder die ausgemalte Lutherrose in der Mitte.

3. Transparente gestalten:
Die aus Tapete vorbereiteten Transparente tragen die Anfänge der drei Glaubensartikel:

ICH GLAUBE AN
    GOTT, DEN VATER
ICH GLAUBE AN
    JESUS CHRISTUS
ICH GLAUBE AN
    DEN HEILIGEN GEIST

Die Zwischenräume werden bunt ausgemalt. Gedacht ist an kleine Bilder, die zu den Aufschriften einfallen. Oder die Transparente können auch nur mit bunten Farben geschmückt werden. Sie werden an Besenstielen befestigt.

4. Glaubensbekenntnis:
Ich glaube an Gott, den Vater,
den Allmächtigen, den Schöpfer
des Himmels und der Erde.
Er schenkt uns allen das Leben.
Er lässt uns sehen und hören, denken und sprechen.
Er gibt uns zu essen, zu trinken und ein Zuhause.
Er meint es gut mit uns.
Wir danken ihm.
Ich glaube an Jesus Christus, Gottes einziggeborenen Sohn, unsern Herrn.
Er ist für uns ein Kind geworden.
Er hat allen Gottes Liebe gezeigt.
Er musste viel leiden.
Er wurde gekreuzigt.
Er ist von den Toten auferstanden.
Er lebt bei Gott.
Er meint es gut mit uns.
Wir danken ihm.
Ich glaube an den Heiligen Geist.
Er macht aus
den vielen Menschen eine Kirche.
Er stärkt unseren Glauben.
Er schenkt uns Liebe und Hoffnung.
Er lässt uns nie allein.
Er meint es gut mit uns.
Wir danken ihm. Amen.

Aus: Gottesdienste mit Kindern, Arbeitshilfen, Hg: Arbeitsstelle für Kindergottesdienst der Ev. Kirche von Kurhessen-Waldeck

5. Prozession
Die Prozession führt durch die Kirche oder auch nach draußen und endet im Kreis um den Altar oder im Altarraum. Mitgeführt werden die aufgeschlagene Bibel und die Transparente. Während der Prozession singen alle „Der Herr Zebaoth ist mit uns".

6. Lied: Ein feste Burg ist unser Gott, Strophen 1.2

Werner Pohl

Selig sind, die Frieden stiften

Lied:
Gib uns Frieden jeden Tag,
EG 425, KG 134, LJ 236, MKL 72

Liturgischer Text:
Matthäus 5,9

XV

Selig sind, die Frieden stiften

Sonntag	Thema/Text	Art des Gottesdienstes Methoden und Mittel
7.11.2004 Drittletzter Sonntag im Kirchenjahr	Sich trennen, um des Friedens willen 1. Mose 13,1–12	Gottesdienst mit Kindern; Bude bauen, Phantasiereise, Gespräch, Erzählung, Brot und Trauben essen, Rollenspiel
14.11.2004 Vorletzter Sonntag im Kirchenjahr	Auf Rache verzichten, um des Friedens willen Lukas 9,51–56	Gottesdienst mit Kindern; Spiele, Erzählung, Tanz
21.11.2004 Letzter Sonntag im Kirchenjahr/ Ewigkeitssonntag	Kinder stiften Frieden Max Bolliger, Die Kinderbrücke	Gottesdienst mit Kindern (und Erwachsenen); Gespräch, Erzählung, Bewegungsspiel, Freundschaftsband

> 7. November 2004 – Drittletzter Sonntag im Kirchenjahr
>
> 1. Mose 13,1–12
>
> ## Sich trennen, um des Friedens willen

Lieder:
Gib uns Frieden jeden Tag, EG 425, KG 134, LJ 236, MKL 72, Ich lobe meinen Gott von ganzem herzen, EG272, KG 161, LJ 160

Liturgischer Text:
Matthäus 5,9

Das Thema und die Kinder

1980 kam die Idee einer Friedensdekade von den Niederlanden nach Deutschland. Seither wird sie jährlich vom Drittletzten Sonntag im Kirchenjahr bis zum Bußtag in den Kirchen veranstaltet. Seit 1988/89 wird sie auch von der Katholischen Kirche mit vorbereitet und durchgeführt. Ein gemeinsames biblisch orientiertes Thema zum Frieden bildet die Grundlage, das dann 10 Tage lang auf unterschiedliche Weise von den Gemeinden gestaltet wird. So ist es gut und folgerichtig, dass den Kindergottesdiensten an den folgenden drei Sonntagen ebenfalls Friedensthemen zugeordnet sind und die Kinder auf diese Weise mit in das Nachdenken der Gemeinde einbezogen werden.

Die gewählten Themen wollen die Kinder für Friedfertigkeit sensibilisieren und Möglichkeiten zeigen, wie Konflikte gewaltfrei bewältigt werden können.

Die Lernpsychologie lehrt uns, dass es beim Erwerb von Haltungen unterschiedliche Lernweisen gibt. Die vorrangige Lernweise ist die Imitation. Kinder ahmen nach, was sie in ihrem Umfeld erleben. Intolerante Verhaltensweisen im Umfeld der Kinder lehren sie, dass man sich durchboxen muss, um seinen Willen durchzusetzen. Sie lernen, durch Androhung oder Ausübung von Gewalt ihren Besitz zu verteidigen bzw. zu Besitz zu gelangen.

Die Themen des Kindergottesdienstes zeigen Alternativen zu diesen Verhaltensweisen:
– Trennung als Möglichkeit einer friedlichen Lösung von Konflikten;
– Toleranz als Möglichkeit, Andersdenkende zu akzeptieren;
– Unbefangenheit als Möglichkeit, Vorurteile aufzubrechen.

Zwei biblische Texte und ein Kinderbuch wollen helfen, diese Alternativen zu entfalten. Zur Unterstützung des Imitationslernens werden dazu Spiele, eine Mahlzeit, ein Tanz und eine Bastelarbeit angeboten. Der Lernerfolg der Imitation ist umso größer, je positiver die Lernatmosphäre ist. Das Klima im Kindergottesdienst spielt also zusätzlich eine wichtige Rolle.

Der Text und die Kinder

1 Mose 13,1–12 ist ein Stück aus dem Erzählkranz der Abrahamgeschichten. Die einzelnen Erzählungen schlagen einen Bogen von der Berufung des Abraham (1 Mose 12) bis zur Geburt des verheißenen Sohnes Isaak.

Wenn man die Geschichten im Zusammenhang liest, begreift man, dass es nicht um die Darstellung Abrahams als Glaubensheld geht. Denn immer wieder fällt er aus dem Vertrauen an Gottes Verheißungen heraus und versucht, durch eigene Manipulationen die Zusagen Gottes zu realisieren. So weicht er z. B. bei einer Hungersnot nach Ägypten aus und sucht, durch eine Lüge sein Leben zu retten.

Ebenso hatte er die Hoffnung auf einen Nachkommen aus der Ehe mit Sara aufgegeben. Deshalb verschaffte er sich einen Sohn, indem er die Magd seiner Frau zur Nebenfrau erhob, die ihm dann einen Sohn gebar. Immer wieder muss im Verlauf der Erzählungen Gott den Abraham durch die Bekräftigung seiner Verheißungen zum Glauben zurückrufen.

Der Abschnitt für diesen Gottesdienst aus 1 Mose 13 zeigt Abraham, der durch die erfahrene Hilfe Gottes in Ägypten wieder fest im Glauben steht. Das prägt seine Haltung und nicht etwa besondere moralische Qualitäten. Abraham ist nicht aus eigener Kraft der Mensch, der seinem Neffen Lot großzügig bei der Trennung den Vorrang bei der Wahl des Landes lässt und so Frieden schafft. Abraham weiß vielmehr wieder, dass er sich auf Gott und seine Hilfe verlassen kann.

Diese Konzeption der Abrahamgeschichten hat Konsequenzen für die Erzählung im Kindergottesdienst. Abraham kann von den Kindern nur dann als der aus großem Vertrauen heraus Handelnde verstanden werden, wenn der vorgeschlagene Text um kurze Passagen aus der Berufungsgeschichte 1 Mose 12 erweitert wird, die Abrahams Erfahrungen mit Gott beispielhaft zeigen.

Gestaltungsvorschlag für jüngere Kinder

Lied: Gib uns Frieden jeden Tag

Bude bauen
Wir bauen zusammen mit den Kindern aus Tischen, Stühlen und Decken ein Zelt, in dem alle Kinder Platz haben. Wir setzen uns hinein und erzählen uns, warum wir so gern Buden bauen.

Phantasiereise
(Wir achten darauf, dass jedes Kind einen guten Platz hat und fordern die Kinder auf, die Augen beim Zuhören zu schließen.)

Stellt euch vor: Vor unserem Zelt ist ein großes, weites Feld. Nur ganz wenig wächst darauf – hier einmal ein kleiner Strauch, dort ein wenig Gras, hier eine kleine Blume und dort noch eine. Die Sonne brennt heiß. Da kommen auf einmal Hirten mit ihren Tieren auf das Feld – mit Schafen und Ziegen. Die Tiere haben Hunger, und sofort beginnen sie zu fressen. Viel finden sie nicht. Man hört sie blöken und meckern, bis alles abgefressen ist. Die Hirten passen auf die Tiere auf, damit keines zu kurz kommt. Und sie suchen nach Wasser. Denn die Tiere haben Durst.

Da hören sie etwas plätschern – ganz leise. Sie laufen hin. Tatsächlich! Sie finden eine Quelle. Sie rufen die Tiere. Die kommen gelaufen und schlürfen das Wasser. Sie trinken, bis der Durst gelöscht ist. Dann ziehen sie weiter. Den ganzen Tag über suchen sie nach Nahrung. Am Abend lagern sich die Tiere auf der Erde und ruhen sich aus. Die Hirten aber bauen für sich ein Zelt auf. Da schlafen sie bis zum nächsten Morgen. (Die Kinder dürfen die Augen wieder öffnen.)

Selig sind, die Frieden stiften

Gespräch
Wo haben die Kinder schon einmal Ziegen und Schafe oder eine Schafherde gesehen?

Erzählung
So ein Hirte war Abraham. Er lebte zusammen mit Eltern und Geschwistern in einer großen Familie. In der Familie hielten alle zusammen, einer half dem anderen. Und das war wichtig. Denn sie hatten große Viehherden, und es gab viel Arbeit. Aber gemeinsam schafften sie es.

Da sagte Gott eines Tages zu Abraham: Geh fort aus deiner Heimat, geh fort von deiner Familie. Ich will dich in ein Land führen, das ich dir zeigen werde. Aber du brauchst keine Angst zu haben, denn ich bin bei dir.

Das war ein schwerer Auftrag – weggehen aus der Heimat, sich trennen von den Menschen, die man lieb hat. Aber Gott hatte ja versprochen: Ich bin bei dir!

Da wagte es Abraham. Er zog fort. Seine Frau Sara nahm er mit und den jungen Mann Lot. Der war sein Neffe. Und alle Tiere, die sie gemeinsam hatten, nahmen sie mit. Dazu auch Hirten, die ihnen bei der Arbeit mit den Tieren halfen. Es war eine große Schar, die miteinander aufbrach.

Unterwegs war es mühsam. Oft war es gefährlich. Aber Gott war ja bei ihnen. Und sie kamen gut in der neuen Heimat an. Da betete Abraham zu Gott:

„Danke, Gott, dass du uns alle behütet hast. Jetzt weiß ich: Auf dich kann ich mich verlassen."

Lied: Ich lobe meinen Gott

Erzählung
Abraham lebte mit Sara und Lot in Zelten. Die Herden wurden immer größer. Abraham und Lot wurden reich. Aber es gab nicht genug Felder, die abgeweidet werden konnten. Deshalb gab es oft Streit zwischen den Hirten, die Abrahams Tiere weideten und den Hirten, die Lots Tiere versorgten. „Auf diesem Feld waren wir zuerst! Sucht euch einen anderen Platz!", schimpften die Hirten von Abraham. Da mussten die Hirten von Lot mit ihren Herden weiterziehen. Aber auch das Wasser war knapp. „Hier tränken wir unsere Tiere! Sucht euch eine andere Quelle!", schimpften die Hirten von Lot. Und die Hirten von Abraham mussten weitersuchen. Jeden Tag gab es solchen Streit, jeden Tag beschimpften sich die Hirten. Es war kein Frieden mehr in der Familie.

Das machte Abraham traurig. „So kann es nicht weitergehen", sagte er deshalb zu Lot. „Es soll keinen Zank und Streit zwischen dir und mir, zwischen deinen Hirten und meinen Hirten geben. Wir sind doch eine Familie. Ist das Land nicht groß genug? Trenne dich von mir."

Lot erschrak. Aber Abraham redete ihm freundlich zu. „Du darfst dir aussuchen, wohin du gehen willst. Wenn du mit deinen Tieren zur linken Seite ziehst, dann will ich nach rechts gehen. Willst du aber lieber nach rechts gehen, dann ziehe ich zur linken Seite."

Da blickte Lot sich das Land an, soweit er sehen konnte. Und er entdeckte einen Fluss, da gab es genug Wasser. Und am Ufer des Flusses grünte und blühte es. Da gab es genug Futter. „Dorthin will ich gehen", sagte Lot zu Abraham.

„Dann will ich hier bleiben", sagte Abraham. Er blieb, obwohl es wenig

Wasser gab, obwohl wenig wuchs. Er wusste ja: „Auf Gott kann ich mich verlassen".

Nun war wieder Frieden in der Familie. Deshalb konnten sie freundlich Abschied voneinander nehmen. Vielleicht haben sie zusammen noch einmal gegessen und getrunken, um sich zu zeigen: Wenn wir uns jetzt auch trennen, bleiben wir doch Freunde.

Gemeinsames Mahl
Wir wollen jetzt auch eine kleine Mahlzeit miteinander halten. Dann merken wir, dass wir auch zusammengehören wie eine Familie. (Wir teilen miteinander Brot und Weintrauben).

Gestaltungsvorschlag für ältere Kinder

Information
Die Stelle der Phantasiereise (s. o.) kann eine Information über das Leben von Nomaden einnehmen:

Abraham und Lot hatten als Kleinviehnomaden die typischen Probleme ihres Berufsstandes. Sie waren Zugewanderte im Land Kanaan. Die sesshafte Urbevölkerung besaß die Felder, die nach der Ernte aber abgeweidet werden durften. Die Erlaubnis dazu musste allerdings von den Besitzern eingeholt werden. Weideflächen und Wasserquellen teilten die Kleinviehnomaden unter sich auf.

Dabei kam es häufig zu Streit und Auseinandersetzungen, denn die Flächen waren oft zu klein für alle Viehherden. In solchen Fällen musste dann ein Teil der Nomaden weiterziehen und nach neuen Möglichkeiten suchen.

Rollenspiel
Die Informationen können die Grundlage für ein Rollenspiel bilden, in dem sowohl die oft mühsamen Verhandlungen mit den Landbesitzern als auch die Auseinandersetzungen unter den Kleinviehnomaden dargestellt werden. So kann ein gutes Verständnis für den Bibeltext vorbereitet werden.

Erzählung und gemeinsames Mahl, s. o.

Gebet
Gott, wir haben oft Angst, dass wir zu kurz kommen. Wir sind neidisch, wenn andere mehr haben als wir. Dann kommt es zum Streit.

Hilf uns, dass wir auch einmal verzichten können und den anderen gönnen, was sie haben. Du meinst es doch gut mit uns allen. Amen

Rätsel

Gesucht wird ein Wort, das aus sieben Buchstaben besteht. Bei der Lösung können Begriffe helfen, die unter a–e erfragt werden. Sie setzen sich aus den gleichen Buchstaben, die jeweils mit der gleichen Ziffer bezeichnet werden, wie das gesuchte Wort zusammen.

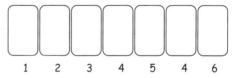

1 2 3 4 5 4 6

a. Die schönste Zeit eines Schuljahres: 1 4 2 3 4 6
b. Das Gefühl, zu kurz zu kommen: 6 4 3 5
c. Ein Körperorgan: 6 3 4 2 4
d. Ganz sauber: 2 4 3 6
e. Angestellter in sehr wohlhabenden Haushalten: 5 3 4 6 4 2

Anne-Dore Bunke

> **14. November 2004 –**
> **Vorletzter Sonntag im Kirchenjahr**
>
> **Lukas 9,51–56**
>
> ## Auf Rache verzichten, um des Friedens willen

Lieder:
Wir bringen Frieden für alle,
LfK 1 B 30, LZU I 94, MKL 106;
Gib uns Frieden jeden Tag,
EG 425, KG 134, LJ 236, MKL 72

Liturgischer Text:
Matthäus 5,9

Das Thema und die Kinder

🕭 siehe Ausführungen zum 7.11.2004

Der Text und die Kinder

Jesus war auf dem Weg nach Jerusalem. Jerusalem wurde bald darauf der Ort des Passionsgeschehens. Und ausgerechnet auf diesem schweren Weg zog Jesus mit seinen Jüngern durch die Provinz Samaria. Wenn es möglich war, vermied man als frommer Jude dieses Gebiet, denn zwischen Juden und Samaritern (= Samaritaner; die Form Samariter wurde gewählt, weil dieser Begriff den Kindern u. U. bereits durch den barmherzigen Samariter bekannt ist) bestand eine uralte Feindschaft. Ihre Wurzel lag ca. 700 Jahre zurück, aber die Kluft war über die Jahrhunderte hinweg tiefer geworden. In den Augen der Juden hatten die Samariter wichtige Teile ihres Glaubens verraten. Sie besuchten nicht den Tempel in Jerusalem, um dort zu beten, sondern hielten ihre Gottesdienste auf einem Berg ab. Und sie erklärten nur Teile der Bibel als gültig für sie und verwarfen den Rest. Deshalb verachtete man sie. Die Samariter sahen im Gegenzug die Juden als ihre Feinde an und schadeten ihnen, wo sie nur konnten.

Der Konflikt, der in unserem Text erzählt wird, war also vorprogrammiert, doch erschreckt die Tiefe des Hasses. Die Jünger wünschten Vergeltung, sie wünschten den Samaritern Untergang und Tod. Jesus reagierte hart auf das Ansinnen der Jünger. Dabei hatten sie es doch nur gut mit ihm gemeint und wollten die ihm angetane Schmach rächen. In einer Reihe von alten Handschriften zum Text ist zwischen die Verse 55 und 56 eine Passage eingeschoben, die die Zurechtweisung Jesu entfaltet: „Wisst ihr nicht, welches Geistes Kinder ihr seid? Der Menschensohn ist nicht gekommen, das Leben der Menschen zu vernichten, sondern zu erhalten". Das ist die Art Gottes, die Art Jesu: Liebe statt Hass, Frieden statt Rache. Jesus will zeigen, dass Gott gut ist. Und in die Geborgenheit dieser Güte Gottes will Jesus die Menschen locken – auch seine Gegner.

Kinder werden die Gefühle der Jünger nachvollziehen können. Beleidigungen und Zurücksetzungen treffen sie hart. Und Rachegefühle – auch überzogene – sind ihnen nicht fremd. Auf dem Hintergrund des Textes sollen sie durch Spiele erleben, dass es miteinander schöner ist als gegeneinander.

Gestaltungsvorschlag für jüngere Kinder

Spielen

Wir wollen mit zwei einfachen Spielen beginnen, die nach der Erzählung von Lk 9,51–56 mit veränderten Spielregeln noch einmal aufgegriffen werden.

1. Wir brauchen dazu einen Spielplan mit 20 Feldern und einem Startfeld. Der Spielplan ist leicht selbst zu erstellen.

Dazu kommen flache, unterschiedlich gefärbte Spielsteine (eventuell dünne Scheiben von einem Besenstiel absägen und verschiedenfarbig anmalen). Die Spielregel ist zunächst einfach. Jedes Kind würfelt (wenn die Steine nicht ausreichen, können je zwei Kinder zusammen spielen und abwechselnd würfeln). Kommt man mit seinem Stein auf ein bereits besetztes Feld, wird der dort angetroffene Stein rausgeworfen. Wenn man eine Runde geschafft hat und wieder über das Startfeld kommt, wird eine Runde gut geschrieben. Sieger ist, wer während der vereinbarten Spielzeit das Startfeld am häufigsten überschritten hat.

2. Sitzkissen liegen im Raum verteilt auf dem Fußboden – eines weniger als die Zahl der Kinder. Die Kinder gehen durch den Raum. Es wird Musik angespielt, die nach einiger Zeit abgebrochen wird. In dem Moment sucht sich jedes Kind einen Platz auf einem Stuhlkissen. Das Kind, das keinen Platz findet, scheidet aus. Ein weiteres Kissen wird entfernt, und das Spiel geht weiter wie bisher. Es wird so lange fortgesetzt, bis ein Kind als Sieger feststeht.

Erzählung

Jesus war mit seinen Freunden viel unterwegs. Einmal führte sie der Weg in die Richtung der Hauptstadt – nach Jerusalem. Aber sie kamen nur langsam voran.

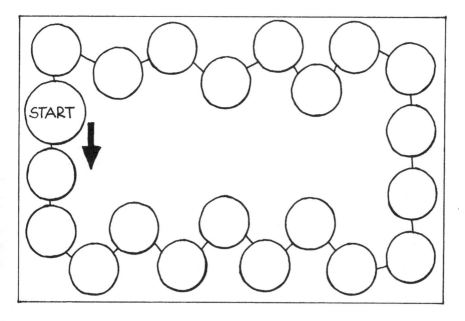

Jesus redete unterwegs mit vielen Menschen. Er hörte sich ihre Sorgen an. Er tröstete sie, wenn sie traurig waren. Und wenn sie Fragen hatten, diskutierte er mit ihnen. Das war sehr anstrengend für ihn. Und deshalb wollten es ihm seine Freunde so bequem wie nur möglich machen. Besonders nachts sollte er sich richtig ausruhen können. Deshalb suchten sie abends immer ein gutes Nachtquartier für ihn.

Eines Tages sagte Jesus zu ihnen: „Morgen ziehen wir durch die Provinz Samaria!"

„Durch Samaria? Muss das sein? Die Menschen dort können wir nicht leiden. Sie sind so anders als wir. Sie sind überhaupt nicht fromm. Sie gehen nicht wie wir in den Tempel nach Jerusalem und beten dort. Mit denen sollten wir uns besser nicht einlassen! Können wir nicht einen Bogen um Samaria machen?" So fragten die Freunde Jesu ganz aufgeregt. Aber Jesus gab seinen Plan nicht auf. Er zog mit seinen Freunden durch Samaria. Und dann kam es, wie es kommen musste. Als es Abend geworden war, suchten die Freunde nach einem Nachtquartier. Sie klopften an viele Türen. Aber immer sagten die Leute: „ Ihr wollt nach Jerusalem? Dann gehört ihr nicht zu uns! Ein Nachtquartier für Jesus? Jesus kennen wir nicht. Stört uns nicht länger. Zieht weiter und lasst uns in Ruhe."

Die Freunde merkten, wie die Wut in ihnen aufstieg. „Was bilden die Samariter sich eigentlich ein – uns einfach raus zu werfen? Jesus, das willst du dir doch hoffentlich nicht bieten lassen! Zeig ihnen, wer du bist. Zeig ihnen, welche Macht du hast! Lass Feuer vom Himmel fallen, dass sie alle verbrennen!" Die Freunde Jesu kochten vor Wut. Jesus aber drehte sich zu ihnen um. „Habt ihr denn gar nichts von mir gelernt? Wisst ihr denn nicht, was mir wichtig ist? Ich will die Menschen doch nicht zerstören. Ich will ihnen helfen und ihnen zeigen, dass Gott gut ist. Ich will keine Rache!"– So wies Jesus seine Freunde zurecht. Und sie hätten es wissen können, denn sie lebten schon lange bei ihm und wussten: Jesus will Frieden unter den Menschen.

Lied und Tanz
Wir tanzen das israelische Lied „Wir bringen Frieden für alle".
(Wir stellen uns in einen Kreis und fassen uns an den Händen.)
Wir bringen Frieden für alle
(wir laufen rechts in Kreisrichtung;)
Wir bringen Frieden für alle
(wir laufen links in Kreisrichtung);
Wir bringen Frieden für alle
(wir gehen in die Mitte;)
Wir bringen Frieden,
Frieden, Frieden für die Welt
(wir gehen zurück auf die Kreisbahn.)
Im Laufe des Tanzes kann das Lied immer schneller gesungen und dadurch der Tanz immer lebhafter werden.

Spiele
Wir wiederholen die Spiele vom Anfang mit geänderten Spielregeln.

1. Jedes Kind würfelt. Kommt es auf ein besetztes Feld, wird der Stein, der schon dort ist, nicht rausgeworfen, sondern man setzt seinen eigenen Stein darauf. Der „Untermann" trägt bei seinem nächsten Wurf den Oberen mit (das hat dem Spiel den Namen „Känguru – Spiel" eingetragen). Es können auch zwei oder mehr Steine mitgetragen werden. Danach steigt der Obere wieder vom Unteren ab. Er ist auf diese Weise ein zusätzliches Stück vorangekommen und die

Chancen, das Startfeld möglichst oft zu überschreiten, sind gestiegen.

2. Die Sitzkissen liegen verteilt auf dem Fußboden (eines weniger als die Zahl der Kinder beträgt). Musik wird angespielt und nach einiger Zeit abgebrochen. Die Kinder suchen sich einen Platz. Das Kind, das keinen Platz findet, scheidet nicht aus, sondern quartiert sich auf irgendeinem Kissen mit ein. Im Laufe des Spieles werden es immer weniger Sitzkissen, denn nach jeder Runde wird ein weiteres Kissen entfernt. Die Spieler müssen also immer näher zusammenrücken. Das Spiel ist zu Ende, wenn alle Kinder noch auf einem Zipfel eines Stuhlkissens Platz gefunden haben und eine weitere Reduzierung nicht mehr möglich ist.

Gestaltungsvorschlag für ältere Kinder

Information
Da ältere Kinder Interesse am historisch und geographisch Fernen haben, können wir ihnen zu Beginn ein paar Informationen über das Verhältnis zwischen Juden und Samaritern geben:
  Wir suchen auf einer Israelkarte die Provinz Samaria.
  Seit 722 v. Chr. haben sich Juden und Samariter religiös auseinander gelebt. Nach einer Besetzung des Landes durch die Babylonier war es im Laufe der Zeit zu Eheschließungen zwischen den Menschen aus beiden Völkern gekommen. Juden heirateten Heiden. Eine Mischbevölkerung war entstanden. Deshalb durften die Samariter später nicht mehr im jüdischen Tempel beten und errichteten sich ein eigenes Heiligtum auf dem Berg Garizim (Karte). Außerdem ließen sie von allen Büchern des Alten Testamentes nur die 5 Bücher Mose gelten. Die gegenseitige Abneigung zwischen Juden und Samaritern war groß. Nach Möglichkeit vermied man den Umgang miteinander und schadete sich gegenseitig, wo man nur konnte.

Erzählung und Tanz
Die Erzählung wird aus dem Vorschlag für jüngere Kinder übernommen, ebenso der Tanz.

Spiel
Wir spielen das Känguru-Spiel (s. o.) in einer dritten Variante. Jetzt darf man, wenn man an der Reihe ist, bis zu dreimal hintereinander würfeln, jedoch dürfen insgesamt nicht mehr als 7 Augen beim Würfeln erreicht werden. Wer mehr als 7 Augen würfelt, darf nicht setzen, sondern verbleibt auf seinem Platz. Deshalb sollte man sicherheitshalber rechtzeitig mit dem Würfeln aufhören. Gesetzt wird: 1x würfeln – einfach; 2x würfeln – doppelt; 3x würfeln – dreifach.

Beispiele:

- 1. Wurf 5, 2. Wurf 3 = Summe 8; Der Spieler bleibt auf dem Platz stehen, da die Augenzahl über 7 liegt.
- 1. Wurf 6; Der Spieler wagt nicht weiter zu würfeln und darf 6 Felder vorrücken.
- 1. Wurf 2, 2. Wurf 4 = Summe 6; Der Spieler darf 12 Felder vorrücken, d.h. die Augenzahl wird verdoppelt, da er mit zwei Würfen 7 nicht überschritten hat.
- 1. Wurf 1, 2. Wurf 3, 3. Wurf 2 = Summe 6; Der Spieler darf 18 Felder vorrücken, d.h. die Augenzahl wird verdreifacht, da er mit drei Würfen die 7 nicht überschritten hat.

Kommt man auf ein besetztes Feld, so setzt man seinen Stein auf den, der schon dort ist. Der Untermann trägt bei seinem nächsten Wurf den Oberen mit. Er überlässt ihm sogar die Entscheidung, wie oft gewürfelt werden soll.

Beim nächsten Wurf steigt der Obere dann wieder vom Untermann ab. Sieger ist, wer in der vereinbarten Spielzeit das Startfeld am häufigsten überschritten hat.

Gebet
Gott, wie oft haben wir eine große Wut im Bauch. Dann möchten wir am liebsten um uns hauen und allen wehtun, die uns geärgert haben.

Gott, du musst dich auch oft über uns Menschen ärgern und hast uns doch lieb.

Hilf uns, dass wir daran denken, wenn wir wieder wütend sind. Amen

Anne-Dore Bunke

21. November 2004 – Letzter Sonntag im Kirchenjahr

Max Bolliger „Die Kinderbrücke"

Lieder:
Ich sag dir guten Morgen, KG 178, LJ 564;
Gib uns Frieden jeden Tag, EG 425, KG 134, LJ 236, MKL 72

Liturgischer Text:
Matthäus 5,9

Das Thema und die Kinder

♦ siehe auch die Ausführungen zum 7.11.

Für den dritten Kindergottesdienst zum Thema Frieden ist ein Kinderbuch vorgeschlagen: Max Bolliger „Die Kinderbrücke", illustriert von Stepan Zavrel, Bohem Press Zürich, ISBN 3-85581-332-9.

Max Bolliger wurde 1929 in der Schweiz geboren. Er war viele Jahre lang Lehrer, u. a. auch bei lernschwachen Schulkindern. Das hat seine schlichte, eingängige Erzählweise geprägt. Max Bolliger hat für seine Kinder- und Jugendbücher viele Preise bekommen. Sein großes Anliegen ist, die Kinder zur Toleranz zu ermutigen. Hilfsbereitschaft, gegenseitiges Verstehen und Wärme im Umgang miteinander spielen eine große Rolle in seinen Büchern.

In der „Kinderbrücke" werden Neid und Feindschaft der Erwachsenen, die an unterschiedlichen Ufern eines Flusses wohnen und sich stets benachteiligt fühlen, überwunden durch die Unbefangenheit der Kinder. Diese haben sich durch die Vorurteile der Erwachsenen nicht verblenden lassen. Sie machen wunderbare Erfahrungen, weil sie sich ihre vorbehaltlose Neugier auf andere Menschen bewahrt haben. Ihre Traurigkeit, als diese Erlebnisse zu Ende gehen, öffnet den Erwachsenen die Augen. Gemeinsam werden Vorurteile und Trennungen überwunden – eine Brücke entsteht.

Kinder identifizieren sich sehr schnell mit den „Helden" eines Buches. In die Gefühle der beiden Kinder, die sich zufällig begegnen, sich anfreunden und schließlich wieder getrennt werden, können sie sich gut hineinversetzen. Sie werden begreifen, wie unsinnig Vorurteile sind und werden Freude über eine gute Lösung empfinden.

Es wäre gut, wenn für diesen Kindergottesdienst das Buch von Max Bolliger zur Verfügung stünde. An dieser Stelle kann nur eine Nacherzählung geboten werden, die Notlösung sein muss. Außerdem sind die Illustrationen von Stepan Zavrel eine wunderschöne Ergänzung des Textes. Vielleicht kann das Buch in einer Kinderbibliothek ausgeliehen werden.

Gestaltungsvorschlag

Lied: Ich sag dir Guten Morgen
Wir singen alle Strophen mit den dazugehörigen Gesten.

Gespräch
Wir unterhalten uns mit den Kindern darüber, wie schön es ist, wenn wir uns gut verstehen und freundlich und zärtlich miteinander sind.

Erzählung
Ich will euch jetzt von einem Dorf erzählen, in dem es nicht so friedlich zuging.
Durch das Dorf führte ein Fluss, an dem zwei Bauernhäuser standen – das eine am rechten Ufer und das andere am linken Ufer. Der Fluss glitt behutsam dahin, und Enten und Schwäne schwammen darauf. Sie freuten sich über die Sonne, die an jedem Morgen aufging. Sie sonnten sich mal am rechten Ufer und mal am linken Ufer und lebten fröhlich beieinander.

Ganz anders ging es in den Bauernhäusern zu, denn die Bauern waren neidisch aufeinander. Der eine hätte sein Haus lieber auf der rechten Seite, der andere lieber auf der linken Seite des Flusses gehabt. An jedem Morgen beschimpften sie einander. Denn das Feld des einen Bauern lag in der Sonne, das des anderen im Schatten. Und am Nachmittag fing das Geschrei wieder an, denn nun war da, wo es am Morgen sonnig war, Schatten, und wo es am Morgen schattig war, schien die Sonne.

Und die Frauen der Bauern waren ebenso unzufrieden, denn morgens hatte die eine Schatten und am Nachmittag die andere. Wenn sie am Morgen ihre Wäsche aufhängten, schrie die eine ein böses Wort über das Wasser. Und am Nachmittag, wenn sie die Wäsche wieder abnahmen, schrie die andere ein böses Wort zurück.

Es wurde immer schlimmer.

Schließlich sammelten die Bauern große Steine auf und versuchten, sich gegenseitig zu verletzen. Doch zum Glück war der Fluss viel zu breit. Die Männer trafen nicht, und die Steine plumpsten ins Wasser.

Einzig und allein mittags, wenn die Sonne hoch vom Himmel schien, war es ruhig und friedlich. Denn da war es heiß, und alle suchten den Schatten – die Kühe, die Pferde, die Ziegen und die Schafe. Und auch die Bauern und ihre Frauen hielten einen Mittagsschlaf. Sie legten sich unter einen Apfelbaum - die einen rechts, die anderen links vom Fluss – und schnarchten leise vor sich hin.

Nun gab es da noch zwei Kinder. Das eine gehörte zum Bauern auf der rechten Seite des Flusses, das andere

Selig sind, die Frieden stiften

zum Bauern auf der linken Seite. Die beiden saßen in der Mittagszeit am Ufer des Flusses, jedes auf seiner Seite, und sie langweilten sich. Sie schauten über das Wasser. „Ich wäre gern eine Ente", dachte das eine Kind. „Ich wäre gern ein Schwan", dachte das andere Kind. „Dann würde ich zum anderen Ufer schwimmen, und es wäre nicht so langweilig".

Eines Tages aber, als die Kinder zum Fluss kamen, erlebten sie eine große Überraschung. Der Wasserspiegel war gesunken. Und aus dem Wasser guckten die großen Steine heraus, die in das Wasser gefallen waren. Über die konnten die Kinder hüpfen und springen. In der Mitte des Flusses trafen sie sich. Sie guckten sich an und freuten sich, dass sie Kinder waren – ein Junge und ein Mädchen. Sie setzten sich auf einen großen Stein. Zuerst beobachteten sie die Enten und Schwäne, dann aber begannen sie zu erzählen. Sie erzählten Geschichten von dem rechten Ufer und von dem linken Ufer. Und sie gefielen sich so gut, dass sie von nun an jeden Mittag über die Steine hüpften, um sich auf dem großen Stein zu treffen.

Zu Hause staunten die Eltern, weil die Kinder vieles erzählten, was sie selber noch nie gehört hatten.

Aber eines Tages begann es zu regnen. Es regnete viel, es regnete lange. Und die Kinder hörten auf, Geschichten zu erzählen. Sie lachten nicht mehr und sie sangen auch nicht mehr. Denn das Wasser des Flusses war zurückgekommen, und die Kinderbrücke war versunken.

Die Eltern machten sich Sorgen. Sie fragten die Kinder. Und da endlich erfuhren sie das große Geheimnis der Kinder. Sie hörten von der Kinderbrücke. Und sie hörten, dass die Kinderbrücke untergegangen war. Da dachten sie nach – lange. Aber dann hatten sie eine Idee. Zusammen mit den Kindern fingen sie an, aus den vielen Steinen am Ufer eine Brücke zu bauen. Es wurde eine wunderbare Brücke – rund und schön wie der Bogen, auf dem die Sonne am Himmel entlang zieht.

Bewegungsspiel
Auf dem Fußboden wird mit Kreide der Fluss angedeutet. Er soll möglichst breit sein. Auf beiden Seiten des Flusses steht die gleiche Anzahl von Kindern (bei ungleicher Kinderzahl kommt ein Kind zweimal an die Reihe).

Jede Seite bekommt zwei Zeitungsbögen (Papiersteine), die so groß sind, dass man mit beiden Beinen bequem darauf stehen kann. Es gilt nun, den Fluss trockenen Fußes zu überqueren. Nach dem Startsignal beginnt auf beiden Seiten das Kind, das rechts außen steht. Es stellt sich auf einen Papierstein und legt den zweiten so weit vor sich, dass er noch mit einem Schritt erreicht werden kann. Dann greift es zurück, holt den ersten Papierstein und legt ihn wieder möglichst weit vor sich.

Das wiederholt sich so lange, bis der Fluss überquert ist. Wer den Fluss überquert hat, bekommt einen echten Stein. Die Papiersteine werden an die nächsten Kinder weitergegeben.

Das Spiel läuft so lange, bis alle Kinder den Fluss überquert und einen richtigen Stein bekommen haben. Aus diesen Steinen wird nun ein Steg (Brücke) gebaut, auf dem wir aufeinander zu balancieren und uns in die Arme fallen.

Freundschaftsband

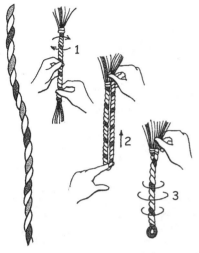

Die sehr einfache Art des Kordelbandes ist auch schon für jüngere Kinder leistbar. Die Kinder dürfen sich vier unterschiedlich farbige Fäden aussuchen, die wir auf ca. 70 cm zugeschnitten haben. Die vier Fäden werden durch einen festen Knoten (etwa 10 cm) vom Fadenbeginn entfernt) zusammengehalten. Mit den kurzen Fäden vor dem Knoten befestigen wir das Material z. B. an einem Stuhlbein.

Nun können wir die langen Fäden zwischen den Fingern immer mehr und mehr zu einer Kordel drehen (1), ohne dass sie uns weg rutschen. Wenn die Kordel etwa 40 cm lang ist, halten wir einen Finger in die Mitte der Kordel und führen das untere zum oberen Ende (2). Dann nehmen wir den Finger langsam von der Mitte herunter. Jetzt dreht sich die Kordel ganz von allein ein (3). Sie kann nun vom Stuhlbein gelöst werden.

Die losen Enden werden mit einem einzigen Knoten zusammengebunden, den man durch die Schlaufe am anderen Ende der Kordel ziehen kann, so dass ein Armband entsteht.

Gebet
Gott, oft zanken wir uns untereinander. Dann beschimpfen wir uns oder gucken uns gar nicht an. Aber es ist viel schöner, wenn wir uns vertragen und gut miteinander umgehen. Hilf uns, dass wir bei einem Streit nachgeben können, damit wir wieder Freunde werden. Amen

Anne-Dore Bunke

Rätsel

Trage die gesuchten Begriffe in das Buchstabengitter ein.
Die Buchstaben in den dick umrandeten Feldern ergeben – von oben nach unten gelesen – ein wichtiges Wort.

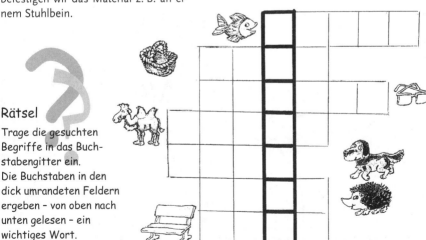

Der Advent der Hirtenkinder

Lieder:
Macht hoch die Tür, EG 1;
Tochter Zion, EG 13

Liturgischer Text:
Psalm 24,7–10; Psalm 89,1–6

Der Advent der Hirtenkinder

Sonntag	Thema/Text	Art des Gottesdienstes Methoden und Mittel
28.11.2004 1. Sonntag im Advent	Hoffnung auf einen gerechten König Sacharja 9,9	Gottesdienst mit Kindern; Spiel, Erzählung, Hirtenjungen für Krippe basteln: Tonpapier, Holzperlen, Filz
5.12.2004 2. Sonntag im Advent	Ein großes Licht in der Dunkelheit Jesaja 9,1–6	Gottesdienst mit Kindern; Gespräch, Erzählung, Liedtanz
12.12.2004 3. Sonntag im Advent	Wenn Gottes Friedensreich anbricht ... Jesaja 11,1–3.6–10	Gottesdienst mit Kindern; Rose von Jerichow oder Bildbetrachtung, Erzählung, Schafe aus Tonpapier
19./24.12.2004 4. Sonntag im Advent/ Heiligabend	Jesus, der Sohn der Maria, wird geboren Lukas 2,1–7	Gottesdienst mit Kindern; Erzählung, Basteln des Stalls: Holzbrettchen, Peddigrohr, Stoff
25./26.12.2004 Christfest	Es ist Frieden zwischen Gott und den Menschen Lukas 2,8-20	Gottesdienst mit Kindern; Erzählung, Fertigstellen der Krippe: Maria und Josef aus Tonpapier, Filz, weißer Perle

*am 3. Advent, 18:00 Uhr
Gottesdienst mit Adventspiel !!*

Der Advent der Hirtenkinder

Zum Thema der Einheit

Das Thema der Einheit will zweierlei verdeutlichen:

a) Advent
Welche Bedeutung hat die Adventszeit? Ist es (nur) die Zeit des Wartens auf den Weihnachtsmann, die Zeit, in der erst ein, dann zwei ... Lichtlein brennen, die Zeit des Plätzchenbackens und des hektischen Einkaufs der letzten Weihnachtsgeschenke? Die Prophetentexte, die für die ersten drei Adventssonntage vorgeschlagen sind, geben eine andere, tiefere Antwort. Sie erinnern uns daran, dass wir im Advent vor allem anderen auf den warten, der unser Leben und unsere Welt rettet, den Heiland, den Retter, den Erlöser. Wir warten auf den, der uns das bringt, was wir im Innersten ersehnen, das, was wir Menschen uns nicht selbst geben können: Gerechtigkeit (Sach 9,9), Licht in der Dunkelheit (Jes 9,1–6) und Frieden (Jes 11,1–3.6–10a).
Diese Sehnsucht ist bei uns heute sicherlich genauso stark wie bei den Menschen zur Zeit Jesu.

b) Hirten
Wie diese Sehnsucht, diese Erwartung bei den Menschen damals konkret zum Ausdruck kam, soll anhand von Hirtenkindern verdeutlicht werden. Dabei ist es wichtig, den Hirtenberuf nicht als ein idyllisches Schäfchenhüten zu romantisieren. Es muss deutlich werden, dass die Hirten einen harten und manchmal durchaus gefährlichen Beruf ausübten. Sie waren arm und genossen bei ihren Mitmenschen kein hohes Ansehen. Vor Gericht durften sie nicht als Zeugen aussagen, d. h. man traute ihnen nicht. Und doch sendet Gott seine Boten gerade zu den Hirten. So sind die Hirten die ersten, die die frohe Botschaft erfahren und weitersagen. Vielleicht waren sie als Außenseiter der Gesellschaft ja auch besonders empfänglich für die Botschaft Gottes. Vielleicht war gerade unter den Hirten die Sehnsucht besonders groß. Die Sehnsucht, dass Gott jemanden schicken möge, einen König, der Gerechtigkeit, Frieden und Licht bringt.

Unserer Alltagserfahrung sind Hirten ziemlich fremd. Nur selten sieht man im Sommer einen Hirten, der mit seiner Schafherde umherzieht, und nur selten bekommen wir Einblick in das Leben dieser Menschen. Den Kindern dürften Hirten aber zumindest aus den alljährlichen Krippenspielen vertraut sein. Hier sollen es nun noch im Besonderen Hirtenkinder sein, aus deren Sicht erzählt wird, was sicherlich noch dazu beiträgt, dass die Kinder deren Gedanken und Gefühle gut nachvollziehen können.

Da für die Einheit keine konkrete Geschichte vorgegeben war, habe ich versucht eine Hirtengeschichte zu erfinden und die jeweiligen Prophetentexte darin einzubinden.

Elke Hasting

28. November 2004 – 1. Sonntag im Advent

Sacharja 9,9

Hoffnung auf einen gerechten König

Lieder:
Macht hoch die Tür, EG 1, KG 26, LJ 12;
Tochter Zion, EG 13, LJ 22;
Seht, die gute Zeit ist nah, EG 18, LJ 28

Liturgischer Text:
Psalm 24, KG 27

Zum Thema

Dass es auf unserer Welt nicht gerecht zugeht, das erleben wir tagtäglich. Während wir in unserem Land in Frieden, Sicherheit und Wohlstand leben, werden anderswo Menschen unterdrückt, verfolgt und verhungern. Wir erleben, dass Politiker Wahlversprechen machen, dann aber weit hinter dem Versprochenen zurückbleiben. Und wenn guten Willens irgendwelche Reformen auf den Weg gebracht werden, so gibt es doch immer welche, die sich trotzdem benachteiligt und ungerecht behandelt fühlen. Aber wir erleben auch an uns selbst, wie schwer es ist, gerecht zu handeln.

Die ganzen Strukturen des Welthandels und der Politik sind oft viel zu komplex, als dass wir sie durchschauen und zu mehr Gerechtigkeit beitragen könnten. Und selbst bei kleinen „durchschaubaren" Familienstreitigkeiten merken wir, wie schwer es ist, gerechte Lösungen zu finden. Wenn wir an diesem Punkt angelangt sind, wenn wir gemerkt haben, dass wir Menschen unfähig sind, Gerechtigkeit zu schaffen, dann erwacht die große Sehnsucht danach, dass Gott selbst eingreifen möge, dass Gott selbst oder ein von ihm Befähigter Gerechtigkeit schaffen möge. Menschen, die selbst unter Ungerechtigkeit leiden oder die unter ihrem Unvermögen leiden, Gerechtigkeit zu schaffen, die sehnen sich von Herzen nach jemandem, der ihnen heraushilft aus ihrer unerträglichen Situation. Es muss doch jemanden geben, der endlich Gerechtigkeit schafft! Und wenn es hier bei uns niemanden gibt, dann muss es Gott selbst tun.

Das Prophetenwort des Sacharja richtet sich an die zurückgekehrten Judäer, die noch unter den Erfahrungen des Exils in Babylonien leiden. Angesichts der Schicksalsschläge der Vergangenheit und der trostlosen Gegenwart sind sie nahe dran, sich selbst und ihren Glauben an ihre Erwählung aufzugeben. Sacharja will ihnen mit seinen Worten Mut und Hoffnung zusprechen: Verzagt nicht! Gott selbst wird euch einen König schicken, der euch aufhilft und der euch zu eurem Recht verhilft!

Das Thema und die Kinder

Kinder haben einen ausgeprägten Gerechtigkeitssinn. Geschwister in der Familie achten sehr darauf, dass auch jedes Kind gerecht behandelt wird, dass gerecht geteilt wird. Schüler verfolgen in der Schule genauestens die Benotung der Lehrer: Wurde ich im Vergleich zu den anderen gerecht beurteilt, ist die

Der Advent der Hirtenkinder

Benotung des Lehrers gerecht? Haben Kinder das Gefühl, dass etwas ungerecht war, dann setzen sie sich meist mit großer Energie für Gerechtigkeit ein. Gelingt es ihnen nicht Gerechtigkeit zu erreichen, dann sind sie oft zutiefst getroffen und am Boden zerstört.

Aus diesen Erfahrungen heraus können Kinder sicherlich ohne große Mühe die Sehnsucht nach jemandem verstehen, der wirklich gerecht ist. Wenn noch dazu das Prophetenwort in eine Geschichte von Hirtenkindern eingebettet ist, also aus deren Erleben heraus entwickelt wird, dann dürfte es für die Kinder nicht schwer nachzuvollziehen sein.

**Gestaltungsvorschlag
für jüngere und ältere Kinder**

Lied: Macht hoch die Tür

Psalmgebet: Psalm 24,7–10

Spiel zum Thema „Gerechtigkeit"
Teilen eines Apfels oder von Gummibärchen: Es wird absichtlich versucht, einen Apfel in ungleich große Stücke zu teilen bzw. Gummibärchen so zu teilen, dass einige Kinder weniger bekommen. Wie reagieren die Kinder? Was machen sie für Lösungsvorschläge?

Erzählung Teil 1: Der Advent der Hirtenkinder Benjamin und Ruben
Benjamin und Ruben heißen die beiden Jungen, von denen wir euch an den nächsten Sonntagen erzählen wollen. Sie lebten zu der Zeit, als Herodes König in Jerusalem war. Beide wohnen in Betlehem. Das ist eine kleine Stadt in der Nähe von Jerusalem. Heute hat sie ihr Vater wieder mitgenommen zu den Schafen. Rubens und Benjamins Vater ist nämlich Schafhirte. Zusammen mit anderen Hirten hütet er eine große Schafherde weit draußen vor den Toren von Betlehem. Ruben und Benjamin waren schon oft mit dem Vater draußen. Sie sind die ältesten von fünf Geschwistern und müssen schon oft mit anpacken. Ihre Familie ist sehr arm. Oft reicht es kaum für alle. Deshalb müssen die beiden Großen oft dem Vater bei der Arbeit helfen. Diesmal sollen die beiden zum ersten mal auch nachts mit bei den Herden bleiben. Ruben und Benjamin sind gern mit bei den Schafen. Sie kennen die anderen Hirten schon gut und freuen sich darauf, mit ihnen am Feuer zu sitzen und ihren Geschichten zuzuhören.

Den ganzen Tag über waren Ruben, Benjamin und die anderen Hirten mit den Schafen unterwegs gewesen. Sie waren von Weideplatz zu Weideplatz gezogen. Jetzt sind sie zurückgekehrt. Doch als sie die Schafe ins Gatter treiben, merken sie auf einmal, dass eins der Schafe fehlt. Also muss Rubens und Benjamins Vater noch einmal losziehen, um das verirrte Schaf zu suchen.

Mittlerweile ist es schon dunkel geworden. Das Feuer wärmt die Hirten in der kalten Nacht. Und es hält die wilden Tiere fern.

Ruben und Benjamin machen sich langsam Sorgen um ihren Vater. Wo er nur so lange bleibt? Hoffentlich ist ihm nichts zugestoßen! Ruben legt noch ein paar Zweige aufs Feuer. Das Feuer soll möglichst hell brennen, damit der Vater es sieht und zu ihnen zurückfindet. Dann kauert sich Ruben ganz dicht neben seinen Bruder Benjamin. Beide sind ein bisschen ängstlich. Zum ersten Mal nachts unter freiem Himmel! Und dann ist ausgerechnet noch ihr Vater nicht da!

28. November 2004

Da kommt der alte Hirte Joschua und setzt sich zu ihnen. „Na, ihr beiden. Macht euch mal keine Sorgen. Euer Vater kommt bestimmt bald wieder zurück. Er kennt sich in dieser Gegend gut aus und findet auch im Dunkeln den Weg. Und er hat ja auch noch die Sterne, die ihm den Weg zeigen. Habt ihr sie euch schon mal angesehen? Seht ihr den hellen Stern dort?"

Ruben und Benjamin schauen in den Himmel. Unzählig viele Sterne funkeln dort. Und tatsächlich. Einer leuchtet besonders hell. „Ich bin schon seit Ewigkeiten nachts hier draußen", sagt Joschua, „aber so einen hellen Stern habe ich noch nie gesehen. So hell strahlen die Sterne nur, wenn ein wirklicher König geboren wird."

Ruben sieht Joschua verwundert an. „Ein wirklicher König? Aber Herodes in Jerusalem ist doch ein richtiger König." Aber der Alte schüttelt den Kopf und seufzt: „Ach, Ruben, ist das ein guter König, der im Reichtum lebt, während das Volk arm ist? In früherer Zeit hat Gott die Könige selbst ausgesucht. Einer dieser Könige hieß David." Benjamins Augen strahlen: „Ist dieser König David damals in einem richtige Palast geboren? Wie ein richtiger Prinz?" Joschua schüttelt den Kopf: „Nein, David war ein Hirtenjunge, so wie du, als Gott ihn auserwählte. Aber Gott war auf seiner Seite." Mit wachen Augen schauen die beiden Jungen zu dem hellen Stern am Himmel.

Eine Weile ist es ganz still, dann fragt Ruben: „Wenn jetzt auch so ein wirklicher König geboren wird, einer, den Gott erwählt hat?" „Oh, das wäre schön", sagt Benjamin. „Der würde uns bestimmt helfen." „Ja, das würde er bestimmt tun", Joschua lacht. „Und wir warten ja auch schon lange auf so einen wirklichen König. Schon vor langer Zeit hat der Prophet Sacharja verheißen, dass Gott so einen wirklichen König zu uns schicken wird. Es heißt bei Sacharja: *„Du, Tochter Zion, freue dich sehr, und du, Tochter Jerusalem, jauchze! Siehe, dein König kommt zu dir, ein Gerechter und ein Helfer, arm und reitet auf einem Esel, auf einem Füllen der Eselin."* Und seit dieser Zeit warten und hoffen wir darauf, dass Gott diese Verheißung erfüllen möge." „Ein Gerechter und ein Helfer", Ruben sagt die Worte noch einmal leise vor sich hin. „Glaubst du, Joschua, dass dieser König sich auch um uns Hirten kümmert, um unsere Sorgen?" „Ja, das glaube ich", antwortet ihm Joschua. „Der König, den Gott auserwählt hat, der hat ein großes Herz für all das Leid in der Welt. Der will, dass auch wir ohne Sorgen und ohne Angst leben können. Der König Herodes, der weiß von uns Hirten nichts. Wir sind ihm egal. Auch die besseren Leute von Jerusalem wollen mit uns Hirten nichts zu tun haben. Weil wir ärmlich angezogen sind, taugen wir nichts in ihren Augen. Aber was können wir dafür, dass wir arme Hirten sind? Sind wir deshalb schlechtere Menschen? Dabei haben wir doch eine schwere und wichtige Arbeit! Nacht für Nacht passen wir auf die Schafe auf. Wilde Tiere und Räuber gibt es genug, die gern ein Schaf wegstehlen. Und euer Vater ist jetzt noch ganz allein unterwegs und sucht ein Schaf, das sich verirrt hat!"

Benjamin und Ruben wickeln sich fest in ihre Decken. Es ist kalt geworden. Wenn doch der Vater endlich zurückkäme! Sie legen sich dichter ans Feuer und schauen in den Himmel. Der Stern leuchtet hell. „Ein wirklicher König, den Gott ausgewählt hat. Ein Ge-

Der Advent der Hirtenkinder

rechter und ein Helfer. Ja, der würde sich ganz bestimmt auch um die Hirten kümmern. Dann würden die anderen Leute nicht mehr auf sie herabsehen, dann hätten sie jeden Tag genug zu essen und müssten nicht mehr frieren ... „Über diesen Gedanken schlafen Ruben und Benjamin ein und träumen davon, wie alles besser wäre in der Welt, wenn dieser König käme.

Lied: Tochter Zion

Gebet und Segen

Basteln einer Weihnachtskrippe
Die Kinder sollen die Gelegenheit bekommen, im Verlaufe der fünf Einheiten eine Krippe zu basteln, die sie dann am Ende mit nach Hause nehmen können.

Eine großflächige Krippenlandschaft ist dafür schon vorbereitet worden (aus Tüchern und Naturmaterialien; vielleicht liegt ja noch kein Schnee und es finden sich noch Zweige, Moos und Rinden).

Die Kinder basteln zuerst die beiden Hirtenjungen. Holzperlen dienen als Köpfe, die Körper werden aus festem Tonpapier gefertigt. Dazu wird ein Halbkreis ausgeschnitten, zu einem Kegel zusammengerollt und festgeklebt. Die Spitze des Kegels wird abgeschnitten, so dass ein Loch entsteht, auf das der Perlenkopf geklebt werden kann. Haare werden aus Wollresten gemacht. Eventuell noch Umhänge aus Filz.

Sind die Figuren fertig, suchen die Kinder in der Landschaft einen Platz für ihre Hirtenjungen.

Elke Hasting

5. Dezember 2004–
2. Sonntag im Advent

Jesaja 9,1–6

Ein großes Licht
in der Dunkelheit

Lieder: Ein Licht geht uns auf in der Dunkelheit, KG 25, LJ 344, MKL 123; Gottes Wort ist wie Licht in der Nacht, KG 149, LZU I 34, MK 152; Ein Lichtlein brennt, Meine Lieder, deine Lieder 4; Tragt in die Welt nun ein Licht, Meine Lieder, deine Lieder 137, MKL 132, LfK 2 6, LJ 327, LZU I 85; Wie die Sonne, so hell, Meine Lieder, deine Lieder 215
Liturgischer Text: Psalm 24,7–10

Zum Thema

Licht und Dunkelheit dienen in der Bibel oft als Metaphern und werden als Gegensätze einander gegenübergestellt. Dabei steht die Dunkelheit für den Machtbereich des Bösen, das Licht dagegen für den Machtbereich Gottes. Schon ganz am Anfang, vor der Schöpfung, herrscht die Dunkelheit und mit ihr das Chaos. Erst als Gott als erstes Schöpfungswerk das Licht erschafft, wird Ordnung und damit auch Leben möglich. Noa schließlich verharrt lange Zeit über im Dunkel der Arche. Als er endlich die Arche verlassen darf, leuchtet ihm verheißungsvoll das Licht des Regenbogens Gottes entgegen. Das Licht des Sternes zeigt den Weisen aus dem Morgenland den Weg durch die Dunkelheit bis hin zur Krippe. In gleißendem Licht erscheinen die Engel den Hirten, so dass auch diese sich aufmachen und aus der Dunkelheit heraus zur Krippe gehen. Und schließlich bezeichnet Jesus Christus sich selbst als das Licht der Welt, das die Menschen aus der Finsternis herausführt.

Die Verse aus dem Jesajabuch, die für diesen Adventssonntag vorgeschlagen sind, greifen die Metapher in derselben Weise auf: Das Volk, das im Finstern wandelt, sieht ein großes Licht. Dieses Licht verändert die Finsternis. Es kündigt die Wende an hin zum Heil. Ja, es verändert sogar schon die Gegenwart, so dass das Volk jetzt schon in Jubelgeschrei ausbricht (V. 2). Der Grund für diese Wende, der Grund des hereinbrechenden Lichtes ist die Geburt eines Kindes (V. 5). Dieses Kind ist der König der Heilszeit, der erwartete Messias. Viele Attribute werden ihm beigelegt, die ihn als einen charakterisieren, der weise und gerecht regiert und der Frieden schafft.

Das Thema und die Kinder

Kinder erleben ganz elementar, was Dunkelheit und Licht bedeuten. Dunkelheit ist für sie oft verbunden mit Unsicherheit und Ängsten. Manche Kinder können im Dunkeln nicht einschlafen. Sie fürchten sich. Sie brauchen irgendwo eine kleine Lichtquelle, die die Schrecken der Dunkelheit bannt. Manche Kinder haben nachts böse Träume. Angstvoll erwachen sie und suchen die Nähe der Eltern. Wie Licht die Dunkelheit verändert, erfahren sie gerade in den dunklen Monaten des Jahres: Wie schön leuchten die Laternen beim Martinsumzug, wenn es dunkel ist! Da sind der Dunkelheit alle Schrecken genommen. Und die Kerzen am Adventskranz lassen es immer ein bisschen heller werden, bis dann, am Christfest, ein Lichtermeer die Dunkelheit erhellt.

So ist es für die Kinder sicher auch unmittelbar verständlich, was es bedeutet, im Dunkeln ein Licht zu sehen, wie viel Hoffnung, wie viel Erleichterung und Freude damit verbunden sind. Dass dieses Licht nicht irgendein Licht ist, sondern von dem Kind in der Krippe ausgeht, kann innerhalb der Erzählung verdeutlicht werden.

**Gestaltungsvorschlag
für jüngere und ältere Kinder**

Lied: Ein Licht geht uns auf in der Dunkelheit

Gespräch
Wir sprechen über Erfahrungen mit der Dunkelheit (Schlafen im Zelt; allein einen unbeleuchteten Weg entlang gehen...).

Erzählung Teil 2
Eine ganze Weile haben Ruben und Benjamin schon geschlafen. Da werden sie auf einmal von der Unruhe am Feuer aufgeweckt. Ihr Vater ist zurückgekommen. Auf seinen Schultern trägt er das verloren gegangene Schaf. Froh und erschöpft legt er das Schaf behutsam auf die Erde nieder und setzt sich ans Feuer. „Stellt euch vor", erzählt er, „das Schaf war so weit weg, wie wir noch nie mit der Herde waren. Bin ich froh, dass ich es gefunden habe. Es hatte sich in einer Dornenhecke verfangen und hätte sich sicher nicht allein wieder befreien können. Seht, die scharfen Dornen haben es sogar am Fuß verletzt." Ruben und Benjamin sehen, dass das Schaf am Fuß immer noch blutet.

Doch da kommt schon Joschua. „Benjamin, Ruben, wollt ihr mir helfen?", fragt er. „Haltet das Schaf fest. Ich will mich mal um die Wunde kümmern." Sofort springen die beiden Jungen auf und gehen Joschua zur Hand. Joschua hat eine Schüssel mit sauberem Wasser mitgebracht und reinigt die Wunde. Vorsichtig zieht er die Dornen heraus, die noch darin stecken. Dann legt er Heilkräuter auf die Wunde und verbindet sie. „So, das wäre geschafft", sagt Joschua. „Benjamin, hol doch dem Schaf noch rasch etwas zu trinken. Dann lassen wir es erst einmal in Ruhe." Benjamin rennt los und kommt kurz darauf mit einer Schale Wasser wieder. Er stellt sie dem Schaf hin, und das Schaf säuft gierig, bis die Schale leer ist.

Benjamin setzt sich dicht neben den Vater ans Feuer, wo auch Ruben schon sitzt. „Vater, bin ich froh, dass du wieder da bist!", sagt er. „Wir haben uns schon Sorgen gemacht, weil du so lange nicht wiedergekommen bist!" „Ja, und dann war es auch schon so dunkel geworden", fügt Ruben hinzu. „Da hatten wir Angst, dass du nicht mehr zu uns zurückfindest." „Ach, ihr zwei", antwortet der Vater lächelnd und nimmt beide in die Arme, „ihr müsst euch nicht solche Sorgen machen. Ihr wisst doch, dass ich mich hier in der Gegend gut auskenne. Und außerdem scheinen die Sterne heute so hell, dass ich den Weg gut finden konnte."

„Hast du auch den Stern da gesehen, den ganz hellen?", fragt Benjamin und deutet zum Himmel. „Joschua hat ihn uns gezeigt, und er hat gesagt, dass der Stern deshalb so hell scheint, weil ein wirklicher König geboren wurde." „Ja", antwortet der Vater nachdenklich, „daran habe ich auch schon gedacht." „Vater", sagt Ruben da ganz aufgeregt,

5. Dezember 2004

"weißt du auch etwas über diesen König? Der Prophet hat gesagt, dass er ein Gerechter und ein Helfer ist. Da muss er sich doch auch um uns arme Hirten kümmern, oder?" "Ja, bestimmt", antwortet der Vater. "Aber als ich heute Nacht da draußen im Dunkeln war, da musste ich an ein anderes Prophetenwort denken. Eines vom Propheten Jesaja, dort heißt es: *Das Volk, das im Finstern wandelt, sieht ein großes Licht, und über denen, die da wohnen im finstern Lande, scheint es hell. Denn uns ist ein Kind geboren, ein Sohn ist uns gegeben, und die Herrschaft ruht auf seiner Schulter; und er heißt Wunder-Rat, Gott-Held, Ewig-Vater, Friede-Fürst.*"

Wisst ihr, als ich heute in der Dunkelheit da draußen unterwegs war, da habe ich mir schon auch Sorgen gemacht. Das Schaf hatte ich zwar gefunden, aber der Weg zu euch zurück war noch weit. Ich war schon ziemlich erschöpft, und nun musste ich auch noch das Schaf tragen! Und im Dunkeln ist es doch auch immer ein wenig unheimlich. Jedes leise Knacken und Knistern kommt einem sehr laut vor, und man erschrickt und horcht, ob es vielleicht ein wildes Tier ist. Und dann sah ich euer Feuer und wusste: Jetzt werde ich es doch noch schaffen, und meine Sorgen waren wie weggeblasen. Und dann dachte ich an das, was der Prophet gesagt hat: "Das Volk, das im Finstern wandelt sieht ein großes Licht ..." Und ich dachte: Ja, irgendwann wird es geboren, dieses Kind, das Licht in unsere Dunkelheit bringt und alle unsere Sorgen und unsere Not wegnimmt. Wenn schon dieses kleine Feuer mir die Sorgen dieser Nacht nimmt, wie viel mehr wird da erst das große Licht, das von Gott kommt, unsere Dunkelheit mit ihren Sorgen und Nöten hell machen!"

Benjamin und Ruben haben atemlos zugehört. Dass auch der Vater etwas von diesem wunderbaren König zu erzählen wusste! Licht in die Dunkelheit würde er bringen! Benjamin sieht Ruben mit strahlenden Augen an und sagt: "Du, dann brauche ich mich nicht mehr zu schämen, weil ich mich im Dunkeln fürchte!" "Ja", antwortet Ruben nachdenklich, "und auch alles Dunkle in unserem Leben, alles Traurige, alles Schlimme wird dann ganz hell. Mensch, da können wir ja jetzt schon ganz fröhlich sein, wenn wir wissen, dass Gott uns so einen König schickt!" Ganz aufgeregt tuscheln die Jungs noch eine ganze Weile miteinander, bis schließlich die Müdigkeit doch zu groß wird und ihnen die Augen zufallen.

Liedtanz: Gottes Wort ist wie Licht in der Nacht

Aufstellung im Kreis, eng beieinander, Front zur Mitte, Hände sind nicht durchgefasst.

Gottes Wort ist wie Licht in der Nacht;
   Linken Arm im weiten Bogen (wie einen Sonnenaufgang) nach links führen, vor die Mitte des/der linken Nachbarn/Nachbarin.

Es hat Hoffnung und Zukunft gebracht;
   Rechten Arm ebenso wie vorher im weiten Bogen nach rechts führen. Durchfassen mit den Händen der beiden übernächsten Tänzer/Tänzerinnen. Das ergibt eine "Korbfassung" (= aufgehoben, geborgen, wie in einem Korb.)

Es gibt Trost, es gibt Halt in Bedrängnis, Not und Ängsten,
   So durchgefasst mit vier federnden Hinkeschritten nach links tanzen (rechter Fuß kreuzt über links, linker Fuß zur Seite), viermal.

Der Advent der Hirtenkinder

Ist wie ein Stern
Korbfassung sanft lösen, beide Arme zur Mitte strecken (Handrücken oben). Das ergibt einen Stern.

In der Dunkelheit
Mit sanfter Gebärde die Hände drehen, so dass die Handflächen nach oben schauen. So die Hände senken.

Aus: Marlis Ott, Bewegte Botschaft, Liedtänze zum Tages-, Jahres- und Lebenskreis, Verlag am Eschbach 1996

Basteln einer Stern-Laterne
Die Schablone wird auf festes Tonpapier kopiert oder von Hand übertragen. Entlang der durchgezogenen Linien wird die Laterne ausgeschnitten. Dann werden die Sterne und die Felder mit der Schrift ausgeschnitten. Hinter diese „Löcher" wird Transparentpapier geklebt und die zwei Felder werden beschriftet. Entlang der gestrichelten Linien wird die Laterne gefaltet und die Laschen zusammengeklebt. Jetzt ist die Laterne fertig. In die Mitte wird ein Teelicht gestellt.

Elke Hasting

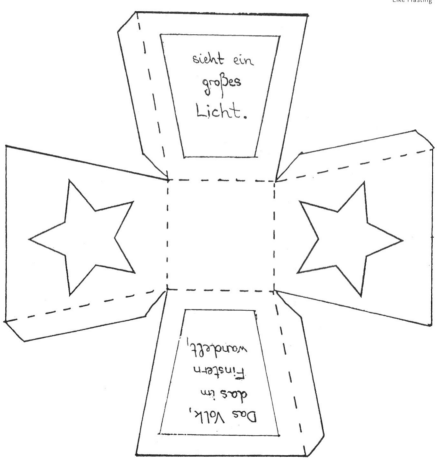

12. Dezember 2004 –
1. Sonntag im Advent

Jesaja 11,1–3.6–10a

Wenn Gottes Friedensreich anbricht

Lieder:
Herr, gib uns deinen Frieden, EG 436, KG 125, LJ 247, LfK 1 C 24; Wir haben Gottes Spuren festgestellt, ML B 80, LJ 642, LfK 1 A 5; Seht, die gute Zeit ist nah, EG 18, KG 27, LJ 28

Liturgischer Text:
Psalm 24,7–10

Zum Thema

Nachdem an den letzten beiden Sonntagen die Themen Gerechtigkeit und Licht im Vordergrund standen, soll es nun um ein drittes großes Thema und damit eine dritte große Hoffnung der Menschen gehen: die Hoffnung auf Frieden. Wie dieser erhoffte Frieden, dieses Friedensreich Gottes, aussieht, das wird bei Jesaja in sehr eindrücklicher Form beschrieben. Es herrschen paradiesische Zustände: die Feindschaft unter den Tieren, das gegenseitige Fressen und Gefressenwerden hat aufgehört. Friedlich liegen einstige Erzfeinde beieinander. Und auch die Feindschaft zwischen Mensch und Tier ist beendet, so dass kleine Kinder sorglos mit Schlangen und wilden Tieren spielen können. Dies alles ist möglich, weil eine innige Gemeinschaft aller Geschöpfe mit Gott besteht, so dass für die Sünde kein Raum mehr bleibt (V. 9).

Doch wer ist es, der dies alles bewirkt? Es ist derselbe, der zuvor schon für Gerechtigkeit und Licht in der Dunkelheit gesorgt hat. Hier wird er beschrieben als „Reis" und „Zweig". Und wie schon innerhalb der anderen Bibelstellen werden diesem Hoffnungsträger unzählige Attribute beigelegt: Er besitzt Weisheit und Verstand, Stärke, Furcht und Erkenntnis des Herrn und bringt Gerechtigkeit. Nur einer, der von Gott mit all diesen Eigenschaften ausgestattet wurde, kann es möglich machen, ein neues Paradies, ein Friedensreich, zu schaffen.

Das Thema und die Kinder

Gerade Kinder haben ein tiefes inneres Bedürfnis nach Frieden. Vielleicht deshalb, weil sie im Blick auf die Erwachsenen sich als die Unterlegenen, die Kleineren und Schwächeren fühlen und sowieso keine Chance hätten, einen Kampf zu gewinnen. Vielleicht aber auch, weil vieles sie noch mehr bewegt, was wir Erwachsenen schon als gegeben hingenommen haben. Z. B. bewegt es kleine Kinder sehr, dass einige Tiere andere töten und fressen um zu überleben. Es bewegt sie, dass Menschen Tiere töten, um sich von deren Fleisch zu ernähren. Es bewegt sie, dass Jäger Tiere erschießen, damit der Wildbestand sich nicht zu sehr erhöht und kein zu großer Schaden im Wald entsteht. All diese Dinge können Kinder oft nur schwer als Gegebenheiten hinnehmen. Der Jesajatext greift nun eben diese Dinge auf und präsentiert das friedliche Gegenteil. Die Kinder fühlen sich so in ihrer Sehnsucht verstanden, und es wird in ihnen die Hoffnung geweckt, dass es einmal anders sein wird .

Gestaltungsvorschlag für jüngere und ältere Kinder

Lied: Seht, die gute Zeit ist nah

Psalm 24,7–10

Rose von Jericho
Eine Rose von Jericho gibt es in Blumengeschäften zu kaufen. Sie sieht aus wie ein dürres Büschel Gras. Wird sie mit heißem Wasser übergossen, entfaltet sie sich in kürzester Zeit und wird grün. So kann auch aus einem scheinbar toten Baumstumpf neues Leben, ein neuer Trieb hervorkommen. Und so kann auch aus einer Familie, die schon längst ausgestorben ist, ein neuer König geboren werden.

Alternative: Bildbetrachtung
„Der Säugling spielt vor dem Schlupfloch der Natter" von Sieger Köder. Es empfiehlt sich, das Bild als Postkarte zu besorgen, damit es jedes Kind bekommen kann. Durch seine klare Aussage und seine lebendigen Farben ist das Bild auch für Kinder sehr ansprechend- Schwabenverlag, 73760 Ostfildern, Bestell-Nr. SK 220.

Erzählung Teil 3
Wie lange er geschlafen hat, weiß Ruben nicht, als er aufwacht. Um ihn herum herrscht tiefste Dunkelheit. Es muss also noch mitten in der Nacht sein. Was hat ihn nur munter gemacht? Da hört er es wieder: Die Schafe! Sie sind ganz unruhig. Aufgeregt laufen sie im Gatter hin und her. Ab und zu blökt eines ganz ängstlich. Was ist nur los? Jetzt fällt Ruben auch auf, warum es so dunkel um ihn herum ist: Das Feuer ist ausgegangen! Nach der Aufregung um das verloren gegangene Schaf hatte wohl keiner mehr darauf geachtet, beim Feuer noch einmal ordentlich Holz nachzulegen. Da – wieder blöken ein paar Schafe. Was sie nur haben?

Inzwischen haben sich Rubens Augen besser an die Dunkelheit gewöhnt. Er sieht seinen Vater nur ein paar Schritte neben sich liegen. Schnell geht er hin und rüttelt ihn sacht. „Vater, wach auf! Irgend etwas stimmt nicht! Die Schafe sind ganz unruhig!" Der Vater ist sofort munter. „Warum brennt das Feuer nicht mehr?", fragt er sofort. „Ohne Feuer sind wir nicht sicher vor wilden Tieren. Los, Ruben, hilf mir! Wir müssen es wieder anzünden!"

Inzwischen sind auch die anderen Hirten durch die Unruhe aufgewacht und helfen mit, das Feuer wieder zu entfachen. Da hören sie auf einmal einen entsetzlichen Schrei! Den Todesschrei eines Schafes! „Das müssen die Wildkatzen sein", ruft Joschua. „Sie holen sich unsere Lämmer! Schnell, nehmt euch eine Fackel! Wir müssen versuchen, sie mit dem Feuer zu vertreiben!"

Als die Hirten mit ihren Fackeln beim Gatter sind, sehen sie mehrere schwarze Schatten außerhalb des Gatters hin und her huschen. „Dort sind sie", ruft Rubens Vater den anderen zu. „Kommt, schnell, das Feuer wird ihnen Angst machen."

Alle Hirten eilen laut rufend und die Fackeln hin und her schwenkend in die angezeigte Richtung. Und richtig, als die Wildkatzen die Hirten mit dem Feuer näher kommen sehen, lassen sie von den Schafen ab und entfliehen in die Dunkelheit.

„So, das wäre geschafft!", sagt Joschua erleichtert. „Jetzt wollen wir mal sehen, was die Biester angerichtet haben." Immer noch rennen die Schafe wie wild im Gatter herum, aber als die Hirten zu ihnen ins Gatter kommen, beruhigen sie sich langsam.

„Hier", ruft da auf einmal Benjamin, „ich habe ein verletztes Lamm gefunden." Benjamins Vater kommt sofort gelaufen und untersucht das blutende Lamm vorsichtig. „Wenn wir Glück haben, wird es durchkommen", sagt er. „Es blutet zwar stark und hat am Bein eine böse Wunde, aber vielleicht können wir es doch noch retten."

Inzwischen haben die anderen Hirten noch ein gerissenes Lamm gefunden. Doch für dieses Lamm kommt die Hilfe zu spät. Es lebt schon nicht mehr. Traurig tragen die Hirten die beiden Lämmer aus dem Gatter heraus. Während einige von ihnen das tote Lamm begraben, reinigt und verbindet Joschua die Wunden des anderen. Benjamin hilft ihm dabei. Er ist immer noch ganz aufgeregt. „Diese gemeinen Wildkatzen", bricht es auf einmal wütend aus ihm heraus. „Fallen einfach über unsere wehrlosen Schafe her! Das arme kleine Lamm, es hat sicher große Schmerzen! Wer weiß, ob es am Leben bleibt!"

„Du hast schon recht, versucht Joschua ihn zu trösten, „die Schafe tun mir auch leid. Sie können sich auch kaum wehren. Aber du musst auch bedenken, dass die Wildkatzen Hunger haben. Meist haben sie auch noch Junge zu ernähren. Sie müssen irgendeine Beute fangen um zu überleben. Und wenn es nicht unsere Schafe sind, dann sind es irgendwelche anderen Tiere, die deshalb sterben müssen."

„Ja, ich weiß schon", antwortet ihm Benjamin, „aber warum ist das so? Warum müssen Tiere andere Tiere töten um zu überleben. Warum können Tiere nicht friedlich miteinander leben, und warum können Menschen und Tiere nicht friedlich miteinander leben? Und warum müssen Menschen sich gegenseitig bekriegen?"

Traurig und nachdenklich setzt sich Benjamin zu den anderen ans wieder entfachte Feuer. Keiner von ihnen kann jetzt schlafen. Alle sind noch viel zu aufgewühlt. Nach einer Weile kehrt auch Joschua ans Feuer zurück und setzt sich neben Benjamin. „Weißt du", sagt er zu Benjamin, „ich habe noch darüber nachgedacht, was du eben gesagt hast. Da ist mir eingefallen, dass der Prophet Jesaja einmal beschreibt, wie es sein wird, wenn der wirkliche König regiert:

Da werden die Wölfe bei den Lämmern wohnen und die Panther bei den Böcken lagern. Kühe und Bären werden zusammen weiden. Und ein Kind wird seine Hand stecken in die Höhle der Natter. Man wird nirgends Sünde tun, denn das Land wird voll von Erkenntnis des Herrn sein.

Weißt du, Benjamin, unser wirklicher König weiß, wie sehr wir leiden unter dem Unfrieden, der zwischen den Tieren und zwischen den Menschen herrscht. Und er allein kann diesen Unfrieden verwandeln und Frieden bringen. Denn er ist ja von Gott auserwählt. Gott ist mit ihm."

Benjamin seufzt: „Das wäre zu schön! Wenn Gottes Friedensreich anbricht und alles anders wird ..." Noch lange sitzt Benjamin da und schaut in die Flammen. Als er schließlich doch noch einmal einschläft, beginnt es schon langsam zu dämmern.

Lied und Gebet: Herr, gib uns deinen Frieden

Der Advent der Hirtenkinder

Schafe basteln
Aus grauem oder braunem Tonpapier werden nach Schablonen Schafe ausgeschnitten, gefaltet und mit Watte oder Rohwolle beklebt.

hier falzen

Elke Hasting

**19./24. Dezember 2004 –
4. Sonntag im Advent/
Heiliger Abend**

Lukas 2,1–7

Jesus, der Sohn der Maria, wird geboren

Lieder:
Der Heiland ist geboren, EG 49, LJ 48;
Hört, es wurde ein Kind geboren,
Meine Lieder, deine Lieder 13;
O Bethlehem, du kleine Stadt, EG 55;
Zu Bethlehem geboren, EG 32, LJ 37

Liturgischer Text:
Psalm 89,1–6

Zum Thema

Bei den beiden letzten Texten dieser Reihe handelt es sich um die wohl bekannteste Geschichte der Bibel: die Weihnachtsgeschichte des Lukas. Vom Thema her wird vor allem das völlig Unspektakuläre dieser Geburt betont: Jesus, ein ganz gewöhnliches Kind, wird von Maria, einer ganz gewöhnlichen Mutter, geboren. Die Jungfrauengeburt wird mit keiner Silbe erwähnt. Dagegen wird die davididische Herkunft des Josef stark betont, so dass das Neugeborene als Davidide anzusehen ist. Nichts an den Umständen der Geburt deutet darauf hin, dass hier etwas Außergewöhnliches, ja Göttliches passiert. Außergewöhnlich sind am ehesten die besonders misslichen Umstände der Geburt: die lange Reise wegen der Volkszählung, die Unterkunft in einem Viehstall. Wie soll unter solchen Umständen der ewige Herr der Menschheit zur Welt kommen?

19./24. Dezember 2004

Das Thema und die Kinder

Da mittlerweile ja an fast allen Orten Krippenspiele aufgeführt werden, ist den Kindern die Geschichte sicher vertraut. Vielleicht haben sie selber sogar in diesem Jahr an einem Krippenspiel mitgewirkt? So wird die Schwierigkeit vor allem darin bestehen, den Kindern diese altvertraute Geschichte noch einmal neu nahe zu bringen. Vielleicht kann dazu gerade die Rahmengeschichte der Hirtenkinder helfen, die die bekannte Weihnachtsgeschichte aus einem anderen Blickwinkel beleuchtet.

**Gestaltungsvorschlag
für jüngere und ältere Kinder**

Lied: Der Heiland ist geboren

Erzählung Teil 4
Als Benjamin von Ruben geweckt wird, ist es schon heller Tag. „Hey, wach auf!" Ruben rüttelt Benjamin an der Schulter. „Willst du heute gar nicht aufstehen? Die anderen sind schon längst mit den Schafen unterwegs. Nur Joschua ist da geblieben. Er kümmert sich um die verletzten Lämmer. Wir sollen mit ihm zusammen dann nach Betlehem gehen und Verpflegung für die nächsten Tage einkaufen."
Langsam kommt Benjamin zu sich und die Ereignisse der vergangenen Nacht fallen ihm wieder ein: der Vater, der das verletzte Schaf wieder gefunden hatte, die Wildkatzen, die über die Herde hergefallen waren ... Mühsam räkelt er sich. „Ja, ja, ich komme schon. Ich bin noch ein bisschen durcheinander. Es war viel los letzte Nacht."
Da kommt Joschua von den verletzten Lämmern zurück. „Dem verlorenen Schaf geht es schon wieder gut. Es springt herum, als wäre nichts gewesen", berichtet er. „Dem anderen Lamm geht es noch schlecht. Es hat viele Wunden, aber ich denke, wir werden es durchkriegen. Na, ihr zwei, sollen wir uns auf den Weg nach Betlehem machen? Wenn wir jetzt losgehen, sind wir vor der Mittagshitze dort und können uns dort dann ein wenig ausruhen. Nehmt eure Beutel mit, damit wir alles gut verstauen können!"
Ruben und Benjamin freuen sich, dass sie mit dem alten Joschua laufen können, denn er weiß immer interessante Geschichten zu erzählen. Eine Weile laufen sie schweigend nebeneinander her, dann fragt Ruben: „Kommst du auch aus Betlehem?" „Ja, aber das ist schon lange her. Damals hatte mein Vater noch einen Bauernhof. Aber eines Nachts brach ein Feuer aus und unser ganzer Hof brannte ab. Wir konnten nichts mehr retten. Als mein Vater bald darauf starb, musste ich arbeiten gehen, um die Familie zu versorgen. Da wurde ich ein Hirtenjunge, so wie ihr zwei. Ich besitze nur noch einen alten Stall. Aber der ist bestimmt längst verfallen und zu nichts mehr nütze."
Als die drei am Tor der Stadt ankommen, bemerken sie eine große Unruhe in den Straßen. Überall wimmelt es von Menschen. Am Tor treffen sie einen Bekannten, der ihnen zuruft: „Na, seid ihr auch zum Zählen in die Stadt gekommen?" Die beiden Jungen schauen Joschua fragend an. Doch der zuckt nur mit den Schultern. „Ja, wisst ihr es etwa noch nicht? Der Kaiser in Rom hat eine Volkszählung beschlossen. Darum müssen alle Männer in die Stadt gehen, in der sie geboren sind. Seht nur, was hier los ist! Von weither kommen sie angereist."

289

Joschua, Ruben und Benjamin gehen weiter. Als sie an einem Gasthaus vorbeikommen, sehen sie einen Mann, der gerade mit dem Wirt verhandelt: „Guter Mann, ich bin Josef aus Nazaret. Wisst ihr nicht, wo meine Frau und ich unterkommen können? Es geht ihr nicht gut. Sie hat Wehen. Sie erwartet ihr erstes Kind!" Der Wirt schüttelt den Kopf. „Da müsst ihr schon selber suchen. Ich habe keinen Platz mehr für euch. Mein Haus ist voll bis unters Dach." Traurig gehen die beiden weiter in die Stadt hinein.

Joschua, Ruben und Benjamin gehen weiter zum Marktplatz. Sie kaufen ein, was sie für die nächsten Tage brauchen und verstauen alles in ihren Beuteln. Inzwischen ist es sehr heiß geworden. Sie finden einen schattigen Platz bei einem Brunnen und setzen sich, um ein wenig auszuruhen. Da sehen sie wieder den Mann und die Frau, wie sie bei einem anderen Gasthaus anklopfen. Doch auch hier schüttelt der Wirt nur ungeduldig den Kopf und schickt die beiden wieder fort. Langsam gehen sie weiter. Die Frau sieht sehr erschöpft aus.

„Arme Leute sind das", sagt Benjamin. Was soll nur aus der Frau werden, wenn sie nirgends unterkommen? Sie kann ihr Kind doch nicht auf der Straße bekommen!" „Ich würde ihnen sofort ein Zimmer frei machen", sagt Joschua, „aber ich schlafe leider selbst nur unter freiem Himmel." Da springt Ruben auf einmal aufgeregt auf. „Joschua, du hast doch vorhin von diesem alten Stall erzählt." „Na ja", antwortet Joschua, „er wird mittlerweile ziemlich kaputt sein, aber das Dach müsste noch in Ordnung sein. Meinst du, wir sollen die zwei suchen und fragen, ob sie vielleicht in diesen Stall gehen wollen?" „Ja", freut sich Benjamin, „die beiden werden bestimmt froh sein." Hastig durchstreifen die drei die Straßen der Stadt. „Wo sie nur sein mögen?" Da sehen sie sie auf einmal erschöpft am Straßenrand sitzen.

„Hallo, ihr zwei", rufen sie ihnen zu, „wir haben etwas für euch!" Als sie bei den beiden angekommen sind, sagt Joschua: „Ein alter Stall. Er ist das einzige, was ich besitze. Wenn ihr wollt, könnt ihr dort bleiben." Die Frau lächelt müde. „Habt Dank, guter Mann, wir sind froh über jedes Dach über dem Kopf, mag es auch noch so dürftig sein."

Gemeinsam gehen sie aus der Stadt hinaus bis zu Joschuas altem Stall. Die Tür quietscht, als Joschua sie öffnet. „Kommt nur herein! Viel kann ich euch nicht bieten: ein paar Balken, eine Futterkrippe und Stroh, auf dem ihr schlafen könnt." „Für uns ist es viel", sagt die Frau, „habt tausend Dank!" Sie drückt dem Alten die Hand. „Jetzt wird es aber Zeit, dass wir zurückgehen", sagt Joschua, „sonst sind die anderen noch vor uns da."

Auf dem Rückweg sind alle drei ganz still. Sie denken an den Stall und an das Kind, das bald darin geboren wird. Dann beginnt Joschua zu kichern: „Das hätte mein alter Stall sich sicher nicht träumen lassen, dass er so etwas noch mal erlebt!" „Wie es der armen Frau wohl gehen mag und dem Kind?", überlegt Benjamin. „Ob es schon geboren ist? Wenn wir das den anderen erzählen! Die werden Augen machen!"

Lied: Zu Bethlehem geboren

Stall basteln
Es werden Holzbrettchen von ca. 15–20 cm Seitenlänge gebraucht. In zwei gegenüberliegende Seiten werden Löcher gebohrt. Aus ca. 30 cm langen Peddig-

rohrstücken wird ein Bogen geformt, dessen beide Enden in die Löcher des Holzbrettchens gesteckt werden. Der Bogen wird mit Stoffresten bezogen und angeleimt.

Elke Hasting

25./26. Dezember 2004 – Christfest

Lukas 2,8–20

Es ist Frieden zwischen Gott und den Menschen

Lieder: Ihr Hirten erwacht, Meine Lieder, deine Lieder 14; Kommet, ihr Hirten, EG 48, KG 31, LJ 47; Wisst ihr noch wie es geschehen, EG 52, LfK 2 35, LJ 50, ML A 4; Als die Welt verloren, EG 53; Hört der Engel helle Lieder, EG 54, LfK 2 49, LJ 52; Tragt in die Welt nun ein Licht, Meine Lieder, deine Lieder 137, MKL 132, LfK 2 6, LJ 327, LZU I 85
Liturgischer Text: Psalm 89,1–6

Zum Thema

Das Thema nimmt Bezug auf die Botschaft der Engel, die den Hirten „Friede auf Erden" verkünden. Doch dieser Friede auf Erden muss umschlossen sein von einem noch viel tieferen, umfassenderen Frieden aller Geschöpfe mit Gott. Diesen Frieden bietet Gott uns in dem Kind in der Krippe an. Das erkennen die Hirten, als sie an der Krippe stehen. Dort erkennen sie sich selbst in ihrer Armseligkeit und Bedürftigkeit. Und sie erkennen auch, wie tief sich Gott zu ihnen hinunterneigt, wie sehr Gott ihnen in seiner Liebe entgegenkommt und seinen Frieden anbietet.
Von der Krippe her werden sie mit Frieden und Freude erfüllt, so dass sie selbst zu Boten werden, die die Botschaft der Engel weitersagen. Als sie zu ihrer Arbeit zurückkehren, sind sie Menschen geworden, die Gott loben und preisen. Denn sie haben erfahren, dass die Botschaft der Engel sich als zuverlässig und wirklich erwiesen hat.

Das Thema und die Kinder

„Heute ist euch der Heiland geboren", so verkünden die Engel. Dass dieses „heute" nicht nur den Hirten damals galt, sondern auch uns heute meint, das soll den Kindern verdeutlicht werden. Wenn wir wie die Hirten staunend und anbetend vor der Krippe stehen, werden auch wir von dem tiefen Gottesfrieden erfasst. Und auch wir können wie die Hirten zu Boten werden, die die freudige Botschaft weitersagen und das Licht von Weihnachten dorthin bringen, wo es noch dunkel ist.

Vielleicht besteht ja die Möglichkeit (wenn es nicht schon in irgendeiner Form geschieht), mit den Kindern nach dem Kindergottesdienst in ein Krankenhaus oder Altersheim in der Nähe zu gehen und einige Weihnachtslieder zu singen. So können die Kinder direkt erleben wie es ist, die Weihnachtsbotschaft weiterzusagen.

Gestaltungsvorschlag für jüngere und ältere Kinder

Lied: Kommet, ihr Hirten

Erzählung Teil 5
Wieder ist es Abend geworden. Die Hirten sitzen am Feuer. Benjamin denkt noch einmal über den Tag nach: Schön war es gewesen! Wie sie mit Joschua zusammen nach Betlehem gelaufen sind. Wie sie den armen Mann mit seiner Frau gesehen haben. Wie sie die beiden zu Joschuas altem Stall geführt haben. Wie glücklich und erleichtert die Frau aussah. Wie schnell sie auf dem Rückweg waren trotz der schweren Beutel. Wie die anderen Hirten staunten, als sie ihre Erlebnisse erzählten. Ganz in sich versunken sitzt Benjamin da und schaut ins Feuer, während die anderen Hirten laut miteinander erzählen und lachen.

„Still!", ruft da auf einmal Joschua und springt auf. „Irgend etwas stimmt nicht! Die Herde ist unruhig. Die Tiere fürchten sich vor irgend etwas." „Wahrscheinlich sind es schon wieder diese Wildkatzen. Die haben gestern wohl nicht genug gekriegt", sagt einer der Hirten. „Schnell zur Herde!", ruft Joschua und greift nach seinem Stock. Alle sind sehr aufgeregt. Auf keinen Fall wollen sie den Wildkatzen heute schon wieder ein paar Lämmer opfern.

"Seht mal dort", schreit da auf einmal Benjamin. Alle starren wie gebannt zum Himmel. Und plötzlich ist um sie herum ein Glänzen, als wäre es heller Tag. Joschua versteckt den Kopf hinter seinem Hut. Der Vater nimmt Ruben und Benjamin in seine Arme und kauert sich mit ihnen auf den Boden. Auch die anderen Hirten werfen sich hin. Voller Furcht sehen sie auf eine glänzende Gestalt. Ein Engel spricht zu ihnen: „Fürchtet euch nicht! Habt keine Angst!" Ganz friedlich klingt diese Stimme. Sie nimmt den Hirten die Angst, und langsam schauen sie auf. Sie hören, was Gottes Bote ihnen sagt: „Ich habe gute Nachricht für euch, alle Menschen werden sich darüber freuen. Heute Nacht wurde in Betlehem der geboren, der euch alle retten wird: Der Friedenskönig, den Gott für euch ausgewählt hat! Geht hin und seht selber nach. Ihr werdet das Kind finden in Windeln gewickelt und in einer Futterkrippe liegen."

Es dauert lange, bis die Hirten diese Worte begreifen. In Betlehem? Da, wo Joschua gerade mit Ruben und Benjamin zusammen war? Und dann erscheinen immer mehr Engel. Sie loben Gott und rufen: „Ehre sei Gott in der Höhe und Frieden auf Erden!"

Dann sind die Engel verschwunden. Es ist wieder dunkel, die Herde hat sich wieder beruhigt. Doch keiner der Hirten wagt sich zu bewegen. Alle starren immer noch wie gebannt zum Himmel. „Ehre sei Gott in der Höhe!", hört man da auf einmal Joschua murmeln. „Der Königsstern! Wir haben ein Zeichen gesehen!", ruft Benjamin. „Und jetzt wissen wir, was es bedeutet", sagt Ruben.

„Hat der Engel wirklich gesagt, dass das Kind in einer Futterkrippe liegt?" Joschua sieht die beiden Jungen fragend an. „Du glaubst doch nicht ...", sagt Benjamin nachdenklich. „Meinst du etwa ... dein alter Stall ... eine Futterkrippe ... die Frau erwartete noch heute ihr Kind ..." „Ja, natürlich", ruft Ruben und springt aufgeregt auf. „Das muss es sein! Dass wir da nicht gleich draufgekommen sind! Mensch Joschua, in deinem alten Stall wurde der Friedenskönig geboren, der Retter!"

25./26. Dezember 2004

Nun ist auch Benjamin aufgesprungen. „Ja, seht nur, genau über dem Stall steht der Stern!" Joschua ist ganz gerührt. Er kann es noch nicht richtig glauben. Sollte es wirklich so sein? Aufgeregt rufen die beiden Jungen durcheinander: „Los, kommt, Vater, Joschua, kommt alle. Wir müssen zum Stall gehen. Wir müssen das Kind sehen!" „Aber wir können doch die Schafe nicht allein lassen. Geht ihr nur. Ich werde bei den Schafen bleiben", sagt der Vater. „Das kommt gar nicht in Frage!", antwortet ihm Joschua, „wir gehen alle zusammen und die Schafe nehmen wir mit."

Da fällt Ruben auf einmal noch etwas ein: „Aber sollten wir für das Kind nicht etwas mitnehmen, ein Geschenk?" „Ja, du hast recht, aber was bringt man einem neugeborenen Kind und seinen Eltern?", fragt Vater. „Ich habe noch etwas Brot in meinem Beutel", sagt einer der Hirten. Damit kann sich die Mutter stärken." „Ich habe noch ein Stück Käse", sagt ein anderer. Joschua kramt in seiner Tasche und zieht ein kleines Holzschaf hervor. Vor Jahren hat er es einmal geschnitzt. Jetzt soll es dem kleinen Kind gehören. Ruben und Benjamin haben beschlossen, sich von ihren Lieblingsfellen zu trennen. Auf den kuschligen Fellen haben sie immer gern geschlafen. „Das Kind hat sie nötiger als wir", sagen sie sich.

Endlich sind alle fertig und machen sich mit der Herde auf den Weg. Es dauert lange, bis sie endlich am Stall ankommen, über dem der Stern immer noch so hell leuchtet! „Ob wir noch stören können", fragt Benjamin unsicher. „Ich denke schon", antwortet ihm Joschua. „Sieh nur, es brennt noch Licht." Vorsichtig klopfen sie an. Josef öffnet ihnen die Tür. „Ach, ihr seid es!",

freut er sich. „Und eure Freunde habt ihr mitgebracht!" „Wir möchten das Kind gerne sehen", sagt Benjamin. „Und Geschenke haben wir auch mitgebracht", fügt Ruben hinzu. „Dann wisst ihr es schon?", wundert sich Josef. „Maria, sieh nur, es wissen schon viele, dass Jesus geboren ist!" Ganz verlegen treten die Hirten ein. So viel Unbegreifliches ist in dieser Nacht geschehen. Sie fragen sich, warum ausgerechnet sie da hineingeraten sind.

Maria winkt die Hirten näher heran. „Kommt nur und seht, hier liegt das Kind. Es heißt Jesus, das bedeutet: Gott hilft." „Die Engel haben uns geschickt", sagt Benjamin leise. „Der Friedenskönig, den Gott für die Menschen ausgesucht hat, ist geboren", flüstert Ruben. Die Hirten holen ihre Geschenke aus ihren Beuteln hervor und legen sie scheu an die Krippe. Joschua sieht das Kind lange an. Dann sagt er: „Es ist so, wie es die Engel gesagt haben. In Betlehem ist der Friedenskönig geboren. Er wird Gerechtigkeit und Licht in unsere dunkle Welt bringen. Und wir Hirten sind die Ersten, die Jesus, Gottes Sohn begrüßen dürfen!"

Benjamin und Ruben müssen wieder an ihren Traum denken: „Ob es jetzt gut wird auf der Erde? Bestimmt! Wenn Gott seinen Sohn zuerst zu den Armen schickt, dann wird bald Frieden sein. Dann wird wieder Licht und Wärme bei den Menschen sein, und das Leid hört auf."

Nun haben die Hirten genug gesehen. Sie verabschieden sich und kehren zu ihren Weiden zurück. Sie danken Gott für alles, was sie gehört und gesehen haben. Diese Nacht wird keiner von ihnen vergessen. Ruben und Benjamin laufen schweigend nebeneinander her. Auf einmal gibt Benjamin Ruben einen

Der Advent der Hirtenkinder

übermütigen Schubs, rennt los und ruft: „Und morgen laufe ich nach Betlehem und erzähle allen, was wir erlebt haben: Gottes Sohn ist zu uns auf die Erde gekommen. Er wird die Welt retten!"

Lied: Wisst ihr noch, wie es geschehen

Basteln von Maria und Josef
Maria und Josef werden entsprechend den anderen Figuren hergestellt. Aus einem runden Filzplättchen kann für Josef ein Hut geformt werden, aus einem Filzhalbkreis für Maria ein Umhang. Für das Kind wird eine kleine Perle in weißen Filz gewickelt und mit einem Faden abgebunden. Wird es innerhalb des Umhanges der Maria festgeklebt, sieht es aus, als würde Maria es auf dem Arm halten.

Lied: Tragt in die Welt nun ein Licht

Elke Hasting

Lieder: Heut ist ein Tag, an dem ich singen kann, KG 1, LfK 1 C1, LJ 555; Wer sich auf Gott verlässt, LJ 633, s. u.; Vater unser im Himmel, EG Regionalteil, KG 192, LJ 422, MKL 30

Liturgischer Text: Psalm 1

Gottesdienst zum Beginn des Schuljahres

Psalm 1,1–3; Lukas 2,41-51

„Wie ein Baum am Wasser gepflanzt"

Zum Text

„Glückselig ist" ... ja, wer? Lesen Sie nicht weiter. Überlegen Sie erst einmal für sich, wie es weitergehen könnte ....

„Glückselig ist" – mit diesem starken Ausdruck einer Seligpreisung beginnt das Buch der Psalmen. Luther übersetzte „Wohl dem", in der Guten Nachricht lesen wir „Wie glücklich ist". Welch moderner Auftakt in diesem alten biblischen Buch! Es klingt wie ein Glückwunsch, wie eine Gratulation. Auf wen ist sie zu beziehen? Wer ist der Mensch, der „wie ein Baum, gepflanzt an den Wasserbächen" ist? Wer Freude an Gott und an seinen Weisungen hat und sich davon nicht abbringen lässt.

Der Text und die Kinder

Um erfülltes, wahrhaft glückliches Leben geht es in Ps 1. Was können wir unseren Kindern, die ein neues Schuljahr beginnen, die lernen und wachsen werden und vielen Anforderungen genügen müssen, Orientierung suchen, mehr wünschen?

Ein Beispiel für einen Menschen, der Freude an den Weisungen Gottes hat und darüber nachsinnt und den Kindern nahe steht, könnte der zwölfjährige Jesus im Tempel aus Lk 2,41–51 sein. Diese Erzählung kann vorgelesen werden. Dafür ist die Neukirchener Kinderbibel von Irmgard Weth zu empfehlen.

Das Lied „Wer sich auf Gott verlässt" nimmt Psalm 1 mit seinem Bild vom Baum am Wasser in einprägsamer Weise auf und variiert die Aussage mit neuen Bildern, die Kinder gut verstehen können. Es sollte im Gottesdienst mehrmals gesungen und auf einen Liederzettel zusammen mit dem Psalm und dem Baum kopiert allen in die Hand und mit nach Hause gegeben werden.

Gestaltungsvorschlag

Begrüßung
In diesem Gottesdienst grüßen wir alle herzlich. Wir haben die Schulanfänger eingeladen. Liebe Kinder, wir freuen uns mit euch, dass ihr nun groß genug seid, um in die Schule zu gehen, und dass ihr bald lesen und schreiben und rechnen könnt. Aber auch die älteren Kinder und die Lehrerinnen und Lehrer, für die ein neues Schuljahr begonnen hat, haben heute einen besondern Platz in unserem Gottesdienst. Herzlich willkommen!

Wir wollen in diesem Gottesdienst Gott um seinen Segen für alle Kinder und Erwachsenen bitten und fragen: Wie können wir wachsen und lernen und stark werden für unser Leben?

„Wie ein Baum am Wasser geplanzt"

Lied: Heut ist ein Tag, an dem ich singen kann

Psalm 1

Ehr sei dem Vater

Gebet
Guter Gott, wir danken dir, dass wir jetzt in deiner Nähe sind. Nimm von uns, was auf uns lastet. Lass uns teilhaben an deinem Glanz. Amen

Lied: Wer sich auf Gott verlässt
Wir singen Str. 1

Bild und hinführende Erzählung
Auf dem Liederzettel ist ein schöner großer Baum zu sehen. Er steht am Fluss und es ist ein Vogelnest darin. Dazu gibt es auch eine Geschichte.

Vor dem Haus von Timm steht ein so großer, schöner Baum. Vögel bauen ihre Nester darin. Käfer krabbeln am Stamm hinauf und herunter. Manchmal springen sogar Eichhörnchen von Ast zu Ast. So viele Tiere wohnen in dem Baum. Wenn die Sonne warm scheint, kann man unter dem Baum liegen, er gibt Schatten. Und im Sommer wachsen Äpfel daran, die schmecken süß und saftig.

Ja, und schließlich gibt es noch einen Grund, warum Timm der Baum so gut gefällt, ihr könnt es euch denken? ... Ja, er wollte ihn erklettern.

Aber Tim war einfach zu klein, und der Baum so riesengroß. „Warum ist der Baum so groß", fragte Timm seinen Opa. „Ja", sagte der Opa, „der Baum ist gut gewachsen. Er hat einen guten Standort. Er ist am Wasser ge-

Beginn des Schuljahres

Wer sich auf Gott verlässt

Text: Rolf Krenzer
Melodie: Detlev Jöcker

2. Wer sich auf Gott verlässt, auf Gott den Herrn allein,
   der ist wie ein frisches Blatt an dem Baum.
   So wird er gesegnet sein. Ja, so wird er gesegnet sein.

3. Wer sich auf Gott verlässt, auf Gott, den Herrn allein,
   der ist wie ein Vogelkind im Nest.
   So wird er gesegnet sein. Ja, so wird er gesegnet sein.

4. Wer sich auf Gott verlässt, auf Gott den Herrn allein,
   der ist wie die Blume, die zart erblüht.
   So wird er gesegnet sein. Ja, so wird er gesegnet sein.

5. Wer sich auf Gott verlässt, auf Gott den Herrn allein,
   der ist wie die Sonne strahlend und hell.
   So wird er gesegnet sein. Ja, so wird er gesegnet sein.

6. Wer sich auf Gott verlässt, auf Gott den Herrn allein,
   der ist wie ein Licht, das scheint durch die Nacht.
   So wird er gesegnet sein. Ja, so wird er gesegnet sein.

7. Wer sich auf Gott verlässt, auf Gott den Herrn allein,
   der ist wie ein Kind bei den Eltern im Arm.
   So wird er gesegnet sein. Ja, so wird er gesegnet sein.

8. Wer sich auf Gott verlässt, auf Gott den Herrn allein,
   der ist wie ein Korn, das aufgeht und wächst.
   So wird er gesegnet sein. Ja, so wird er gesegnet sein.

Aus: Das Liederbuch zum Umhängen
Alle Rechte im Menschenkinder Verlag Münster

pflanzt. Seine Wurzeln können viel Wasser aufnehmen und mit dem Wasser alle Nahrung, die er braucht. So ist er wunderbar gewachsen, und seine Blätter verwelken auch nicht, wenn es im Sommer sehr heiß wird, und er trägt gute Früchte.

„Opa", sagte Timm, „ich will so groß werden wie ein Baum."

„Ja", sagte der Opa, „aber zum Großwerden gehört mehr als nur wachsen."

Gespräch
Was wird der Großvater damit gemeint haben? ... Zum Großwerden gehört auch das Lernen, man muss lesen und schreiben können, und rechnen auch, und vieles andere. Deshalb gibt es die Schule, und die Schulanfänger freuen sich, dass sie das alles bald können. Und manche älteren Kinder beginnen jetzt Sprachen zu lernen und manche neue naturwissenschaftliche Fächer, all das gehört zum Großwerden. Und noch mehr: Es gehört auch dazu, dass man weiß, was wichtig ist und worauf es ankommt; dass man weiß, was gut ist und was nicht gut ist; dass man weiß, worauf man sich im Leben verlassen kann.

Lied: Wer sich auf Gott verlässt

Wir haben gesungen: „Wer sich auf Gott verlässt, auf Gott den Herrn allein, der ist wie ein Baum am Wasser gepflanzt. So wird er gesegnet sein."

Ein Baum am Wasser gepflanzt wird groß und stark. Ein großer Baum hat die Wurzeln tief im Erdreich. Ein Wind kann kommen, ein Sturm – er fällt nicht um.

In der Bibel steht: „wer Lust am Gesetz des Herrn hat und sinnt über seinem Gesetz Tag und Nacht, der ist gepflanzt wie ein Baum an den Wasserbächen." Ein solcher Mensch wird lebensstark und – das steht auch in der Bibel: Er wird wahrhaft glücklich sein. Er wird gesegnet sein.

Wir singen die Str. 1 und 2.

Lesung Lukas 2,41–51
Manchmal staunen die Erwachsenen, was Kinder schon alles können. Kinder können uns überraschen. „Was, das kannst du schon, das weißt du schon?", sagen wir dann.

Dazu gibt es eine Geschichte in der Bibel, sie steht bei Lukas, im 2. Kapitel. Jesus war noch ein Kind, etwa zwölf Jahre alt. Seine Eltern hatten ihn zum Passa-Fest mit in den Tempel nach Jerusalem genommen. Auf dem Rückweg nach Hause war Jesus verschwunden. Die Eltern mussten ihn suchen.

NN liest uns aus einer Kinderbibel vor, wie es weiter ging. ...

Jesus hatte Freude am Gesetz des Herrn und sann darüber nach, schon als Kind – damit er gepflanzt ist wie ein Baum an den Wasserbächen.

Und das ist es, was wir allen Kindern wünschen, aber auch uns Erwachsenen: Gottes Nähe und seinen Segen.

Lied: Wer sich auf Gott verlässt, Str. 1–4

Segen und Geschenk
für die Schulanfänger
Die Schulanfänger kommen nach vorn, werden gesegnet und erhalten ein kleines Geschenk, vielleicht eine junge Topfpflanze.

Beginn des Schuljahres

Fürbitten
Lieber Gott, wir sind hier, Große und Kleine, Junge und Alte. Danke, dass wir zu dir sprechen dürfen.
 Wir bitten dich für alle, die vor besondere Aufgaben gestellt sind. Wir bitten dich für alle Schulanfänger und alle Kinder, dass sie gut lernen können. Wir bitten dich, dass sie im Glauben an dich wachsen.
 Wir bitten dich für alle Lehrerinnen und Lehrer, dass sie Kraft, Geduld und auch Freude erfahren.
 Wir bitten dich für alle Eltern, dass sie ihren Kindern geben können, was diese brauchen.
 Wir danken dir, Gott, dass wir bei dir lernen können, was für uns gut ist. Amen

Lied: Vater unser im Himmel

Segen

Dorothea Meinhold

Autorenverzeichnis

Heide Aßmann
Klostergarten 6
38871 Drübeck

Inge Böhle
Am Diedichsborn 8
34130 Kassel

Brunhilde Börner
Malche 1
16259 Bad Freienwalde

Anne-Dore Bunke
Bei den Schlehen 40
38855 Wernigerode

Benigna Carstens
Herrnhaag
63654 Büdingen

Renate Crain
An der Försterei 10
06717 Goßra

Ulrike Dietrich
Alter Damm 48
17039 Wulkenzien

Sabine und Ulf Döring
Kirchweg 13
09638 Lichtenberg

Brigitte Donath
Friederikenplan 55
06844 Dessau

Gerhard Dulig
Bahnhofstr. 26
01468 Moritzburg

Barbara Fuhrmann
Hinter den Tannen 10
17454 Seebad Zinnowitz

Silvia Gützkow
Bergstr. 12
17454 Seebad Zinnowitz

Elke Hasting
Lobensteiner Str. 16
07368 Ebersdorf

Carmen Ilse
Mönchshof 1
06618 Naumburg-Flemmingen

Beate Jagusch
Droßdorfer Str. 11
06712 Ossig

Birgitt Johanning
Rheinener Weg 1
58239 Schwerte

Katrin Lange
Südring 17
06667 Weißenfels

Peter Lehmann
Bei den Schlehen 21
38855 Wernigerode

Ulrike Lemme
Wörmlitzer Str. 12
06110 Halle

Utta Lucke
Hauptstr. 57
06577 Heldrungen

Elvira Mahler
Hauptstr. 15
06721 Haardorf

Dorothea Meinhold
Kirschberg 2
06618 Naumburg

Autorenverzeichnis

Sabine Meinhold
Annenkirchplatz 2
06295 Eisleben

Elisabeth und Karsten Müller
Lindenstr. 14,
39319 Jerichow

Petra Neumann
Simplonstr. 13
10245 Berlin

Gabriele und Friedemann Oehme
Kopernikusstr. 40
01129 Dresden

Dorothea Pape
Kirchenweg 5
24811 Owschlag

Bettina Plötner-Walter
Hauptstr. 210a
06648 Eckartsberga

Werner Pohl
Kiesstr. 47,
55743 Idar-Oberstein

Horst Ramsch
Bühlauer Str. 44b
01328 Dresden – OT Schullwitz

Barbara Rösch
Helenenstr. 15
99867 Gotha

Ruth-Elisabeth Schlemmer
Andreasstr. 14
99084 Erfurt

Adelheid Schnelle
Am Sandteich 31
38376 Süpplingenburg

Marit Seidel
Feldstr. 23
09366 Stollberg

Elke Sonntag
Hinter den Höfen 36
99195 Stotternheim

Anne-Christina Wegner
Untere Hauptstr. 6
06636 Laucha

Birgit Wenzel
Karl-Marx-Platz 15
17489 Greifswald

Friederike Wulff-Wagenknecht
Predigerstr. 4
99084 Erfurt

Spiel und Spaß rund um den Kirchturm

Ernst Scheibe
Spiel und Spaß rund um den Kirchturm

zehn Spiele im Karton
inkl. Anleitungsheft
ISBN 3-374-01775-4

Die Spielesammlung bietet eine bunte Vielfalt von Quiz-, Karten- und Brettspielen, bei denen es keine wirklichen Verlierer geben kann. Denn jeder gewinnt: **Spaß** am Spiel, **Freude** in der Gemeinschaft mit anderen sowie **Wissen** über die christliche Glaubenspraxis, das Kirchenjahr, die Bibel und andere Aspekte des Christseins.

Ob in kleiner Gruppe oder in größerer Runde, ob Spiele zum Würfeln, Puzzeln, Raten oder Knobeln – Mitarbeiter in der kirchlichen Jugendarbeit benötigen nur noch Spielfiguren und Würfel und schon kann's losgehen mit dem spielerischen Lernen!

Lernen – Spielen – Basteln

Helmut Hanisch/
Wolfgang Ratzmann (Hg.)
**Lernen, spielen, Basteln
im Jahreskreis**
Kreative Anregungen
für die Arbeit mit Kindern
DIN A4-Broschur,
60 Seiten mit zahlr. Farbabb.
ISBN 3-374-01985-4

Ob Johannistag oder Fastenzeit, ob Tauftag oder der gemeinsame Urlaub – unser Alltag wird wesentlich von den Festen des Kirchenjahres und anderen regelmäßigen Ereignissen und Daten in Schule und Familie geprägt.

Dieses praktische und anregend gestaltete Arbeitsheft für die Hand des Kindes bietet eine Fülle von Erzählungen, Bildern, Spielen, Rätseln, Liedern und Bastelvorschlägen zu Themen des Jahreskreises.

EVANGELISCHE VERLAGSANSTALT
Leipzig

www.eva-leipzig.de

Jesusgeschichten für Kinder ab 3 Jahren

Werner Laubi
Der Friedenskönig
Jesusgeschichten für Kinder
Hardcover,
112 Seiten inkl. Malbogen
ISBN 3-290-17272-4

Zwanzig Jesusgeschichten, die in ihrer Auswahl und Erzählweise insbesondere den Wortschatz und die Gedankenwelt von drei- bis fünfjährigen Kindern berücksichtigen.

Lebendig erzählte, zentralen Geschichten des neuen Testaments mit farben- und detailreichen Illustrationen von Barbara Connell und als zusätzliche Beilage ist in jeden Buch ein Ausmalbogen enthalten.

THEOLOGISCHER VERLAG
ZÜRICH

www.tvz.ref.ch